荞麦的营养与功能

赵　钢　邹　亮　主编

科 学 出 版 社

北　京

内 容 简 介

本书全面介绍了荞麦的营养与保健功能，重点讲述了荞麦的各类营养与功能成分，如黄酮、多酚、蛋白质、多糖、糖醇类等，并分别从其结构特征、理化性质、分离鉴定、营养药用价值等方面进行了阐述；归纳总结了近年来有关荞麦的药理、临床及安全性研究文献。在此基础上，对荞麦功能性产品开发、质量标准研究，以及提高荞麦营养药用价值的途径进行了详细描述和展望。

本书理论与实践并重，可供杂粮领域及从事药食同源植物资源开发利用的研究工作者，高等院校有关专业的教师、研究生、本科生，以及农业、食品工业、保健品行业的技术人员及管理人员参考。

图书在版编目(CIP)数据

荞麦的营养与功能/赵钢，邹亮主编. —北京：科学出版社，2012
ISBN 978-7-03-035807-3

Ⅰ.①荞… Ⅱ.①赵…②邹… Ⅲ.①荞麦-食品营养 Ⅳ.①R151.3

中国版本图书馆 CIP 数据核字(2012)第 247985 号

责任编辑：刘 丹 侯彩霞 / 责任校对：宋玲玲
责任印制：张 伟 / 封面设计：迷底书装

科学出版社 出版
北京东黄城根北街 16 号
邮政编码：100717
http://www.sciencep.com

固安县铭成印刷有限公司 印刷

科学出版社发行 各地新华书店经销

*

2012 年 11 月第 一 版 开本：B5(720×1000)
2022 年 9 月第三次印刷 印张：17 1/4
字数：333 000

定价：99.00 元

(如有印装质量问题，我社负责调换)

《荞麦的营养与功能》编写委员会

主　编　赵　钢　邹　亮

副主编　彭镰心　张　萍　周小理　刘　圆　赵江林　向达兵

编　者（按姓氏拼音排序）

曹吉祥　常庆涛　邓　毅　何勇强　胡丽雪
胡一冰　黄凯丰　黄艳菲　贾　婷　李园园
林永翅　刘　圆　马　荣　毛　春　彭镰心
彭远英　戚志强　孙雁霞　万　静　王安虎
王静波　王　敏　王跃华　巫　径　吴　丽
吴利文　向达兵　熊仿秋　徐先林　许丽佳
颜　军　杨敬东　余世学　张采琼　张　萍
张　鉴　赵　钢　赵江林　周小理　邹　亮

总顾问　任长忠

顾　问（按姓氏拼音排序）

柴　岩　陈庆富　胡新中　李再贵　林汝法
任贵兴　陕　方　王莉花　张宗文

序

据专家考察论证，荞麦起源于中国，并向四方辐射传播。荞麦在我国有着悠久的栽培历史，属于小宗粮食作物。除中国外，俄罗斯、北美等地的种植面积较大。由于产量的局限，荞麦并未真正进入主流食品行列。《全球通史》的作者斯塔夫里阿诺斯曾说，农业一开始的使命就是养活快速膨胀的人口。而荞麦的产量始终徘徊于极低的水平，在量和质的取舍上，荞麦败下阵来。但随着文明的进步，健康成为21世纪人们最关心的问题，食品与健康的讨论达到了历史上前所未有的高度。这时，荞麦因为它神奇的健康功效而再次进入人们的视线。

现代生活方式导致的高血脂、高血糖和高血压已成为累及人群极广的“现代”疾病，医疗支出带来极为沉重的负担，也严重影响了患者的生活质量和寿命预期。因此，深入研究荞麦的营养与保健功能、进一步开发荞麦产品和推广荞麦的食用已成为当务之急。对荞麦的研究和食疗经验均表明，荞麦具有丰富的营养成分和药疗成分，对现代流行病症——“三高”具有极好的预防作用和辅助治疗作用，特别是其降血糖血脂的作用明显，显示出了特别的食疗潜力，消费呈逐年增加态势，对荞麦的研究也日益受到重视。

首先，运用现代生物医药技术手段，深入分子水平阐明荞麦保健作用的机制。这对人们有针对性地开发荞麦产品技术有着重要的指导作用，还可提高产品的市场竞争力以及人们对荞麦保健作用的了解和认识；同时，也为品种培育和遗传资源收集指明了方向。其次，改变人们对荞麦是次等粮食的错误认识，从产品形式和口感上狠下工夫，开发出适合现代人口感和消费形式的产品是使荞麦为更多人所接受的关键。最后，加大新品种的选育力度，找寻更经济和高效的栽培技术，使荞麦的生产能够满足未来消费需求的发展，同时也使生产者能够获得较好的经济利益。

该书全面介绍了荞麦的营养与保健功能，重点讲述了荞麦的各类营养与功能成分，如黄酮、多酚、蛋白质、多糖、糖醇类等，并分别从其结构特征、理化性质、分离鉴定、营养药用价值等方面进行了阐述。在此基础上，对荞麦功能性产品开发、质量标准研究，以及提高荞麦营养药用价值的途径进行了详细描述和展望。该书作者长期致力于荞麦的研究与开发，积累了丰富的经验和大量数据，在产业转化方面也卓有成效。现在，作者把这些极为有用的知识浓缩成一本书，与大家分享，为后人铺路，望该书能为荞麦的创新性研究和推广起到积极的促进作用。

任长忠

前　言

众所周知，荞麦营养丰富，具有很高的营养价值和保健功能，素有“五谷之王”的美誉。荞麦作为一种药食同源的小宗粮食作物，不仅富含蛋白质、脂肪、淀粉、纤维素、维生素、微量元素等营养成分，还含有许多禾本科粮食作物所不具有的生物黄酮类活性成分，此外还有 D-手性肌醇，γ-氨基丁酸等功能性成分，因此具有开发保健品甚至药品的潜力。过去，荞麦栽培管理粗放，加工水平低下，设备简陋，导致荞麦低产、品质不高，大多作为少数民族地区的传统食粮；商业化水平低，更谈不上营养保健产品的开发。

随着越来越多的学者对荞麦研究的重视，荞麦的产业化水平也越来越高。近年来，国家农业部对荞麦的发展也给予了足够的重视，成立了燕麦荞麦产业技术体系，使得荞麦在栽培育种、加工、设备开发各方面有了长足的进步。随着人们对荞麦认识的加深及对健康生活的迫切需要，荞麦的国内外市场需求量将会越来越大，而目前的荞麦生产水平将难以适应市场的变化。为提高荞麦的生产水平，《中国苦荞》、《荞麦加工与产品开发新技术》两本专著先后问世。为进一步提高荞麦的应用价值，为荞麦营养保健品甚至药品开发打下基础，由赵钢教授牵头，组织成都大学国家杂粮加工技术研发分中心的研究人员及国内荞麦生产加工专家，共同编写了《荞麦的营养与功能》一书。

本书首先对荞麦的营养药用价值、历史应用做了总体介绍；接着对荞麦的资源和分布分别进行了阐述；然后对荞麦黄酮、多酚、蛋白质、多糖、糖醇类等成分分别从其结构、提取分离、纯化、营养药用价值等方面进行了叙述；紧接着对荞麦的药理、临床及安全进行归纳；最后对荞麦功能性产品开发、质量标准研究及提高荞麦营养药用价值的途径进行了详细描述和展望。本书是一本理论与实践并重，能给荞麦相关研究者及一线工作者带来参考的指导手册，希望正在从事或即将从事荞麦工作的相关人员能以本书为参考，开发出更多具有更高营养药用价值的荞麦产品，为荞麦产业的发展作出自己的贡献。

本书共 9 章，为保证质量，发挥作者特长，部分章节进行交叉编写和交叉审稿。全书由赵钢、邹亮主编，彭镰心负责统稿和定稿工作。在编写过程中还得到了燕麦荞麦产业技术体系首席科学家任长忠研究员的指导，以及科学出版社的大力支持，编者在此表示深切谢意！由于编者水平有限，书中难免有不足之处，敬请广大读者批评指正。

编　者

2012 年 8 月

目　　录

第一章　绪　　论

荞麦（buckwheat）又名乌麦、花麦、三角麦、荞子，属蓼科（Polygonaceae）荞麦属（*Fagopyrum* Gaertn.），一年生或多年生双子叶植物。荞麦在世界上分布广泛，中国、俄罗斯、乌克兰、法国、美国、波兰、巴西、澳大利亚等国是世界上荞麦种植面积较大的国家。目前全世界发现的荞麦共有 23 个种和 3 个变种，其中我国就有 10 个种和 2 个变种，还在持续增加。我国有关荞麦的文字记载丰富多彩，野生、半野生荞麦类型多种多样，栽培品种资源极为丰富。荞麦有甜荞（*Fagopyrum esculentum*，普通荞）和苦荞（*Fagopyrum tataricum*，鞑靼荞）两个栽培品种，其生物学特征与栽培适宜区域均有所不同。我国甜荞主产区集中在北方的内蒙古、陕西、山西、甘肃、青海和宁夏等省或自治区，其种植面积约 1000 万亩①，而苦荞主要分布在长江以南的云南、四川、贵州和西藏等省或自治区，其常年种植面积在 800 万亩以上。

荞麦营养丰富，具有很高的营养价值和保健功能，素有“五谷之王”的美誉。荞麦作为一种药食同源的小宗粮食作物，不仅富含蛋白质、脂肪、淀粉、纤维素、维生素、微量元素等营养成分，还含有许多禾本科粮食作物所不具有的生物黄酮类活性成分。现代临床医学研究表明，荞麦及其制品具有预防和治疗高血压、冠心病、糖尿病、肥胖症，增强机体免疫力、抗氧化、防衰老，以及改善亚健康状态等功效。近年来，随着人们生活水平的提高与全社会健康观念的加强，荞麦及其加工制品也越来越受到人们的喜爱，已逐渐成为当今人类的重要营养保健食品。

第一节　荞麦应用历史及研究意义

一、荞麦的应用历史

（一）荞麦的种植

国内外多数学者认为，荞麦应起源于中国并向四方传播。《诗经》中“视尔如荍，贻我握椒”的诗句，荍即荞麦，说明距今 2500 年左右，我国已开始种植荞麦。在陕西省咸阳市马泉西汉墓和甘肃省武威县磨嘴子东汉墓中均出土了荞麦

① 1 亩≈666.7m^2

实物，距今有 2000 多年历史。韩鄂的《四时纂要》、孙思邈的《备急千金要方》以及唐代的相关诗文对荞麦都有确切的记载，一般认为荞麦种植的普及源自唐代；到了宋代已遍及大江南北；到了明、清，从东北至西南，全国无处不有。中国荞麦在 8 世纪首先传入朝鲜、日本，10 世纪传入东南亚及印度，13～14 世纪经西伯利亚传入俄罗斯及其周边和土耳其直至欧洲。1396 年德国最先种植荞麦，17 世纪方传入英国、法国、意大利及比利时。1625 年荷兰人将荞麦经哈得孙河传入加拿大及南北美洲各国。国内外许多学者的论述和我国科学家对荞麦资源的考察研究表明：喜马拉雅山是世界荞麦的起源中心和遗传多样性中心。

我国荞麦栽培历史悠久，栽培面积和产量均居世界第一。古代人们对荞麦的播种、栽培技术、收获以及形态等都已有了较为深刻的认识和详细的记载。唐代《四时纂要·六月》中“立秋在六月，即秋前十日种，立秋在七月，即秋后十日种。定秋之迟疾，宜细详之……”记载了荞麦的栽种技术。北宋论著《后山丛谈》中“中秋阴暗，天下如一；荞麦得月而秀，中秋无月，则荞麦不实”描述了荞麦与气候和物候的关系。而同时代的著作《曲洧旧闻》则对荞麦的形态进行了详述：“荞麦，叶青、花白、茎赤、子黑、根黄，亦具五方之色。”清朝的《天工开物》对荞麦的栽培技术又有进一步的认识，“凡荞麦南方必刈稻，北方必刈菽稷而后种。”荞麦生育期短，从播种到收获一般只有 70～100 天，一些早熟品种在两个月左右即可收获。荞麦适应性广、耐贫瘠、生长发育快，能合理利用自然资源，在作物布局中有特殊的地位。在我国的高寒山区、偏远地区和少数民族地区，荞麦是一种重要的粮食作物；同时因自然灾害影响，主栽作物失收后，补种荞麦经济而实惠，故荞麦还是一种重要的备荒救灾作物。

（二）荞麦的食用与药用

在我国的许多高寒山区和少数民族地区，荞麦是当地人们的主食之一。随着物质文化生活水平的提高，人们对保健食品及其食疗作用非常重视，荞麦这一传统食物越来越受到人们的青睐。荞麦食味好，易被人体消化吸收。在日本、韩国、朝鲜、俄罗斯、乌克兰、加拿大、法国、瑞典、瑞士、斯洛文尼亚等国，荞麦是很受欢迎的粮食，许多国家甚至把荞麦列入高级营养食品行列。荞麦既可作为食品又可作为药品从各方面进行开发利用。除用于制作各种民间传统小吃外，荞麦在开发利用上主要包括以下几个方面。

1. 荞麦食品

荞麦米、荞麦营养粉、荞麦疗效粉、糖尿病食疗粉、胃病食疗粉、高血脂食疗粉、荞麦颗粒粉、荞麦饼干、荞麦挂面、荞麦快餐面、荞麦通心粉、荞麦羹等。

2. 荞麦饮料

荞麦药疗酒、荞麦酱油、荞麦醋、荞麦茶、荞麦奶茶、荞麦系列饮料（如荞麦清肺润喉饮料、荞麦祛暑饮料、荞麦滋补饮料等）。

3. 荞麦蔬菜

荞麦芽菜、荞麦叶菜、荞麦酸菜、荞麦豆腐等。

4. 苦荞化妆品

苦荞护发素、苦荞浴液、苦荞护肤霜、苦荞防辐射面膏等。

5. 荞麦黄酮类产品

这类产品是以苦荞中提取的生物黄酮为主要原料的制品。苦荞中的黄酮是黄色粉末状，主要成分是 2-苯基色原酮类化合物，如槲皮素、芦丁、桑色素、莰菲醇等黄酮类物质，有清热解毒、活血化瘀、改善微循环、拔毒生肌、降脂降糖等生物功效。主要产品有：生物类黄酮散、生物类黄酮胶囊、生物类黄酮软膏、生物类黄酮牙膏以及生物类黄酮口香糖等。

荞麦作为一种传统中药，在许多古代医籍中都有记录。《本草纲目》中记载："苦荞性味苦、平寒，实肠胃，益气力，续精神，利耳目，能练五脏滓秽，降气宽肠，磨积滞，消热肿风痛，除万浊，脾积泻泄等功效。"《中药大辞典》中曰："荞麦秸，为蓼科植物荞麦的茎叶。功能：治噎食、痈肿，并能止血，蚀恶肉。"《食性本草》中记载："叶作茹食，下气，利耳目。"《常见病验方研究参考资料》中说："对于崩漏的治疗，采用荞麦根 1 两，切碎水煎服。"《齐民要术》中指出："头风畏冷者，以面汤和粉为饼，更令镬罨出汗，虽数十年者，皆疾。又腹中时时微痛。日夜泻泄四五次者，久之极伤人。专以荞麦为食，饱食二三日即愈，神效。"一些医书还记载，荞麦具有开胃、宽肠、下气消积的功能，能治疗绞肠痧、肠胃积滞、慢性泻泄、禁口痢疾、赤游丹毒、痈疽发背、瘰疬、汤火灼伤等。

北京、天津、四川等地的一些医疗单位大量的临床观察和动物试验证明，苦荞食品具有明显降低血脂、血糖、尿糖的三降作用，故北京市中医院称之为"三降粉"。它对糖尿病有特效，对高血脂、脑血管硬化、心血管病、高血压等症，具有很好的预防和治疗作用。荞麦还具有较高的辐射防护特性，对于辐射病患者具有良好的食疗作用。

二、荞麦的研究意义

荞麦经济价值很高，全身是宝，幼芽嫩叶、成熟秸秆、茎叶花果、米面皮壳无一废物。从食用到防病治病，从自然资源利用到养地增产，从农业到畜牧业，从食品加工到轻工业生产，从活跃市场到外贸出口，都有积极的作用。在现代农业生产中，荞麦仍不失为一种重要的作物，是农业生产和调剂城乡人民生活中不可缺少的作物，在国民经济中占有重要的地位。加强荞麦的基础研究，针对荞麦生产中产量低而不稳、品种混杂、退化严重等问题，加强荞麦的生理生化、品种选育、高产栽培、药理药化、精深加工等方面的研究与开发应用，开发荞麦的观光旅游，提升荞麦的文化内涵，延伸荞麦产业链，必将产生巨大的经济效益和社会效益。

（一）荞麦资源丰富、经济价值很高

荞麦为我国的特色农作物之一，我国劳动人民很早就认识到荞麦的营养和保健价值，在《本草纲目》中记载："苦荞性味苦、平寒，实肠胃，益气力，续精神，利耳目，能练五脏滓秽，降气宽肠，磨积滞，消热肿风痛，除万浊，脾积泄泻等功效。"

现代研究表明，荞麦具有很高的营养价值，含 9％～12％的蛋白质和人体必需的 8 种氨基酸，其脂肪酸多为不饱和的油酸和亚油酸，并含有多种营养矿物质元素和维生素。此外，苦荞富含生物类黄酮、荞麦糖醇、多酚、多肽等高活性功能成分。这些成分的结构明确、含量丰富，在抗肿瘤、清除超氧化自由基、防治心脑血管疾病，以及改善胰岛功能、有效调节血糖、血脂、血压等方面有独特效果。

（二）需求量日益增大、市场前景十分广阔

苦荞集营养、保健、药疗为一体，为大米、白面等其他食物所不及。随着技术进步与全社会健康观念的加强，荞麦这一传统食物，越来越受到人们的青睐，已逐渐成为 21 世纪人类的重要营养保健食品。在国内市场上，荞麦面粉的价格已高出小麦面粉的价格，出口价格是小麦的 2～3 倍。日本、韩国、美国、加拿大以及欧洲的许多国家都是荞麦消费大国，一致认为荞麦是具有特殊食疗食补作用的绿色食品。我国每年都向国外大量出口荞麦原粮。

荞麦的应用价值正在被更多的人所认识，荞麦食品越来越受到消费者喜爱，消费需求日趋走高，在出口创汇中供不应求。因此，开发荞麦特色健康食品加工技术，高效利用荞麦资源，探索我国荞麦产品加工增值途径，已经成为强劲的市场需求和总体发展需求，具有重要的现实意义和良好的发展前景。

（三）促进食品加工业发展、推动贫困地区农业发展

科技投入的严重不足和研究队伍的不稳定，导致与日本和韩国等荞麦消费大国比较，我国的荞麦加工基本还是处于普通制粉、传统小吃的初级水平，有关荞麦开发的产品少，档次也较低，深加工和高效利用技术开发严重滞后，其药用和营养保健价值未能充分利用。因此，进行荞麦的深加工技术攻关和产业化发展，

可大大提升产品的品质和质量，增加产品的附加值；还能有助于增强产品在国际市场上的竞争力，在现有基础上扩大出口，从而真正将我国的荞麦资源优势转变成经济优势，产生巨大的经济效益，对于促进食品加工企业的发展也具有十分重要的意义。

荞麦资源多分布在我国的干旱、半干旱的冷凉高原山区，以及少数民族聚集的边远地区，是产区人民的传统食品和主要经济来源。采用订单农业的方式，食品加工企业与当地政府农业主管部门签订收购协议，提高一定价格收购优质荞麦原料，既保证了原料供应的稳定，又极大调动了农民种植的积极性，提高当地种植户的经济收入，帮助山区贫困人民致富，响应国家西部大开发与科技扶贫的方针政策。

第二节　荞麦营养与保健成分

荞麦是当今世界上集营养、保健和医疗于一体的天然营养食品之一，被称为“食药两用”的粮食珍品。荞麦的营养价值较高，富含淀粉、蛋白质、脂肪、维生素、矿物质和微量元素等营养成分。此外，荞麦还富含糖醇、多肽、甾体、酚酸类，以及其他禾谷类作物所没有的生物黄酮类活性成分。随着人们生活水平的提高和健康意识的增强，荞麦及其功能性制品日益受到人们的青睐，荞麦营养与保健成分的开发利用将具有深远的意义。

一、荞麦的营养成分及功效

（一）淀粉

荞麦的淀粉含量较高，与大多数谷物相当，一般为60%～70%，主要存在于胚乳细胞中。荞麦淀粉颗粒较小，呈多角形的单粒体，直径较一般作物淀粉粒小，与大米淀粉粒相似。

荞麦淀粉中直链淀粉的含量高于25%，因而制成的食品较为疏松、可口。此外，荞麦淀粉中还含有α-淀粉酶和β-淀粉酶的抑制物，这对于降低或抑制淀粉转化为糖的速率有着明显的作用。因此，荞麦可以作为糖尿病患者理想的补充食物。

荞麦淀粉是一类新的淀粉资源，具有独特的理化特性。荞麦淀粉特性的研究表明，荞麦淀粉的黏度远高于谷类淀粉，和根茎类淀粉的黏度相近，黏度曲线与豆类淀粉相似且具有高结晶度、高消化性，以及较高的持水能力。周小理等（2009）以山西苦荞黑丰1号和陕西兴甜荞1号为材料，与市售的大米、小麦面粉和绿豆相比较，研究荞麦淀粉的糊化特性，结果表明荞麦淀粉的糊化曲线与小麦的相似；苦荞淀粉在 80℃有最高溶解度，为 3.6%，甜荞淀粉则在 60℃有最高溶解度，为 4.7%；苦荞淀粉与绿豆淀粉的膨胀过程相似，为典型的二段膨胀，属限制型膨胀淀粉，而甜荞淀粉的膨胀曲线与小麦淀粉的较为类似；荞麦淀粉冻融析水率高于小麦和绿豆，但低于大米；荞麦淀粉与参照物的透光率高低顺序依次为：小麦＞绿豆＞甜荞＞大米＞苦荞。

（二）蛋白质

荞麦粉的蛋白质含量一般为 8.5%～18.9%，明显高于大米、小米、玉米、小麦和高粱面粉中蛋白质的含量。荞麦蛋白质的组成不同于一般禾谷类粮食作物，小麦蛋白质以麦谷蛋白和麦胶蛋白为主，面筋含量高，而荞麦蛋白质富含水溶性的清蛋白和盐溶性球蛋白等，这类蛋白质黏性差、无面筋，近似于豆类的蛋白质组成。

与其他谷物相比，荞麦蛋白质的 18 种氨基酸组成更加均衡合理、配比适宜，符合或超过联合国粮农组织（FAO）和世界卫生组织（WHO）对食物蛋白质中必需氨基酸含量规定的指标，化学评分甜荞为 63，苦荞为 55，金荞为 86，显著高于小麦（38），大米（49）和玉米（40），荞麦和大宗粮食 8 种人体必需氨基酸含量比较见表 1.1。赖氨酸是我国居民常食用的谷类粮食中的第一限制性氨基酸，而在荞麦中赖氨酸却很丰富，较一般谷物高。因此，食用荞麦能弥补我国膳食结构所导致的“赖氨酸缺乏症”的缺陷。

表 1.1　荞麦和大宗粮食 8 种必需氨基酸含量比较（单位：%）

氨基酸种类	甜荞种子	苦荞种子	小麦	大米	玉米
Thr	0.2736	0.4173	0.328	0.288	0.347
Val	0.3805	0.5493	0.454	0.403	0.444
Met	0.1504	0.1834	0.151	0.141	0.161
Leu	0.4754	0.7570	0.763	0.662	1.128
Lys	0.4214	0.6884	0.262	0.277	0.251
Trp	0.1094	0.1876	0.122	0.119	0.053
Ile	0.2735	0.4542	0.384	0.245	0.402
Phe	0.3864	0.5431	0.487	0.343	0.395

资料来源：张美莉和胡小松（2004）。

荞麦蛋白质不但营养价值高，而且还具有多种生理功能。用碱抽提和等电沉降法从苦荞籽粒中制备出苦荞蛋白复合物，再用含 20%苦荞蛋白复合物的饲料喂养小鼠，发现小鼠血液和脏器中超氧化物歧化酶（SOD）、过氧化氢酶（CAT）和谷胱甘肽过氧化物酶（GPX）活性均有不同程度的提高，脂质过氧化物丙二醛（MDA）含量下降，这说明苦荞蛋白复合物对生物体有一定的营养及抗衰老作用。大量研究表明，荞麦蛋白质的降胆固醇效果比大豆蛋白质还显著，并且荞麦蛋白质还具有抑制脂肪蓄积、改善便秘、抑制大肠癌和胆结石发生、抑制有害物质吸收等独特功效。

（三）脂肪

脂肪具有重要的生理功能，是各营养素中产热量最高的一种。脂肪中的磷脂和胆固醇是人体细胞的主要成分，其中脑细胞和神经细胞中的需要量最多。脂溶性维生素 A、D、K、E 等需要溶解在脂肪中才有利于人体的吸收利用。因此，脂肪是最重要的营养素之一，富含不饱和脂肪酸、植物甾醇等功能性营养素的植物脂肪更具有营养保健作用。

荞麦中脂肪的含量为 1%～3%，与大宗粮食较为接近。笔者曾测定了苦荞西荞 1 号、甜荞榆荞 2 号优级种子的荞麦粉和特一级小麦粉中的粗脂肪干基含量，结果表明苦荞粉中脂肪含量为 2.59%，甜荞粉中脂肪含量为 2.47%，小麦粉中脂肪含量为 2.13%。荞麦脂肪的组成较好，含有 9 种脂肪酸，其不饱和脂肪酸的含量也较为丰富，其中油酸和亚油酸含量最多，占总脂肪酸含量的 80%。王敏等（2004）对苦荞粉中提取的苦荞油进行了分析测定，结果表明苦荞油中不饱和脂肪酸含量可达到 83.2%，其中油酸、亚油酸含量分别为 47.1% 和 36.1%。另外，苦荞油中不皂化物占其总脂肪含量的 6.56%，其中主要为 β-谷甾醇，占不皂化物的比例为 54.4%。

荞麦所含丰富的不饱和脂肪酸，对人体十分有益，有助于降低体内血清胆固醇含量和抑制动脉血栓的形成，对动脉硬化和心肌梗死等心血管疾病均具有很好的预防作用。荞麦中丰富的亚油酸在体内通过加长碳链可合成花生四烯酸，后者不仅能软化血管、稳定血压、降低血清胆固醇和提高高密度脂蛋白含量，而且是合成人体生理调节方面起必需作用的前列腺素和脑神经组成的重要组分之一。此外，荞麦中还含有 2,4-二羟基顺式肉桂酸，该物质能够抑制黑色素的生成，具有预防雀斑及老年斑的作用，是美容护肤的佳品。

（四）维生素

荞麦中富含多种维生素，如维生素 B_1、维生素 B_2、维生素 PP 及维生素 E 等，尤其是还含有其他谷物中所没有的功能活性成分维生素 P（芦丁）。荞麦与大宗粮食作物中的维生素含量比较见表 1.2。由荞麦籽粒的不同部位及不同加工方式所制成的粉，其维生素含量的差异较大。一般而言，外层粉的维生素含量较高，心粉的维生素含量相对较低。

表 1.2 荞麦和大宗粮食营养成分比较

成分	甜荞	苦荞	小麦粉	大米	玉米
钾/%	0.29	0.40	0.195	1.72	0.27
钠/%	0.032	0.033	0.0018	0.0017	0.0023
钙/%	0.038	0.016	0.038	0.009	0.022
镁/%	0.14	0.22	0.051	0.063	0.060
铁/%	0.014	0.0086	0.0042	0.0024	0.0016
铜/10^{-6}	4.0	4.59	4.0	2.2	—
锰/10^{-6}	10.3	11.70	—	—	—
锌/10^{-6}	17	18.50	22.8	17.2	—
硒/10^{-6}	0.431	—	—	—	—
维生素 B_1/(mg/g)	0.08	0.18	0.46	0.11	0.31
维生素 B_2/(mg/g)	0.12	0.50	0.06	0.02	0.10
维生素 PP/(mg/g)	2.7	2.55	2.5	1.4	2.0
维生素 P/%	0.095～0.21	3.05	0	0	0
叶绿素/%	1.304	0.42	0	0	0

资料来源：赵钢（2010）。
注："—"表示该物质不存在或未进行测定。

维生素 B_1（硫胺素）作为辅酶参与糖类代谢，具有增进消化机能，抗神经炎，以及预防脚气病等功效。维生素 B_2（核黄素）为黄素酶类的辅酶组成部分，能促进人体生长发育，是预防口角、唇舌炎症的重要成分。维生素 PP（烟酸）有降低人体血脂和胆固醇，降低微血管脆性和渗透性的作用，是治疗高血压、心血管病，防止脑出血，维持眼循环，保护和增进视力的重要辅助药物。

维生素 E（生育酚）能消除脂肪及脂肪酸自动氧化过程中产生的自由基，使细胞膜和细胞内免受过氧化物的氧化破坏，与硒共同维持细胞膜的完整，有维持骨骼肌、心肌、平滑肌和心血管系统正常的功能。其中，荞麦维生素 E 中 γ-生育酚含量最多，具有较强的抗氧化能力，对动脉硬化、心脏病、肝脏病等老年病有预防和治疗效果，对过氧化脂质所引起的疾病也有一定疗效。

维生素 P 即芦丁，膳食中芦丁的主要来源是荞麦。芦丁具有多方面的生理功能，荞麦叶片和籽粒中所含的芦丁可以提高毛细血管的通透性，维护微血管循环，加强维生素 C 的代谢作用及促进其在体内蓄积的功能，因此芦丁常用于治疗毛细血管变性引起的出血症且为高血压的辅助药物。

（五）矿质元素

荞麦富含多种营养矿质元素，钾、钙、镁、铁、铜、锌、铬、锰等元素的含量都显著高于其他禾谷类作物，另外荞麦还含有硼、碘、钴、硒等微量元素，荞麦和大宗粮食的矿质元素含量比较见表 1.2。

镁元素参与人体细胞能量转换，具有调节心肌活动，促进纤维蛋白溶解，抑制凝血酶生成，降低血清胆固醇，预防动脉硬化、高血压、心脏病等功效。钾元素是维持体内水分平衡、酸碱平衡和渗透压的重要阳离子。研究表明，苦荞中铁元素含量十分丰富，为其他主粮的2～5倍，能充分保证人体制造血红素对铁元素的需要，这对于防止缺铁性贫血具有重要的作用。荞麦中的硒元素具有抗氧化和调节免疫等功能，在人体内可与金属相结合形成一种不稳定的“金属-硒-蛋白质”复合物，有助于排除体内的有毒物质。此外，硒还有类似维生素C和维生素E的功能，不仅对防治克山病、大骨节病、不育症和早衰有显著作用，还有很好的抗癌效果。荞麦中铬的含量也较为丰富，铬是构成“葡萄糖耐量因子(GIF)”的重要活性物质。GIF不但可以增强胰岛素功能，而且对改善葡萄糖耐量，降血糖等方面也极为重要。

（六）膳食纤维

膳食纤维被称作“第七营养素”，是健康饮食中不可缺少的营养成分。膳食纤维在保持消化系统健康上扮演着重要的角色，摄取足够的膳食纤维也可以预防心血管疾病、糖尿病、癌症等疾病。膳食纤维可以清洁消化壁和增强消化功能，同时可稀释和加速食物中致癌物质和有毒物质的排除，能够保护脆弱的消化道和预防结肠癌。膳食纤维还有利于胆固醇的快速排泄，将血液中的血糖和胆固醇控制在最理想的水平。

荞麦是膳食纤维丰富的食物来源，其籽粒的膳食纤维含量为3.4%～5.2%，其中可溶性膳食纤维含量达到20%～30%。有研究表明，苦荞粉中膳食纤维的含量约为1.62%，较玉米粉中膳食纤维的含量高8%，分别是小麦和大米的1.7倍和3.5倍。调查表明，食用荞麦纤维具有降低血脂特别是降低血清总胆固醇以及低密度脂蛋白胆固醇含量的功效。同时，在降低血糖和改善糖耐量等方面也具有很好的作用。

饮食中的膳食纤维可能与矿质元素及蛋白质相结合，从而降低了它们各自在小肠中的吸收和消化率。研究发现，荞麦蛋白质较小麦蛋白质利用率低，其主要原因可能是由于膳食纤维的作用。然而，在日常饮食中的矿质元素和蛋白质充裕的情况下，较多膳食纤维的摄入对人体是有益无害的。

二、荞麦的保健成分及功效

荞麦具有很好的保健价值，这与其富含多种生物活性物质是密切相关的。众多研究表明，荞麦的功能性成分主要有酚类、黄酮类、糖醇类、蛋白质与多肽类、甾体类和其他，这些活性物质在降血糖、降血压、降血脂、抗菌、抗氧化、抗肿瘤、抗衰老、改善记忆力，以及预防肥胖病等方面具有较好的效果。

（一）酚类化合物

荞麦中的酚类化合物主要是苯甲酸衍生物和苯丙素类化合物，如没食子酸、香草酸、原儿茶酸、咖啡酸等。酚类化合物是荞麦中重要的营养保健功能因子，该类成分具有很好的生理活性，如抗氧化、抗菌、降低胆固醇、促进脑蛋白激酶等活性。徐宝才等（2002）对苦荞籽粒不同部位样品进行分析测定发现，苦荞籽粒中的酚酸类物质主要包括原儿茶酸、阿魏酸、对羟基苯甲酸等9种化合物，其总含量为94.6～1754.33mg/kg。此外，还含有原花青素，含量为0.03%～5.03%。同时还发现，在苦荞籽粒壳、麸皮、外层粉和内层粉四个部位中，麸皮中酚类成分含量最高。另有研究发现，荞麦多酚类物质的协同作用对其生理活性有很好的效果。用含胆固醇的高脂饲料喂杂交雄兔，辅以荞麦多酚，结果表明其血中丙二醛和 *p*-脂蛋白、胆固醇与甘油三酯明显降低，肝中的抗坏血酸自由基和血中的苯乙酸睾丸素会有所增加。

（二）黄酮类化合物

黄酮类化合物（flavonoids）是广泛存在于自然界的一大类化合物，以两个苯环（A与B环）通过三个碳原子相互联结（C_6-C_3-C_6）而成，这类化合物大多呈黄色或淡黄色，且分子中也多含有酮基，因此被称为黄酮。

荞麦中含有其他禾谷类粮食作物中所不具有的生物黄酮类活性成分，如芦丁、槲皮素、山奈酚、桑色素、金丝桃苷等及其衍生物。这些黄酮类化合物具有较强的生理活性如抗菌、抗氧化、抗病毒、细胞毒活性等，药效学的动物试验及临床观察表明这些活性成分还具有较明显的降血糖、降血脂、增强免疫调节功能等作用。因此，国内外对荞麦生物黄酮类活性成分的研究与开发利用十分活跃，也取得了较大的研究成果。众多研究表明，荞麦籽粒、根、茎、叶、花中均含有黄酮类物质，其中苦荞中黄酮类成分的含量较甜荞中高10～100倍。荞麦黄酮含量的高低主要与荞麦品种及其种植条件有较大关系。通常而言，在同一荞麦品种中，其黄酮类化合物含量的高低顺序为：花＞叶＞种子＞茎。另有研究显示，荞麦黄酮类化合物中主要成分为芦丁，又称芸香苷、维生素P，是槲皮素的3-*O*-芸香糖苷，其含量占总黄酮的70%～90%。芦丁对维持血管张力，降低其通透性，减少脆性有一定作用，还可维持微血管循环，并加强维生素C、促使维生素C在体内的蓄积。此外，芦丁还有降低人体血脂、胆固醇，防止心脑血管疾病等作用，是用于动脉硬化、高血压的辅助治疗剂，对脂肪浸润的肝也有去脂作用，与谷胱甘肽合用，其去脂效果更为明显。

（三）荞麦多糖与糖醇

多糖又称多聚糖（polysaccharide），是由单糖缩合成的多聚物，分布广泛，是一类重要的生物活性物质。植物多糖具有免疫调节、抗肿瘤、抗衰老、降血糖、降血脂等多种生物活性，广泛地应用于保健食品、医药和临床上，成为食品科学、天然药物、生物化学与生命科学研究领域的热点。植物多糖的相对分子质量从几万到百万以上，主要由葡萄糖、果糖、半乳糖、阿拉伯糖、木糖、鼠李糖、甘露糖、糖醛酸等不同种类的单糖以一定的比例聚合而成，不同植物多糖的组成存在差异。颜军等（2011）采用水提醇沉法结合 DEAE-纤维素柱层析分离纯化，获得 3 个苦荞多糖组分 TBP-1、TBP-2 和 TBP-3。经分析测定，TBP-1、TBP-2 是由葡萄糖组成的均一多糖，其分子质量分别为 167 967Da、567 539Da；TBP-3 由甘露糖、鼠李糖、葡萄糖醛酸、葡萄糖、半乳糖、阿拉伯糖组成的杂多糖，分子质量为 835 128Da。

D-手性肌醇（D-chiro-inositol，D-CI）是一种水溶性肌醇（环己六醇）的立体异构体，具有降血糖等生物活性。荞麦糖醇是荞麦种子发育成熟过程中所积累的具有降糖作用的 D-CI 及其单半乳糖苷、双半乳糖苷和三半乳糖苷的衍生物。D-CI 及其半乳糖苷对人体健康非常有利，尤其是对Ⅱ型糖尿病有疗效，引起了许多研究机构的关注。利用荞麦作为 D-CI 的天然资源，通过提取、分离获得荞麦糖醇-手性肌醇及其糖苷，可根据需要进一步提纯，加工成适当的剂型，作为食品添加剂或药品以预防、治疗糖尿病。此外，荞麦中还含有山梨醇、肌醇、木糖醇、乙基-β-芸香糖苷，这些成分都是对人体健康有利的物质，可直接利用。

（四）蛋白质与多肽类

荞麦蛋白质主要由清蛋白、球蛋白、醇溶蛋白、谷蛋白、残渣蛋白组成，具有良好的消化性。从氨基酸组成来看，荞麦蛋白质的氨基酸组成较为均衡，富含 8 种人体必需氨基酸，具有很高的生物价值。特别是，荞麦中含有其他谷物限制性氨基酸——赖氨酸，食用荞麦能弥补我国膳食结构所导致的“赖氨酸缺乏症”的缺陷。

有研究表明，荞麦蛋白质提取物对机体内的脂质过氧化物有一定的清除作用。此外，还有研究发现荞麦蛋白质能增加胆汁排泄，减少胆结石形成，且具有膳食纤维的功能，还能抗便秘、预防肥胖和肿瘤。林汝法等（2001）试验证明苦荞蛋白质提取物对大、小鼠经口急性毒性 LD_{50}（半数致死量）＞10g，属试剂无毒。经 Ames 试验、微核试验和精子畸变试验证实苦荞提取物无致突变性。30 天喂养试验证明，苦荞提取物对大鼠生长发育及血液学、生化和病理指标均无明显的不良影响。因此，根据食品安全性毒理学评价程序，经二阶段毒性试验证明苦荞提取物是安全的。

多肽是由蛋白质中天然氨基酸以不同组成和排列方式构成的，从二肽到复杂的线性或环性结构的不同肽类的总称，其中可调节生物体生理功能的多肽称为功能肽或生物活性肽（bioactive peptide）。它是蛋白质经过特征酶或生物降解后产生的具有显著生物学活性，且由数个至数十个氨基酸组成的肽类混合物，即蛋白质水解产物（protein hydrolysates）。与荞麦蛋白质相比，荞麦活性肽往往可能具有比荞麦蛋白质更好的理化性质，如对热很稳定；无抗原性，不会引起免疫反应；黏度随温度变化不大，即使在50%的高浓度下仍具有流动性；溶解度很好，在较宽的pH范围内仍可保持溶解状态；可直接由肠道吸收，吸收速度快，吸收率高等。

（五）其他活性成分

植物甾醇存在于荞麦的各个部位，主要包括β-谷甾醇、菜油甾醇、豆甾醇等。植物甾醇对许多慢性疾病都表现出药理作用，具有抗病毒、抗肿瘤、抑制体内胆固醇的吸收等作用。β-谷甾醇是荞麦胚和胚乳组织中含量最丰富的甾醇，约占总甾醇的70%，该物质不能被人体所吸收，且与胆固醇有着相似的结构，在体内与胆固醇有强烈的竞争性抑制作用。

荞麦种子中还存在着硫胺素结合蛋白，该活性成分起着转运和储存硫胺素的作用，同时它们可以提高硫胺素在储藏期间的稳定性及其生物利用率。这对于那些缺乏和不能储存硫胺素的患者而言，荞麦是一种很好的硫胺素补给资源。

荞麦中还含有缩合鞣质类，如原矢车菊素及其没食子酸酯，前者具有很好的抗肿瘤、抗氧化等活性。

此外，荞麦中还含有荞麦碱，以及多羟基哌啶化合物（含氮多羟基糖，D-fagomine），这些活性物质具有很好的降糖作用。

第三节　荞麦营养及功能性的发展趋势

荞麦作为一种营养保健兼备的药食同源植物资源，其食疗保健作用不仅受到我国传统医学的肯定，而且也备受现代医学研究的关注。随着人们生活水平的提高和健康意识的增强，荞麦及其营养功能制品日益受到人们的喜爱，相应其经济价值也逐步提升。

人们对荞麦营养价值的认识已普遍达成共识，对荞麦的功能性研究也从生物黄酮类活性物质逐步扩展到荞麦蛋白质、荞麦多肽、荞麦淀粉、荞麦多糖、荞麦糖醇、荞麦甾醇等成分上，并对其抗氧化、抗肿瘤、降脂、降糖等生理活性，以及功能制品开发利用等进行了多方面的研究，并取得了阶段性成果。这对于荞麦营养功能性成分的开发利用，指导荞麦生产与加工，以及引导居民合理消费起到了良好的促进作用。然而由于对荞麦的研究起步较晚，整体研究水平相对较低，其中仍存在很多尚未解决的问题，有待进一步阐明，概括起来主要表现在以下几方面。

一、荞麦中营养保健成分的组成及含量分析有待进一步明确

通过多年研究积累，人们在认识了荞麦中淀粉、蛋白质、脂肪、膳食纤维、矿物质等基本营养素存在的情况后，随着对诸如酚酸、生物黄酮、多糖、糖醇等组分与功能性研究的深入，对荞麦中含量少但功能性较强的微量元素、氨基酸、维生素等的组成及含量分析的研究显得至关重要，这些研究结果将把人们对于荞麦营养保健价值的认识提升到一个新的层次。

此外，荞麦的营养物质和功能性成分存在与否及其含量会因其品种、播种期甚至产地的自然条件等的不同而有所差异，且不同研究人员的样品采集、前处理、分析检测方法的不同也会加大这些差异，使得在不同的实验室对荞麦某些物质的存在与否及其含量没有达到广泛的共识。因此，很有必要建立荞麦营养物质与功能性成分分析的统一检测方法，并制订其相应的标准。这有利于人们对荞麦产业的整体认识，从而对于指导荞麦种植、生产、加工、消费等方面具有重要的意义。

二、荞麦功能性成分的作用机制有待进一步深入研究

当前，对荞麦功能性的众多研究还多局限于对其提取物的分析讨论，而关于具体某种单一成分或几种成分的相互协同作用方面的研究还较少，且大部分还停留在体外化学试验和动物学药效试验的基础上，而关于人体药效和功能性方面的试验极少，尤其是这些功能性成分如生物黄酮、D-CI、D-fagomine 等在体内发挥作用的机制尚不清楚，其人体适合的保健剂量和治疗剂量的选择还很难判定。因此，为了更好地认识荞麦的营养保健价值，对其进行深入开发利用，很有必要对其生理活性与作用机制进行深入研究。

三、荞麦营养功能制品的开发利用有待加强

随着人们对荞麦营养保健价值认知度的提高，荞麦及其加工制品将会越来越受到人们的喜爱，具有广阔的开发前景。为了更好地促进荞麦产业的健康发展，以下几个方面有待加强（图 1.1）。

（1）品种优良化

荞麦优良品种的选育目标是：高产、优质、抗逆、加工性能好等。在传统育种方法基础上，结合现代分子生物学方法和技术手段进行荞麦品种的选育，培育出品质优良的荞麦品种。

（2）种植规范化

因地制宜，根据荞麦主产区的地理气候条件、农业发展水平，选择适宜的种

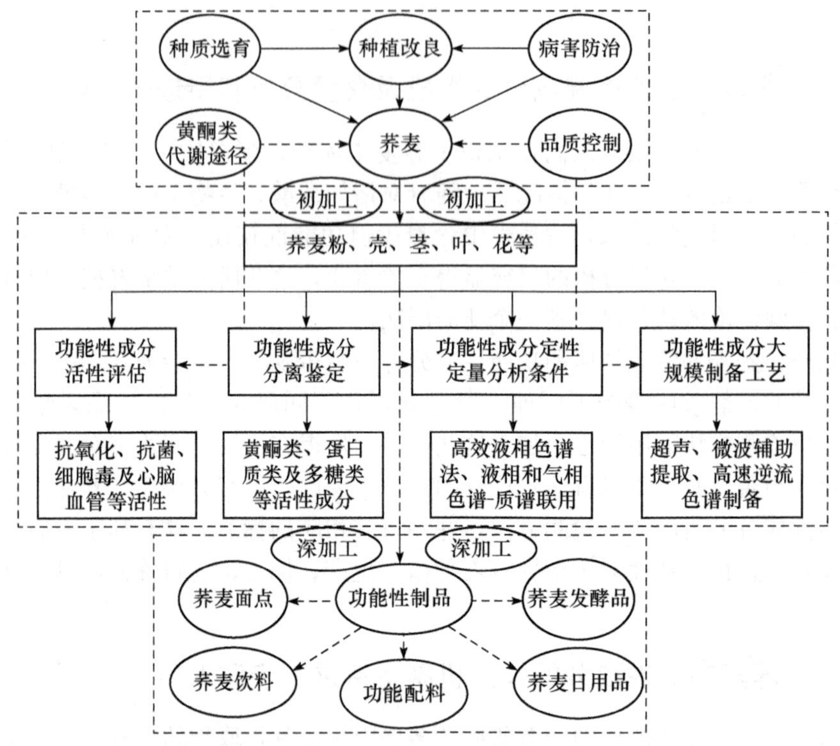

图 1.1　荞麦及其营养功能制品研发技术路线图

植方式和栽培模式，做到良法良种，并建立规范化的荞麦种植基地并进行示范推广，从而有效提高荞麦的产量和保证其品质。

(3) 产品多样化

根据荞麦营养价值高、保健功能强等特点，在传统荞麦制品发展和提升基础上，进一步提升荞麦精深加工技术，向功能食品、保健食品、药用制品等方向发展，开发出经济价值高、深受消费者喜爱的荞麦系列新产品，以满足不同人群的需求，从而有效带动荞麦产业的健康发展。

(4) 质量标准化

荞麦品种质量、种植方式、产品质量等应制订其完善的质量标准，并推行生产许可证制度。此外，荞麦系列产品要建立健全商标注册制度，树立品牌意识，提升品牌形象。

(5) 产销一体化

在荞麦主产地区，建立荞麦专业交易市场；产销地、大中城市等应建立荞麦批发市场、销售柜台或专卖店等，形成“产-供-销”一体化生产销售体系。此外，应健全信息网络服务体系，搞好信息收集和发布，实现荞麦供求信息进村入户。同时，也应加大对荞麦及其营养保健制品的宣传。

通过加强对荞麦营养功能成分的深入研究，明确其生物活性机制；建设优质荞麦原料基地，开发新型营养功能制品的生产工艺，丰富产品种类、实现产品升级；建立现代化的荞麦营养制品加工生产线；制订产品的品质评定标准；完善售后服务体系等，以促进荞麦产业的健康、持续、快速、稳定发展，这必将产生良好的经济效益和社会效益。

主要参考文献

杜双奎，李志西，于修烛. 2003. 荞麦淀粉研究进展. 食品与发酵工业，129（12）：72～75

郭晓娜，姚慧源. 2007. 苦荞抗肿瘤蛋白的分离纯化及结构分析. 食品科学，（7）：62～65

郎桂常. 1996. 苦荞麦营养价值及开发应用. 中国粮油学报，（3）：9～14

林汝法. 1994. 中国荞麦. 北京：中国农业出版社

林汝法. 2000. 苦荞资源的开发利用. 荞麦动态，（1）：3～7

林汝法，王瑞，周运宁. 2001. 苦荞提取物的毒理学安全性. 华北农学报，16（1）：116～121

田秀红，任涛. 2007. 苦荞麦的营养保健作用与开发利用. 中国食物与营养，10：44～46

王敏，魏益民，高锦明. 2004. 荞麦油中脂肪酸和不皂化物的成分分析. 营养学报，26（1）：40～44

徐宝才，肖钢，丁霄霖，等. 2002. 苦荞中酚酸和原花色素的分析测定. 食品与发酵工业，28（12）：32～37

颜军，孙晓春，谢贞建，等. 2011. 苦荞多糖的分离纯化及单糖组成测定. 食品科学，32（19）：33～36

杨政水. 2005. 苦荞麦的功能特性及其开发利用. 食品研究与开发，26（1）：100～103

张美莉，胡小松. 2004. 荞麦生物活性物质及其功能研究进展. 杂粮作物，24（1）：26～29

张政，王转花，刘凤艳，等. 1999. 苦荞麦蛋白复合物的营养成分及其抗衰老作用的研究. 营养学报，21（2）：159～162

赵钢. 2010. 荞麦加工与产品开发新技术. 北京：科学出版社

赵钢，陕方. 2009. 中国苦荞. 北京：科学出版社

赵钢，唐宇，王安虎. 2001. 中国的荞麦资源及开发应用. 中国野生植物资源，（2）：47～49

赵钢，唐宇，王安虎. 2002. 发展中国的苦荞生产. 作物杂志，（4）：17～18

钟兴莲，姚自强，杨永宏，等. 1994. 荞麦资源调查研究. 作物研究，8（4）：31～32

周小理，周一鸣，肖文艳. 2009. 荞麦淀粉糊化特性研究. 食品科学，30（13）：48～51

Steadman J K，Fuller D J，Obendorf R L. 2001. Purification and molecular structure of two digalactosyl D-chiro-inositols and two trigalactosyl D-chiro-inositols from buckwheat seeds. Carbohydrate Research，331：19～25

Tomotake H，Shimaoka I，Kayashita J，et al. 2000. A buckwheat protein product suppresses gallstone formation and plasma cholesterol more strongly than soy protein isolate in hamsters. J. Nutr., 130 (7): 1670～1674

Tsuji K, Ohnishi O. 2001. Phylogentic relationships among wild and cultivated tartary buckwheat (*Fagopyrum tataricum* Gaert.) populations revealed by AFLP analyses. Genes Genet. Syst., (76): 47～52

第二章　荞麦资源及开发利用

我国西南地区是栽培苦荞的起源中心（Tsuji et al.，2001），是苦荞的主产区，有着丰富的苦荞资源，我国西北地区是甜荞主产区，有大量的甜荞资源。我国这些荞麦资源正被直接或间接用于荞麦育种、生产、加工和出口创汇等，为我国荞麦种植区的人民和加工企业带来了较大的经济效益，同时也给广大消费者带来了健康食品。在我国四川、云南、贵州、西藏等省或自治区的荒山野岭、沟边、路边以及田间地头还有丰富的野生荞麦资源，这些资源对于荞麦的新品种选育、优良基因保存等具有重要意义，但这些资源只有一小部分获得开发利用，大部分自生自灭，有的已濒临灭绝。因此，荞麦资源的搜集、保存和开发利用具有重要意义。

第一节　荞麦资源概况

一、荞麦资源的类型

随着人们对荞麦营养价值认识的不断深入，对荞麦资源的研究更深入、更专业、更系统。中国荞麦资源十分丰富，主要有三种类型：一是甜荞，二是苦荞，三是荞麦近缘野生种（野生荞麦）。据研究表明全世界荞麦属已命名并见报道的有23个种，2个亚种和3个变种（夏明忠等，2007；Liu et al.，2007；Chen et al.，2004；Ohsako et al.，2002；Chen，1999；李安仁，1998；Ohishi，1998a；1998b；1995；1991；Ohishi et al.，1996；林汝法，1994），这些种、变种和亚种主要分布在中国的云南、四川、贵州等省区。张宗文（2006）报道，从20世纪50年代开始，在全国范围内收集荞麦种质资源，已经收集了共3043份荞麦种子，其中苦荞资源1019份，甜荞资源1886份，野生荞麦资源138份，大部分苦荞资源来自四川、山西和云南，苦荞资源的种子已经妥善保存在国家荞麦种质资源库中。

二、荞麦资源的分布

甜荞分布广阔，从北纬20°的中热带到50°的中温带均有种植，南北跨度为30个纬度，由东经80°的新疆阿克苏、和田到132°的黑龙江富锦，东西跨度52个经度均有种植，其分布特点是随经度增高而降低，随纬度降低而增加。甜荞种植面积较多的有内蒙古、陕西、山西、甘肃、宁夏和湖北等省或自治区，大部分在黄土高原（林汝法，1994）。

苦荞分布区域没有甜荞广阔，从北纬23°30′的云南文山到43°的内蒙古克什克腾旗，东经由80°的西藏扎达到116°的江西九江，跨20个纬度，36个经度，集中在云南、贵州、四川、湖南、湖北诸省，以及北方山西、陕西等省的黄土高原高寒山区。我国的淮河、秦岭、大巴山一线（秦淮线）是甜荞和苦荞栽培的交替区，秦巴山区以北是我国甜荞的主产区，多种植甜荞，苦荞只零星分散种植。秦巴山区以南是我国苦荞主产区，尤其是云贵川毗邻的高山丘陵地带多连片种植苦荞，甜荞种植面积较小。这种分布特点是由荞麦的生物学特性和该地区的自然条件、栽培条件和耕作制度所决定的（林汝法，1994）。Lin等（2007）报道了每年荞麦在中国的种植面积为100×10^4hm^2，常年产量约100×10^4t。甜荞种植面积为70×10^4hm^2，常年产量为75×10^4t，苦荞种植面积每年超过30×10^4hm^2，常年产量为30×10^4～50×10^4t。

据研究，中国是荞麦起源中心，除了有丰富的栽培荞麦资源外，还有丰富的野生荞麦资源，类型多种多样。长期以来，野生荞麦多在荒山野地、沟边、路旁生长，自生自灭。现代工业、交通运输业的发展，城镇建设，大规模开荒，过度放牧，采伐森林，生态环境的恶化以及集约农业的发展，许多野生荞麦被当做田间杂草而除掉，因此，野生荞麦资源正濒临减少。21世纪，由于国家重视，荞麦研究逐渐深入，野生荞麦资源无人问津的局面开始被打破，野生荞麦种子作为重要的资源而被广泛搜集、妥善保存和研究利用，野生荞麦资源的许多优良性状逐渐被发现，育种家已将其作为育种亲本材料加以利用，国内外学者利用现代分子生物学技术对野生荞麦资源的遗传多样性、居群关系、进化理论以及与栽培荞麦的亲缘关系进行了深入研究，为野生荞麦综合利用奠定了基础。

野生荞麦种子资源在中国的分布范围是由品种本身的特性决定的。细柄野荞、齿翅野荞、一年生野生苦荞和多年生块状茎野生甜荞适应范围较其他类型野生荞麦资源更为广泛。垂直分布上，一年生野生苦荞在西藏自治区海拔可达4500m，多年生块状茎野生甜荞垂直上限为海拔3500m；水平分布上，一年生野苦荞几乎遍布全国，尤其在海拔2000m左右的高寒地区最为常见，多年生块状茎野甜荞适宜阴湿温热环境，分布范围多以长江以南地区，西南山区比较集中，并有野生群落存在，最大群落面积达数十平方米。

多年生野生苦荞和一年生野甜荞分布范围较窄，王天云于1981～1984年在西藏实地考察时未发现其有分布。宋志成等在贵州省发现了两种类型的存在，同时在四川、云南、湖南部分地区也发现有多年生野生苦荞存在。据宋志成报道，一年生野甜荞在贵州分布极广，多生长在田间及荒坡上，多年生野生苦荞在贵州地势较高的地区有发现，多生长在河边的背阴处及乱石丛中。蒋俊芳等报道，在四川，多年生野生苦荞主要分布在凉山地区，彝族群众称为“耻惹额罗”，叶长尖形或戟形，浓绿色，茎似蔓生，多分枝，植株比一年生野生苦荞高大，有不规则块状茎，籽粒深褐色，有的有刺。在海拔 2100m 以上，人烟稀少，灌木丛生，四季冷凉，云雾较多，只在空气湿度较大的高山、森林近处或沟深低洼潮湿的乱石缝中比较常见（林汝法，1994）。

云南是“植物资源王国”，李钦元报道，云南省境内既有栽培甜荞、苦荞，又有野生甜荞和苦荞；既有一年生野生甜荞和苦荞，又有多年生野生甜荞和苦荞；既有须根状的野荞，又有块状茎、姜状茎的野荞。姚自强和钟兴莲调查表明，在湖南省的武陵山区，海拔 200m 以上的平坝地区至 1000m 以上的高寒山区，有成片的多年生野生甜荞和野生苦荞在生长（林汝法，1994）。吴怀祥在神农架和三峡地区考察也发现了野生甜荞和野生苦荞，多年生野生甜荞，在海拔 300m 以下有零星分布；一年生野生苦荞，分布很广，最高海拔达 1800m，主要分布在 1200m 左右，大多生长在田间四周和山坡，有群落分布。

西昌学院野生荞麦资源研究课题组王安虎等（2008；2007；2006a；2006b）在野生荞麦资源调查中发现，四川凉山地区的盐源县、雷波县和冕宁县分布有大量的一年生甜荞近缘野生种，籽粒形状多样，有棱锐、短锥的类型，也有棱钝、长锥、籽粒果皮带条纹的类型。在甘孜州的康定县和雅江县以及阿坝州的汶川县和茂县分布有较多的一年生苦荞近缘野生种，其中分布在康定县和雅江县的苦荞近缘野生种类型比较单一，在考察中只发现了籽粒灰色带刺，具腹沟的类型，而在阿坝州的汶川县、茂县和理县既发现了籽粒灰色带刺，具腹沟的类型，也发现了不带刺，籽粒黑色，具腹沟的类型。

随着科学研究技术的不断发展和对荞麦理论研究的不断深入以及人们对荞麦营养价值认识进一步增强，科研工作者比较系统地分析了栽培荞麦与野生荞麦之间的亲缘关系，提出了栽培苦荞的起源地和原始祖先，认为分布在四川、云南、贵州和西藏等省和自治区荒山野岭中丰富的野生荞麦资源可能是现有两个栽培种的原始祖先，同时也发现了较多的野生荞麦资源新种类，为荞麦资源的理论研究和应用研究奠定了基础。

三、荞麦资源的特征

（一）栽培苦荞的特征

1. 栽培苦荞的植物学特征

栽培苦荞，又称鞑靼荞，一年生栽培植物，幼苗的下胚轴长，子叶近圆形，宽 1～1.5mm，基部微凹，两侧近对称。叶片多为宽三角形，基部心形或戟形。花序不分枝或分枝呈伞房状，聚伞花序簇较密集；花黄绿色，花梗无关节，雄蕊基部之间有蜜腺，花柱等长。瘦果表面有纵沟，果棱钝，一般长于 5mm，露出于宿存的花被 1 倍以上。不同的品种瘦果的形状变化颇大，一些品种果棱上具翅或具刺或两者都有（林汝法，1994）。

2. 栽培苦荞的主要生物学及经济学性状

林汝法（2005）报道，在中国苦荞产区征集了高产量、高黄酮、易脱粒等性状的苦荞资源30个品种，分别是固原苦荞、海源苦荞、威宁苦荞、镇巴苦荞Ⅱ、威宁3号、六荞1号、六荞2号、六荞3号、凤凰苦荞、西3-1、西1-2、西2-2、西3-2、西4-2、西5-2、西6-2、西7-2、YT灰苦荞、YT黑苦荞、YT-5、YT-37、昆明灰苦荞、滇宁1号、定98-1、昭苦1号、西农9909、黑丰、晋荞2号、九江苦荞和威93-8。通过种植，观察记录了苦荞品种的生物学和经济学性状，如表2.1所示。

表2.1 苦荞品种的生物学及经济学性状

品种	生育类型	株高/cm	主茎节数/个	株粒重/g	产量/(kg/hm²)	千粒重/g	粒色	粒形
固原苦荞	晚熟	110	20	4.59	1308.0	23.3	灰	圆锥
海源苦荞	中熟	130	17	1.28	1183.5	19.4	灰	卵
威宁苦荞	中熟	90	15	0.91	1390.5	18.0	灰	卵
镇巴苦荞Ⅱ	早熟	125	19	2.97	1770.1	18.0	灰	圆锥
威宁3号	中熟	110	17	4.04	2121.0	22.2	灰	圆锥
六荞1号	特晚	110	18	4.83	2026.5	25.3	褐	圆锥
六荞2号	中熟	115	20	2.15	1353.0	20.5	灰	其他
六荞3号	晚熟	128	18	3.18	1209.0	23.7	灰	其他
凤凰苦荞	中熟	125	14	1.03	2050.5	21.6	褐	圆锥
西3-1	中熟	115	18	2.30	1885.5	19.5	褐	三角
西1-2	中熟	108	18	3.86	2088.0	21.0	褐	其他
西2-2	中熟	130	19	2.64	2121.0	20.8	灰	其他
西3-2	中熟	140	17	0.91	1956.0	19.2	灰	三角
西4-2	中熟	140	17	2.48	2392.5	20.2	褐	圆锥
西5-2	中熟	130	17	0.88	1213.5	21.0	灰	其他
西6-2	中熟	130	17	3.01	1827.0	20.2	褐	圆锥
西7-2	中熟	110	16	1.39	2433.0	18.5	灰	其他
YT灰苦荞	中熟	90	17	0.90	859.5	18.7	灰	圆锥
YT黑苦荞	晚熟	100	18	2.68	1143.0	21.0	黑	其他
YT-5	中熟	90	17	1.74	1354.5	23.4	灰	其他
YT-37	晚熟	105	20	2.77	1543.5	24.3	灰	其他
昆明灰苦荞	晚熟	130	20	1.21	1087.5	20.8	灰	其他
滇宁1号	晚熟	102	18	2.60	1886.0	22.2	灰	圆锥
定98-1	早熟	130	18	2.21	2159.5	19.5	灰	圆锥
昭苦1号	中熟	117	18	2.03	1399.5	16.2	灰	圆锥
西农9909	中熟	128	18	1.68	2196.0	17.8	褐	卵
黑丰	早熟	130	19	4.56	2312.0	21.0	黑	圆锥
晋荞2号	早熟	122	20	6.36	2199.0	17.5	褐	圆锥
九江苦荞	早熟	120	18	3.44	1893.0	19.6	褐	圆锥
威93-8	早熟	100	19	4.36	2192.0	19.6	褐	圆锥
平均	—	117	17.9	2.63	1751.9	20.5	—	—

资料来源：林汝法（2005）。

（1）苦荞的生育期

不同苦荞品种，其生育期不同，一般生育期不到 80 天的为早熟，80～90 天的为中熟，90 天以上的为晚熟。同一品种在同一地区不同年份种植，因气候等原因，其生育天数有一定变化，同一品种在不同地区也因气候等原因，其生育天数不一样。从表 2.1 中可知，苦荞不同品种中，早熟品种有 6 个，占 20%，中熟品种有 17 个，占 56.7%，晚熟品种有 6 个，占 20%，特晚熟品种有 1 个，占 3.3%，与张宗文（2006）报道从四川、云南和贵州等 11 个不同地区来源的国家苦荞资源生育期的变异幅度为 73～119 天基本一致。中国苦荞资源中熟品种所占的比例较高，适合选育出适应性广、具有推广价值的苦荞推广品种。

（2）苦荞的产量性状

从表 2.1 可知，30 个苦荞品种的平均产量为 1751.9kg/hm^2，高于平均产量的品种有 18 个，比率为 60%，低于平均产量的品种有 12 个，比率为 40%。九江苦荞是国家品种区域试验的对照品种，大面积种植，其平均产量为 1988.25kg/hm^2，30 个试验品种中，高于九江苦荞平均产量的品种有 12 个，分别是威宁 3 号、凤凰苦荞、西 2-2、西 1-2、西 4-2、西 7-2、西农 9909、黑丰、晋荞 2 号、威 93-8 和定 98-1，其中部分品种比对照九江苦荞增产率较高，如西 7-2 比对照增产 22.36%，晋荞 2 号比对照增产 10.60%，西农 9909 比对照增产 10.45%，威 93-8 比对照增产 10.30%，定 98-1 比对照增产 8.61%。

（3）苦荞的千粒重

张宗文（2006）报道从四川、云南和贵州等 11 个不同地区来源的国家苦荞资源的千粒重平均为 19.7g。从表 2.1 可知，苦荞资源千粒重平均为 20.5g，苦荞种质资源以中、小粒为主，千粒重 20g 以下的中、小粒种约占 43.3%，而 20g 以上的大粒品种占 56.7%。试验种植的 30 个苦荞品种中约有 17 个为大粒品种，其中接近特大粒的品种有 5 个，六荞 1 号千粒重为 25.3g、YT-37 千粒重为 24.3g、六荞 3 号千粒重为 23.7g、YT-5 千粒重为 23.4g 和固原苦荞为 23.3g。时政等（2011a）以 4 个苦荞品种为试验材料，测定了在贵州 6 个生态区下的产量，发现其变异幅度为 10.5～32.8g，其中六盘水苦荞的千粒重最低，平均为 22.02g，威宁地区苦荞的千粒重最高，平均为 31.03g。

（4）其他特性

从表 2.1 看出，30 个苦荞的株高平均数为 117cm，主茎节数 17.9 个，株粒重 2.63g。其中株高和主茎节数与张宗文（2006）报道的 11 个不同地区来源的国家苦荞资源的株高 107.9cm 和主茎节数 18.2 个基本一致。时政等（2011a）以 4 个苦荞品种为试验材料，测定了在贵州 6 个生态区下表现，结果发现株高平均数为 97.5cm，主茎节数平均为 14.4 个，主茎分枝数平均为 5.7 个，单株粒数平均为 220.3 粒，单株粒重平均为 4.34g，与上述研究略有差异。

（二）栽培甜荞的特征

1. 栽培甜荞的植物学特征

栽培甜荞，属一年生栽培植物，幼苗的下胚轴长，子叶近肾形，宽 2～3cm，基部微凹，两侧极不对称，叶片卵状三角形至三角形，基部心形或戟形。花序分枝成伞房状或圆锥状，聚伞花序簇密集；花白色或淡红，花梗细，有关节，雄蕊基部之间有蜜腺，花柱异长。果长大于 5mm，露出于宿存花被 1 倍以上。不同的品种果表变化大，有些品种果棱上有翅（林汝法，1994）。

2. 甜荞的主要经济学性状

柴岩等（2007）描述了审定推广甜荞品种资源的主要经济学性状，这些甜荞品种资源主要有定甜荞 1 号、蒙-87、晋荞麦 1 号、榆荞 2 号、宁荞 1 号、岛根荞麦 6 个。

（1）甜荞品种资源的主要生物学及经济学性状

从表 2.2 可看出，不同甜荞品种资源的生育期不同，一般其变化范围是 75～90 天，全生育期 75～80 天时，为中早熟品种资源，全生育期为 80～85 天时，为中熟品种资源，生育期为 85 天以上时，为晚熟品种资源。株高为 70～80cm 时，为矮秆品种资源，株高为 80～90cm 时，为中高秆品种资源，株高为 90cm 以上时，为高秆品种资源。每公顷产量在 1000～1300kg 时，属产量较低品种资源，每公顷产量在 1400kg 以上时，属产量较高品种资源。从甜荞种子的千粒重可看出，其籽粒大小可分为大中小三种类型，千粒重在 28～30g 时，属小粒型品种资源，千粒重在 30～33g 时，属中粒型品种资源，千粒重在 33g 以上时，属大粒型品种资源。

表 2.2 甜荞品种资源的主要生物学及经济学性状

品　种	生育期	株高/cm	主茎节数/个	株粒重/g	产量/(kg/hm²)	千粒重/g	粒　色	粒　形
定甜荞 1 号	80	70～90	7～9	4～6	1020.0	28.0	黑褐	三棱
蒙-87	75	72	10.6	3～5	1008.0	30.0～33.0	褐	三棱
晋荞麦 1 号	70	85～100	8～10	2.5	1482.0	31.9	深褐	三棱
榆荞 2 号	85～90	90	14	3～4	1500.0～3000.0	35.0	棕	长三棱
宁荞 1 号	80	90	10	4～6	1669.5	38.0	褐	三棱
岛根荞麦	76	70	8	2～4	1125.0	30.0	黑	三棱

（2）甜荞品种资源的抗逆力

柴岩等（2007）描述了定甜荞 1 号、蒙-87、晋荞麦 1 号、榆荞 2 号、宁荞 1 号和岛根荞麦等甜荞品种资源均表现出较强的抗倒伏、抗旱、耐贫瘠能力，且落粒轻，适应性强。

（三）野生荞麦资源的特征

1. 野生荞麦的植物学特征

（1）根系

野生荞麦的根系分两种类型，即一年生野生荞麦为须根，圆锥根系，次生根发育较差；多年生野荞麦从块状或姜块状茎上长出须根系。

（2）茎和分枝

野生荞麦的茎分直立、半直立、丛生和匍匐型，茎色有绿、浅红、红 3 种。株高 20～250cm 不等。茎中空，光滑或生有绒毛。一级分枝 7～10 个，分枝位置多在中下部或基部。多年生野生荞麦为块状茎或姜块状茎，木质化，其上还生有无数须根。地上部分枯死后，翌年从块状茎处重新长出新枝。

（3）叶

野生荞麦的叶为互叶，叶形在生长周期中不断变化，前期和后期生长的叶片在大小和形态上都有差异。后期一般叶形可分为戟形、箭形和卵圆形。叶缘平滑。叶色浅绿到深绿。根据叶片大小，可分为大叶型和小叶型野生荞麦。另外，叶脉色不同类型也有区别，多数为绿色，少数叶脉为紫红色。

（4）花

野生荞麦的花有红、白、黄三色，花在形态上有一些差异。野生苦荞花器比较小，花柱等长，自花授粉结实；野生甜荞花器大，花柱异长或等长，异花授粉，有蜜腺，花序总状。

（5）籽粒

野生荞麦的籽粒形状多样，果皮颜色差异明显。野生甜荞籽粒三棱形，棱翅有大小之分，无腹沟；果皮褐、深灰或棕色，果皮较厚，出粉率较低；千粒重 10～30g。野生苦荞籽粒有三棱形、长锥形、短锥形和圆形等类型；棱脊有圆、锐、尖翅、波翅等，有腹沟，且有深浅之分；果皮色有灰、深灰、褐、黑等，果皮表面粗糙，皮较厚，出粉率低；千粒重 7～25g。成熟的籽粒一般容易自然脱落。

（6）株型

野生荞麦株型多样，有直立型、半直立型、匍匐型和丛生型等多种，但一般为松散型，分枝较多，有些还处于丛生或原始的匍匐状态，这是与栽培荞麦的显著区别之一。

多年生野生荞麦分大叶型和小叶型两类。分枝均较多，植株高大，一般在 200cm 以上，株型松散，处于半匍匐状态。

一年生野生荞麦可分为 6 种株型：A 主茎直立，分枝较少，株型紧凑，与栽培荞麦相似；B 主茎直立，分枝较多，株型比较松散；C 主茎直立，分枝平展，分枝节位密集在一起；D 主茎不明显，植株半直立，株型丛生状；E 植株丛生，呈匍匐状；F 主茎直立，株型处于半丛生状态。

西昌学院野生荞麦资源研究课题组 2005～2007 年在野生荞麦资源的考察中发现，细柄野荞、齿翅野荞、硬枝万年荞、小野荞、疏穗小野荞和花叶野荞等野生荞麦资源的花柱为异长或异短，且花柱异短者结实率较花柱异长者高，表明多数野生荞麦既可异花授粉也可自花授粉。另外，在考察中还发现，硬枝万年荞、长柄野荞、小野荞、疏穗小野荞、线叶野荞和花叶野荞的花梗具关节，且很明显，经解剖结构观察，其苞片较硬，且每苞内部具有 1～2 朵退化的小花，该小花具有雄蕊和雌蕊，但小花不伸出苞片，不能开花结实，为败育型。

2. 野生荞麦的生物学性状

（1）生育期

分一年生和多年生两大类。一年生野生荞麦生育期 60～120 天。一般 4 月出苗，6 月开花，花期较长，直到初霜后花序才停止生长；多年生生野荞麦根系发达，生有宿根块茎，木质化程度高。地上部分枯死后，翌年地下块茎重新发出新枝。只要条件适宜，终年可开花结实。一般花期可达 6～8 个月。多年生野生荞麦在北方种植，当年播种当年可开花结实。地下块茎只要冬季免遭冻害，年年可以发出新枝，经久不衰。

蔡光泽等（2007）报道，齿翅野荞和细柄野荞在条件适合的环境下，每年可完成两代生长发育。如 4～8 月，在大春作物马铃薯和玉米地内，完成第一代生长发育，并形成成熟种子，当年 8 月中下旬，马铃薯地和玉米地重新被耕作种蔬菜或荞麦等作物时，第一代种子又会再次吸水萌发出苗，开花结实，完成第二代生长。

（2）落粒性

落粒性强是野生荞麦的主要特性，它能保证野生荞麦在不良环境条件下得以生存和繁衍后代。其表现是籽粒进入乳熟期以后，果皮由绿转褐色时，稍遇外力，籽粒便自行脱落。多年生野生荞麦最为明显，所以在野外采收野荞籽粒比较困难。

（3）抗逆性

野生荞麦多在不良的环境条件下生长，具有耐瘠、抗旱、耐盐碱、对土壤要求不严格、粗生易长、适宜范围较广等特点。一年生野生苦荞在高海拔地区随处可见，环境稍有改善，如在新垦荒地上植株生长迅速，枝繁叶茂。

3. 中国野生荞麦与栽培荞麦的主要区别

我国荞麦科研工作者通过 30 多年的努力工作，在广泛搜集和调查研究的基础上，基本上搞清楚了我国荞麦种质资源的主要类型和形态特点，为荞麦不同类型的鉴定提供了形态学依据。国内外荞麦专家研究结果表明，野生荞麦通过较长时间的演化和扩散，选择性栽培驯化，已经成为营养价值极高且广泛栽培的食用或食药兼用作物。由图 2.1 可以看出野生荞麦演变成栽培荞麦二者之间的联系。野生荞麦有一年生和多年生两类，一年生野生荞麦地下无块茎，植株较矮，主要包括甜荞、野生苦荞两种类型，甜荞类的籽粒三棱，无腹沟，表面光滑，有的具光泽，有的不具光泽，甜荞近缘野生种的植物学特征最接近于栽培甜荞。野生苦荞的籽粒有腹沟，有的无刺，为褐色或黑色，有的棱上有 2～4 个刺，为灰色，有的籽粒表面全部具小刺，为灰色或黑色，野生苦荞即苦荞野生近缘种的植物学特征和生活习性最接近栽培苦荞。研究表明苦荞近缘野生种是栽培苦荞的原始祖先。多年生野生荞麦有甜荞类和苦荞类，甜荞类具三棱，无腹沟，二倍体植株花小、叶小，四倍体植株花大、叶大；苦荞类有腹沟。西昌学院野生荞麦资源研究课题组王安虎等（2008；2007；2006a；2006b）未见多年生野生苦荞的分布，但在野生金荞群落中发现有的金荞群落籽粒短锥具腹沟，黑色，与栽培苦荞的粒形相似。通过分子生物学研究，部分学者认为金荞与栽培苦荞的亲缘关系比金荞与栽培甜荞的亲缘关系近，但有的学者又认为金荞与栽培甜荞的亲缘关系比金荞与栽培苦荞的亲缘关系近。因此，金荞是研究野生荞麦进化的重要材料，同时在分类上也还有待于进一步研究。

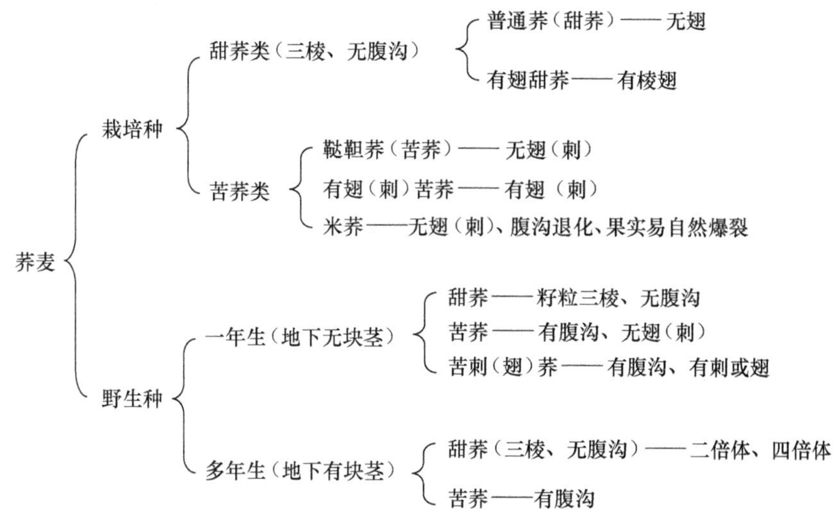

图 2.1　野生荞麦与栽培荞麦的主要区别

野生荞麦演化为栽培荞麦，其某些植物学特征和生长习性在栽培荞麦的植株上仍然留有痕迹，栽培荞麦有甜荞类和苦荞类，甜荞类籽粒有的三棱锐，有的三棱钝，无腹沟，有的三棱上具翅，有的三棱无翅。苦荞类籽粒具腹沟，有的有刺，有的无刺。野生苦荞的籽粒具腹沟，棱上具大小不一的刺，这些特征也是栽培苦荞与野生苦荞明显的共有特征，实际上也是栽培荞麦与野生荞麦之间的亲缘关系相近的外在表现，同时也是判断野生荞麦是否为野生苦荞的主要植物学形态特征。

第二节　荞麦的综合开发利用

一、荞麦的营养保健价值

荞麦是我国古老的作物之一。荞麦营养丰富，食用价值高。科学分析表明，荞麦中营养物质的含量高于大米、小麦和玉米等大宗粮食，并且含有其他禾谷类粮食所没有的叶绿素和芦丁（表 2.3）。许多科学家指出：荞麦是高质量蛋白质的潜在来源，其内在品质之优异远非一般谷类粮食所能及。研究表明，荞麦中富含蛋白质和脂肪及具有保健功能的矿质元素及维生素。脂肪中含有 9 种脂肪酸，75％以上为不饱和油酸和亚油酸。根据国内外研究结果表明，荞麦籽粒除 70％的淀粉以外，蛋白质含量为 10.3％～13.9％，具有良好的可溶性，既有水溶性清蛋白，又有盐溶性球蛋白，这两种蛋白质的含量占总蛋白质的 50％以上。其蛋白质由 18 种氨基酸组成，人体必需的 8 种氨基酸齐全，比例适当，与鸡蛋和牛奶中的蛋白质接近。其中谷氨酸含量 15％以上，组氨酸为 2％～2.3％，赖氨酸为 5％～6％，精氨酸和天门冬氨酸为 8％～9％。芦丁是荞麦（尤其是苦荞）的特有成分，具有软化血管、降低血脂和胆固醇的功能，对心血管疾病和高血压有较好的预防、治疗作用，对控制和治疗糖尿病总有效率达 93％。荞麦中的维生素、脂肪以及各种矿质营养元素充足，还含有多种对人体有益的无机盐和微量元素等，具有促进人体生长发育、养血健身之功效。荞麦还含有对人体有益的超微量元素以及其他谷物所不含的叶绿素、生物黄酮，这些功能性因子在人体的生理代谢中都有重要作用。用野荞制成金荞麦片，用于消炎、解热、化瘀和治疗肝腹水、肺脓疡有良好的效果。另外，荞麦还有健胃、免疫、消炎、防癌变之功效。

表 2.3　荞麦和大宗粮食的营养成分

比较项目	苦荞粉	甜荞粉	小麦粉	标一籼	玉米粉
水分/％	13.2	13.0	12.0	13.0	13.4
粗蛋白/％	10.5	6.5	9.9	7.8	8.4
粗脂肪/％	2.15	1.37	1.8	1.3	4.3
淀粉/％	73.11	76.5	71.6	76.6	70.2
粗纤维/％	1.62	1.01	0.6	0.4	1.5
维生素 B_1/(mg/g)	0.18	0.08	0.46	0.11	0.31
维生素 B_2/(mg/g)	0.50	0.12	0.06	0.02	0.10
维生素 PP/(mg/g)	2.55	2.7	2.50	1.40	2.0
维生素 P/％	3.05	0.095～0.21	—	—	0

续表

比较项目	苦荞粉	甜荞粉	小麦粉	标一籼	玉米粉
叶绿素/%	0.42	1.304	—	—	0
钾/%	0.40	0.29	0.20	0.17	0.27
钙/%	0.016	0.038	0.038	0.009	0.022
镁/%	0.22	0.14	0.051	0.063	—
铁/%	0.0086	0.014	0.0042	0.0024	—
铜/10^{-6}	4.59	4.0	4.00	2.20	—
锌/10^{-6}	18.5	17.0	22.8	17.2	—
硒/10^{-6}	0.43	—	—	—	—

资料来源：赵钢（2010）。
注："—"表示该物质不存在或未进行测定。

荞麦多种植在人口稀少、没有工业污染的冷凉山区，生产中不施任何化肥与农药，我国有许多的荞麦加工产品，都已通过国家绿色食品和有机食品认证，保证了从土地到餐桌的全程质量安全，迎合了当今社会追求纯天然、无污染和保健性的消费需求。在日本、韩国及欧美国家，荞麦食品被视为高档食品。

1. 蛋白质

荞麦籽粒中的蛋白质含量较高，黄凯丰等（2011a）以不同产地的35份苦荞资源为试验材料，测定了其籽粒中的蛋白质含量，发现35份苦荞资源的蛋白质含量变异幅度为23.65～193.28mg/g，平均值为111.85mg/g，其中原产贵州赫章的T425蛋白质含量达到193.28mg/g，要高于周丽慧等（2009）在351份不同类型水稻品种（系）中的蛋白质含量。此外，荞麦蛋白质组成不同于一般粮食组成，主要成分为谷蛋白、水溶性清蛋白和盐溶性球蛋白。苦荞含蛋白质一般为9.3%～14.9%，其蛋白质组成不同于一般植物蛋白质。对荞麦蛋白质组成的研究表明，荞麦蛋白质中水溶性清蛋白含量较高（31.8%～42.3%），谷蛋白含量次之（24.5%～26.1%），醇溶性蛋白含量最低（1.7%～2.3%）。苦荞中水溶性清蛋白和盐溶性球蛋白占蛋白质总量50%以上，近似于豆类蛋白质组成。

荞麦所含蛋白质品质好，组成蛋白质的氨基酸种类齐全，尤其是人类所需的8种氨基酸接近鸡蛋蛋白质的组成比例，其中赖氨酸含量高达0.69%，是大米的2.7倍，所以补充荞麦食品可以改善我国膳食结构导致的"赖氨酸缺乏症"，对幼儿和儿童的生长有利。同时与其他食物混食，能够充分发挥食物的互补作用，弥补营养素的不足，提高食物的营养价值。但荞麦中含有一定的丹宁等抗营养素，以及对分解蛋白酶的化学反应的低灵敏度，使荞麦蛋白质的可消化性相对较低。

动物试验表明，荞麦蛋白质提取物（BWPE）对乳癌发生有抑制作用；张政（1999）研究证实，荞麦蛋白复合物（TBPC）对生物体有较好的抗氧化及延缓衰老的作用，同时具有一定的营养保健和医学应用价值。此外，研究发现，荞麦中一些多肽有降血压功效，一些特定蛋白质还能降低体内胆固醇含量，是防止高血压和心脏病发生的重要原因。研究表明，苦荞蛋白质具有降低血液与肝脏胆固醇，抑制脂肪积累，抑制大肠癌和胆结石，改善便秘及抗衰老等作用。于是，苦荞蛋白质可广泛应用在食品中，作预防高血脂、高尿糖、高血糖等保健食品的添加剂。

2. 脂肪

荞麦脂肪含量为1%～3%，含9种脂肪酸，不饱和脂肪酸含量丰富，其中油酸和亚油酸含量最多，占总脂肪酸的80%左右，此类脂肪酸对人体十分有益，它不仅降低血脂，而且是合成在人体生理调节方面起必需作用的前列腺素和脑神经组分之一，有预防血管硬化、雀斑及老年斑的作用。

苦荞脂肪含量为2.1%～2.8%。苦荞脂肪酸组成主要有油酸、亚油酸和亚麻酸，均为人体必需脂肪酸，由于苦荞富含不饱和脂肪酸，有降低体内血脂黏度的功能。苦荞脂肪中油酸、亚油酸、亚麻酸、棕榈酸、花生酸、芥酸、硬脂酸和肉豆蔻酸，分别占总脂肪酸的45.05%、31.14%、3.31%、14.50%、2.37%、0.77%、2.51%和0.35%。同时其含有抑制皮肤生成黑色素的2,4-二羟基顺式肉桂酸，有预防雀斑及老年斑的作用。

3. 糖类

荞麦种子中糖类含量一般为60.2%～72.5%。时政等（2011b）以不同产地的35份苦荞资源为试验材料，测定了其籽粒中的可溶性总糖含量，发现35份苦荞资源的可溶性糖含量变异幅度为7.23%～9.96%，平均值为8.17%。同时时政等（2011b）研究了苦荞籽粒中葡萄糖的含量变异，发现35份苦荞资源的葡萄糖含量变异幅度为0.0556%～0.8402%，平均值为0.3217%。黄凯丰等（2011b）对苦荞不同类型间的蔗糖含量进行了分析，发现35份苦荞资源的蔗糖含量变异幅度为0.0077%～0.2089%，平均值为0.0518%，说明苦荞籽粒中的蔗糖含量极低，属于典型的低糖杂粮作物。

荞麦淀粉近似于大米淀粉，但颗粒较大，与一般谷类淀粉比较，荞麦淀粉食后易被人体消化吸收。荞麦中淀粉的含量随地区和品种之间的不同而有差异，四川甜荞和苦荞种子中淀粉含量均在60%以下（干基），陕西的甜荞种子淀粉含量为67.9%～80.7%，苦荞种子为63.8%～72.5%（干基）。时政等（2011c）研究了35份不同产地苦荞籽粒中的淀粉含量，结果表明：35份苦荞资源的总淀粉含量变异的幅度为40.70%～86.41%，平均值为62.80%；直链淀粉含量的变异幅度为12.24%～32.18%，平均值为19.32%；支链淀粉含量的变异幅度为13.31%～68.78%，平均值为43.48%。苦荞中淀粉含量较高，以支链淀粉为主。黄凯丰等（2011c）对8份甜荞资源的淀粉含量进行了研究，发现甜荞中的总淀粉含量变异幅度为58.04%～74.83%，平均值为65.95%，直链淀粉的变异幅度为16.45%～23.83%，平均值为20.04%，支链淀粉的变异幅度为33.67%～53.05%，平均值为45.91%，甜荞的淀粉含量较高，以支链淀粉为主。同时，据I. Kreft和V. Skarabanja对48个甜荞和苦荞试样分析结果表明：其荞麦淀粉含量为67.8%～80.7%，直链淀粉为淀粉总量的33%～44%，大部分为支链淀粉，含大量凝胶黏液，加热后呈弱碱性，对胃酸过多有抑制作用。苦荞淀粉由于含黄酮，可阻碍淀粉酶对其分解，是作为阻抗性变性淀粉的优质原料。在煮过和冷冻干燥的荞麦种子中，据研究，80%的总淀粉为可快速利用的能量，6%的淀粉降解要慢些，14%的淀粉可能成为结肠厌氧菌的能源；特别是在重复高压和灭菌与冷却中，可加速耐消化淀粉的形成，荞麦淀粉葡萄糖的缓慢释放和相对高的耐消化淀粉特性，使之可作为糖尿病人良好的补充饮食。

荞麦总膳食纤维含量为3.4%～5.2%，其中20%～30%是可溶性食物纤维，现代研究认为这些膳食纤维对防止糖尿病和高血脂具有积极的作用。苦荞膳食纤维占籽粒的2%～3%，是一种不被人体内消化酶分解的高分子物质，它包括纤维素、半纤维素、果胶、木质素等。纤维素具有持水、持油、膨胀、吸附等特性，从而具有整肠通便、防止肥胖病、减少心血管疾病等生理功能。有人对以苦荞为主食的地区进行调查，发现食用苦荞具有降低血清胆固醇及LDL胆固醇作用，推断是苦荞膳食纤维的作用。苦荞膳食纤维具有化合氨基氮肽的作用。

4. 矿物质

荞麦的矿物质含量十分丰富，钾、镁、铜、铬、锌、钙、锰、铁等含量都高于禾谷类作物，还含有硼、碘、钴、硒等微量元素，但其含量受栽培品种，种植地区的影响。这些物质不仅可以提高人体内必需矿质元素的含量，还可起到保肝肾，造血和增强免疫的作用，也有益于提高智力，保持心脏血管正常，降低胆固醇。荞麦中含有大量的铜，铜能促进铁的利用，人体缺铜会引起铁的不足，导致营养性贫血。荞麦中含有其他谷类作物缺乏的天然有机硒，硒是联合国卫生组织确定的人体必需的微量元素，同时是该组织目前唯一认定的防癌抗癌的元素，人体缺硒会造成重要器官的机能失调，人体有40多种疾病与饮食缺硒有关，硒在人体内形成“金属-硒-蛋白质”复合物，有助于排除体内有毒物质。时政等（2011d）以不同产地的35份苦荞资源为试验材料，发现了其籽粒中的硒含量，发现其变异幅度为0.0099～0.1208mg/g，其中原产甘肃的T460中的硒含量达0.1208mg/g，35份苦荞资源硒的平均值为0.0406mg/g。荞麦之所以能降血糖，与荞麦中所含的铬元素有关，铬可促进胰岛素在人体内发挥作用。荞麦中含有大量的镁，不但能抑制胆固醇的形成，预防动脉硬化，还可帮助血管舒张，维持心肌正常功能，加强肠道蠕动，增强胆汁，促进机体排除废物。甜荞含钙量为0.63%，苦荞则高达0.72%。

5. 维生素

荞麦中含有丰富的维生素 B_1、维生素 B_2、维生素 PP、维生素 C、维生素 B_6 和维生素 E 等。维生素 B_1 能增进消化机能，抗神经炎和预防脚气病；维生素 B_2 能促进人体生长发育，是预防口角、唇舌炎症的重要成分；维生素 PP 有降低人体血脂和胆固醇，降低微血管脆性和渗透性的作用，是治疗高血压、心血管病、防止脑出血、维持眼循环、保护和增进视力的重要辅助药物；维生素 E 能消除脂肪及脂肪自动氧化过程中产生的自由基，使细胞膜和细胞内免受过氧化物破坏，维生素 E 与硒共同维持细胞膜的完整，有维持骨骼肌、心肌、平滑肌和心血管系统正常的功能。

6. 黄酮类物质

黄酮含量的高低是衡量荞麦品质优劣的重要指标之一。黄凯丰等（2011d）测定了 35 份苦荞资源籽粒中的总黄酮含量，发现苦荞黄酮含量变异幅度为 2.19%～4.02%，平均值为 3.12%。科学家从荞麦种子中分离并确定了 6 种黄酮类物质，它们是芦丁（rutin）、荭草苷（orientin）、牡荆碱（vitexin）、槲皮素、异牡荆碱（isovitexin）和异荭草苷（isoorientin）。黄酮类物质特别是芦丁对人体具有多种生理功能，能维持毛细血管的抵抗力，降低其通透性及脆性，促进细胞增生和防止血细胞凝聚；还有消炎、抗过敏、利尿解、镇咳、降血脂、强心等方面的作用，对治疗血管病、糖尿病，和肥胖症等有疗效。苦荞生物类黄酮中的槲皮素等能降低甘油三酯，总胆固醇，减少动脉粥样硬化指数，同时有抑菌和抗病毒作用。

7. 植物多酚

荞麦中含有丰富的多酚类功能成分。苦荞中多酚类物质在其籽粒中约含 3.05%。其中外层粉 5.23%～7.43%、中层粉 3.10%～4.13%、内层粉 0.47%～0.97%。苦荞粉中的植物多酚成分主要是芦丁、槲皮素 3-葡萄糖芳香糖苷、山奈酸、芸香糖苷、槲皮素等，其中芦丁约占总量的 85%。

膳食中芦丁的主要来源是荞麦，研究证明芦丁具有抗感染、抗突变、抗肿瘤、平滑松弛肌肉和作为雌性激素束缚受体等作用。苦荞多酚具有消除 O·、OH·、DPPH·（1,1-二苯基-2-苦苯肼自由基，1,1-diphenyl-2-picrylhydrazyl）的能力，特别是芦丁、槲皮素对消除 DPPH·较强；苦荞多酚对亚油酸体系中的抗氧化效果较好；苦荞多酚还具有降低脑内脂质过氧化物（LPO），使尿毒症毒素肌酸酐水平下降，抑制血糖值和总胆固醇和使体内 SOD、蛋白激酶（PKC）活性上升的作用。据医学研究证明，芦丁能促进人体胰岛素的分泌，并有软化血管，改善微循环和降低血管脆性的作用，苦荞生物类黄酮能够促进胰岛 β 细胞的恢复，降低血糖和血清胆固醇，对抗肾上腺素的升血糖作用，同时它还能够抑制醛糖还原酶，因此可以治疗糖尿病及其并发症。

二、苦荞的开发利用

1. 苦荞的医疗保健

苦荞是营养丰富的粮食作物，也是很好的药用作物。我国医籍《本草纲目》记载："苦荞性味苦、平寒，实肠胃，益气力，续精神，利耳目，能练五脏滓秽，降气宽肠，磨积滞，消热肿风痛，除万浊，脾积泄泻等功效。"现代临床医学观察表明：苦荞粉及其制品具有降血糖、降血脂，增强人体免疫力的作用，对糖尿病、高血压、高血脂、冠心病、中风等病人都有辅助治疗作用。

北京、天津、四川等地的一些医疗单位大量的临床观察和动物试验证明，苦荞食品具有明显降低血脂、血糖、尿糖的三降作用，故北京市中医院称之为三降粉。它对糖尿病有特效，对高血脂、脑血管硬化、心血管病、高血压等症，具有很好的预防和治疗作用。苦荞还具有较高的辐射防护特性，对于辐射患者是一种极好的食疗作物。

2. 苦荞的开发应用

（1）苦荞食品

苦荞米、苦荞营养粉、苦荞疗效粉、糖尿病食疗粉、胃病食疗粉、高血脂食疗粉、苦荞颗粒粉、苦荞饼干、苦荞挂面、苦荞通心粉、苦荞芽菜等。

（2）苦荞饮料

苦荞食疗酒、苦荞醋、苦荞茶、苦荞饮料（苦荞清肺润喉饮料、苦荞祛暑饮料、苦荞滋补饮料）等。

（3）苦荞化妆品

苦荞护发素、苦荞浴液、苦荞护肤霜、苦荞防辐射面膏。

（4）苦荞黄酮类产品

以苦荞中提取的生物类黄酮为主要原料的制品。苦荞中的黄酮是黄色粉末状，主要成分是2-苯基色原酮类化物，如槲皮素、芦丁、桑色素、莰菲醇等黄酮类物质。有清热解毒、活血化瘀、改善微循环、拔毒生肌、降糖降脂等生物功效。主要产品有：生物类黄酮散、生物类黄酮软膏、生物类黄酮胶囊、生物类黄酮牙膏以及生物类黄酮口香糖等。

三、甜荞的开发利用

1. 甜荞的保健功能

（1）古代医书记载

我国古代书中有很多关于荞麦治病防病的记载。《备急千金要方》记有"荞麦味酸微寒无毒，食之难消，动大热风。其叶生食，动刺风令人身痒。"《图经本草》记有“实肠胃、益气力”的记述。《群芳谱·谷谱》记有荞麦“性甘寒，无毒。降气宽中，能炼肠胃……气盛有湿热者宜之”，“秸：烧灰淋汁。熬干取碱。蜜调涂烂瘫疽。蚀恶肉、去面志最良。淋汁洗六畜疮及驴马躁蹄。”《台海使槎录》记有“婴儿有疾，每用面少许，滚汤冲服立瘥。”《齐民要术》记有“头风畏冷者，以面汤和粉为饼，更令镬罨出汗，虽数十年者，皆疾。又腹中时时微痛。日夜泻泄四五次者，久之极伤人。专以荞麦为食，饱食二三日即愈，神效。其秸作荐，可辟臭虫蜈蚣，烧烟熏之亦效。其壳和黑豆皮菊花装枕，明目”的记述。《植物名实图考》（19世纪中期）记记荞麦“性能消积，俗呼净肠草。”

（2）现代医学临床结果

实践表明，荞麦面食有杀肠道病菌、消积化滞、凉血、除湿解毒、治肾炎、蚀体内恶肉之功效；荞麦粥营养价值高，能治烧心和便秘，是老人和儿童的保健食品；荞麦青体可治疗坏血病，植株鲜汁可治眼角膜炎；使用荞麦软膏能治丘疹、湿疹等皮肤病。

近代医学研究表明，芦丁有防治毛细血管脆性出血引起的脑出血，以及肺出血，胸膜炎，出血性肾炎，皮下出血和鼻、喉、齿龈出血。芦丁是荞麦特有的成分，它不但存在于荞麦种子中，还存在于种壳、叶、花、茎等其他器官。多酚类化合物是荞麦中最重要的营养保健因子，它具有软化血管和降低血脂及胆固醇的功能，对高血压和心血管疾病有较好的预防和治疗作用，并能控制和治疗糖尿病；另外还有健胃、免疫、消炎、除湿热、祛风痛、消热解毒、防癌变等功效。荞麦中还含有膳食纤维，它是一种天然有机高分子化合物，不能被人体消化吸收，但它也是人体不可缺少的物质。膳食纤维具有持水、持油、强吸水膨胀及强吸附能力等特征，它还能够帮助人们胃肠蠕动，从而有助于消化。

甜荞含有多种有益人体的无机元素，不但可提高人体内必需元素的含量，还可起到保肝肾功能、造血功能及增强免疫功能，达到强体健脑美容，提高智力，保持心血管正常，降低胆固醇的效果。荞麦还含有其他粮食稀缺的硒，有利于防癌。甜荞还含有较多的胱氨酸和半胱氨酸，有较高的放射性保护特性。

2. 甜荞的开发利用

荞麦因其营养丰富，它的加工产品也多种多样，有挂面、方便面、蛋糕、豆酱、酸奶等现代食品。

（1）荞麦挂面

在面筋质含量大于30%的小麦粉中加入不少于30%的荞麦粉，在传统挂面加工工艺的基础上，调整各工艺参数，使小麦粉内的蛋白质充分形成面筋质网络，可加工制成荞麦挂面。

(2) 荞麦方便面

更改普通方便面的配方，在其中加入8%～16%的荞麦粉及少量的纯碱。采用合适的工艺，生产制成荞麦方便面，其产品营养丰富、口感爽佳，疗补兼备。

(3) 荞麦蛋糕

利用荞麦丰富的营养及食疗作用，寻找一种对蛋糕成型影响最小的配方，并采用新型甜味剂——甜菊糖替换蔗糖，可生产出适于糖尿病人食用的低糖保健荞麦蛋糕，既能被病人接受，又能起到保健作用。

(4) 荞麦豆酱

酱类食品一直深受人们的喜爱，利用荞麦加工荞麦豆酱，不仅能保留豆酱的传统风味和营养，而且还增加了荞麦的保健营养及药物疗效。

(5) 荞麦早餐食品

以荞麦粒、荞麦片或荞麦粉单独或加入其他谷物，经过蒸煮糊化和压片干燥得到半成品，再加入微量元素、果蔬汁、鲜牛奶及白糖等辅料进行配料，进一步加工后就得到荞麦早餐食品。

(6) 荞麦酸奶

用荞麦辅以牛奶、蔗糖，经过乳酸菌发酵制成荞麦酸奶。经过发酵制成的荞麦酸奶具有荞麦特殊的香味，又因其营养丰富、风味独特、口感细腻而更易被消费者接受。

(7) 荞麦黄酮类产品

荞麦中的维生素P又称生物类黄酮，属植物次级代谢产物，具有抗氧化、扩张血管、降低血压、降血脂和抗动脉粥样硬化等方面的药理作用。含有维生素P的总黄酮可开发用于防治心血管疾病、高脂血症和治疗溃疡、皮肤病的药物，如芦丁片、芸香苷等。

四、金荞的综合开发利用

我国野生荞麦资源十分丰富，研究比较深入、利用比较广泛、最具药用价值的野生荞麦是金荞。

1. 金荞的药效

刘光德等(2006)报道，据明代兰茂所著《滇南本草》所载，金荞“治五淋、(赤)白浊，杨梅结毒、丹流等症”，《本草拾遗》、《李氏草秘》和《本草纲目拾遗》中也均有“性寒、味酸苦、清热、解毒、祛风利湿”的记载。它是云南及中国南方常用的一种中草药。民间以根入药，具有清热解毒、清肺排痰、排脓消肿、软坚散结、调经止痛的作用。主治瘰项、扁桃体炎、肺炎、痢疾、月经不调、腰痛、劳伤等症，研粉搽敷治虫、蛇、犬咬伤，并治痈疽毒疮、跌打损伤等。近年来，该药又试用于治疗肺脓肿，据已报道的506例统计，治愈率为91.7%，好转率为8.3%，用药过程中未发现不良反应。试用于胆囊炎，菌痢疾，麻疹肺炎及慢性气管炎，也有一定疗效。

刘光德等（2006）报道表明，金荞具有悠久的药用传统，金荞的提取物具抗炎作用，金荞对包括肺癌在内的肺部疾病有显著的疗效，近年研究发现，金荞具有癌化学预防和抗癌活性，是一种很有前景的抗肿瘤中药。

（1）体外抑瘤作用

林洪生（2004）报道金荞提取物对多种类型的人癌细胞有显著杀伤、抑制作用。梁明达等（1991）和孟凡虹等（1994）的研究表明，金荞根茎中有用成分为大分子缩合单宁的D组分，即威麦宁（代号金E），应用癌细胞直接杀伤试验和集落形成刺激试验证实，金E浓度为125μg/ml时，对癌细胞有明显杀伤作用，对肺腺癌细胞（GLC）、宫颈鳞癌细胞（HeLa）、胃腺癌细胞（SGC-7901）、鼻咽鳞癌细胞（KB）的杀伤率分别为92.1%、85.5%、78.2%、74.3%，对这4种人癌细胞的集落生长起到70%以上的抑制作用，尤以GLC、HeLa细胞为显著，而且杀伤、抑制癌细胞生长的作用随药物浓度和时间的增加而明显增强，呈正相关，有明显的有规律的剂量效应依赖关系。

美国贝勒医学院的Chan（2003）教授取10种来源于不同组织器官的人体癌细胞，研究金荞提取物对这些癌细胞生长的影响，对人癌细胞在不同浓度（15μg/ml、30μg/ml、45μg/ml、60μg/ml及120μg/ml）金荞提取物的作用下，48～96h后呈现的生长曲线研究发现，肝（HepG2）、白细胞（K562）、肺（H460）、结肠（HCT116）及骨骼（U2OS）来源的癌细胞的生长受到显著抑制，其中肝癌细胞最为敏感，癌细胞生长50%受到抑制的金荞浓度（G_{50}）范围为25～40μg/ml，而金荞对HeLa（子宫颈）及OVCAR-3（卵巢）细胞的生长有轻微的抑制作用（G_{50}＞120μg/ml）。只有当金荞的浓度超过60μg/ml，才对前列腺癌细胞（DU145）与脑癌细胞（T98G）的生长产生抑制作用。研究也发现，金荞与道诺霉素（daunomycin）细胞生长的抑制具有协同作用，

（2）体内抑瘤作用

徐国辉等发现金荞根对接种于小鼠的Lewis肺癌及子宫颈癌U14有显著的抑制作用。杨体模等对此又进一步证明，在其对金荞的有效成分金E的药理研究中发现，金E能显著抑制小鼠移植性肉瘤S180、子宫颈癌U14及Lewis肺癌的生长，最大抑瘤率分别为56.44%、48.22%、55.48%，但不能延长带白血病P388小鼠的存活时间。马云鹏等利用小鼠肾囊膜下移植法评价金荞提取物金E对12例肺癌组织块异种移植后治疗的敏感性，并观察了其对荷瘤小鼠的毒性作用，移植试验可评价率为10/12，以移植前后癌组织体积改变小于－10（体视测量单位）为有效标准，发现金E的有效比为4/10，且肺鳞癌对

金E治疗的敏感性高于其他组织类型的肺癌，对荷瘤小鼠无明显毒性作用（林洪生，2004）。

（3）抑制肿瘤细胞的侵袭和转移

肿瘤侵袭及转移是肿瘤病人治疗失败的主要原因，控制肿瘤侵袭和转移是彻底治愈癌症的关键。刘红岩等以人工重组基底膜及小鼠黑色素瘤高转移株自发性肺转移模型观察了金荞提取物对B16-BL6细胞的体外抗侵袭活性和体内抗转移作用；用聚丙烯酰胺凝胶电泳法进一步观察了其对人纤维肉瘤HT-1080细胞Ⅳ型胶原酶的生产及活性的影响；同时用WST（water-soluble sulfonated tetrazolium）法观察了该药的细胞毒性。试验结果表明，金荞提取物在100mg/L剂量下能明显抑制B16-BL6细胞侵袭；在200mg/kg剂量下能有效抑制B16-BL6黑色素瘤细胞在C57/BL6小鼠体内自发性肺转移（林洪生，2004）。该药能抑制HT-1080细胞Ⅳ型胶原酶基质金属蛋白酶（matrix metalloproteinase，MMP）的产生，但对酶的活性无明显影响。该药对B16-BL6和HT-1080细胞无明显细胞毒作用。说明金荞提取物具有明显的抗癌侵袭和转移的作用，加上口服用药方便，值得深入研究。

（4）肿瘤预防作用

董玉宁等的研究发现，威麦宁对亚硝胺类化学致癌因子诱发的小鼠肺肿瘤有显著抑制和阻断作用。灌胃威麦宁的预防组小鼠的死亡率、肺肿瘤总诱发率、恶性肿瘤发生率和自行死亡鼠诱瘤比（诱发肿瘤鼠数/自行死亡鼠数）均明显低于单纯皮下注射二乙基亚硝胺诱发肿瘤的试验组，提示威麦宁有降低肺肿瘤诱发率、抑制靶细胞的肿瘤性转移等作用，显示威麦宁在预防肺肿瘤方面有一定的作用（林洪生，2004）。

（5）免疫功能促进和保护作用

杨体模等用印度墨汁法测定口服金E对小鼠网状内皮系统吞噬功能的影响，结果表明口服金E不仅能显著提高正常小鼠网状内皮系统的吞噬指数K及校正吞噬指数α，而且能对抗化疗药物氟尿嘧啶和环磷酰胺诱导的小鼠网状内皮系统吞噬功能低下的不良反应，同时还能提高荷瘤小鼠网状内皮系统的校正吞噬指数α，说明金E对机体免疫功能有提高和保护作用，是一个良好的免疫促进剂，有利于临床上对化疗的支持。傅体辉等（1994）则研究了威麦宁对S180肉瘤荷瘤小鼠脾LAK细胞活性的增强作用，发现200mg/kg和400mg/kg的威麦宁口服给药均能增强荷瘤小鼠脾LAK细胞活性（$P<0.05$），且服用400mg/kg的威麦宁还能使荷瘤小鼠获得较好的抑瘤率（46%）；但尚不清楚威麦宁对荷瘤小鼠脾LAK细胞活性的增加作用是通过降低机体的肿瘤负荷还是直接或间接免疫调整等机制达到的（林洪生，2004）。印德贤等证实了经小鼠颈背部皮下注射药物或口服给金荞提取物，均可不同程度增强小鼠腹腔巨噬细胞的吞噬功能，说明金荞

增强机体免疫功能与药物对腹腔的直接刺激无关，客观上进一步说明金荞具有增强机体免疫功能的作用（林洪生，2004）。董玉宁等（1996）则发现威麦宁对二乙基亚硝胺诱发肿瘤的小鼠有保护胸腺和T淋巴细胞的作用。

（6）H_1 受体阻断作用

孙小玉等用血清药理学方法观察金荞提取物（金荞麦片）抗变态反应作用的时效关系与量效关系（舒成仁等，2006）。灌胃给予大鼠金荞麦片后，提取大鼠血清，通过大鼠血清对组胺引起的豚鼠体外回肠痉挛的量效关系试验，结果显示金荞麦片灌胃给予大鼠80min后采集的血清，能明显抑制体外豚鼠回肠收缩，并呈明显的剂量依赖关系。同时发现大鼠血清抗变态反应作用在给药后40min开始，120min到达高峰，160min效应开始衰退。

（7）降血脂和血糖作用

王峰峰等给予高血糖型大鼠吸食金荞6周后，血糖明显下降，高血脂大鼠服用金荞后，血胆固醇和三酰甘油水平也明显降低（舒成仁等，2006）。由于自由基可造成胰岛素β细胞的损伤，导致胰岛功能下降，使血糖升高，而金荞富含氨基酸和多种维生素，这些物质可对抗自由基对机体的损伤。这正是金荞降血脂和血糖的机制。陈耀明等研究发现给予雄性大鼠（Wistar）苦荞粉后，可预防高血脂肪所致大鼠的高脂血症，能降低大鼠血脂水平，并有降低血清游离脂肪酸的趋势（舒成仁等，2006）。

2. 抗癌机制

（1）抑制癌细胞核酸物质DNA、RNA的合成代谢

梁明达等（1991）用3H-TdR掺入标记法证实金荞根提取物FCR（100μg/ml）作用于GLC及KB细胞能明显抑制3H-TdR的摄取，抑制DNA的合成；同时还发现FCR能使癌细胞RNA受破坏或合成减少，核分裂停滞于中期，并使癌细胞膜通透性破坏增加。孟凡虹等（1994）同样用3H-TdR掺入标记法证实了金荞提取物金E高浓度能明显抑制细胞内的核酸代谢。当100mg/L时抑制率在87.9%，较阳性对照组同浓度的氟尿嘧啶高，稍次于同浓度的长春新碱。金E终浓度降至10mg/L时，胞浆内虽有许多3H-TdR的显影银粒，但胞核内的显影银粒明显减少，抑制率达78.5%。药物组与空白对照组相比$P<0.01$，说明金E的抗癌活性物质阻止癌细胞利用TdR以复制新的DNA链，继发引起细胞蛋白质及酶的合成与功能障碍，最终导致癌细胞死亡。

马云鹏等利用检测DNA与药物在体外反应模式的人DNA嵌合（human DNA interaction，HDI）方法，结合大分子前体3H-TdR掺入法，从分子药理水平研究了金E对肿瘤细胞DNA的作用模式（林洪生，2004）。试验发现：金E在体外能明显抑制小鼠白血病细胞（P388）和人胃腺癌细胞（SGC-7901）对3H-TdR的掺入，其IC_{50}分别为17.86μg/ml和110.4μg/ml。金E可与DNA发

生嵌合效应，嵌合程度与金E浓度和反应时间有关。低浓度和短时间反应呈现为可逆性嵌合，反之则表现为不可逆性嵌合。金E抑制肿瘤细胞的生长，可能是通过直接或间接作用于DNA代谢的某一环节来实现。依HDI试验结果推测，金E可能以间接作用为主，因为仅在毫克级浓度的药物才能与DNA发生明显的嵌合效应。

(2) 抑制癌蛋白酪氨酸激酶，阻滞癌细胞的复制和繁殖

含酪氨酸基团的信号蛋白是影响癌细胞生长的关键信号蛋白，蛋白酪氨酸激酶（protein tyrosine kinase，PTK）抑制剂被学界认为是开发抗癌剂的重要方向。Samel等测定了荞麦精制提取物在荧光和缓和条件下对蛋白激酶的影响，观察到提取物对各种蛋白酶的抑制性具有剂量和光依赖关系，试验结果表明荞麦精制提取物中的光敏感性化合物对多种转导变异信号蛋白激酶具有抑制性，可作为增生性疾病的治疗药物（林洪生，2004）。

(3) 激活癌细胞内某种特定的蛋白CI

美国贝勒医学院的Chan教授（2003）用2D-凝胶蛋白电泳方法对经金荞处理后的H460细胞蛋白进行分析，发现金荞能诱导一种蛋白CI出现或激活，与道诺霉素（daunomycin）作用后相比，蛋白CI的增加在金荞作用后更加明显，揭示金荞的作用机制可能与道诺霉素不同。

(4) 抑制癌细胞的侵袭和自发性转移

肿瘤细胞在转移过程中，至少必须二次侵袭，突破瘤周围的基底膜和二次穿过血管的基底膜。基底膜是肿瘤侵袭的主要靶点，Ⅳ型胶原是构成基底膜的主要成分，Ⅳ型胶原酶在肿瘤侵袭过程中发挥十分重要的作用。普遍认为Ⅳ型胶原酶水平可能是肿瘤的恶性程度的标志之一，设法抑制Ⅳ型胶原酶MMPs的分泌及活性，可能是有效干预癌侵袭、转移过程的途径之一。Ⅳ型胶原酶主要有72kDa和92kDa两种亚型。刘红岩等的试验表明金荞提取物在100mg/L剂量下能明显抑制HT-1080细胞MMP-2（分子质量72kDa）和MMP-9（分子质量92kDa）的产生，72kDa和92kDa两条带与对照组相比，明显减弱，但对MMP-2和MMP-9的活性无抑制作用；金荞提取物200mg/(kg·d)连续口服39天，对B16-BL6细胞的肺转移有明显的抑制作用，8只小鼠中有4只肺组织表面未见转移结节，有2只肺转移结节仅为1，而对照组9只小鼠则100%发生肺转移（林洪生，2004）。作为常用中草药，没有明显毒性，口服用药方便，金荞将为临床控制肿瘤侵袭和转移提供有用药物。

(5) 影响血小板的聚集

血小板的聚集可促进肿瘤转移，如血小板聚集大大促进癌栓的形成，它释放的物质能诱导内皮细胞收缩而暴露出内皮下基膜，便于肿瘤细胞吸附于基膜及细胞，从血液中侵入组织；血小板可能通过释放来源于血小板的生长因子促进瘤细

胞的克隆和生长。研究表明，有活血化瘀功能的金荞可改善肿瘤患者血液高黏态，影响肿瘤细胞的血行扩散和转移。静脉滴注金荞溶液 50mg/kg，对于由二磷酸腺苷（ADP）和胶原诱导的大鼠血小板聚集有明显抑制作用，但它对金黄色葡萄球菌诱导的血小板聚集无明显的抑制作用。

3. 临床应用

（1）抗肿瘤

威麦宁胶囊是在总结云南宣威地区民间用金荞防治肺癌的经验基础上研制成功的二类新药，民间多有应用金荞根口服，取其活血化瘀、清热解毒、祛邪扶正的功效，取得了较好的效果。大规模的随机对照临床试验表明：威麦宁胶囊用于以肺癌为主要的肿瘤患者的治疗，安全、有效，无明显的毒性作用。对手术、化疗、放疗均不能使用的中晚期肿瘤患者，可单独使用威麦宁胶囊进行治疗，口服6～8 粒/次，3 次/天，结果有效率为 8.21％，稳定率为 78.73％，并使临床主要症状显著改善，增强机体的免疫功能，提高生存质量。威麦宁胶囊与放疗联合使用，威麦宁胶囊口服 6～8 粒/次，3 次/天，放疗采用 60Co-γ 射线或 X 射线，给予常规放射剂量放射治疗，剂量 10Gy/次，5 次/周，共 6 周，总剂量 60～70Gy，结果威麦宁联合放疗组有效率 71.23％，与单用放疗对照组有效率 43.02％相比有明显差异，威麦宁对放疗的增益系数为 1.66。

威麦宁胶囊与化疗联合使用，威麦宁胶囊口服 6～8 粒/次，3 次/天，化疗采用 EP、MVP、NP 方案，结果威麦宁联合化疗组有效率 40.0％，明显高于单用化疗对照组的 24.32％。

在与放疗、化疗联合使用中威麦宁胶囊还表现出了较好的扶正作用，增加人体免疫功能，减轻患者咳痰、发热、气促、血痰及胸痛等症状，并可减轻和消除放、化疗过程中的不良反应和毒性作用，使肿瘤患者的生存质量明显提高，增强患者坚持治疗的信心和对放、化疗的顺应性，使放、化疗得以顺利完成。

（2）抗突变

马明福等（1991）发现金荞乙醇提取物在 0.001～5mg/皿 7 个剂量时，对 Ames 试验菌株 TA97、TA98、TA100、TA102 的重复性结果所致的回复突变菌数均在正常范围，未发现阳性突变反应，并对正定霉素和甲基甲烷磺酸脂所诱发 TA98 和 TA100 菌株的突变具有抗突变作用。对 NIH 系小鼠未见诱发骨髓嗜多染红细胞微核率增加；对中国仓鼠卵巢细胞染色体（±）s9 无诱发畸变作用；对 NIH 系小鼠的生殖能力和胎鼠的生长发育未见不良影响，对胎鼠外观、骨骼、内脏无致畸作用（刘圣等，1998）。

（3）无毒性作用

刘圣等（1998）报道小鼠服用金荞根水煎剂 140g/kg，观察 72h，多数动物食量减少，毛疏松，但未见死亡。小鼠服用威麦宁的 LD_{50} 为 7.48g/kg，1/2LD_{50}、1/4LD_{50}和 1/8LD_{50} 3 个剂量，结果表明，威麦宁无诱发小鼠骨髓嗜多染红细胞微核率的增加作用。

（4）治疗肺脓肿和镇咳祛痰

刘圣等（1998）报道金荞提取物有促进排痰作用，有益于引流，可用于治疗肺脓肿。用金荞 250g，加水 1250ml 煎汤服，每日 3 次，每次 40ml，或用金荞麦片剂（1.5g 生药/片）每日 3 次，每次 5 片，连服 1～3 个月，治疗肺脓肿 539 例，结果除 144 例治疗好转但总观察时间不足 2 个月即中断复查外，复查的 395 例中痊愈 288 例（72.9%），好转 33 例（8.4%），无效 72 例（18.2%），死亡 2 例（0.5%）。将金荞中提取的双聚原矢车菊甙元制成金荞麦Ⅰ号片，治疗肺脓肿 49 例，服药后平均退热时间为 7.9 天，肺腔内脓液排出时间为 15.4 天，痊愈 39 例，好转 6 例，无效 4 例，总有效率为 91.8%，与其汤剂及浸膏片相比疗效相似。

金荞有明显的祛痰作用，临床患者服用后，排痰量增加。通过恒压氨雾刺激法的镇咳试验，发现给小鼠灌胃金荞浸膏 2.6g/kg，产生镇咳效果；小鼠酚红法的祛痰试验，在所用剂量下，其作用强度与口服杜鹃素相似，有稳定的祛痰作用。

（5）抗菌

刘圣等（1998）报道金荞根提取液，对鸡白痢沙门氏菌（血清型）、金黄色葡萄球菌（鸡源）、多杀性巴氏杆菌、猪丹毒杆菌（血清型）均有较好的抑菌作用，但对大肠杆菌（血清型）无抑制作用。给感染金黄色葡萄球菌小鼠服用金荞浸膏或 5,7,3′,4′-四羟基黄烷-3-醇 83mg/kg 于感染前晚、前 2h 和后 4h 各 1 次，对腹腔感染小鼠有明显保护作用；仅在感染前 24～72h，小鼠服用金荞浸膏 83mg/kg 1 次，对腹腔感染也有缓解作用，表现为小鼠死亡率有显著降低。

印德贤等采用甲苯胺蓝法检测不同浓度金荞提取液与金黄色葡萄球菌胞外耐热核酸酶混合作用下该酶的酶环直径（舒仁成等，2006）。当金荞提取液浓度为 7.8mg/ml 时，即可明显影响细胞外耐热核酸酶的酶环大小；62.5mg/ml 时已无酶环出现。表明金荞提取物能明显抑制金黄色葡萄球菌胞外耐热核酸酶的活性。张永仙等以金荞根乙醇提取物（1g/ml），选用昆明种小白鼠和溶血性链球菌等 10 种病原菌，以常规纸片法进行药敏试验，并按不同病菌致死量接种于小白鼠，24h 内小白鼠灌胃给予金荞提取物进行抗感染试验（舒成仁等，2006）。体外试验提示，除对大肠埃希菌出现较低抑制效果外，对其他病原菌均不敏感，而小白鼠体内抗感染试验却表现了很好的保护作用。同时发现金荞提取物有升高白细胞和保护中性粒细胞的作用。

冯黎莎等（2006）采用试管稀释法和管碟法分别研究了金荞根状茎和茎叶不

同溶剂提取物对 6 种细菌和 13 种真菌的体外抑菌作用，表明金荞根和茎不同溶剂提取物对供试菌杀菌、抑菌具有明显效果（表 2.4～表 2.6）。

表 2.4　金荞各种供试液对供试菌的最低杀菌浓度

样品	最低杀菌浓度/(mg/ml)								
	A	B	C	D	E	F	G	H	I
a	30	125	250	250	125	125	125	30	—
b	30	250	250	500	—	500	500	250	—
c	30	250	500	500	—	500	500	250	—
d	500	500	500	1000	500	1000	1000	250	—
e	1000	1000	—	—	—	1000	1000	250	—
f	1000	1000	—	—	—	—	—	—	—

注：“—”表示该供试品溶液对此细菌无抑制作用。A：金黄色葡萄球菌；B：大肠杆菌；C：枯草芽孢杆菌；D：苏云芽孢杆菌；E：5406 放线菌；F：卡拉双球菌；G：鞭毛菌；H：白色念珠菌；I：酿酒酵母菌。a：根乙醇提取物；b：茎叶乙醇提取物；c：根水提取物；d：茎叶水提取物；e：根石油醚提取物；f：茎叶石油醚提取物。

表 2.5　金荞各种提取物对真菌的抑制作用

供试样品	浓度	松赤枯病菌		玉米纹枯病菌		油菜菌核病菌	
		A/mm	B/%	A/mm	B/%	A/mm	B/%
a	Ⅰ	10.42	63.8	15.26	72.9	11.40	76.3
	Ⅱ	9.34	58.2	12.02	67.1	9.44	63.7
	Ⅲ	8.68	31.1	11.24	52.3	8.86	51.0
b	Ⅰ	9.84	61.4	12.82	64.6	10.52	72.0
	Ⅱ	9.68	56.8	11.82	53.8	9.22	62.2
	Ⅲ	8.86	32.3	9.28	45.8	8.68	49.3
c	Ⅰ	9.48	54.3	10.61	49.7	10.50	70.8
	Ⅱ	8.38	30.7	9.07	45.9	8.54	46.4
	Ⅲ	—	0	8.20	42.7	—	0
d	Ⅰ	9.04	56.9	9.38	46.8	9.28	64.3
	Ⅱ	8.46	30.8	8.76	44.2	8.88	50.1
	Ⅲ	—	0	—	0	—	0
e	Ⅰ	9.02	56.8	10.54	49.5	9.66	65.2
	Ⅱ	8.56	30.9	8.88	44.7	8.48	49.1
	Ⅲ	—	0	—	0	—	0
f	Ⅰ	—	0	11.44	52.7	—	0
	Ⅱ	—	0	9.68	46.9	—	0
	Ⅲ		0	8.44	43.4	—	0

注：“—”表示该供试品溶液对此真菌无抑制作用。Ⅰ：该供试品浓度相当于生药 800mg/ml；Ⅱ：该供试品浓度相当于生药 400mg/ml；Ⅲ：该供试品浓度相当于生药 200mg/ml。A：抑菌圈直径；B：抑制率。a：根乙醇提取物；b：茎叶乙醇提取物；c：根水提取物；d：茎叶水提取物；e：根石油醚提取物；f：茎叶石油醚提取物。

表 2.6 金荞各种提取物对真菌的抑制作用

供试样品	浓度	玉米弯孢杆菌		小麦赤霉病菌		绿色木霉	
		A/mm	B/%	A/mm	B/%	A/mm	B/%
a	Ⅰ	9.52	53.6	9.52	56.7	13.40	82.0
	Ⅱ	8.74	45.4	8.64	42.4	10.62	78.0
	Ⅲ	—	0	—	0	—	0
b	Ⅰ	12.28	63.3	9.04	54.2	9.44	72.1
	Ⅱ	9.96	55.2	—	0	8.64	68.4
	Ⅲ	—	0	—	0	—	0
c	Ⅰ	10.00	55.8	8.92	43.9	11.44	75.6
	Ⅱ	8.98	46.1	8.32	42.3	9.90	73.4
	Ⅲ	8.42	44.8	—	0	8.78	57.3
d	Ⅰ	10.46	58.4	8.68	43.1	9.42	71.4
	Ⅱ	9.24	52.8	—	0	—	0
	Ⅲ	8.82	46.2	—	0	—	0
e	Ⅰ	13.42	63.9	8.86	43.7	8.98	68.8
	Ⅱ	11.36	56.3	8.34	42.3	—	0
	Ⅲ	10.86	47.2	—	0	—	0
f	Ⅰ	9.08	47.1	—	0	10.66	79.9
	Ⅱ	8.48	45.2	—	0	9.20	69.4
	Ⅲ	—	0	—	0	—	0

注：“—”表示该供试品溶液对此真菌无抑制作用。Ⅰ：该供试品浓度相当于生药 800mg/ml；Ⅱ：该供试品浓度相当于生药 400mg/ml；Ⅲ：该供试品浓度相当于生药 200mg/ml。A：抑菌圈直径；B：抑制率。a：根乙醇提取物；b：茎叶乙醇提取物；c：根水提取物；d：茎叶水提取物；e：根石油醚提取物；f：茎叶石油醚提取物。

在对细菌的抑菌作用中，各种提取物对金黄色葡萄球菌、大肠杆菌、枯草芽孢杆菌、苏云芽孢杆菌、卡拉双球菌都有明显的抑菌作用，它们的最低杀菌浓度分别是生药 30mg/ml、125mg/ml、250mg/ml、250mg/ml、125mg/ml，但对 5406 放线菌只有根乙醇提取物和茎叶水提取物有一定的抑菌作用，其最低杀菌浓度是生药 125mg/ml。在对真菌的抑制作用中，各种提取物对鞭毛菌、白色念珠菌、松赤枯病菌、玉米纹枯病菌、油菜菌核病菌、玉米弯孢杆菌、小麦赤霉病菌、绿色木霉都有明显的抑菌作用，其中鞭毛菌和白色念珠菌的最低杀菌浓度分别为 125mg/ml、30mg/ml，在提取物为 400mg/ml 的浓度下，对其余真菌的抑制率分别是 58.2%、67.1%、63.7%、56.3%、42.4%、78.0%。但是对柑橘绿霉、水稻稻瘟病菌、黑曲霉、镰刀菌、酵母菌无明显抑菌作用，且金荞提取物的抑菌强度与提取物浓度呈正相关。

不同溶剂提取物的抑菌活性。乙醇提取物具有较强和广泛的抑菌活性作用，但是对于个别菌种其他溶剂提取物也有突出的抑菌能力。在 400mg/ml 浓度下，对玉米弯孢杆菌的抑制能力的次序为：根石油醚提取物＞茎叶乙醇提取物＞茎叶水提取物＞根水提取物＞根乙醇提取物＞茎叶石醚提取物（表 2.4）。这可能是根石油醚提取物中有一种弱极性的抑菌物质，对玉米弯孢杆菌具有特别的抑菌作用。另外，根水提取物的抑菌作用效果较根乙醇提取物的效果要好，所以在大规模提取根状茎的抑菌活性物质时，用水溶剂比用乙醇溶剂更经济、方便和安全。

相同溶剂不同提取部位提取物的抑菌活性。从冯黎莎的试验结果还可以看出，根的各种提取物都有较强的抑菌活性，但是茎叶提取物也对某些菌种具有突出的抑菌能力。在 400mg/ml 浓度下，松赤枯病菌：茎叶乙醇提取物＞根乙醇提取物＞茎叶水提取物＞根水提取物。玉米纹枯病菌：茎叶石油醚提取物＞根石油醚提取物。油菜菌核病菌：茎叶水提取物＞根水提取物。绿色木霉：茎叶石油醚提取物＞根石油醚提取物。因而，金荞不仅仅可利用其根资源，也可利用其茎叶资源。

（6）解热

试验前一天，给家兔服用金荞浸膏 2 次，每次 2.6g/kg，对三联菌苗致热家兔有降低体温作用，经 6h 后体温基本恢复正常。

（7）治疗菌痢

金荞根 15g，焦山楂 9g，生甘草 6g 水煎服，每日 1 剂治疗 46 例，多数 1～3 剂见效；对阿米痢疾也有一定的疗效。

（8）治疗痛经

金荞根 50g（鲜品 70g）于月经来潮前 3～5 天，每天 1 剂水煎分 2 次服用，连续 2 个月经周期为 1 疗程，共治疗 30 例，治愈 19 例，好转 9 例，无效 2 例，总有效率为 93%，随访痊愈及近愈 21 例，6～12 个月内复发 3 例，续方仍有效。

4. 金荞的开发利用

（1）金荞的商品化开发

金荞亦称野生荞麦，天荞麦，红三七，野荞头，野兰荞，系蓼科荞麦属中的一个种，具有很高的食用、药用及保健作用。金荞根茎中所含的原花青素缩合性单宁的混合物与当前国际上竞相开发的绿茶的有效成分相类似，具有抗氧化、降血脂、降血糖、抗炎、抗肿瘤及免疫增强等多种生理活性，既可以开发成治疗药物，也可开发成金荞麦保健茶等保健饮料，其种子和根磨成的淀粉还可制成保健食品，花可作茶叶添加剂。金荞的根、茎叶和花中除含有效生理活性成分外，还都含有 Fe、Cu、Zn、I、Mn、Ni、S、Ca、Ti、Mo、Cr、Se、B 等动物所需的微量元素，有利于家禽的生长发育，其药渣等还可以开发成家禽饲料，以便充分利用其资源。

推动金荞在低山丘陵地区的产业化栽培与商品化开发，有利于保证金荞的质量，有利于当地产业结构的调整，有利于金荞的资源保护和环境绿化，防止水土流失，为当地提供更多的就业机会，有利于社会经济的发展，有利于当地百姓摆脱贫困。因此，低山丘陵地区的人民可抓住国家西部大开发的机遇，充分调整产业结构，结合实际，将金荞的栽培与产业化开发相结合，促进经济发展。

（2）金荞的采收与加工

适时的采收和正确的加工非常重要，野生态金荞传统的采收方法是在茎抽薹开花后进行，据测定，此时有效成分缩合原花青素苷元含量最高。秋冬来临，地上茎叶枯萎时采收，收割去茎叶，将根刨出，除净泥土，将部分健壮、无病害的根茎取出作种用，其他干燥加工入药，地上部分包括茎、叶、花也可药用。杨明宏等按照中药材生产的GAP要求，对金荞规范化采收进行了系统研究，明确了采收期的影响因素，从生产目的出发，把有效成分的积累动态与药用部位的产量变化进行综合考量（舒成仁，2005）。研究认为，金荞采收期是影响金荞品质的关键因素之一。金荞在不同生育期，其有效成分缩合原花色苷的含量不同，如叶部8～9月含量较高，到霜冻时地上部分枯萎后，含量明显下降；植物体各个器官如主根、支根、茎、叶及果实中有效成分缩合原花青素类物质含量也不相同，其中以主根含量最高，支根、叶部和茎部含量较少，产量统计表明金荞茎、叶比根低4～5倍。不同产地，含化学成分的种类和数量有所不同。综合研究认为金荞采收的最佳时间是在栽培第2年10月中旬到植株地上部分枯萎后这段时间，此时根的缩合原花青素苷元含量最高，而且产量也较大，一般每公顷收根茎6000kg左右，地上部分包括茎、叶、花的产量也较高，收获的根茎清理干净后切片经晒干、阴干或低温烘干后即可以入药。

（3）金荞的几种常用药剂介绍

1）金荞合剂的制备与临床应用。薛育梅（2004）研究了金荞麦合剂的组成、制备方法、质量标准及功能主治如下。

A 药物组成。金荞、羟苯乙酯、苯甲酸、白糖。

B 制备方法。取炮制好的金荞根，洗净、加水冷浸3～4h后采用多功能提取罐或耐氧化合金容器煎煮，煮沸后，湿浸3h，过滤药液，提取液静置后，取上清液备用。另取适量的水煮沸加白糖溶解后，合并上清液，加入防腐剂，搅拌混匀，精滤后，分装于玻璃瓶中，包装即得。

C 质量标准。①红棕色液体，味甜。②pH为5.5～6.5。③相对密度1.05～1.15。④装量检查符合规定（《中国药典2001年版二部》附录19）。⑤微生物限度，随机取3批样品，按《中国药典2000年版二部》附录72）检验，霉菌、绿脓杆菌、大肠杆菌、金黄色葡萄球菌、杂菌等均符合药品卫生标准。⑥稳定性试验，取成品3批，室温20℃±5℃放置6个月，其色泽、pH、相对密度等无变化。

D 功能主治与适应证。①功能主治：清热解毒、活血消痛、祛风除湿。主治肺痛、肺热咳喘、痢疾、风湿痹症、痈肿疮毒等。②适应证：治疗肺脓肿，用金荞麦合剂，每次 40ml，每日 3 次，儿童酌减；治疗慢性支气管炎，用金荞麦合剂，每次 30ml，每日 3 次，儿童酌减；治疗细菌性痢疾，用金荞麦合剂，每次 50ml，每日 3 次，儿童酌减。

2）金荞麦片的功效。清热解毒，排脓祛瘀，祛痰止咳平喘。用于急性肺脓疡、急慢性气管炎、喘息型慢性气管炎、支气管哮喘及细菌性痢疾。症见咳吐腥臭脓血痰液或咳嗽痰多，喘息痰鸣及大便泄下赤白脓血。

3）复方金荞麦颗粒的功效。呼吸系统的肿瘤，如肺鳞癌、肺腺癌、鼻咽鳞癌、喉癌、舌癌、口腔癌等，也适用于食道鳞癌等肿瘤。

第三节　我国荞麦综合开发利用及展望

一、荞麦的综合开发利用现状

我国荞麦的开发利用历史悠久，由于其特殊的营养保健功能的发现，已成为保健食品研究的热点。20 世纪 90 年代以来，我国荞麦在出口原粮的基础上紧紧依托国际、国内两个市场，积极发展荞麦加工业，开发荞麦新产品，形成了现在的荞麦产业格局。

1. 开发出一系列荞麦产品

主要产品有荞麦、荞麦仁、荞麦壳、荞麦壳粉、荞麦壳枕头、烤制荞麦米、烤荞麦粉、荞麦面粉、荞麦淀粉、荞麦挂面、荞麦叶粉、荞麦茶、荞麦冲剂、荞麦方便面、荞麦饼干、荞麦啤酒、荞麦白酒、荞麦牛奶、荞麦黄酮胶囊等。赤峰荞麦啤酒、平顶山东坡酒业的荞麦酒、杭州科隆食品有限公司的荞麦窝头、山西水塔牌苦荞麦陈醋、陕西榆林的荞麦凉粉、碗托和内蒙集宁荞麦园连锁店都在当地有了一定的影响。

2. 形成四个规模较大的荞麦产业集群

（1）赤峰荞麦加工集群

赤峰是近十年中国荞麦产业发展最快的地区，初步形成了一个荞麦产业集群，各类荞麦加工企业有 20～30 家，尤其是荞麦米、烤制荞麦米等加工，依托内蒙古东部荞麦产地，竞争力较强，年加工能力 10 万～20 万 t。本区的弱点是规模一般较小，设备落后，技术不全面。

（2）大连、锦州、天津港口加工集群

本区年荞麦加工能力 10 万～20 万 t，加工企业约有 10 多家，这里是荞麦加工业的发祥地，加工模式形成的创始地。理念先进、设备先进、加工技术全面，产业门类齐全，产业化程度高。本区现在的困难是劳动力成本、物流成本高。随着沿海地区产业升级，这一地区荞麦加工业将会逐渐向内地转移。

（3）榆林荞麦加工集群

榆林定边县及周边地区是荞麦面粉、淀粉加工的集中地，有大大小小荞麦面粉厂 20～30 家。本区荞麦面粉销售以国内市场为主，由于本区荞麦面粉品质优良，深受产地及周边地区消费者欢迎。荞麦面粉加工具有成本低，适应市场能力强的优点，弱点是企业规模较小，综合利用差，缺乏国内消费热点的产品。

（4）凉山地区苦荞麦加工集群

凉山荞麦产区主要集中在北部凉山州的高海拔冷凉山区，年播种面积在 100 万亩左右，年产 11 万 t 左右，产地主要集中在昭觉、美姑、普格、喜德、越西、甘洛、荞窝等海拔高的县，独特的地理条件造就它富含蛋白质、维生素、矿物质和膳食纤维素等营养物质，苦荞的品质更加优质。凉山苦荞麦产品开发于 1985 年开始，市场上销售的苦荞产品只有苦荞粉。在 1995～2005 年是凉山苦荞产业形成和发展的重要时期，由于苦荞丰富的营养和明显的保健功能被大众所认识，苦荞产品受到人们更多的青睐。西昌学院食品科学系对苦荞开发进行了深入研究，开发了“航飞”牌系列苦荞食品，对凉山苦荞产业的形成和发展起了重要推进作用。现在，在州内从事苦荞产品开发生产的企业已有 10 余家，生产的苦荞产品有苦荞生粉系列、苦荞快餐粉系列、苦荞方便食品系列、苦荞茶饮料系列等，形成了粗具规模的凉山苦荞产业。

2010 年我国荞麦、荞麦米、烤荞麦米出口数量为：日本 9 万～10 万 t，俄罗斯及独联体国家 7 万～8 万 t，欧洲地区 1 万～1.5 万 t，出口量总计为 18 万～20 万 t。2010 年国内荞麦的消费量在 10 万 t 左右，中国荞麦消费市场潜力大。

二、我国荞麦的综合开发利用存在的问题

虽然我国的荞麦产业有了一定的发展，但产业整体仍然处于比较原始的阶段，在荞麦的开发利用上，仍然存在以下问题。

（1）种植水平不高，良种普及率低

荞麦被视为一种小宗作物和填闲补缺的救荒作物，农民处于自种自销阶段，而没有把荞麦当成创汇商品、营养保健食品原料和发展农村经济的配套作物。多数农户是“种收两见面”，在生产过程中基本没有劳动力和生产资料的投入，导致产量很低。虽然相关单位也培育了不少适合当地条件的荞麦品种，但所考察的地区农户还是以传统品种为主，而且各地对同一品种的叫法也不同，导致当地技术人员都不清楚栽培品种。由于传统和习惯的作用，要推广高产新品种还需要付出相当大的努力。

（2）企业规模小，技术装备差

荞麦加工企业绝大多数是中小型民营企业，点多面广，分散经营，技术装备水平低，生产规模小，产品输出功能弱，难以入围国内、国际大型连锁超市和满

足出口需求，企业缺乏自主创新和产品优化升级能力，严重制约了荞麦加工产业的进一步发展壮大。

(3) 初级产品多，营养美味食品少

产品同质化非常严重，主要以荞麦茶和荞麦粉为主，开发新产品的能力较弱。荞麦加工企业一直处于小规模粗加工状态，主要以加工面粉、挂面和荞麦糊为主，产品凭借特色原料对有食用习惯、部分疾病患者等特定人群的吸引，占有一定市场。此外，寿阳的“荞苷素”，灵丘的“苦荞茶”等新产品在山西省内有部分市场，但品种单一，适口性差，没有烘焙类、饮料类产品及保健产品，远远不能满足人们对于营养、美味、快捷、方便和药用保健产品的消费需求。

(4) 产业链条短，经济效益低

荞麦茎、叶及籽粒皮壳中含有较多的芦丁，荞花蜜中含有40%的葡萄糖，营养价值极高。现在开发的仅仅是荞麦籽粒中营养物质的利用，加工产品单一。应从茎、叶、花和果实全方位进行多层次的综合加工利用，通过工艺延伸和技术改造，将荞麦原料“榨干洗净”，提高企业规模效益，促进荞麦加工产业增值。

(5) 科研投入少，创新机制弱

我国适于加工出口的荞麦品种都是从国外引进的，目前退化严重。国内育成符合出口加工并能代表我国荞麦品质特点的品种很少；荞麦面条口感好、容易脱壳制米的品种不多。荞麦加工企业只重视现实利益而缺乏对新产品、新工艺的研究开发，又没有科研院所和大专院校科技的支撑，新技术应用、新成果转化的超前创新意识非常淡薄。荞麦加工科技创新的动力来自企业，加强企业与科研单位之间的横向协作开发研究，对促进荞麦加工产业的技术创新，将起到极其重要的推动作用。

(6) 市场运作不健康

荞麦产品的营销方面存在一定的误区。部分企业以不实的概念炒作和过度包装，将荞麦产品的价格抬升到了一个异常的水平。凉山地区有些苦荞麦产品已经达到每千克千元以上，失去了作为食品的本来意义。苦荞麦中的芦丁健康作用明显，消费者也比较认可，但部分企业过分强调其芦丁的高含量，甚至已经远远超过了正常的苦荞麦芦丁含量水平，可能对整个产业发展带来一些隐患。

三、我国荞麦的综合开发利用展望

随着社会的不断进步，人们生活水平的不断提高，对食品的要求也越来越高，饮食结构逐渐向纯天然型和保健营养型发展。由于荞麦特殊的治病和保健功能，国际、国内市场荞麦的需求呈上升趋势，荞麦及其产品在欧美、日、韩、东南亚等国市场行情极好，供不应求。目前，荞麦的国际市场价格相当于大豆的2～3倍，荞麦制品的市场价格也高出同类产品。我国荞麦资源得天独厚，产于无污染的高寒山区，营养价值高，病虫害少，种植过程中不施用任何农药，是难得的绿色食品。因此，搞好荞麦及其产品的开发，将会带动荞麦主产区，特别是边远山区和少数民族地区的经济发展。在日后的荞麦利用中，应从以下几方面入手进行综合开发。

（1）正确评价荞麦生产的作用，提高荞麦种植地位

各级部门与企业要重视荞麦的开发利用，正确评价荞麦生产在国民经济中的价值与作用，充分利用荞麦自身优势、地区自然优势、资源优势，尽快将其转化为商品经济优势，促进地方经济的发展。充分利用荞麦生育期短的优势，见缝插针，扩大荞麦生产。

（2）加强基础研究

注重高产优质品种的选育及规范化技术研究，以促进荞麦的高产稳产规范化种植，为产后加工利用提供充足的原料。深入开展荞麦营养功能、保健功能的系统研究，为荞麦的开发利用提供基础材料。荞麦不仅种子具有开发利用价值，同时其幼苗、秸秆等也富含植物多酚，同样具有重要的开发利用价值。于是有必要从植物生理、栽培技术、品种资源以及提取与精制技术对荞麦保健与药用成分及含量的影响进行探索，从不同加工技术与处理对其营养、保健和药用功能的影响方面开展研究，以便掌握荞麦的不同功能开发利用性。

（3）加强荞麦生产基地建设

加强荞麦新品种的改良和高产栽培技术研究与推广力度，实行良种良法管理配套。加强荞麦产地的环境保护。建立企业与优势荞麦原料基地农民的紧密联系，在企业利润中拿出一定比例的资金，实行工业反哺农业，改变农业和农村在资源配置和国民收入分配中所处的不利地位，保证种植荞麦农民收入的稳定增长，稳固“公司＋基地＋农户”的产业格局，确保荞麦食品加工原料的需求。

（4）搞好传统产品的工业化开发

我国的荞麦制品，特别是传统的荞麦食品，种类、品种均较多，但实现规模经营的产品并不多见。我国粮食加工业的研究、设计和生产，主要是围绕大宗粮食加工而展开的。对于荞麦制米（糁）和制粉等既无完善的加工工艺，也无先进的加工设备。加工出的荞麦粉，粉中有壳、壳中含粉、麸中带粉，粉质差、颗粒粗、出品率低。荞麦加工业一直徘徊在初级加工阶段，深加工、精加工较少，总体技术含量低，荞麦的价值未被充分利用。究其原因主要是生产完全凭借传统经验，工业化生产的工艺技术参数尚未确定，产品质量不稳定；另外，荞麦加工机械不配套，多数处于利用碾子、石磨等原始方法进行加工，出粉率低，加工的制品质量差。于是，在荞麦的开发利用中，应引进和研制相结合，革新和完善荞麦制米（糁）和制粉等基础工艺设施，增加荞麦初级产品加工的种类和综合利用程度，强化产品的工艺技术路线及技术参数的研究，加强荞麦粉加工专用设备的研

究，以促进荞麦制品的工业化生产。加强高新技术的应用，生产高科技附加值产品，从深度和广度对荞麦进行综合开发利用。从不同加工技术与处理对其营养、保健和药用功能的影响方面开展研究，以便掌握荞麦的不同功能开发利用性。为此应做到：①将超临界萃取，挤压蒸煮，膜分离，纳米技术等高新技术应用于荞麦的深加工中，使荞麦的营养、药用、保健价值在较大程度上得到充分利用；②运用现代生化技术手段，结合国内外荞麦新产品开发先进技术，研制出更多更好的营养与药用的功能性食品。人们可以通过对国外关键设备的引进，与自行研制相结合，在荞麦产区建立现代化的荞麦加工生产线，分级生产荞麦米（糁）、荞麦精粉、颗粒粉、疗效粉（外层粉）、全麦粉和洁净的荞麦壳（用于枕头、床垫等），这样既可以满足荞麦产品出口的要求，又能为荞麦食品加工提供优质多样的基础原料。

(5) 充分挖掘民间美味食品独特配方及工艺

加大功能性、营养性及独特口感和风味特色的大众化食品的研制，实现传统荞麦食品的工业化、现代化生产。在广大荞麦产区，已经形成了工艺独到、方法多样、风味独特的荞麦面食（猫耳朵、蒸饺），糊状制品（灌肠、凉粉）等，应在继承中不断创新，大力发展预制冷冻荞麦半成品。要把自主研制、企业与科研单位联合开发、科技成果转化利用等几个方面结合起来，围绕口感良好、风味独特的烘烤食品（如面包、饼干）、挤压膨化食品（如营养糊）、休闲小食品及发酵饮品（如荞麦醋、荞麦黄酒、荞麦茶）等功能性保健食品、营养性方便食品进行研发配方与创新工艺，实现荞麦产品的系列化、规模化、产业化和现代化生产。

(6) 注重新产品开发与综合利用研究

加大产品的研发力度，生产符合市场需求的荞麦制品。荞麦粉颗粒较粗，口感差，又不易消化，荞麦仅作为一种调节辅助食品，这就从一定程度上制约了荞麦食品的消费，因此必须加大荞麦产品的研发力度，开发出营养全面、适口性好、易消化的新型配方产品，推出更多的主食产品、早餐食品、休闲食品、方便食品，以提高消费者的认可程度。为充分利用荞麦的营养价值高、保健功能强的优势，应积极开展荞麦功能食品的研究开发。同时要积极引进国外的研究成果，为我国荞麦的开发服务。要从农学、食品科学与营养、机械工程、发酵工程及药学与医学等多学科积极开展荞麦的综合利用研究，以便充分开发利用其营养、保健和药用价值。通过满足不同消费者的需求，增强荞麦系列产品的市场竞争力，提高经济效益和社会效益。

(7) 提高荞麦食品的市场竞争力

食品企业尤其是中小型民营企业要抓住机遇，转换机制，培育体系，增强实力，在对外开放和与国际接轨中发展自己、壮大自己、保护自己。要广招贤才，善纳良才，健全生产、管理、监督体制，使荞麦加工企业步入现代企业行列。进行引资、重组，构建荞麦加工开发“航母”。一方面加工企业大胆引资、融资和筹资，扩大经营规模，提高生产能力；另一方面实行企业联合，进行资源重组，形成大型股份制集团，开展系列产品分工生产，市场一体化挺进。保护市场的健康发展，进行合理化营销，避免不实的概念炒作和过度包装。始终确保原料质量安全，要加大绿色荞麦食品与有机荞麦食品的认证力度，塑造品牌产品，扩大销售空间。

主要参考文献

蔡光泽，夏明忠．2007．四川凉山地区野生荞麦资源的原生境和主要分布中心研究．西昌学院学报，21（2）：16～19

柴岩，冯伯利，孙世贤．2007．中国小杂粮品种．北京：中国农业科学技术出版社

董玉宁，于曦，段丹丽，等．1996．威麦宁抑制DENA诱发小鼠肺肿瘤发生的实验研究．四川肿瘤防治，（1）：5～8

冯黎莎，陈放，白洁．2006．金荞麦的抑制菌活性研究．武汉植物学研究，24（3）：240～244

傅体辉，谢之容，吴友仁，等．1994．威麦宁增强荷瘤小鼠脾LAK活性的实验研究．中国实验临床免疫学杂志，6（1）：43～45

黄凯丰，时政．2011a．苦荞种子中蛋白质含量变异．安徽农业科学，39（14）：8299～8301

黄凯丰，时政，陈庆富．2011d．不同产地苦荞籽粒中总黄酮含量比较．河南农业科学，40（9）：38～40

黄凯丰，时政，宋毓雪，等．2011b．苦荞的蔗糖含量变异研究．安徽农业科学，39（17）：10 119～10 120，10 123

黄凯丰，宋毓雪．2011c．不同甜荞资源的营养保健成分研究．安徽农业科学，39（8）：4772～4773，4775

李安仁．1998．中国植物志．北京：科学出版社，25（1）：108～117

梁明达，贾伟，陈昆昌，等．1991．金荞麦根素体外抗癌作用的研究．云南医药，12（6）：364～369

林洪生．2004．金荞麦抗肿瘤研究进展．中西医结合学报，2（1）：72～74

林汝法．1994．中国荞麦．北京：中国农业出版社

林汝法．2005．农民需求荞麦遗传资源的性状评价与选择．荞麦动态，（1）：2～6

刘光德，李名扬，祝钦泷，等．2006．资源植物野生金荞麦的研究进展．农业资源与环境科学，22（10）：380～389

刘圣，田莉．1998．金荞麦研究进展．基层中药杂志，12（3）：46～47

马明福，李练兵，曾维三，等．1991．金荞麦的致突、致畸研究．遗传，13（3）：24～26

孟凡虹，包群，高倬，等．1994．金荞麦根体外培养人肿瘤细胞的抗癌研究．昆明医学院学报，15（2）：18～23

时政，韩承华，黄凯丰．2011c．苦荞种子中淀粉含量的基因型差异研究．新疆农业大学学报，34（2）：107～110

时政，韩承华，黄凯丰. 2011d. 苦荞种子中硒含量的基因型差异研究. 安徽农业科学，39（16）：9518～9519，9524

时政，黄凯丰，陈庆富. 2011a. 贵州不同生态区苦荞产量性状形成的初步研究. 四川大学学报：自然科学版，48（5）：1221～1226

时政，宋毓雪，韩承华，等. 2011b. 苦荞种子中葡萄糖含量变异研究. 安徽农业科学，39（17）：10 254～10 255，10 274

舒成仁. 2005. 金荞麦栽培与采收技术的研究. 时珍国医国药，16（2）：176

舒成仁，付志荣. 2006. 金荞麦提取物药理作用的研究进展. 医学导报，25（4）：328～329

王安虎，吴昊，夏明忠，等. 2007. 凉山地区野生荞麦资源的特征特性与地理分布研究. 成都大学学报，26（2）：97～100

王安虎，夏明忠，蔡光泽，等. 2006a. 四川凉山州东部野生荞麦资源的特征特性和地理分布研究. 作物杂志，（5）：25～27

王安虎，夏明忠，蔡光泽，等. 2006b. 凉山州普格县野生荞麦资源的特征与地理分布. 西昌学院学报：自然科学版，（1）：10～13

王安虎，夏明忠，蔡光泽，等. 2008. 四川野生荞麦资源的特征特性与地理分布多样性研究. 西南农业学报，21（3）：575～580

夏明忠，王安虎，蔡光泽，等. 2007. 中国四川荞麦属（蓼科）一新种——花叶野荞麦. 西昌学院学报，21（2）：11～12

薛育梅. 2004. 金荞麦合剂的制备与临床应用. 吉林中医药，24（10）：52

张政. 1999. 苦荞蛋白复合物的营养成分及抗衰老作用的研究. 营养学报，21（2）：159

张宗文. 2006. 中国苦荞种质资源的保存与研究. 荞麦动态，（2）：28～30

周丽慧，刘巧泉，张昌泉，等. 2009. 水稻种子蛋白质含量及组分在品种间的变异与分布. 作物学报，35（5）：884～891

Chan P K. 2003. 金荞麦体外抑制肿瘤细胞生长的研究. 中西医结合学报，1（2）：128～131

Chen Q F. 1999. A study of resources of *Fagopyrum* (Polygonaceae) native to China. Botanical Journal of the Linnean Society，(103)：53～64

Chen Q F，Hsam S L K，Zeller F J. 2004. A study of cytology，isozyme and interspecific hybridization on the big-achene group of buckwheat species（*Fagopyrum* Polygonaceae). Crop Sci.，44（5）：1511～1518

Tsuji K，Ohnishi O. 2001. Phylogentic relationships among wild and cultivated Tartary buckwheat（*Fagopyrum tataricum* Gaert.）populations revealed by AFLP analyses. Genes Genet. Syst.，(76)：47～52

Lin R F，Chai Y. 2007. Production，research and academic exchanges of China on buckwheat. // Proceedings of the 10th International Symposium on Buckwheat，Xianyang：7～12

Liu J L，Tang Y，Xia M Z，et al. 2007. Morphological characteristics and the habitats of three new species of the *Fagopyrum* (Polygonaceae) in Panxi area of Sichuan，China. // Proceedings of the 10th International Symposium on Buckwheat，Xianyang：46～49

Ohishi O. 1991. Discovery of the wild ancestor of common buckwheat. Fagopyrum，(11)：

5～10

Ohishi O. 1995. Discovery of new *Fagopyrum* species and its implication for the studies of evolution of *Fagopyrum* and of the origin of cultivated buckwheat. //Proceedings of the 6th International Symposium on Buckwheat at Ina，(5)：175～181

Ohishi O. 1998a. Search for the wild ancestor of buckwheat Ⅰ. Description of new *Fagopyrum* species and their distribution in China. Fagopyrum，(15)：18～28

Ohishi O. 1998b. Search for the wild ancestor of buckwheat Ⅲ. The wild ancestor of cultivated common buckwheat and of tatary buckwheat. Econ. Bot.，(52)：123～133

Ohmi O，Yoshihiro M. 1996. Search for the wild ancestor of buckwheat Ⅱ. Taxonomy of *Fagopyrum* (Polygonaceae) species based on morphology，isozymes and cpDNA variability. Genes Genet. Syst.，(71)：383～390

Ohsako T，Yamane K，Ohnishi O. 2002. Two new *Fagopyrum* (Polygonaceae) species，*F. gracilipedoides* and *F. jinshaense* from Yunnan，China. Genes Genet. Syst.，77 (6)：399～408

第三章　荞麦酚类与黄酮类

第一节　荞麦酚类、黄酮类的组成

在植物界，含多酚或酚类化合物及其衍生物超过6500种。植物多酚类物质按其溶解性来分，有可溶性多酚（soluble polyphenol）及不溶性多酚（insoluble polyphenol）两种主要的形式；按聚合度来分主要包含两类，即单聚体多酚化合物与多聚体多酚化合物。

1）单聚体多酚类化合物，其又分为两类：①类黄酮化合物，包含黄烷、黄酮、黄酮醇、黄烷醇、异黄酮、花青素、新类黄酮、查耳酮等；②酚酸类化合物，包含羟基苯甲酸、羟基肉桂酸和鞣花酸等。

2）多聚体多酚类化合物，即单宁类化合物。

由上述可知，广义的酚类化合物是包括黄酮类化合物的。但在本章中，为方便叙述和划分类别，所提到的荞麦酚类是指除黄酮类以外的其他酚类化合物。

一、荞麦黄酮类化合物

荞麦黄酮类化合物是存在于荞麦的花、茎、叶和籽粒中的一类多酚天然化合物，主要包括芦丁（rutin）、槲皮素（quercetin）、山奈酚（kaempferol）、桑色素（morin）等天然化合物。其中芦丁又称芸香苷、维生素P，是槲皮素的3-*O*-芸香糖苷，占荞麦黄酮总量的75%以上。

（一）黄酮类化合物的结构与种类

黄酮是荞麦中主要活性成分之一，在荞麦根、茎、叶、花、籽粒、种皮、胚芽、胚乳中均有分布，尤其在叶、花、内种皮（麸皮）中含量较高。荞麦中的黄酮类化合物多为以下结构的黄酮苷元（图3.1）及其苷，苷类多数为*O*-苷，少数为*C*-苷（牡荆素）。目前尚未见有异黄酮、查耳酮的报道。

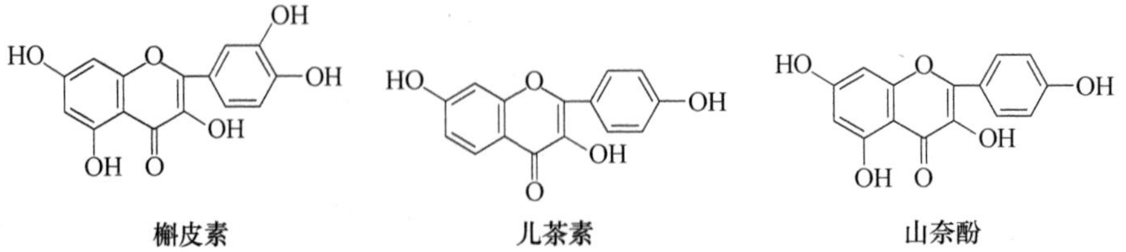

槲皮素　　儿茶素　　山奈酚

图3.1　荞麦黄酮的主要苷元

相对于甜荞来说，苦荞还是一种新近开发和利用的作物，人们对其研究较少，仅知道苦荞中的总黄酮含量远远高于甜荞。目前，对苦荞黄酮进行分离鉴定的研究工作落后于甜荞，许多在甜荞中分离到的黄酮类物质是否在苦荞中也相应存在，还有待进一步的研究。1975 年，Sato 等从苦荞未成熟的种子（230g）中分离鉴定了芦丁、槲皮素、橙皮素（hesperetin）、金丝桃苷（hyperoside）等黄酮类化合物。

Watanabe 等（1997）从荞麦种壳中分离得到牡荆素和异牡荆素，并从荞麦种子中得到了四种儿茶素（catechin）：（一）-表儿茶素、（＋）-儿茶素-7-*O*-α-D-吡喃葡萄糖苷、（一）-表儿茶素-3-*O*-*p*-羟基苯甲酸酯、（一）-表儿茶素-3-*O*-（3，4-二甲氧基）没食子酸酯。Dietrych-Szostak 等（1999）在荞麦籽粒中分离鉴定了儿茶素、东方蓼黄素（orientin）、异东方蓼黄素（isoorientin）等 6 种黄酮类化合物。Qian 等于 1999 年在荞麦精粉中发现了白藜芦醇（resveratrol）。

这些主要在甜荞中发现的黄酮类物质是否在苦荞中相应存在，目前不能完全确定。

（二）黄酮类化合物的化学组成

有关苦荞生物黄酮化学组成的研究报道相比甜荞较少。李丹（2001）在四川苦荞中发现四种主要黄酮类化合物：芦丁、槲皮素、槲皮素-3-葡萄糖芸香糖苷、山奈酚-3-*O*-芸香糖苷。后来他为了定量槲皮素-3-葡萄糖芸香糖苷而对其进行分离纯化，在收集水洗脱液时又发现了一种新的黄酮类化合物，经鉴定为槲皮素-3-芸香糖双葡萄糖苷。徐宝才等（2003a）采用液质联用结合二极管阵列检测器（RP-HPLC-DAD/MS）的方法，在分析苦荞黄酮含量时又发现了一种新黄酮苷元，即山奈酚。因此四川苦荞黄酮主要包括以上 6 种化合物，其中以芦丁含量最高。包塔娜等（2003）也从四川苦荞籽粒面粉中分离出芦丁、槲皮素、山奈酚-3-*O*-芸香糖苷和山奈酚四种黄酮化合物。朱瑞等（2003a）从苦荞种子的 80％醇提取物中析出芦丁，通过聚酰胺柱、硅胶柱梯度洗脱，同样得到槲皮素、山奈酚-3-*O*-芸香糖苷和山奈酚，与前者研究结果相一致。郭玉蓉等（2004）在甘肃荞麦提取液中也分离出黄酮醇、5-羟基黄酮或 2-羟基黄酮等不同黄酮类化合物。由以上可知，荞麦中黄酮类化合物的种类因荞麦品种、产地的差异而不同。

（三）荞麦中主要黄酮类成分的理化性质

（1）芦丁

芦丁（rutin），又名芸香苷，维生素 P，紫槲皮苷。

分子式及相对分子质量：$C_{27}H_{30}O_{16}$；610.51。

理化性质：为浅黄色粉末或极细微淡黄色针状结晶，含 3 分子结晶水（$C_{27}H_{30}O_{16}\cdot 3H_2O$），加热至 185℃以上熔融并开始分解。$[\alpha]_D^{23}$ +13.82（EtOH）或−39.43（吡啶）。UVλ_{max}^{MeOH}nm：259、266sh、299sh、359。

芦丁的溶解度，在冷水中 1∶10 000，沸水中 1∶200，沸乙醇中 1∶60，沸甲醇中 1∶7，可溶于乙醇、吡啶、甲酰胺、甘油、丙酮、冰醋酸、乙酸乙酯，不溶于苯、乙醚、氯仿、石油醚。

作用与用途：芦丁可用于治疗毛细血管脆性引起的出血症，并用作高血压辅助治疗剂。芦丁还可以作为制备槲皮素、羟乙基槲皮素、羟乙基芦丁、二乙胺基乙基芦丁等的原料。

芦丁对维持血管张力，降低其通透性，减少脆性有一定作用，还可维持微血管循环，并加强维生素 C，促使维生素 C 在体内的蓄积。还有降低人体血脂、胆固醇，防止心脑血管疾病的作用，是用于动脉硬化、高血压的辅助治疗剂，对脂肪浸润的肝有祛脂作用，与谷胱甘肽合用祛脂效果更明显。

芦丁的结构式如图 3.2 所示。

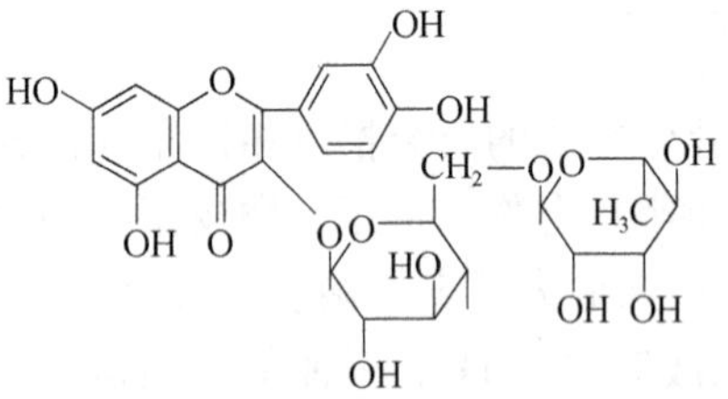

图 3.2 芦丁的结构式

（2）槲皮素

槲皮素（quercetin）：又名栎精、槲皮黄素。

分子式及相对分子质量：$C_{15}H_{10}O_7$；302.23。

理化性质：二水合物为黄色针状结晶（稀乙醇），在 95～97℃成为无水物，熔点 314℃（分解）。1g 能溶于 290ml 无水乙醇、23ml 沸乙醇，溶于冰醋酸，碱性水溶液呈黄色，几乎不溶于水，乙醇溶液味很苦。

作用与用途：具有较好的祛痰、止咳作用，并有一定的平喘作用。此外还有降低血压、增强毛细血管抵抗力、减少毛细血管脆性、降血脂、扩张冠状动脉、增加冠脉血流量等作用。用于治疗慢性支气管炎，对冠心病及高血压患者也有辅助治疗作用。小鼠口服 LD_{50} 为 160mg/kg。

槲皮素的结构式如图 3.1 所示。

（3）山奈酚

山奈酚（kaempferol）：又名山奈酚-3，山奈素、山奈黄酮醇、四羟基黄酮、百蕊草素Ⅲ。

分子式及相对分子质量：$C_{15}H_{10}O_6$；286.23。

理化性质：山奈酚属于黄酮醇类，黄色针晶，熔点 276～278℃。山奈酚微溶于水，溶于热乙醇、乙醚和碱。

作用与用途：抗菌，对金黄色葡萄球菌及绿脓杆菌、伤寒杆菌、痢疾杆菌均有抑制作用。止咳，治疗支气管炎。抑酶，抑制醛糖还原酶，有利于糖尿病、白内障的治疗。具有诱变剂活性，当浓度为 1×10^{-4} mol/L 时，可抑制淋巴细胞增殖。主要用于抗癌、抑制生育、抗癫痫、抗炎、抗氧化剂、解痉、抗溃疡、利胆利尿、止咳。

山奈酚的结构式如图 3.1 所示。

二、荞麦酚类化合物

荞麦中具有抑制自由基和抗氧化功效的活性成分，还有酚酸、原花青素等酚类化合物。徐宝才等（2002）对苦荞籽粒不同部位样品进行的分析测定发现，主要包括原儿茶酸等 9 种酚酸和原花青素。苦荞中的酚酸种类主要是苯甲酸类——原儿茶酸和对羟基苯甲酸，酚酸总量 94.60～1745.33mg/kg。苦荞中的原花青素含量 0.03%～5.03%。苦荞麸皮是苦荞籽粒中酚类成分含量最高的部分（表 3.1）。

表 3.1 苦荞籽粒不同部位多酚类物质含量分布

成分	壳	麸皮	外层粉	内层粉
没食子酸/(mg/kg)	47.01	51.53	6.88	10.52
原儿茶酸/(mg/kg)	189.16	258.97	26.69	22.82
对羟基苯甲酸/(mg/kg)	72.17	360.25	47.47	11.95
香草酸/(mg/kg)	40.97	141.0	8.94	4.95
咖啡酸/(mg/kg)	9.90	104.68	7.61	14.75
丁香酸/(mg/kg)	4.92	18.01	1.35	1.21
p-香豆酸/(mg/kg)	0	42.78	0	0
阿魏酸/(mg/kg)	221.05	768.11	0	25.20
o-香豆酸/(mg/kg)	370.45	0	0	28.41
原花青素/%	0.03%	5.03%	0.60%	—

资料来源：徐宝才等（2002）。
注："—"表示该物质不存在或未进行测定。

值得注意的是荞麦多酚的协同作用往往会产生更好的效果。用含胆固醇的高脂饲料喂雄杂交兔，辅以荞麦多酚，结果表明血中丙二醛和 *p*-脂蛋白、胆固醇和甘油三酯降低，肝中抗坏血酸自由基和血中苯乙酸睾丸素增加，其作用效果均明显高于单一化合物——芦丁。日本最新研制的 PMP（polyphenolic mixture of plant）是将从普通荞麦精制的多酚与环状糊精、食物纤维等混合压片制成的药品，多酚含量15%～18%，该PMP具有显著的生理活性（表3.2）。

表3.2 荞麦多酚（PMP）的生理功能

降低鼠脑过氧化脂质（LPO），促进超氧化物歧化酶（SOD）活性
提高小鼠智力
促进脑蛋白激酶（PKC）活性
预防和治疗小鼠STZ诱发的糖尿病
预防和治疗小鼠高胆固醇血症
活化巨噬细胞，促进一氧化氮（NO）的产生

三、苦荞生长过程中总黄酮含量的变化

不同生育期样品中总黄酮含量在各试点的变化结果表明，在出苗期样品中总黄酮含量昭觉试点最高，为4.18%，榆林试点最低，为3.12%，平均为3.93%；现蕾期样品中总黄酮含量昭觉试点最高，为5.24%，白城试点最低，为3.03%，平均为4.00%；盛花期样品中总黄酮含量昭觉试点最高，为5.31%，白城试点最低，为3.00%，平均为4.31%；灌浆期样品中总黄酮含量甘孜试点最高，为5.01%，张北试点最低，为2.45%，平均为4.17%；收获期样品中总黄酮含量白城最高，为3.72%，张北试点最低，为2.24%，平均为3.20%。在整个生育期中，昭觉试点平均含量最高，为4.60%，甘孜次之，张北最低，为3.24%。总体上，南方试点比北方试点总黄酮含量高，南部为苦荞优生区。

在各试点，总体上苦荞（西农9902）地上部分在不同生育期总黄酮含量先升高后降低，其中云南中甸、四川甘孜、陕西榆林、吉林白城试点的苦荞在灌浆期总黄酮含量最高；四川昭觉、云南昆明试点的苦荞在盛花期总黄酮含量最高；陕西杨凌试点的苦荞总黄酮含量最高出现在现蕾期；河北张北试点的苦荞总黄酮含量出苗期最高，且随生育期逐渐降低，具体原因有待于进一步研究。以上各试点苦荞总体上在开花结实期总黄酮含量最高。

在不同生育期中苦荞各个器官的总黄酮含量均高于甜荞。同一时期不同器官总黄酮含量大小顺序为：花蕾＞花＞乳熟种子＞成熟种子，苦荞与甜荞的变化趋势大致相同。

花在蕾期总黄酮含量最高，叶在开花结实期总黄酮含量最高，苦荞各器官中的总黄酮含量均比甜荞高，但相差不大；而在茎中苦荞、甜荞差异较小，在整个生育期内变化很小；苦荞籽粒总黄酮含量比甜荞高约5倍。同一生育期不同的器官总黄酮含量大小顺序为：花＞叶＞茎＞成熟种子。

在整个生育期中，甜荞叶和苦荞叶的总黄酮含量的变化趋势大致相同。叶片中的总黄酮含量在苗期较低，以后逐渐增加，至播种后55天（开花结实期）达

到最高峰，此后又缓慢下降。苦荞叶中的总黄酮含量高于甜荞。茎中的总黄酮含量整个生育期都相对稳定，无太大的变化，甜荞茎总黄酮含量略低于苦荞茎，但都远远低于叶片的总黄酮含量（表 3.3，图 3.3）。

表 3.3 荞麦茎叶中不同时期总黄酮含量变化（单位:%）

繁殖时间	苦荞茎	苦荞叶	甜荞茎	甜荞叶
25d	1.320	4.011	1.172	3.986
35d	1.012	5.528	0.956	4.124
45d	1.253	6.532	1.012	4.239
55d	1.281	7.290	1.036	5.895
65d	1.423	7.015	1.269	5.781
75d	0.995	6.022	0.897	4.341

资料来源：安守强（2007）。

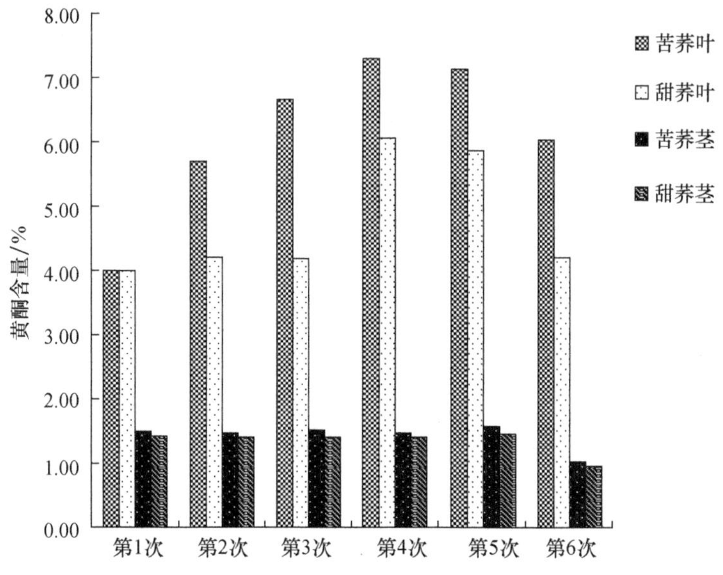

图 3.3 荞麦茎叶不同时期总黄酮含量变化趋势

不同生态区对荞麦籽粒总黄酮含量也有影响，参试品种中，苦荞籽粒总黄酮含量平均为 2.2467%，明显高于甜荞（0.4051%）。甜荞品种中大红花总黄酮含量最高，平均为 0.5205%，北早生总黄酮含量最低，平均为 0.3520%；苦荞品种中九江苦荞总黄酮含量最高，平均为 2.4700%，丽江苦荞含量最低，平均为 2.0317%。试点位置对荞麦籽粒总黄酮含量有着较大的影响，苦荞籽粒总黄酮以陕西榆林试点含量最高，甘肃定西含量最低。

植物光生物学的研究证实，植物体内黄酮类物质的代谢是受到光照条件控制的，许多直接参与黄酮类物质代谢的关键酶的形成和活性可以受到光线的调节。

植物体内异黄酮的生物合成受到多种内外因子的影响。在不同的生育阶段，荞麦总黄酮含量差异较大，其中最重要的影响是环境中光照的质量和强度。Zale 等对欧芹和 Ryder 等对菜豆的研究表明，异黄酮合成途径的关键酶（包括 PA1，CHS，CH1 等）的含量和活性可以受到光照的调节。

大豆体内异黄酮的积累也可以受到光照条件的影响。有报道称在大豆生长的早期有利于总黄酮的积累。孙视等研究表明影响银杏叶片总黄酮积累的重要环境因子是纬度、日照百分率、年降水量和年平均温度，并提出选择一定逆境胁迫的次适宜环境建立银杏园，有利于提高叶片内总黄酮的含量。此外，栽培技术对植物总黄酮含量也有一定影响。人们常采用增加密度、增施有机肥、叶面追肥、多次采收、改善光照条件、组织培养等措施来提高银杏等植物组织中总黄酮的含量。

因此，在荞麦生产中，一方面可以根据不同类型荞麦品种中芦丁含量之间的差异，选择高芦丁含量的荞麦品种；另一方面，开展荞麦优势区域布局研究，选择光照、温度、降水等生态条件适宜的地区，采用肥水管理等措施，提高荞麦芦丁含量，这对于促进荞麦产业发展具有积极的促进意义。

第二节　荞麦黄酮类、酚类提取分离纯化

一、荞麦黄酮类、酚类的提取

目前荞麦黄酮类、酚类的提取方法主要有水提取、乙醇提取、微波辅助提取、酶法提取、超临界萃取等方法。对提取方法及具体工艺技术条件的研究，为进一步的纯化工艺及质量控制研究奠定了基础。

1. 水提法

水是常用的提取溶剂之一，具有经济、安全、极性大、溶解范围广等特点。芦丁等黄酮类成分可溶于沸水，故常采用煎煮法提取。水煎煮法优点是成本低、安全，适合于工业化生产。但缺点是热水提取出的杂质较多，且苦荞中淀粉含量较高，用水煎煮后药液黏度较大，滤过困难。

煎煮法属于间歇式操作，即将苦荞原料置煎煮器中，加水使浸没，浸泡适宜时间；然后加热至沸，并保持微沸状态一定时间，滤过，收集滤液。药渣再加水煎煮，合并各次煎煮液，即得。提取工艺主要考虑加水量、浸泡时间、煎煮时间及煎煮次数等因素。

周瑞雪等（2006）对苦荞进行水提取工艺的研究，以总黄酮纯度及其含量为指标来评价提取工艺。通过单因素实验和正交实验考察浸泡时间、料液比等对提取物总黄酮纯度及其含量的影响，优选出水提法最佳工艺为浸泡时间 9h，料液

比 1∶15，提取时间 2h/次，提取次数 2 次。水提法得到的苦荞总黄酮纯度可达到 10%以上。

田龙（2008）以提高苦荞水提液中黄酮类化合物浓度为目的，通过单因素试验和均匀试验，以黄酮类化合物的提取率为评价指标，研究了苦荞黄酮类化合物的最佳水提工艺。结果表明，在料液比为 34∶250 条件下，苦荞黄酮类化合物的最优水提条件为水的 pH8.0、水提温度 100℃、水提时间 105min，按优化工艺条件黄酮类化合物的得率为 1.440%。

2. 乙醇提取法

荞麦黄酮类、酚类成分易溶于甲醇、乙醇等有机溶剂中。由于甲醇等有一定毒性，在工业提取中应选用无毒的乙醇作为提取溶剂。另外，乙醇作提取溶剂也方便回收再利用，以降低企业的生产成本。

（1）浸渍法

将苦荞粗粉装在适当容器中，加入稀醇浸渍原料一定时间，反复数次，合并浸渍液，减压浓缩即可。此法不用加热，适用于遇热易被破坏或挥发性成分，也适用于含淀粉或黏液质多的成分。但提取时间长，效率不高。

（2）渗漉法

是浸渍法的发展，将苦荞粗粉装入渗漉筒中，用乙醇作溶剂。首先浸渍数小时，然后由下口开始流出提取液（渗漉液），渗漉筒上口不断添加新溶剂，进行渗漉提取。此法在进行过程中由于随时保持浓度差，故提取效率高于浸渍法。

（3）回流提取法

此法以乙醇为提取溶剂，在回流装置中加热进行。溶剂馏出后又被冷凝，重复流回浸出器中浸提原料。一般多采用反复回流法，即第一次回流一定时间后，滤出提取液，加入新鲜溶剂，重新回流，如此反复数次，合并提取液，减压回收溶剂。张瑞等（2008）采用乙醇浸提法，以芦丁、槲皮素等黄酮成分的含量和D-手性肌醇的含量为评价指标，从渗漉法、浸渍法和加热回流法中优选苦荞麸皮功能成分的提取方法，结果加热回流法提取效率显著高于渗漉法和浸渍法。

综合比较上述三种方法，荞麦黄酮的乙醇提取主要采用回流提取法。

Zou 等（2006）采用正交实验法，选择提取次数、乙醇浓度、乙醇用量、提取时间四个因素，对乙醇回流提取苦荞籽粒中黄酮成分的工艺进行了研究。实验结果表明，各因素影响大小顺序为提取次数＞提取时间＞乙醇用量＞乙醇浓度。优选出的提取工艺条件为：加 60%乙醇回流提取 3 次，第 1 次加 10 倍量的乙醇，提取 1.5h；第 2 次加 8 倍量的乙醇，提取 1h；第 3 次加 6 倍量的乙醇，提取 0.5h。

查阳春等（2009）研究苦荞麦壳中活性多酚的提取工艺，以 70%乙醇-水为提取剂，通过二次旋转正交实验优化提取工艺，建立了提取得率的二次旋转回归方程，通过响应面分析及岭嵴分析得到了优化组合条件。结果表明，提取温度和时间对提取得率有显著影响（$P<0.05$），而料液比对提取得率的影响不显著，较优的提取工艺条件为提取温度 73℃、提取时间 118.9min、料液比 1：16.9，其提取得率 0.56%，理论预测值为 0.59%，提取得率达到理论预测值的 94.9%。

3. 酶法提取

酶法提取技术，是通过加入某些特定的酶，使包裹于植物细胞内的有效成分转移到溶媒中。酶反应较温和地将植物组织分解，可以较大幅度提高收率，最大限度地从植物体内提取有效成分。

水提法在工业上由于成本低而应用广泛，但总黄酮得率较低，而其他方法在应用中有溶剂污染、需专用设备或增加成本等问题。近年来纤维素酶被应用于黄酮类化合物的提取。植物组织中的有效成分大多包裹在细胞壁中，对这些有效成分的提取，采取传统的热水、酸、碱、有机溶剂提取法，受细胞壁主要成分纤维素的阻碍，往往提取效率较低。恰当地利用纤维素酶处理这些植物材料，可改变细胞壁的通透性，提高有效成分的提取率。

王敏等（2003）研究了苦荞茎叶粉中总黄酮酶法提取工艺，先利用纤维素酶对苦荞茎叶粉进行处理，然后用水提取。其中，主要考察加酶量、酶解温度、酶解时间和 pH 对总黄酮得率的影响。根据试验结果，酶法提取的最佳工艺条件为：酶解温度 55℃，加酶量 3.0μl，pH6.5，酶解 90min，再在 90℃下用水提取 3 次，每次 30min。总黄酮得率可达 1.47%，为普通水提法的 3.08 倍。孙艳华等（2006）通过纤维素酶法结合乙醇提取法提取荞麦总黄酮，荞麦茎、叶和茎叶混合物的总黄酮，提取率相较于单纯乙醇提取法有显著性提高。由此可见，纤维素酶可充分破坏苦荞茎叶以纤维素为主的细胞壁结构，使提取传质阻力减小，内容物总黄酮易于溶出，从而提高得率。酶法提取适用于苦荞茎叶粉中总黄酮的辅助提取，可利用此法寻找改良水提工艺的处理方法，为苦荞资源的开发利用提供参考。

4. 超声提取法

超声提取技术，是利用超声波增大物质分子运动频率和速度，增加溶剂穿透力，提高药物溶出度，缩短提取时间的浸提方法。超声波振动能产生并传递强大的能量，大能量的超声波作用在液体里，在振动处于稀疏状态时，液体会被撕裂成很多的小空穴，这些小空穴一瞬间即闭合，闭合时产生高达几千大气压的压力，即称为空化现象。这种空化现象可细化各种物质及制造乳浊液，加速植物中的有效成分进入溶剂，使其进一步提取。除了空化作用外，超声波的许多次级作用，如机械运动、乳化、扩散、击碎、化学效应等也都有利于使植物中的有效成分转移，并使之充分和溶剂混合，促进提取的进行。

姜忠丽等（2011）采用水提、乙醇提取和超声提取法提取苦荞中的黄酮类化合物，结果表明超声波提取法的提取率高于水提法和乙醇提取法。超声提取法提取率高，可节约大量时间和溶剂，降低生产成本，但目前超声提取法主要是小规模应用，其作用机制及适应大生产的设备等问题有待于进一步研究。

5. 微波提取法

微波提取技术，是利用物质在外加电场的作用下分子发生极化，如果外加电场为交变电场，则无论是有极分子电介质，还是无极分子电介质均被反复极化，随着外加交变电场频率的提高，极化的分子电场方向也交互变化，不断地迅速转动而发生剧烈地碰撞和摩擦，这样就将其在电磁场中所吸收的能量转化为热能，使物体本身被加热，从而促进有效成分的溶出。

微波具有波动性、高频性、热特性和非热性四大特征。因此采用微波提取具有溶剂用量少（比索氏提取和水浸提法节约溶剂用量 50%～80%），产品质量好（可以避免长时间高温引起的物料分解，有利于热敏性物料成分的萃取，可最大限度地有效保护天然植物中的功能活性成分），选择性好（极性较大的分子可以获得较多的微波能，使产品的纯度提高，质量得以改善），能耗低（由于提取时间显著缩短，可以大大节约能源）。

王军等（2006）对微波提取苦荞麸皮总黄酮的工艺进行了研究。试验结果表明：微波提取的最佳工艺条件为微波功率中档、微波加热 120s、乙醇浓度 80%、料液比 1∶50，该工艺条件下固形物得率达 5.51%。与传统提取方法相比，微波提取法具有节省时间、节约能量、提取效率高、控制方便等优点。

6. 超临界流体萃取法

超临界流体萃取技术（supercritical fluid extraction，SFE），是利用超临界状态下的流体为萃取剂，从液体或固体中萃取植物中的有效成分并进行分离的方法。超临界流体的理化性质介于液体和气体之间，其密度比气体大 100～1000 倍，与液体密度相近，由于分子间距离缩短，分子间相互作用大大增强，因而溶解作用近似于液体。超临界流体（SF）的黏度非常低，与液体相比，SF 的黏度低 10～100 倍，其扩散系数较高，比液体大 10～100 倍，SF 萃取的传质速率明显高于液体萃取。SF 具有良好的溶剂特性，可作为溶剂从植物中萃取出活性成分。当 SF 在临界温度以上时，压力的微小变化都会引起 SF 密度、黏度和扩散系数的大幅变化，影响 SF 对各种成分的溶解能力。正由于 SF 的性质，决定其能从植物中萃取出有活性成分的液体及固体物质。

可以作为 SF 的物质很多，如 CO_2、NH_3、C_2H_6、CCl_2F_2、C_7H_{16}等，实际应用 CO_2 较多。CO_2 的临界温度（T_c＝31.4℃）接近室温，临界压力（P_c＝7.37MPa）也不太高，易操作，且本身呈惰性，价格便宜，是植物超临界流体萃取中最常用的溶剂。

姜忠丽等（2007）研究了超临界 CO_2 萃取苦荞中芦丁的工艺。他们分别采用索氏抽提法、乙醇浸提法和超临界 CO_2 萃取方法，对苦荞中的芦丁进行了提取，确定最佳提取方法为超临界 CO_2 萃取法，并采用正交实验考察了四种因素（样品含水量、萃取压力、萃取温度、萃取时间）的水平对得率的影响。得出超临界 CO_2 萃取苦荞芦丁的适宜工艺条件为：苦荞麦粉水分含量 3%、萃取压力 30MPa、萃取温度 35℃、萃取时间 80min。

二、荞麦生物黄酮的分离与纯化方法

（一）碱溶酸沉法

黄酮类化合物分子中具有较多酚羟基，显弱酸性，易溶于碱液中，酸化后又析出，因此可以用碱溶酸沉的方法分离纯化黄酮提取物。

注意事项：①用的碱浓度不宜过高，以免在强碱下加热时破坏黄酮类化合物母核；②在加酸酸化时，酸性也不宜过强，以免生成盐，致使析出的黄酮类化合物又重新溶解，降低产品收得率；③当有邻二酚羟基时，可加硼酸保护。

当从苦荞麦中提取黄酮时，由于淀粉在碱的作用下易成黏稠糊状，使过滤和干燥十分困难。杨德全等（1997）采用碱提取酸沉淀加醇（甲醇、乙醇和异丙醇等）的方法，结果使过滤较为顺利，干燥也容易得多，这是由于醇醚既是芦丁的溶剂，又是淀粉的沉淀剂。其实验结果表明：采用碱提取酸沉淀加乙醇的方法从苦荞中提取芦丁的较佳条件为：苦荞∶稀碱溶液（pH8～9）∶乙醇＝1∶15∶16（质量比），酸中和时 pH4。此法提取率高、工艺简单、操作简便、成本低廉、合理可行。

（二）高速离心法

离心技术（centrifugal technique）是根据颗粒在作匀速圆周运动时受到一个外向的离心力的行为而发展起来的一种物理分离技术。它通过离心机的高速运转，使离心加速度超过重力加速度，沉降速度增加，是固液分离的理想方法。一般认为，转速为 10 000～25 000r/min 的离心机称为高速离心机；转速超过 25 000r/min，离心力大于 89×10^3g 的离心机称为超速离心机。目前超速离心机的最高转速可达 100 000r/min，离心力超过 500×10^3g。

离心技术在分离过程中能有效防止植物中有效成分的遗失，不影响有效成分的含量，能较大程度保存药物的活性成分，而且工艺流程大为缩短、成本降低，比较适合基层应用。这项技术应用很广，诸如分离出化学反应后的沉淀物、天然的生物大分子、无机物等，在生物化学及其他的生物学领域常用来收集细胞、细胞器及生物大分子等物质。

黄酮类化合物在冷水中溶解性差，无论是水提药液冷却后，还是醇提液回收溶剂后，都易使苦荞黄酮沉淀析出。因此，可将药液浓缩至一定的相对浓度，高速离心，取其沉淀作为纯化产物。周瑞雪（2006）采用高速离心技术，分别考察了分离因数、分离时间、离心温度、药液密度等因素，可以得到总黄酮含量达50%以上的苦荞有效部位，有效成分保留率均能达到75%以上。最终确定苦荞总黄酮的纯化工艺是：离心温度为10～25℃、药液密度为1.004～1.008（15℃，药液比为1∶4～1∶6）、分离因数为5000r/min、相对离心力为2152.2g/min、离心时间为15min。

（三）水提醇沉淀法

1. 工艺依据

1）根据苦荞原料中各种成分在水和乙醇中的溶解性。通过水和不同浓度的乙醇交替处理，可保留黄酮类等有效成分，去除蛋白质、糊化淀粉、黏液质、油脂、脂溶性色素、树脂、树胶、部分糖类等杂质。通常认为，料液中含醇量达到50%～60%，可去除淀粉等杂质，当含醇量达75%以上，除鞣质、水溶性色素等少数无效成分外，其余大部分杂质均可沉淀而去除。

2）根据工业生产的实际情况。因为苦荞原料体积大，若用乙醇以外的有机溶剂提取，用量多、损耗大、成本高，且有些有机溶剂不利于安全生产。

2. 操作要点

该精制方法是将原料先用水提取，再将提取液浓缩至每毫升相当于原药材1～2g，加入适量乙醇，静置冷藏适当时间，分离去除沉淀，最后制得澄清的液体。具体操作时应注意以下问题。

1）药液的浓缩：清膏。

2）加醇的方式：分次醇沉或以梯度递增方式逐步提高乙醇浓度的方法进行醇沉，有利于除去杂质，减少杂质对有效成分的包裹而被一起沉出的损失。

3）醇量的计算：按药液乙醇量计算加入。亦可称量加入。

4）冷藏与处理：加乙醇时药液的温度不能太高，加至所需含醇量后，将容器口盖严，以防乙醇挥发。

（四）大孔树脂吸附法

大孔树脂是一类没有可解离基团、具有多孔结构、不溶于水的固体高分子物质，是20世纪70年代末发展起来的一类有较好吸附性能的有机高聚物吸附剂。它最早用于废水处理、医药工业、化学工业、分析化学、临床鉴定和治疗等领域。大孔树脂吸附层析法有效、工艺简单、生产成本低、不受无机物影响、再生方便，在我国已广泛用于中草药有效成分的提取、分离、纯化工作中。与传统工艺比较，应用大孔树脂吸附技术所得提取物体积小、不吸潮，易制成外形美观的各种剂型，有利于产品的升级换代。

原理：大孔吸附树脂是以苯乙烯和丙酸酯为单体，加入乙烯苯为交联剂，甲苯、二甲苯为致孔剂，它们相互交联聚合形成了多孔骨架结构。树脂一般为白色的球状颗粒，粒度为 20～60 目，是一类不含离子交换基团的交联聚合物。它的理化性质稳定，不溶于酸、碱及有机溶剂，不受无机盐类及强离子低分子化合物的影响。树脂吸附作用是依靠它和被吸附的分子（吸附质）之间的范德华力，通过它巨大的比表面积进行物理吸附，使有机化合物根据其吸附力及相对分子质量大小可以经一定溶剂洗脱分开而达到分离、纯化、除杂、浓缩等不同目的。

一般来说，大孔树脂的色谱行为具有反相的性质。被分离物质的极性越大，其 R_f 值越大，反之 R_f 值越小。对洗脱剂而言，极性大的溶剂洗脱能力弱，而极性小的溶剂则洗脱能力强，故大孔树脂在水中的吸附性强。实际工作中，常先将欲分离的混合物的水溶液通过大孔树脂柱后，依次用水、浓度由低到高的含水乙醇溶液洗脱，可将混合物分离成若干组分。

根据骨架材料是否带功能基团，大孔吸附树脂可分为非极性、中等极性与极性三类。由于大孔吸附树脂的孔度、孔径、比表面积及构成类型不同而具有许多型号，其性质各异，在应用时需根据具体情况进行选择。常用的大孔吸附树脂有 Amberlite 系列，Diaion 系列，GDX 系列，SIP 系列，南开大学化工厂生产的多种型号的产品如 AB-8、X-5、NKA-9 等。

于智峰等（2007）以苦荞麸皮为原料，在静态工艺筛选的基础上，采用大孔树脂吸附分离技术，对苦荞黄酮的精制工艺进行动态研究，筛选分离苦荞总黄酮的最佳树脂型号及最佳工艺。

他们通过分析 15 种树脂对苦荞黄酮的吸附、解吸特性，综合考虑吸附量、吸附率、解吸率和吸附动力学几方面因素，发现 DM-2 树脂对苦荞黄酮吸附量大，而且解吸容易，是一种性能良好的苦荞黄酮吸附剂。同时，对影响 DM-2 树脂分离纯化的各因素进行了系统研究，最终确定最佳吸附条件：粗提物浸膏用水溶解后，可选取较高质量浓度的清液上样，树脂柱径高比以 1∶10 为宜，调节上样液 pH 为 3～4，吸附流速控制在 310ml/min 进行吸附。最佳洗脱条件：用 80ml（5 倍柱体积左右）50％乙醇溶液，将 pH 调至 8 左右，以 3ml/min 的洗脱速率进行洗脱。

总之，采用大孔树脂精制苦荞黄酮，操作简单、生产周期短、成本低廉、精制效果突出、有较高的工业生产应用价值。

（五）色谱法

高速逆流色谱技术是近三十年来发展起来的一种液-液色谱技术，利用单向流体动力平衡现象能实现连续有效的分离，是一种实用的新型分离技术。与其他各种色谱分离技术的根本差别在于不需任何固态的支撑体，因而能排除因不可逆吸附带来的样品污染、变性与失活，且能回收全部样品，特别适合天然产物活性成分的分离。

梁萍（2007）以荞麦类黄酮纯度为指标，采用高速逆流色谱技术，比较大孔树脂吸附法和高速逆流色谱技术两种纯化方法。结果表明，高速逆流色谱技术所得黄酮纯度高。纯化条件为：溶剂体系为正己烷、乙酸乙酯、甲醇与水的体积比为3∶2∶2∶2，经鉴定纯度提高到88.7%。

第三节　荞麦酚类、黄酮类的检测

一、荞麦黄酮类化合物的检测

（一）黄酮类化合物的定性鉴别

1. 理化鉴别

黄酮类化合物的物理检识主要根据黄酮类化合物的形态、颜色等。化学检识主要利用各种显色反应，用于检识母核类型的反应有盐酸-镁粉反应、四氢硼钠反应、碱性试剂显色反应和五氯化锑反应等；用于检识取代基的反应有锆盐-枸橼酸反应、氨性氯化锶反应等。

可根据黄酮类化合物的理化性质，进行相应的理化鉴别（表3.4）。

表3.4　苦荞生物黄酮的定性鉴别方法

检验方法	紫外光	还原反应	与金属离子的络合反应	显色试剂	
试剂		盐酸　镁粉	铝盐　镁盐	硼酸	氢氧化钠
现象	呈黄绿色并有荧光斑点	呈桃红色泡沫反应	呈黄绿色荧光	亮黄色液体并有荧光	溶液呈棕黄色
结论	有黄酮类化合物	有黄酮类化合物	有黄酮醇类化合物、黄酮类化合物	有5-OH黄酮或2-OH查耳酮	有黄酮醇类化合物

资料来源：贾冬英等（1998）。

根据以上定性检验结果，可以确定样品中是否含有芦丁等黄酮类成分，从而初步判断是否为荞麦黄酮。

2. 薄层色谱鉴别

薄层色谱鉴别法，是将适宜的吸附剂或载体涂布于玻璃板、塑料或铝基片上，成一均匀薄层。待点样、展开后，与适宜的对照物按同法在同一板上所得的色谱图对比，用以进行药品鉴别的方法。

（1）薄层色谱的操作方法

一般操作方法如下。

1）薄层板制备。除另有规定外，将 1 份吸附剂和 3 份水在研钵中向一方向研磨混合，去除表面的气泡后，倒入涂布器中，在玻板上平稳地移动涂布器进行涂布（厚度为 0.25～0.50mm）。取下涂好薄层的玻板，于室温下，置水平台上晾干，在反射光及透射光下检视，表面应均匀，平整，无麻点、无气泡、无破损及污染，于 110℃烘 30min，冷却后立即使用或置干燥箱中备用。也可以用商品预制板。

2）点样。除另有规定外，用点样器点样于薄层板上，一般为圆点，点样基线距底边 1.0～1.5cm，样点直径一般不大于 2mm，点间距离可视斑点扩散情况而定，以不影响检出为宜。点样时必须注意勿损伤薄层表面。

3）展开。将点好样品的薄层板放入展开缸的展开剂中，浸入展开剂的深度为距原点 5mm 为宜，密封，待展开至规定距离（除另有规定外，一般为 8～15cm），取出薄层板，晾干，检测。

展开缸如需预先用展开剂预平衡，可在缸中加入适量的展开剂，必要时在壁上贴二条与缸一样高、宽的滤纸条，一端浸入展开剂中，盖严，使展开缸平衡。

（2）黄酮的薄层色谱鉴别方法

荞麦黄酮中主要含芦丁，以芦丁为对照，进行薄层色谱鉴别。参考《中国药典 2010 年版一部》中“槐花”项下鉴别芦丁的 TLC 法，方法如下。

1）供试品溶液的制备。取槐花粉末 0.2g，加甲醇 5ml，密塞，超声提取 10min，滤过，取滤液作为供试品溶液。

2）芦丁对照品溶液的制备。另取芦丁对照品，加甲醇制成 4mg/ml 的溶液，作为对照品溶液。

3）展开。照《中国药典 2010 年版一部》附录Ⅵ B 薄层色谱法试验，吸取上述两种溶液各 10μl，分别点于同一硅胶 G 薄层板上，以乙酸乙酯-甲酸-水（8∶1∶1）为展开剂，展开，取出，晾干，喷以 $AlCl_3$ 试液，待乙醇挥干后，置紫外光灯（365nm）下检视。

供试品色谱中，在与对照品色谱相应的位置上，显相同颜色的荧光斑点。

（二）荞麦生物总黄酮的含量测定

为有效地控制荞麦原料及其产品质量，需要控制生物总黄酮的含量，已报道的含量测定方法有紫外分光光度法、薄层扫描法、高效液相色谱法等多种方法。

1. 紫外分光光度法

紫外分光光度（UV）法是通过被测物质在紫外光区的特定波长或一定波长范围内光的吸收度，对该物质进行定性和定量分析的方法。紫外光谱是物质在

200～400nm 的近紫外光区和 400～800nm 的可见光区的吸收光谱。UV 图提供两个重要数据：吸收峰的位置和光吸收强度。

利用荞麦黄酮母核上有 3-OH 和 5-OH，B 环上有邻苯二羟基（这是黄酮类化合物的典型结构），可与 Al^{3+} 在碱性溶液中生成黄色的黄酮铝的原理测定其含量。常见有芦丁法、$NaNO_2$-$Al(NO_3)_3$ 法和 $AlCl_3$ 分光度法。

卫星星（2007）采用 $NaNO_2$-$Al(NO_3)_3$ 法以 70％甲醇-索氏法抽取苦荞籽壳粉总黄酮，在波长 510nm 处比色，测定了荞麦总黄酮含量。其吸光度回归方程为 $Y=2.674X-0.016$，相关系数 r 为 0.9997。其方法操作简单，结果稳定可靠。朱友春、田世龙等在上述方法的基础上进行了一些改进，选择将 $NaNO_2$ 和 $Al(NO_3)_3$ 溶液混合后加入。减少了操作步骤，加快了操作时间。同时还证明在加入显色试剂后再用 30％的乙醇溶液定容，不影响显色效果，且结果稳定，线性关系良好，灵敏度也有所提高，回收率较好。

张琪等（2003）采用 $AlCl_3$ 比色法在波长 420nm 处测定了苦荞总黄酮的含量。通过稳定性试验，表明该显色反应在 90min 内基本稳定；通过重现性试验，表明重现性符合要求；通过回收率试验，测得回收率为 99.3％，相对标准偏差（RSD）为 2.62％，符合实验要求。该法操作简单、准确。

徐宝才等（2003b）比较了两种测定方法，并分析了其影响因素。实验结果表明，$NaNO_2$-$Al(NO_3)_3$ 法测定结果高于 $AlCl_3$ 法，偏差高达 46.36％～136.63％，而 $AlCl_3$ 法偏差只有 3.91％～4.91％（与 HPLC 法比较），所以 $AlCl_3$ 比色法比常用的 $NaNO_2$-$Al(NO_3)_3$ 更适合荞麦总黄酮测定，方法简单，结果准确可靠。分析其影响因素时，认为苦荞含有的原儿茶酸、原花青素物质具有邻二羟基结构，显色反应中在波长 510nm 都有很强的吸收度，对总黄酮含量的测定造成了一定干扰，因此用 $NaNO_2$-$Al(NO_3)_3$ 法测定结果偏高。$AlCl_3$ 比色法测定时，芦丁、桑色素等黄酮类物质反应强烈，而对酚酸、原花青素反应较小，因此该法对黄酮类的专属性较强，较适宜于荞麦总黄酮的测定。

2. 薄层扫描法

薄层扫描法（TLCS）是指用一定波长的光照射在薄层板上，对薄层色谱中有吸收紫外光或可见光的斑点，或经激发后能发射出荧光的斑点进行扫描，将扫描得到的图谱及积分数据用于药品的鉴别、杂质检查或含量测定。该方法具有取样量少、操作简便、分离效果好、结果准确等特点。

除另有规定外，薄层扫描法可根据各种薄层扫描仪的结构特点及使用说明，结合具体情况，选择反射方式，采用吸收法或荧光法，用双波长或单波长扫描。测定方法有内标法及外标法。由于影响薄层扫描结果的因素很多，故薄层扫描定量测定应在保证供试品斑点的量在校正曲线的线性范围内的情况下，与对照品同板点样，展开，扫描，积分和计算。

用外标法测定时，若对照品各数据点在校正曲线上成一通过原点的直线时，可用一点法校正，如不通过原点通常宜采用二点法校正，必要时用多点法校正。含量测定时，供试品溶液和对照品溶液应交叉点于同一薄层板上，供试品点样不得少于4个，对照品每一浓度不得少于2个，薄层扫描定量用的对照品纯度应符合含量测定用对照品的要求。

景仁志等（1997）采用此法测定了苦荞叶中芦丁的含量。移动相：乙酸：水＝18：1：1，在固定相聚酰胺薄膜（8cm×8cm）上同时对标样和待测样品进行薄层分析，层析完毕后用0.1mol/L $AlCl_3$-甲醇溶液染色。确定λ_r为510nm，λ_s为410nm，根据两点工作法公式，求得样品的芦丁含量。其标准差为0.093，变异数为3.29%，结果与目前常用的标准曲线工作方法比较，具有更准确、更可靠的优点。

3. 高效液相色谱法

高效液相色谱法（HPLC）是用高压输液泵将具有不同极性的单一溶剂或不同比例的混合溶剂、缓冲液等流动相泵入装有固定相的色谱柱，经进样阀注入供试品，由流动相带入柱内，在柱内各成分被分离后，依次进入检测器，色谱信号由记录仪或积分仪记录。

高效液相色谱法具有分离效能高、灵敏、准确等优点，对各类黄酮类化合物均可获得良好的分离效果。由于黄酮类化合物大多具有多个羟基，黄酮苷含有糖基，花青素类为离子型化合物，故用高效液相色谱分离时，往往采用反相柱色谱，常用的洗脱剂为含有一定比例的甲酸或乙酸的水-甲醇溶剂系统或水-乙腈溶剂系统。

徐宝才等（2003b）采用Hypersil ODS（100mm×4.6mm，5μm）色谱柱，可变波长检测器（VWD），波长354nm。以流动相A、B进行梯度洗脱，流动相A为体积分数为65%的甲醇溶液（含质量分数为0.5%的乙酸）；流动相B为超纯水（含质量分数为0.5%的乙酸）；流量为0.8ml/min；进样量为5μl，10min完成样品分析。以芦丁为标样，用峰面积外标法定量。样品不水解，直接进行分析，测得四川苦荞黄酮类化合物主要由槲皮素-3-芸香糖葡萄糖苷、芦丁、山奈酚-3-芸香糖苷和槲皮素四种主要成分组成，且总黄酮含量为麸皮＞外层粉＞壳＞心粉。芦丁是其主要成分，在苦荞籽粒各部分中占总黄酮的质量分数在90%以上。

张琪等（2003）采用迪马Diamonsil C_{18} 250mm×4.6mm色谱柱，甲醇-0.4%磷酸水溶液（55：45）为流动相，检测波长为257nm，理论塔板数按芦丁峰计算应不低于1800，测定苦荞种子中芦丁的含量为2.52～25.20μg，回收率为99.79%，RSD为0.53%。并从实验结果中发现，总黄酮的含量与芦丁含量表现有一定相关性。芦丁占总黄酮量的50%以上，因此他建议芦丁的含量作为评价苦荞的质量标准，其含量不得少于0.8%。若采用比色法测定总黄酮以芦丁计不少于 1.0%。

综合以上研究，赵钢、邹亮等进一步完善了苦荞中芦丁的测定方法，如下。

（1）色谱条件

Shim-pack CLC-ODS C_{18} column 色谱柱（150mm×4.6mm，5μm）；流速 1.0ml/min；柱温 30℃；检测波长 360nm；灵敏度为 0.5AUFS；流动相为甲醇-0.1%磷酸溶液（50∶50）。在以上选定的条件下，芦丁和样品中其他组分色谱峰可基线分离，保留时间适当（图 3.4）。芦丁峰与其他色谱峰的分离度大于 1.5，理论板数按芦丁峰计算不低于 3000。

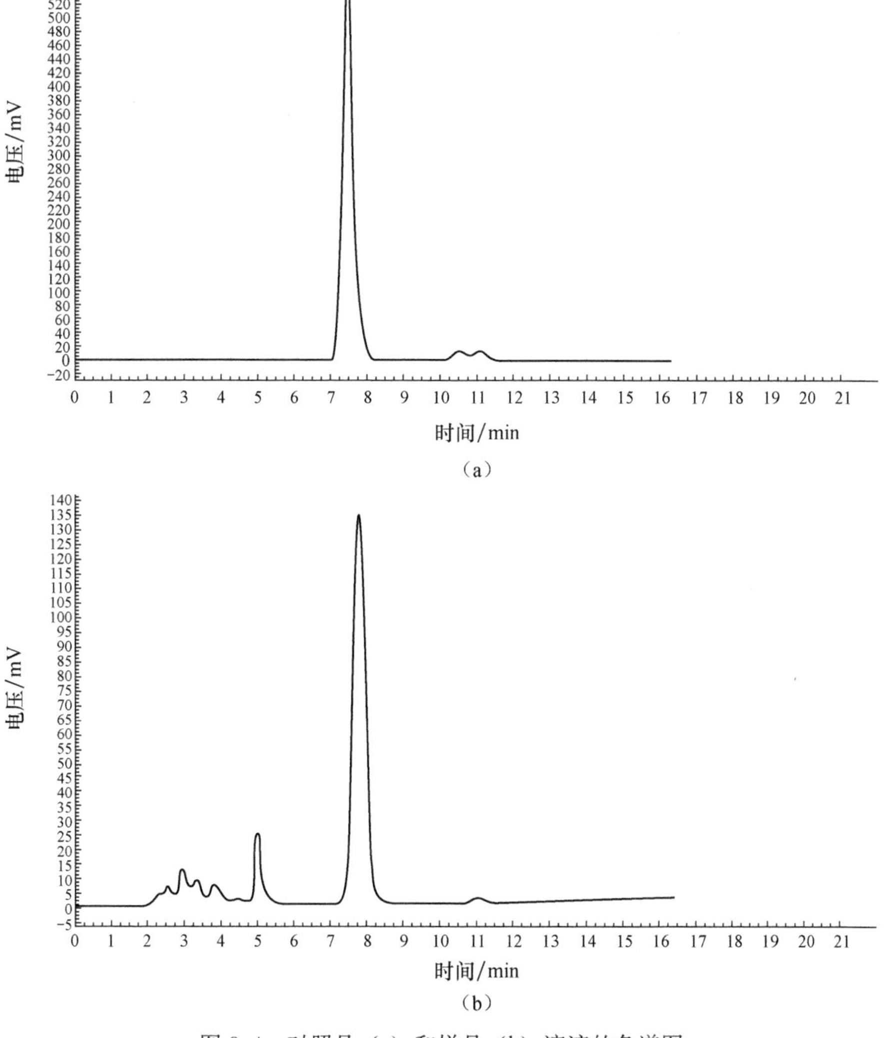

图 3.4　对照品（a）和样品（b）溶液的色谱图

(2) 线性关系的考察

进样量是 0.198～7.92μg，进样量和积分面积间线性关系良好。

(3) 供试品溶液的制备

在 HPLC 法测定中，用于制备供试品溶液的提取方法很多，较常用的有加热回流法和超声提取法。加热回流法耗时长，提取杂质较多。超声提取是利用超声波的热效应，机械粉碎作用和空化作用，提取杂质较少，并且耗时短，操作简便。选用甲醇作溶媒，超声提取一次，时间为 40min，提取基本完全。

样品中芦丁的平均回收率为 99.5%，RSD 为 0.72%（n=6），精密度良好（RSD 为 0.45%）。实验结果表明，该法操作简便、快速、准确，适用于苦荞中芦丁的含量测定。

黄兴富等（2011）采用 Diamonsil C_{18}（150mm×4.6mm，5μm）色谱柱；以流动相 A、B 进行梯度洗脱，流动相 A 为乙腈，流动相 B 为 0.2%磷酸溶液；流量为 1.0ml/min；检测波长为 365nm；进样量为 20μl。以芦丁、槲皮素和山奈酚为标样，峰面积外标法定量。分离度符合要求，且峰形均较好，无拖尾现象。从测定结果看，10 个不同来源的苦荞中芦丁、槲皮素和山奈酚的含量存在较大的差异：云荞 53 中芦丁的含量最高，KQ08-10 中芦丁的含量最少；KQ08-10 中槲皮素的含量最高，四川西昌苦 3-7 中槲皮素的含量最少；KQ08-06 中山奈酚的含量最高，四川凉山苦和云荞 63 都没检测到山奈酚。这为寻找苦荞同时具有高含量芦丁、槲皮素和山奈酚等黄酮类化合物提供了可能，为以后品质性状的选择或杂交选育提供了依据（图 3.5）。

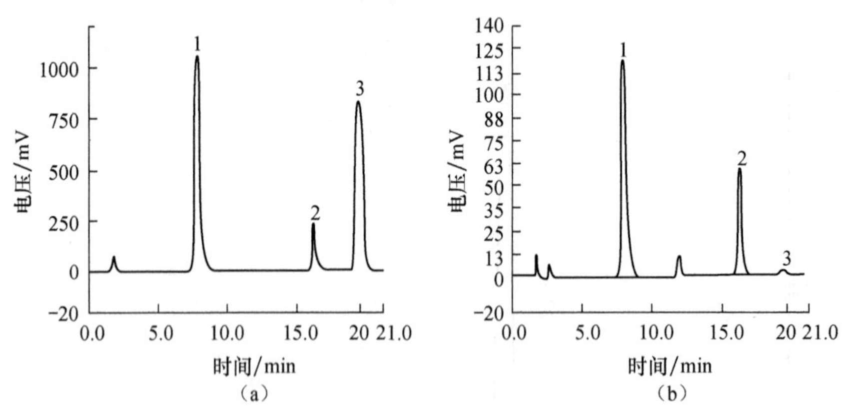

图 3.5 混合对照品（a）和样品（b）溶液的色谱图

1. 芦丁；2. 槲皮素；3. 山奈酚

4. 毛细管电泳-电化学法

毛细管电泳（CE）结合电化学检测法（ED），有快速、高效、所需样品量小、对电活性物质具有较高的选择性和灵敏度等优点，弥补了 HPLC 分析时间长、操作复杂、仪器昂贵等缺点，且能避免食品中的共存物质污染或损坏色谱柱，缩短色谱柱的使用寿命。该方法适用于复杂生物体系的研究，如荞麦中的活性成分测定。

侯建霞等（2007）用毛细管电泳-电化学方法（CE-ED）研究了荞麦中黄酮类物质：表儿茶素、芦丁、槲皮素的含量，研究了电极电位、缓冲液的 pH、分离电压及进样时间对电泳的影响，得到优化的测定条件。以直径为 300μm 的碳圆盘电极为检测电极，工作电极电位为 0.95V（vs. SCE），在 50mmol/L 硼酸盐（pH8.5）运行缓冲液中，上述各组分在 12min 内完全分离。表儿茶素、芦丁、槲皮素检出限分别为 1.83×10^{-7}g/ml、2.9×10^{-8}g/ml、1.00×10^{-7}g/ml；3 种标样 7 次平行进样的相对标准偏差（RSD）小于 2.5%；回收率表儿茶素 100.4%、芦丁 98.1%、槲皮素 100.1%（$n=3$），该法灵敏，结果可靠。

（三）荞麦黄酮类化合物的结构鉴定

从荞麦中经过提取、分离、精制得到的有效成分，必须鉴定或测定其化学结构，才可能为深入探讨有效成分的生物活性、构效关系、体内代谢及进行结构改造、人工合成等研究提供必要的依据。因此，有效成分的鉴定和结构测定，是分析荞麦黄酮的重要内容之一。

为对荞麦中的黄酮类化合物进行结构鉴定，可先对荞麦样品进行成分分离，然后综合应用波谱技术，包括紫外光谱（UV）、红外光谱（IR）、核磁共振氢谱（^{1}H-NMR）、核磁共振碳谱（^{13}C-NMR）、质谱（MS）等研究方法，解析出所含黄酮类化合物的化学结构。

以朱瑞等（2003b）对苦荞种子化学成分的研究为例，他们将苦荞种子的 80%乙醇提取物，经聚酰胺柱水洗除杂后得 95%的醇膏，再经分离得到 4 个单体化合物，分别鉴定为芦丁、槲皮素、山奈酚、山奈酚-3-*O*-芸香糖苷。现将其苦荞种子的结构鉴定数据节选如下：

化合物Ⅰ（芦丁）：浅黄色针晶，mp176～178℃。UVλ_{max}nm：259，266sh，199sh，359（MeOH）；272，327，410（MeONa）；275，303，433sh（$AlCl_3$）；271，300，365sh，402（$AlCl_3$/HCl）；262，298，387（AcONa/H_3BO_3）。IR（KBr）cm^{-1}：3420，1660，1600，1500，1450，1370，1320。EI-MS m/z（%）：302（100），273（10），245（5），128（19）。^{1}HNMR（DMSO-d_6，500MHz）δ：7.54（1H，d，J=8.2Hz，6-H），7.54（1H，brs，2-H），6.84（1H，d，J=8.2Hz，5-H），6.39（1H，brs，6-H），6.20（1H，brs，8-H），5.34（1H，d，J=7Hz，Glu 1-H），4.38（1H，brs，Rhm 1-H），1.0（3H，d，J=6Hz，Rhm 6-CH_3）。与芦丁标准品混合熔点不下降，薄层层析 R_f 值一致，IR 能叠加，波谱数据与文献报道芦丁一致，故鉴定化合物Ⅰ为芦丁。

化合物Ⅱ（山奈酚）：浅黄色针晶，mp276～278℃。HCl-Mg 粉反应阳性，Molisch 反应阳性。UVλ_{max} nm：265，345（MeOH）；246sh，424（MeONa）；270，424（$AlCl_3$）；270，425（$AlCl_3$/HCl）；276，387（AcONa）；267，387（AcONa/H_3BO_3）。IR（KBr）cm^{-1}：3410，1660，1600，1500，1190，840。EI-MS m/z（%）：286（100），285（27），258（6），229（5），213（3.3），153（4），146（13），121（24）。^{1}HNMR（DMSO-d_6，500MHz）δ：12.47（3-OH），10.77（5-OH），10.10（7-OH），9.39（4-OH），8.0（2H，d，J=9Hz，2，6-H），6.9（2H，d，J=9Hz，3′，5′-H），6.4（1H，d，J=1.5Hz，6-H），6.2（1H，d，J=2Hz，8-H）。^{13}CNMR（DMSO-d_6，1.25MHz）δ：175.9（C-4），163.9（C-7），160.7（C-5），159.2（C-4′），156.2（C-9），146.8（C-2），135.7（C-3），129.5（C-2′，6′），121.7（C-1′），115.4（C-3′，5′-H），103.0（C-10），98.2（C-6），93.5（C-8）。与标准品混合熔点不下降，薄层层析 R_f 值一致，IR 能叠加，波谱数据与文献报道山奈酚一致，故鉴定化合物Ⅱ为山奈酚。

化合物Ⅲ（槲皮素）：黄色针晶，mp314℃分解。HCl-Mg 反应阳性。UVλ_{max} nm：250，365（MeOH）；202，272，420（MeONa）；204，265，450（$AlCl_3$）；204，265，425（$AlCl_3$/HCl）；258，385（AcONa）；258，380（AcONa/H_3BO_3）。IR（KBr）cm^{-1}：3250，1670，1620，1500。EI-MS m/z（%）：302（100），286（11），273（10），228（7），245（3），153（19）。^{1}HNMR（DMSO-d_6，500MHz）δ：7.80～13（OH）7.71（1H，d，J=2.2Hz，2′-H），7.67（1H，d，J=2.2Hz，6′-H），7.56（1H，d，J=8.7Hz，5′-H），6.89（4′-H），6.39（1H，d，J=2.0Hz，6-H），6.20（1H，d，J=2.0Hz，8-H）。与槲皮素标准品混合熔点不下降，薄层层析 R_f 值一致，IR 能叠加，波谱数据与文献报道槲皮素一致，故鉴定化合物Ⅲ为槲皮素。

化合物Ⅳ（山奈酚-3-*O*-芸香糖苷）：浅黄色针晶（MeOH），mp223～224℃。HCl-Mg 粉反应阳性，Molisch 反应阳性，薄层检识有葡萄糖与鼠李糖。UVλ_{max} nm：290，390（MeOH）。IR（KBr）cm^{-1}：3410，1660。FAB-MS（m/z%）：593.5（M+H，52）；449.2（M+H-Rhm，13）；287.2（M+H-Rhm-Glu，100）。^{1}HNMR（DMSO-d_6，500MHz）δ：12.55（5-OH），10.82（7-OH），10.1（4′-OH），7.97（2H，d，J=9Hz，2′，6′-H），6.85（2H，d，J=9Hz，3′，5′-H），6.39（1H，d，J=2Hz，8-H），6.18（1H，d，J=2Hz，6-H），5.3（1H，d，J=8Hz，Glu 1-H），4.4（1H，brs，Rhm 1-H），3-4（m，糖上羟基碳上的氢），0.96（3H，d，Rhm 6-CH_3）。^{13}CNMR（DMSO-d_6，1.25MHz）δ：177.5（C-4），164.2（C-7），161.3（C-5），159.9（C-4′），156.9（C-9），156.6（C-2），133.5（C-3），130.9（C-6），130.9（C-2），121.1（C-1），115.2（C-3），115.2（C-5′），104.2（C-10），98.8（C-6），93.8（C-8）。

Glu：101.5（C-1），76.5（C-3），74.2（C-2），75.8（C-5），70.1（C-4），66.9（C-6）。Rhm：100.6（C-1），72.0（C-4），70.7（C-3），70.3（C-2），68.1（C-5），17.4（C-6）。与标准品混合熔点不下降，薄层层析 R_f 值一致，理化性质及四谱光谱数据与文献报道山奈酚-3-*O*-芸香糖苷一致，故鉴定化合物Ⅳ为山奈酚-3-*O*-芸香糖苷。

二、荞麦酚类化合物的检测

酚类化合物是荞麦发挥抗氧化活性的主要物质基础，为有效地控制荞麦原料及其产品质量，需控制酚类化合物的含量，已报道的含量测定方法有 Folin-Ciocalteu 法、高效液相色谱法、毛细管电泳-电化学法等多种方法。

1. Folin-Ciocalteu 法

Folin-Ciocalteu 法简单、易操作，是多酚化合物含量测定的有效检测手段。何永艳等（2007）采用 Folin-Ciocalteu 法测定荞麦提取物总酚含量，以没食子酸为标准对照品，在 685nm 波长下测定吸光值，由吸光度对浓度进行回归，建立回归方程：$Y=10.975X+0.0199$（$r=0.9993$）。结果表明，不同品种荞麦乙醇提取物中总酚和总黄酮含量存在差异，荞麦乙醇提取物中总酚含量是总黄酮含量的 2.5～3.5 倍。荞麦乙醇提取物中总酚和总黄酮含量变化趋势一致，出苗后开始升高，盛花期达到最高，以后逐渐下降；同一时期苦荞酚类化合物含量显著高于甜荞，在出苗期和收获期达到极显著水平；苦荞在不同生育期的总酚含量和总黄酮含量高于甜荞。

杨红叶等（2011a）采用 Folin-Ciocalteu 法测定苦荞和甜荞中的总酚含量。取 500μl 蒸馏水，加入 125μl 的标准溶液或提取液后，再加入 125μl Folin-Ciocalteu 试剂，充分混匀后加入 1.25ml 7%碳酸钠溶液，漩涡混匀后避光放置 90min 后，于 760nm 处测定混合液的吸光值。以没食子含量为纵坐标（μg/ml），吸光度为横坐标，得回归方程为 $Y=227.2727X-3.1364$，$R^2=0.9958$。按上法测定自由酚与结合酚含量，总和即为总酚的含量。

查阳春等采用 Porter's 方法，检测波长为 546nm，以荞麦不同部位中黄烷醇类活性多酚原花青素的含量为评价指标，采用响应面法优化了荞麦壳中原花青素的提取工艺。

2. 高效液相色谱法

为了评价荞麦的质量，有必要建立一种简单可靠的方法来分析荞麦中的多酚类物质。高效液相色谱法（HPLC）作为一种主要的分离方法，具有重现性高、灵敏度高与易自动化等优点，已经用于荞麦多酚的测定。

杨红叶等（2011a）为分析甜荞和苦荞麸皮中 8 种酚酸、3 种黄酮的含量差异，采用 C_{18}（250mm×4.6mm，5μm）色谱柱，检测波长 300nm，$V_{甲醇}:V_{水}:$

$V_{乙酸}$=65∶34.5∶0.5为流动相A，$V_{超纯水}$∶$V_{乙酸}$=99.5∶0.5为流动相B，以流动相A、B进行梯度洗脱，0～8min，15%A；8～15min，30%～35%A；15～18min，35%～75%A；18～35min，15%A。流速为0.8ml/min，进样量为10μl。以8种酚酸和3种黄酮为混合标样，峰面积外标法定量。结果表明，不同种类的荞麦麸皮中各种存在形式的多酚含量存在显著差异。苦荞中的自由酚酸、总酚酸、自由态黄酮和总黄酮含量均高于同一种植区域的甜荞。甜荞、苦荞品种中均检测到没食子酸、原儿茶酸、香草酸、咖啡酸、*p*-香豆酸、阿魏酸、儿茶素、芦丁及槲皮素，对羟基苯甲酸是苦荞中含量最高的酚酸。各品种荞麦中的酚酸及黄酮物质多以自由态形式存在。杨红叶等（2011b）以甜荞、苦荞的麸皮和内粉为试材，分别测定其中自由态多酚、结合态多酚的含量。结果表明各样品中总酚含量由高到低依次为：苦荞麸粉>苦荞粉>甜荞麸粉>甜荞粉。各样品间存在显著性差异，其中苦荞麸的总酚含量为2433.98mg GA eq①/100g DW②，荞麦多酚主要以自由酚形式存在，苦荞粉与甜荞粉自由酚占总酚比例分别为96%、93%，苦荞麸与甜荞麸自由酚占总酚比例分别为95%、88%。

3. 毛细管电泳-电化学法

该方法已成功用于食品中酚类物质的测定。彭友元（2006）首次采用CE-ED测定荞麦中的表儿茶素、芦丁、金丝桃苷和槲皮素，考察了电极电位、运行缓冲液的酸度和浓度、电泳电压及进样时间对分离和检测的影响。在最佳实验条件下，以直径为300μm的碳圆盘电极为检测电极，检测电位为0.90V（vs. SCE），在50mmol/L硼酸盐（pH8.7）的运行缓冲液中，上述各组分在20min内完全分离。被测物浓度与峰电流在三个数量级范围内呈良好线性，检测限为1×10^{-7}～5×10^{-7}g/ml，该法简单、快速、可靠，已经成功地应用于荞麦多酚的测定。

第四节　荞麦黄酮的吸收、分布、代谢

现代研究表明，黄酮类化合物具有广泛的生理和药理活性。其能防治心脑血管系统的疾病和呼吸系统的疾病，具有抗病毒、抗菌、抗癌、抗氧化、抗炎、抗衰老和增强免疫力等药理作用。对该类化合物在体内的吸收途径、分布情况和代谢过程的研究已成为国内外医药界研究的热门。这些问题的解决将大大有助于揭示黄酮类化合物的作用特点，对于黄酮类新药的开发起到积极的推动作用。

---

① GA eq代表没食子酸的当量。

② DW代表干重。

一、黄酮类化合物在体内的吸收

药物的理化性质与生物药剂学性质密切相关。苦荞中的黄酮苷和苷元的pH、溶解性和渗透性存在较大差异，根据生物药剂学分类系统，二者在体内的口服吸收（吸收百分率和吸收部位）也表现出很大的差别。

大多数药物因胃的酸性环境和较小的胃黏膜吸收面积而吸收较差，仅少数弱酸性药物有较好吸收。黄酮类化合物属于多酚类化合物，具有弱酸性，学者已发现某些黄酮苷元可经胃部吸收，如槲皮素。

黄酮苷类化合物由于糖基相连，具有较大的亲水性和相对分子质量，经口服不能在小肠被直接吸收。苏俊锋等（2002）通过体肠循环灌注实验，对比研究槲皮素和芦丁在不同肠段的吸收。试验表明，二者在各肠段均有一定吸收，芦丁的吸收显著低于槲皮素，槲皮素单位面积吸收百分率从大到小依次为回肠＞空肠＞十二指肠＞结肠。槲皮素经肠道灌流后有新组分出现，可能是肠黏膜代谢后形成的新衍生物。有学者研究 9 名志愿者摄入槲皮素、槲皮苷和芦丁后的药代动力学，结果槲皮素在血浆中的最大血药浓度显著高于槲皮苷，达峰时间（T_{max}）显著快于槲皮苷。但芦丁的生物利用度仅为槲皮苷的 20％，表明槲皮苷主要的吸收部位在空肠，而芦丁主要在回肠去糖基后吸收。王海玲等（2007）利用 Caco-2 细胞模型模拟槲皮素和芦丁在小肠的吸收，测定药物分子由细胞绒毛面（A 面）到基底面（B 面）、基底面（B 面）到细胞绒毛面（A 面）两个方向的表观渗透系数（Papp），结果表明槲皮素、芦丁均可通过小肠上皮细胞吸收进入体内，且槲皮素较芦丁更易于吸收。

二、黄酮类化合物在体内的分布

Graf 等用含 0.45％槲皮素的饲料喂养 6 只 F344 鼠 6 周，采用 HPLC 和 LC-MS 法（液质联用），测定胃内容物、小肠内容物、盲肠内容物、结肠内容物、肝、肾和血浆中的槲皮素及其代谢产物。结果，胃肠道内容物中含有94％～100％未被代谢的槲皮素。槲皮素在胃肠道组织中有 11 种不同的硫酸化、葡糖苷酸化、甲基化代谢产物，其中 32％在胃，88％在小肠，27％在盲肠，46％在结肠。

Boer 等给大鼠和猪喂食含有 0.1％和 1％槲皮素的饲料，并研究其组织分布情况，得到与 Graf 类似的结果。有人给大鼠喂食含 0.5％槲皮素的饲料 2 周后，结合 β-葡萄糖醛酸水解酶与酸水解的方法处理组织样品，采用柱后衍生高效液相色谱法（HPLC）对样品进行检测。结果发现，除了肝脏和肾脏含有较多的槲皮素及代谢物异鼠李素外，心脏组织只含有可检测的药物浓度。

Mullen 等给大鼠喂食合成的（$2\text{-}^{14}C$）槲皮素-4′-葡萄糖苷，1h 后处死，测定其组织药物浓度，结果有 93.6%的放射性^{14}C出现在小肠内。经高效液相色谱-串联质谱法鉴定出在小肠内存在 18 种槲皮素的葡萄糖醛酸化、甲基化和（或）硫酸化结合物。槲皮素苷元在肝脏中能够检测但含量很低，在血浆和肾脏中检测不到。与胃肠部位存在的^{14}C的量相比，代谢物在血浆及各组织中的浓度是相当低的，说明仅有少量的被吸收进入血液循环。Graf 等也用合成的（2-^{14}C）槲皮素-4′-葡萄糖苷喂食大鼠，在喂食 0.5h、1h、2h、5h 后测定各组织中^{14}C的放射量，包括胃肠道（含内容物）、血浆、红细胞、肾、肝、脾、脑、肺、心、肌肉、睾丸 11 个部位。结果发现，在 0.5～5h 内，大多数吸收的^{14}C（86%～93%）仍然出现在胃肠道，包括胃、小肠、大肠及内容物，在 30min 时，约有 7.2%的吸收的^{14}C出现在内脏（主要是肝和肾）及血液中。^{14}C出现在所有被分析的组织中，只是在脾、红细胞和脑中的浓度极低。5h 后，在肠道、肝和肾的代谢物主要是槲皮素的双葡萄糖醛酸结合物，而血浆中则以甲基化槲皮素的葡萄糖醛酸-硫酸化结合物。槲皮素代谢物主要出现在胃肠道，这与肠黏膜上皮细胞及结肠疾病的治疗有密切关系。

三、黄酮类化合物在体内的代谢

梁克军（1976），张士善（1978）等研究了槲皮素在大鼠体内的代谢，表明槲皮素在肠道细菌作用下，开环裂解生成 3,4-二羟基苯甲酸，在体内进一步甲基化或脱羟，生成高香草酸和间羟基苯乙酸。陈峰等（2008）给人口服槲皮素后，采用液相色谱-质谱联用法测定血浆中的槲皮素及其代谢产物，结果血浆中检测不到槲皮素原形药物，说明血浆中槲皮素以结合物的形式存在。Claudine 等研究表明槲皮素在体内以槲皮素异鼠李素柽柳素与葡萄糖醛酸及硫酸形成结合物。

屠世忠（1979）认为，芦丁在体内的消除主要是通过肝脏等器官的生物转化和肾脏排泄。肝脏中含有丰富的 *O*-甲氧基转移酶，含有酚羟基的黄酮类化合物易受甲基化而被代谢。人口服芦丁或槲皮素，在尿液中检测出代谢产物酚性化合物，而未能检测到葡萄糖醛酸结合物或其硫酸酯。家兔口服芦丁或槲皮素，在尿中检测出 3,4-二羟苯乙酸、间羟基苯乙酸、4-羟基-3-甲氧基苯乙酸。当大鼠先灌胃新霉素再给予槲皮素，在尿中则检测不出这些代谢产物。

不同研究中芦丁代谢产物的结果略有不同。人服用芦丁在血液中检测出3-羟基苯乙酸、3,4-二羟苯乙酸和 4-羟基-3-甲氧基苯乙酸，服用槲皮素在尿液中也检测出这三种代谢产物。但大鼠、家兔、豚鼠和人口服芦丁或槲皮素后产生 3,4-二羟苯乙酸的结果是相同的。

四、荞麦黄酮的药物代谢动力学研究

Zhao 等（2011）采用酶处理血浆样品的方法，研究了苦荞黄酮提取物在大鼠体内的药动学特征。研究方法为将大鼠单剂量灌胃苦荞黄酮提取物（槲皮素含量 1.2%，芦丁含量 24.7%），采用高效液相色谱法测定经水解的血浆样品中的总槲皮素的含量。结果表明，苦荞黄酮提取物在大鼠体内的药动学特征以总槲皮素计，药动学过程符合二室模型，浓度-时间曲线具有多峰药动学特征。

芦丁等具有槲皮素母核的黄酮苷类物质，由于极性大不能直接跨膜转运吸收入血，而是在体内经肠道菌群及体内代谢酶的作用，转化为槲皮素吸收进入体内。在小肠黏膜和肝脏中的 UDPG-葡糖醛酸转移酶的作用下转化为槲皮素母核结构的各种酚羟基位置的葡糖醛酸基结合物和硫酸基结合物（二相代谢产物）。体内的二相代谢产物又可经胆汁和肠黏膜转运至肠腔，在肠内脱葡糖醛酸基和硫酸基后又经历再循环过程。所以，上述实验采用酶水解处理血浆样品的方法，得到以总槲皮素表征体内槲皮素或芦丁等具有槲皮素母核的物质及其二相代谢产物的总量，从而表征其体内药动学过程，更能反映其体内的整体药动学过程。

关于药动学过程存在显著的多峰现象，这可能与槲皮素类结构黄酮类化合物的体内肠肝循环有关，此外与实验采用的测定方法可能也有联系。

第五节　荞麦酚类、黄酮类的保健功能

一、荞麦黄酮类的保健功能

研究表明，荞麦中的黄酮类化合物具有软化血管、改善微循环、清热解毒、活血化瘀、降血脂、降血糖、益气提神、增强人体免疫力的保健功能，并对糖尿病、高血压、心脑血管病、中风和周围血管病等疾病有辅助疗效。荷兰米切尔·赫托格牡博士对 805 名老年男性膳食中生物类黄酮的含量进行了测定，结果发现，每天生物类黄酮的摄入量≥30mg 组，比每天生物类黄酮摄入量≤19mg 组，死于冠心病的危险性降低了 50%。阎泉香通过三种动物模型观察到苦荞黄酮能通过降低受损组织丙二醛（MDA）含量，提高 Na^+/K^+-ATP 酶活性和 GSH 含量，起到改善微循环等作用，从而显示出对缺血有一定的对抗作用。

荞麦黄酮类化合物据研究主要有以下几种生理功能。

（1）预防、治疗心血管疾病。荞麦黄酮的主要成分——芦丁，具有维持血管张力、降低其通透性、减少脆性、维持微血管循环的作用。荞麦黄酮对冠心病、心脑血管病和周围血管病均具有良好的治疗作用。芦丁可以抑制血管紧张素转换酶的活性，从而对高血压症的控制与治疗具有积极的作用。目前，芦丁已经成为大多数降血压药不可缺少的主要成分。

（2）降血脂作用。最近的体外试验证明芦丁能使胰脂肪酶的活性增加

74.28%；芦丁能使粥样动脉硬化受阻，并能加强维生素C在体内的作用，进而改善脂代谢，这可能是荞麦黄酮降血脂作用的主要机制。另外，芦丁对脂肪浸润的肝有祛脂作用，与谷胱甘肽合用祛脂效果更明显。以芦丁和槲皮素为主要成分的药品，可以使受试大鼠总血液胆固醇水平下降21%～30%，可以用于预防和治疗高脂血症、动脉硬化、心绞痛、中风和肝病。

(3) 增强免疫力。荞麦黄酮能提高小鼠碳廓清能力和网状内皮系统吞噬功能，从而对小鼠的非特异性免疫功能有明显的改善作用。

(4) 抗氧化作用。血红细胞（RBC）不仅在体内每天都有一部分发生自身氧化解体，在体外培育过程中同样可产生氧化溶血反应，在其氧化过程中产生了大量的氧自由基，除了加速血红蛋白的氧化外，还可使膜脂质发生过氧化反应加速溶血。MDA就是这种脂质过氧化反应的终产物，是评价脂质过氧化反应强弱的一个很好的指标。研究表明芦丁可显著抑制RBC自氧化，并可减少RBC自氧化过程中脂质过氧化物——MDA的含量。说明芦丁对RBC的自氧化溶血损伤有一定的保护作用，并可能与抑制脂质过氧化反应有关。

(5) 其他作用。荞麦黄酮还有抑菌杀菌、防止脑细胞老化、用作抗癌药剂等作用。荞麦黄酮的主要成分——芦丁可以抗炎、保护胃黏膜、修复脑损伤、抗抑郁。另外，已经证实：芦丁能影响胰岛β细胞的功能，促进胰岛素分泌，提高胰岛素受体的亲和力。对醛糖还原酶具有抑制作用，此作用有利于糖尿病型白内障的治疗。

芦丁的抗炎作用报道较早。研究表明，芦丁经大鼠腹腔注射，对植入羊毛球的发炎过程有明显的抑制作用，芦丁的硫酸醋钠对大鼠热浮肿有很强的抗炎作用。

赵氏等利用三种大鼠溃疡模型观察芦丁对胃黏膜损伤指数的影响，利用幽门结扎法收集胃液，观察其对胃液分泌量、胃液酸度和胃蛋白酶活性的影响，结果芦丁可剂量依赖性地抑制冷冻束缚应激和乙酸引起的胃黏膜损伤，还可提高H_2受体阻断药——西咪替丁对胃黏膜的保护作用。

对芦丁镇痛作用的研究表明，芦丁镇痛作用比阿司匹林强但弱于吗啡。研究者实验证实，芦丁镇痛部位主要是中枢而不是外周，其中枢镇痛机制可能与钙拮抗有关。

此外，研究者对芦丁的其他生理功能的研究表明：芦丁对肾脏缺血损伤有所缓解，也可缓解脑缺血损伤，而且还具有抗癌作用，但抗癌作用机制尚不清楚。

二、荞麦酚类的保健功能

荞麦作为一种健康食品资源正风靡世界，主要在于其含有高生物价的蛋白质和丰富的维生素。研究表明多酚类化合物是荞麦中最重要的营养保健功能因子。

文献报道表明，所有需氧生物的生理过程均会产生自由基，它是维持正常生命活动所必需的。自由基的产生与清除处于动态平衡之中，一旦平衡被破坏，就会危害机体，发生疾病。病理学研究表明，自由基与许多疾病有关，如动脉粥样硬化、肝病、糖尿病、机体老化、癌症等。目前，由于一些合成抗氧化剂如 BHT、BHA、TBHQ 等被动物实验证实有毒，以及人们越来越追求绿色环保消费，因而寻找安全、天然的抗氧化剂日益成为研究热点。

荞麦富含酚类化合物，具有良好的抗氧化活性，并且荞麦来源广泛、价格低廉，作为一种潜在的天然抗氧化保健品的原料，具有很大的开发价值与利用前景。因此，加强荞麦酚类化合物抗氧化特性研究，对改善人们的膳食结构，提高人们的生活水平具有重要意义。儿茶素的生物活性主要有抗氧化、降胆固醇、抗肿瘤、抗细菌和抑制血管紧张素转换酶Ⅰ（ACE）。已研究了多种食物资源的 ACE 抑制活性，荞麦粉 ACE 抑制作用极为强烈，这种效应一开始被认为是荞麦粉中的一种热稳定的低相对分子质量物质引起的。后来从荞麦种子中分离得到一种三肽。虽然荞麦种子的 ACE 抑制活性从外层到内层逐渐增加，但是许多营养成分含量却是外层比内层高。所以应深入研究三肽和儿茶素的存在部位以便清晰地阐明荞麦粉抑制 ACE 活性的主要因子。随着人类社会老龄化趋势的加剧，老年痴呆症成为重大社会问题。这其中由脑血管障碍引起的阿尔察默型老年性痴呆占有很大的比例。对阿尔察默病患者发病过程的研究发现：痴呆症状出现前，有 β-淀粉状蛋白的蓄积；痴呆症状出现时，有 TNF 蓄积。β-淀粉状蛋白是阿尔察默病患者老人斑的主要成分。目前已证实，植物来源的儿茶素是 β-淀粉状蛋白毒性的抑制物质。

原儿茶酸的生物活性表现为抗哮喘、止咳、抗心律失常、抗疱疹病毒等。原儿茶酸乙酯在食品工业上被用作抗氧化剂。

原花青素（浓缩单宁）以其涩味和结合蛋白质的能力，在荞麦中可以起到防御昆虫、鸟类、动物和微生物侵袭的作用。不同相对分子质量的前花色素有不同的生物活性。已经证实，前花青素具有抗艾滋病病毒（HIV）活性。

何永艳等（2007）以不同生育时期的甜荞和苦荞乙醇提取物为研究对象，在测定其提取物中总多酚和总黄酮含量的基础上，利用体外法研究了荞麦提取物的总抗氧化性及对羟基自由基的清除作用。结果表明，参试品种总多酚和总黄酮含量在整个生育期变化趋势一致，且呈现先升高后降低的变化趋势，在盛花期达到最高，苦荞含量高于甜荞，差异显著。参试品种的乙醇提取物均有显著的抗氧化性，与甜荞相比，苦荞的总抗氧化活性以盛花期最强，羟基自由基的清除作用也最强，清除率达 57.1%。其中，荞麦的总酚含量与总抗氧化性及对羟基自由基的清除率呈线性相关。杨红叶、杨联芝等（2011）利用 ABTS·、DPPH·清除实验及抑制 β-胡萝卜素氧化模型分别考查甜荞、苦荞的麸皮和内粉的抗氧化活性并测定多酚含量。结果表明荞麦抗氧化能力与多酚含量之间呈线性相关（$P>0.90$），且苦荞麸皮抗氧化活性最强。发现荞麦麸皮多酚含量明显高于荞麦粉，且主要以自由酚形式存在，它们具有较强的抗氧化活性，是优质的功能性食品资源，尤其是苦荞麸皮。

主要参考文献

安守强. 2007. 栽培环境对荞麦黄酮含量的影响. 西北农林科技大学硕士学位论文

包塔娜，彭树林，周正质. 2003. 苦荞麦粉中的化学成分. 天然产物研究与开发，15（1）：24～26

陈峰，符乃光，任守忠，等. 2008. 液相色谱-质谱联用法测定大鼠血浆中的槲皮素代谢物. 中国药学杂志，43（3）：225～227

郭玉蓉，韩舜愈，刘鹏，等. 2004. 荞麦黄酮类化合物的提取分离及结构鉴定. 食品科学，（11）：131～134

何永艳，冯佰利，邓涛，等. 2007. 荞麦提取物抗氧化活性研究. 西北农业学报，16（6）：76～79

侯建霞，汪云，程宏英，等. 2007. 毛细管电泳-电化学检测测定荞麦中表儿茶素、芦丁、槲皮素的含量. 食品科技，32（2）：241～244

黄兴富，黎其万，刘宏程，等. 2011. 高效液相色谱法同时测定苦荞中芦丁、槲皮素和山萘酚的含量. 中成药，33（2）：345～347

贾冬英，耿磊，姚开. 1998. 苦荞麦茎及籽壳中黄酮类化合物（芦丁）的提取及其鉴定. 食品科学，19（9）：46

姜忠丽，季淑娟. 2007. 超临界 CO_2 萃取苦荞麦中芦丁的工艺研究. 粮油加工，（4）：88～90

姜忠丽，王俊伟. 2011. 苦荞麦中总黄酮提取工艺的研究. 农业机械，7：166～168

金越，吕勇，韩国柱，等. 2007. 槲皮素及异槲皮素、芦丁抗自由基活性的比较研究. 中草药，38（3）：408～412

景仁志，陈波，葛绍荣，等. 1997. 薄层扫描法测定苦荞叶中芦丁的含量. 四川大学学报：自然与科学版，（6）：77～78

李丹. 2001. 苦荞黄酮抗氧化作用的研究. 食品科学，22（4）：22～23

李茂星，谢景文，葛欣. 2005. 芦丁的药效学研究进展. 华西药学杂志，15（6）：450～451

梁克军. 1976. 黄酮化合物的代谢. 中草药通讯，（3）：39～42

梁萍. 2007. 陕北荞麦中类黄酮的提取及纯化工艺研究. 陕西科技大学硕士学位论文

凌关庭. 2004. 抗氧化食品与健康. 北京：化学工业出版社

彭友元. 2006. 毛细管电泳-电化学检测法测定荞麦中的多酚. 泉州师范学院学报，24（2）：24～28

苏俊锋，郭长江，韦京豫，等. 2002. 不同肠段对槲皮素、芦丁吸收的比较研究. 卫生研究，31（1）：55～57

孙艳华，苗靖. 2006. 酶法提取荞麦茎叶中黄酮的研究. 食品工业，（3）：16～18

田龙. 2008. 苦荞黄酮的水浸提工艺优化. 粮食与饲料工业，（9）：29～33

田秀红，任涛. 2007. 苦荞麦的营养保健作用与开发利用. 中国食物与营养，(10)：44～46
屠世忠. 1979. 黄酮类化合物的生物活性. 国外医学：药学分册，4：200～204
万丽英. 2010. 苦荞麦的营养与开发应用前景. 农业科技通讯，90～92
王海玲，刘宁，刘志强，等. 2007. 利用Caco-2细胞模型模拟槲皮素和芦丁在小肠的吸收. 吉林大学学报，33 (1)：33～36
王军，王敏，李小艳. 2006. 微波提取苦荞麦麸皮总黄酮工艺研究. 天然产物研究与开发，(18)：655～658，627
王敏，高锦明，王军，等. 2003. 苦荞茎叶粉中总黄酮酶法提取工艺研究. 中草药，37 (11)：1645～1648
卫星星. 2007. 苦荞籽壳中黄酮类化合物的定性定量研究. 数理医药学杂志，20 (4)：537～538
徐宝才，丁霄霖. 2003b. 苦荞黄酮的测定方法. 无锡轻工大学学报，(2)：98～101
徐宝才，肖刚，丁霄霖，等. 2002. 苦荞中酚酸和原花青素的分析测定. 食品与发酵工业，28 (12)：32～37
徐宝才，肖刚，丁霄霖，等. 2003a. 液质联用分析测定苦荞黄酮. 食品科学，24 (6)：113～117
杨德全，叶建阳，刘鸿云，等. 1997. 从苦荞麦中提取芦丁的研究. 延安大学学报：自然科学版，16 (4)：69～71
杨红叶，柴岩，王玉堂，等. 2011b. 不同种类荞麦中各种存在形式多酚含量的研究. 食品科学，32 (17)：60～64
杨红叶，杨联芝，柴岩，等. 2011a. 甜荞和苦荞籽中多酚存在形式与抗氧化活性的研究. 食品工业科技，32 (5)：90～97
杨敬东，郭露穗，邹亮，等. 2007. 高药用价值多倍体苦荞麦诱导及特性研究. 成都大学学报：自然科学版，(3)：34～35
杨政水. 2005. 苦荞麦的功能特性及其开发利用. 食品研究与开发，26 (1)：100～103
于智峰，王敏. 2007. 大孔树脂精制苦荞总黄酮工艺. 中国中药杂志，32 (7)：585～589
余占荣，李秀莲. 2003. 21世纪最受欢迎的保健食品——荞麦食品. 农产品加工，(5)：12～13
查阳春，杨义听，胡晓菡，等. 2009. 响应面法优化荞麦壳中原花青素的提取工艺. 食品科学，30 (16)：189～192
张琪，刘慧灵，朱瑞，等. 2003. 苦荞麦中总黄酮和芦丁的含量测定方法研究. 食品科学，(7)：113～116
张瑞，王英平，任贵兴. 2008. 苦荞麸皮功能成分提取工艺筛选. 食品科技，33 (8)：144～146
张士善. 1978. 槲皮素的体内代谢与效应的关系. 中华医学杂志，9：553～555
赵钢，唐宇，王安虎，等. 2001. 苦荞的成分功能研发与开发应用. 四川农业大学学报，19 (4)：23～25，355～358
赵钢，唐宇，王安虎，等. 2001. 中国的荞麦资源及其药用价值. 中国野生植物资源，

23 (2)：55～57

赵玉平，肖春玲. 2004. 苦荞麦不同器官总黄酮含量测定及分析. 食品科学，25 (10)：264～266

周瑞雪. 2006. 苦荞总黄酮提取分离及质量控制研究. 山西医科大学硕士学位论文

周瑞雪，阎志惠，刘恩荔，等. 2006. 苦荞黄酮类化合物的提取工艺. 中药材，29 (8)：849～850

朱瑞，卞庆亚，林宏英，等. 2003b. 苦荞麦种子化学成分研究. 中医药信息，20 (3)：17～19

朱瑞，高南南，陈建民. 2003a. 苦荞麦化学成分和药理作用. 中国野生植物资源，(2)：7～9

邹亮，王战国，胡慧玲，等. 2010. 苦荞提取物中芦丁和槲皮素的含量测定. 中国实验方剂学杂志，(17)：60～62

Claudine M，Gary W，Christine M，et al. 2005. Bioavailability and bioefficacy of polyphenols in humans (I) review of 97 bioavailability studies. Am. J. Clin. Nutr.，81 (1S)：230S～242S

Dietrych-Szostak D，Oleszek W. 1999. Effect of processing on the flavonoid content in buckwheat (*Fagopyrum esculentum* Moench) grain. J. Agric. Food Chem.，47 (10)：4384～4387

Graf B A，Ameho C，Dolnikowski G G，et al. 2006. Rat gastrointinal tissues metabolize quercetin. J. Nutr.，136 (1)：39

Gross M，Pfeiffer M，Martini M，et al. 1996. The quantitation of quercetin flavonals in human urine. Cancer Epidemiol. Biomarkers Prev.，5 (9)：711～720

Walle T，Walle K，Halushka P V. 2001. Carbon dioxide is the major metabolite of quercetin in humans. J. Nutr.，131 (10)：2648～2652

Wang Z H，Wang L，Chang W J，et al. Cloning，expression and identification of immunological activity of an allergenic protein in tartary buckwheat. Biosci. Biotech. Biochemic.，70：1195～1199

Watanabe M，Ohshita Y，Tsushida T. 1997. Antioxidant compounds from buckwheat (*Fagopyrum esculentum* Moench) hulls. J. Agric. Food Chem.，45 (4)：1039～1044

Winter J，Moore L H，Dowell V R，Jr.，et al. 1989. C-ring cleavage of flavonoids by human intestinal bacteria. Appl. Environ. Microb.，55 (5)：1203～1208

Zhao G，Zou L，Wang Z G. 2011. Pharmacokinetic profile of total quercetin after single oral dose of tartary buckwheat extracts in rats. J. Agric. Food Chem. 59 (9)：4435～4441

Zou L，Zhao G，Yang J D. 2006. Determination of rutin in leaves of tartary buckwheat by RP-HPLC. //The proceedings of International Forum on Tartary Buckwheat Industry and Economy，Beijing：143～148

第四章　荞麦蛋白质的组成与功能成分研究进展

荞麦的营养成分全面，含有蛋白质、淀粉、脂肪、粗纤维、维生素、矿物元素等（阮景军等，2008a），其中荞麦蛋白质是荞麦中主要的生物活性物质，占荞麦的15%～17%（Yoshika，2004）。荞麦蛋白质含有大量的可溶性蛋白质和少量的醇溶蛋白。作为一种优良的植物蛋白质，与普通禾本科作物相比，荞麦蛋白质中还含有较多的微量矿物质元素，如清蛋白中含有Zn、K，球蛋白中含有Ca、Mg、Mn，谷蛋白和醇溶蛋白中含有Na。同时，荞麦蛋白质具有降血糖、调解血脂、增强人体免疫力等作用，是一种理想的健康食品原料。

第一节　荞麦蛋白质的组成

荞麦蛋白质主要由球蛋白、清蛋白、谷蛋白和醇溶蛋白四种蛋白质所构成，朱慧等（2010）采用电泳方法对苦荞粗蛋白组分及相对分子质量分布进行分析，结果显示：粗蛋白为1×10^4～12×10^4kDa，条带主要集中在43 000kDa、33 000kDa和19 000kDa，其中清蛋白为1×10^4～5×10^4kDa，条带主要集中在43 000kDa、18 500kDa和15 200kDa；球蛋白为1×10^4～7×10^4kDa，条带主要集中在68 000kDa、43 000kDa、34 000kDa、27 000kDa和18 400kDa；醇溶蛋白相对分子质量较低，条带主要分布在17 000kDa以下；谷蛋白分布和清蛋白相似，但主要分布条带较少，分别是44 000kDa和18 500kDa。

1. 球蛋白

荞麦中的球蛋白约占荞麦粗蛋白总质量的64.5%（Ikcdak et al.，1991），易溶于稀盐溶液但不溶于水（Bewley et al.，1985）。荞麦中的球蛋白主要分为两种，7～8S蛋白和11～13S蛋白。其中13S球蛋白约占荞麦蛋白质的33%，是主要的储藏蛋白，分子质量为4.648×10^{-19}g，由两个亚基组成，包括一个酸性多肽链和一个碱性多肽链，且两条链由二硫键连接（Radovie et al.，1996）。8S球蛋白分子质量为9.462×10^{-20}～9.628×10^{-20}g，约占荞麦蛋白质的7%（Milisavljevic et al.，2004）。11S球蛋白主要由280kDa多肽链和500kDa多肽链经二硫键连接而成（Aphalo et al.，2004）。由圆二色仪分析球蛋白的二级结构发现，荞麦球蛋白含有15.0%的α螺旋、25.8%的β片层、28.9%的β转角和30.3%的不规则卷曲，经罗曼光谱分析显示β片层是球蛋白的主要二级结构（Choi et al.，2007）。

2. 清蛋白

荞麦中的清蛋白约占荞麦粗蛋白总质量的 12.5%，易溶于水和稀的缓冲溶液，主要由一条分子质量为 $1.328\times10^{-20}\sim2.656\times10^{-20}$g 的单链多肽链组成的 2S 蛋白构成，约占荞麦蛋白质的 30%。对清蛋白的氨基酸组成分析表明，含有较高的甲硫氨酸（9.2%）和赖氨酸（5.6%）（阮景军等，2008a）。

3. 谷蛋白

荞麦中的谷蛋白约占荞麦粗蛋白总质量的 8.0%，易溶于稀酸和稀碱，Nishita 等用 Osbone 法结合 SDS-PAGE 法和氨基酸分析仪研究了荞麦蛋白质的成分，其中碱性谷蛋白是由分子质量为 $1.328\times10^{-19}\sim1.494\times10^{-19}$g 的单一多肽链组成（Radovie et al.，1996；Nishida et al.，1995；Bewley et al.，1985）。谷蛋白是荞麦面筋的主要来源，它的数量和质量对于荞麦面食的制作很重要。

4. 醇溶蛋白

荞麦中的醇溶蛋白约占荞麦粗蛋白总质量的 2.9%，易溶于 70%～90%的乙醇溶液，Steffen（1998）用酶联免疫法测出每克荞麦粉中含有 39.5μg 类似醇溶蛋白的多肽，相当于小麦粉中醇溶蛋白含量的 6%。

第二节　不同产地、品种、生长条件对荞麦蛋白质的影响

荞麦由于产地、品种、生长环境及萌发时间等条件不同，其蛋白质含量和分子结构等方面都存在一定差异。

1. 产地

张美莉等（2004）分别研究了山西甜荞种子和四川苦荞种子总蛋白质和各蛋白质组分的差别。结果发现两地区不同品种的种子中清蛋白、球蛋白、谷蛋白和醇溶蛋白四种蛋白质组分的含量不同，其中山西甜荞种子清蛋白（34.5%）＞球蛋白（16.3%）＞谷蛋白（14.2%）＞醇溶蛋白（4.4%），四川苦荞种子清蛋白（31.9%）＞谷蛋白（14.8%）＞球蛋白（12.3%）＞醇溶蛋白（1.3%）。

Lazareva 等（2010）通过 SDS 凝胶电泳比较分析了云南荞麦（C9139）、四川荞麦（C9606）种子中的蛋白质类型，结果发现云南荞麦（C9139）含有 48 个蛋白质条带，四川荞麦（C9606）含有 52 个蛋白质条带。二者有 47 个蛋白质条带的电泳迁移率相同。云南荞麦（C9139）中只有一个蛋白质条带为特征条带，而四川荞麦（C9606）中没有此条带，同时，四川荞麦（C9606）中有 5 个蛋白质条带为特征条带，而在云南荞麦（C9139）中没有。

2. 品种

高冬丽等（2008）通过凝胶电泳等方法研究了苦荞和甜荞籽粒中蛋白质组分的特性。甜荞籽粒的清蛋白谱带变化区域集中于 20.1～43.0kDa，球蛋白组分包

含由中等到低等相对分子质量的亚基，谷蛋白主要由分子质量为 43.0～66.2kDa 的亚基组成，具有丰富的多态性。而苦荞籽粒清蛋白谱带则较少仅有 4 条，球蛋白主要由分子质量为 16～50kDa 的 8 种亚基组成，谷蛋白则主要由分子质量为 31～43kDa 的 2 种亚基组成，多态性有限。

3. 栽培方式

Guo 等（2007）发现野生苦荞和人工栽培苦荞中蛋白质含量存在很大的差异。其中野生苦荞的平均蛋白质含量为 12.17%，人工栽培苦荞的蛋白质含量可达到 18.59%，明显高于野生苦荞的蛋白质含量。

Shin 等（2010）通过双向凝胶电泳法研究分析了不同栽培条件下甜荞与苦荞的子叶与茎中的蛋白质组分。在光照条件及无光照条件下，分别提取荞麦子叶与茎中的蛋白质进行比较，发现在光照条件下栽培的甜荞，其子叶中含有 25 个蛋白质点，茎中含有 27 个蛋白质点，而在无光照条件下栽培的甜荞子叶中有 27 个蛋白质点，茎中只有 11 个蛋白质点。苦荞在光照条件下子叶中含有 23 个蛋白质点，茎中含有 29 个蛋白质点，而在无光照条件下子叶中含有 28 个蛋白质点，茎中含有 15 个蛋白质点。仅从蛋白质点数而言，光照条件栽培荞麦比无光条件更好。

4. 萌发处理

周小理等（2010）通过 Osboren 分类法分别提取了苦荞种子与萌发 10 天的荞麦芽中的蛋白质组分，比较了两者在蛋白质组成上的差别。结果发现：苦荞种子中四种蛋白质的含量呈现清蛋白＞球蛋白＞谷蛋白＞醇溶蛋白的趋势；萌发 10 天的荞麦芽中四种蛋白质的含量呈现谷蛋白＞清蛋白＞醇溶蛋白＞球蛋白的趋势。

张美莉等（2004）研究了荞麦种子萌发后总蛋白质和各蛋白质组分如清蛋白、球蛋白、醇溶蛋白和谷蛋白的含量变化，结果表明，山西甜荞和四川苦荞萌发后总蛋白质含量呈逐渐下降趋势。山西甜荞经过 72h 的萌发，其蛋白质总量由最初的 11.90%下降到 5.44%，下降了 6.5 百分点。四川苦荞由萌发初的 6.53%下降到 0.96%，下降了 5.6 百分点。荞麦清蛋白和球蛋白在萌发后均呈现下降趋势，与总蛋白质含量变化相一致。谷蛋白在萌发后至 36h 内含量下降，之后又快速增加。四川苦荞醇溶蛋白含量在萌发后逐渐增加，而山西甜荞则有逐渐下降趋势。

第三节　荞麦蛋白质中氨基酸的组成

荞麦蛋白质中富含 18 种氨基酸，其中人体所需的 8 种必需氨基酸组成合理、比例适宜，其赖氨酸含量高于其他谷物，氨基酸组成符合 WHO/FAO 推荐标准

(阮景军等，2008b)。

荞麦的不同部位蛋白质含量虽有所不同，但氨基酸组成差异不大，特别是赖氨酸和组氨酸含量变化较小，相对于禾本科作物而言，荞麦中的限制性氨基酸不是赖氨酸而是亮氨酸。

朱慧等（2010）通过 Osboren 分类法提取得到荞麦清蛋白、球蛋白、醇溶蛋白和谷蛋白，并对四种蛋白质组分进行氨基酸组成分析，发现荞麦清蛋白中必需氨基酸和半必需氨基酸除色氨酸和蛋氨酸外，其余均高于 WHO/FAO 推荐的成人需要量，且其中苏氨酸、蛋氨酸、赖氨酸和组氨酸含量高于儿童需要量；球蛋白中的氨基酸组分类似清蛋白，其中缬氨酸、组氨酸、异亮氨酸含量高于儿童需要量；醇溶蛋白的各种氨基酸含量都偏低；谷蛋白的氨基酸组成中蛋氨酸含量与成人需要量相仿，缬氨酸和组氨酸的含量均高于儿童需要量。而四种蛋白质组分中非必需氨基酸含量较高的依次是：谷氨酸、精氨酸、天冬氨酸。

郭晓娜等（2006a）发现清蛋白含有较高的组氨酸、苏氨酸、缬氨酸、苯丙氨酸、亮氨酸、异亮氨酸和赖氨酸；球蛋白中蛋氨酸和赖氨酸含量较高；醇溶蛋白和谷蛋白中含有较高的组氨酸、苏氨酸、缬氨酸、亮氨酸和异亮氨酸。此外，与 WHO/FAO 推荐的氨基酸模式相比，除球蛋白中一些必需氨基酸较少外，四种蛋白质组分均含有充足的必需氨基酸。四种蛋白质组分中非必需氨基酸含量较高的是谷氨酸和天冬氨酸。

张超等（2004a）通过与多种谷物氨基酸比较后发现，苦荞蛋白质的氨基酸中赖氨酸和支链氨基酸的含量均高于其他的谷物，且营养均衡。

Choi 等（2010）研究了甜荞芽与苦荞芽中游离氨基酸的分布，发现苦荞芽中必需氨基酸含量为 72%，高于甜荞（51.2%）。其中缬氨酸为主要的必需氨基酸，甜荞芽中含有 40%缬氨酸，苦荞中缬氨酸含量高达 62%。研究还发现荞麦的根、茎中谷氨酰胺的含量分别为 30%～37%和 40%～42%。甜荞与苦荞的根、茎、叶三部分组织中氨基酸分布最大的差别在于酪氨酸分布的不同。

周小理等（2009）比较了苦荞籽粒和甜荞籽粒经萌发后其氨基酸含量的变化情况，发现 17 种氨基酸含量有明显增加。苦荞的氨基酸总量在萌发 5 天时达到最高，为 12.93%，甜荞氨基酸总量在萌发 7 天时达到最高，为 17.43%。将萌发不同天数的荞麦芽样品中所含的人体必需氨基酸，与 WHO/FAO 的理想蛋白质人体必需氨基酸的模式谱进行比较后发现苦荞芽萌发样品中人体必需氨基酸与非必需氨基酸的比值（E/N）和必需氨基酸占总氨基酸的比值（E/T）在萌发 6 天时均达到最大值，各为 0.64 和 0.39。甜荞芽萌发样品中人体必需氨基酸与非氨基酸的比值（E/N）和必需氨基酸占总氨基酸的比值（E/T）在萌发 5 天时达到最大值，各为 0.59 和 0.37，之后保持不变（表 4.1、表 4.2）。表明在荞麦籽粒萌发过程中，总氨基酸中的必需氨基酸含量均有所上升。

表 4.1　苦荞芽中各种必需氨基酸占总氨基酸的质量分数（单位：%）

	种子	1d	2d	3d	4d	5d	6d	7d	模式谱
Thr	4.21	4.05	4.03	4.20	4.18	4.48	4.56	4.72	4.0
Val	4.93	4.86	4.88	5.77	6.16	5.57	6.39	5.68	5.0
Met	1.44	1.71	1.69	1.66	1.11	1.10	0.96	0.80	2.7
Ile	4.21	4.23	4.22	4.46	4.74	4.64	4.96	4.72	4.0
Leu	7.58	7.46	7.50	8.05	8.37	8.58	8.87	8.71	7.0
Phe	5.42	5.04	5.00	4.81	4.90	4.95	5.20	5.04	4.5
Lys	6.86	6.74	6.67	7.26	7.81	7.89	8.15	7.91	5.5
E/N	0.53	0.52	0.51	0.57	0.59	0.60	0.64	0.60	0.6
E/T	0.35	0.34	0.34	0.36	0.37	0.38	0.39	0.38	0.4

资料来源：宋鑫莉（2010）。

表 4.2　甜荞芽中各种必需氨基酸占总氨基酸的质量分数（单位：%）

	种子	1d	2d	3d	4d	5d	6d	7d	模式谱
Thr	3.98	3.52	4.00	4.57	4.40	4.08	4.06	4.72	4.0
Val	5.66	5.45	4.86	6.03	6.60	6.01	6.04	5.66	5.0
Met	1.36	1.56	1.41	1.64	1.36	1.08	1.02	0.74	2.7
Ile	4.30	4.08	4.01	5.00	5.23	4.62	4.65	4.62	4.0
Leu	7.97	7.58	7.60	9.31	9.02	8.49	8.46	8.74	7.0
Phe	5.66	5.16	5.14	5.86	6.06	5.12	5.09	4.91	4.5
Lys	6.92	6.52	6.48	7.93	8.95	7.65	7.72	7.79	5.5
E/N	0.56	0.51	0.50	0.55	0.57	0.59	0.59	0.59	0.6
E/T	0.36	0.34	0.34	0.35	0.36	0.37	0.37	0.37	0.4

资料来源：宋鑫莉（2010）。

其中呈味的氨基酸也有所变化。苦荞的呈甜味氨基酸（甘氨酸、丙氨酸、脯氨酸、丝氨酸、苏氨酸、胱氨酸、蛋氨酸）在萌发 5 天时达到最大值，为 5.18%。呈苦味氨基酸（组氨酸、精氨酸、缬氨酸、异亮氨酸、亮氨酸、苯丙氨酸、赖氨酸）在萌发 6 天时达到最大值，为 5.46%。分别比荞麦籽粒中的呈甜味氨基酸和呈苦味氨基酸含量增加了 1.62 倍和 1.61 倍。

第四节　荞麦蛋白质的物理性质及化学性质

蛋白质在食品配方和加工过程中的应用主要取决于其物理性质及化学性质。荞麦蛋白质的物理性质及化学性质与大豆蛋白质相似，表现出较高的持水性、乳化性、起泡性和可加工性。加热可以破坏荞麦四种蛋白质的天然结构，但可有效提高荞麦蛋白质的可消化率。

朱慧等（2010）对荞麦清蛋白、谷蛋白、球蛋白和醇溶蛋白四种蛋白质组分进行了溶解性、乳化性、起泡性、持水性和持油性能力的测定。结果发现在pH7.5、NaCl质量浓度为3g/100ml、蔗糖质量浓度为1g/100ml的磷酸盐缓冲溶液中，溶解性、乳化性和起泡性最好的是清蛋白，持水性最好的是谷蛋白，持油性最好的是清蛋白和球蛋白。

1. 溶解性

Tomotake等（2002）对荞麦蛋白质的溶解性进行了研究，发现荞麦蛋白质的溶解性在pH2～10时高于大豆分离蛋白，pH7～10时低于酪蛋白。当pH<3.0或pH>5.0时其溶解性呈现逐渐增加的趋势。当pH3.8～4.0时，荞麦蛋白质溶解性最低。陶健等（2005）研究发现，荞麦蛋白质在温度为40～80℃的强酸性和偏碱性环境中均具有较大的溶解度，约为90%。加入NaCl（0.2～1mol/L）溶液能使荞麦蛋白质的溶解度降低10%，加入蔗糖（1%～5%）溶液也会轻微降低荞麦蛋白质的溶解度，但仍能使溶解度保持在80%左右。Zheng等（1998）发现，pH4.3时，荞麦蛋白质的氮溶指数（NSI）值最低，而当提取液pH>4.3，NSI几乎呈线性增加。pH12时，荞麦粉中93%的氮可被溶出。此外超声作用对荞麦蛋白质具有增溶的效果。

2. 乳化性

Bejasano等（1999）报道，荞麦蛋白质具有良好的乳化性。Choi等（1995）发现荞麦蛋白质的乳化性在pH2.0时达到最大值，且随NaCl溶液浓度的增加而下降，乳化稳定性随温度升高而升高。

陶健等（2005）的研究也证实了荞麦蛋白质的乳化能力和乳化稳定性随着蛋白质浓度（0.2%～1%，*m/V*）的增加而增加。荞麦蛋白质在偏离等电点的环境中，尤其是在偏碱性条件（pH7～9）下，具有较好的乳化能力，而在偏酸性环境中，表现出最好的乳化稳定性。在4～60℃时，荞麦蛋白质的乳化能力随着温度的升高而增大，80℃热处理会降低荞麦蛋白质的乳化性，而乳化稳定性受温度的影响不大，80℃时表现出最强的乳化稳定性。荞麦蛋白质的乳化能力和乳化稳定性随着NaCl溶液浓度（0～1mol/L）的增加而下降。加入蔗糖溶液对荞麦蛋白质的乳化能力影响不大，但有助于荞麦蛋白质乳状液的稳定。

3. 起泡性

丰凡（2007）发现荞麦蛋白质起泡性随浓度的增加而增加，当浓度为6.0%时起泡性最大为54.5ml，泡沫稳定性随浓度的增加呈现先降低后增长的趋势，当浓度为2.0%时，泡沫稳定性最低为20%。

Choi等（1995）研究发现，蛋白质泡沫稳定性随NaCl浓度的增加而下降，浓度和温度对蛋白质的起泡性，泡沫稳定性的影响程度不大，荞麦蛋白质的起泡性在pH2.0时最高，随着pH升高起泡性显著降低。

陶健等（2005）研究发现，荞麦蛋白质的起泡能力和泡沫稳定性均随蛋白质浓度的升高而增大。在 pH2～10 时，荞麦蛋白质的起泡能力随 pH 的增加而减小，在等电点 pH3.8 附近，荞麦蛋白质表现出最强的泡沫稳定性。荞麦蛋白质在 40℃左右具有最大的起泡能力，而加热不利于荞麦蛋白质泡沫的稳定。荞麦蛋白质的起泡能力和泡沫稳定性都随着 NaCl 溶液浓度（0.2～1mol/L）的增加而提高。蔗糖的加入会降低荞麦蛋白质的起泡能力，但可提高荞麦蛋白质泡沫体系的稳定性。

4. 可加工性

Shcherbakov（1992）研究了即食荞麦片生产过程中氮含量的变化情况，发现蒸煮、干燥、挤压不会影响产品的总氮含量，但会使不溶性氮素含量有所增加。

Kozykonsky 等于 2008 年研究了挤压过程对荞麦粉蛋白质营养价值的影响，表明挤压可使荞麦蛋白质的表观消化率和真消化率显著提高。Roman 等在 1998 年的研究也发现，挤压可使荞麦蛋白质的消化率增加 9.5%。

5. 热变性

朱慧等（2010）采用酶法提取制备苦荞粗蛋白，通过差示扫描量热法测定苦荞粗蛋白和四种蛋白质组分的热变性温度，结果是粗蛋白 95.5℃、清蛋白 100.0℃、球蛋白 94.3℃、醇溶蛋白 53.4℃、谷蛋白 84.0℃。

第五节　荞麦蛋白质的生理功能

Kato 等（2000）研究表明，荞麦蛋白质具有预防多种疾病的功能，如降低血液胆固醇、抑制脂肪蓄积、改善便秘、预防大肠癌发生及改善肠内短链脂肪酸的发酵过程等。Tomotake 等发现高蛋白的荞麦粉（PBF）具有很强的降低胆固醇、减肥、抑制胆结石形成的生物活性，PBF 很可能是潜在的功能保健食品（Tomotake et al.，2006）。张美莉等（2005）发现，除了类黄酮外，荞麦蛋白质也是一种有效的自由基清除剂，具有良好的抗衰老作用。

1. 消化率

Guo 等（2006）研究发现荞麦的四种主要蛋白质组分的消化率分别为清蛋白 81.20%、球蛋白 79.56%、谷蛋白 66.99%、醇溶蛋白 58.09%。郭晓娜等（2006b）通过模拟体外消化实验研究了苦荞四种蛋白质组分（清蛋白、球蛋白、醇溶蛋白和谷蛋白）的低消化性，研究发现四种蛋白质组分的消化率均低于小麦胚芽分离蛋白和大豆分离蛋白。此外热处理可以明显提高四种蛋白质组分的体外消化率。

2. 抗氧化活性

李红敏等（2006）研究了荞麦多肽液的抗氧化活性，实验分别采用 Papain（木瓜蛋白酶）、Protamex（复合蛋白酶）、Alcalase food grade（碱性食品级蛋白酶）、Flavourzyme（复合风味蛋白酶）及 Neutrase（中性蛋白酶）酶解荞麦复合蛋白，并以亚油酸-硫氰酸铁法测定多肽液的抗氧化活性，发现经不同酶酶解得到的荞麦多肽液的抗氧化活性有所不同，其中 5 种酶酶解的最佳工艺见表 4.3～表 4.7。

表 4.3　木瓜蛋白酶酶解的最佳工艺

最佳酶量/(U/g)	最佳固液比	最佳 pH	最佳温度/℃	最佳酶解时间/h	酶解液的多肽浓度/(mg/ml)	DH/%
23 164	1∶12	5.5	55	4	6.28	30.83

表 4.4　复合风味蛋白酶酶解的最佳工艺

最佳酶量/(U/g)	最佳固液比	最佳 pH	最佳温度/℃	最佳酶解时间/h	酶解液的多肽浓度/(mg/ml)	DH/%
6385	1∶12	7.0	50	4	2.08	5.92

表 4.5　中性蛋白酶酶解的最佳工艺

最佳酶量/(U/g)	最佳固液比	最佳 pH	最佳温度/℃	最佳酶解时间/h	酶解液的多肽浓度/(mg/ml)	DH/%
75 440	1∶12	7.0	50	5	5.23	18.14

表 4.6　碱性食品级蛋白酶酶解的最佳工艺

最佳酶量/(U/g)	最佳固液比	最佳 pH	最佳温度/℃	最佳酶解时间/h	酶解液的多肽浓度/(mg/ml)	DH/%
76 895	1∶12	8.0	60	5	5.87	35.96

表 4.7　复合蛋白酶酶解的最佳工艺

最佳酶量/(U/g)	最佳固液比	最佳 pH	最佳温度/℃	最佳酶解时间/h	酶解液的多肽浓度/(mg/ml)	DH/%
170 932	1∶12	7.5	40	5	7.82	20.14

注：DH 表示水解度。

其中 Protamex 水解 2h 后的荞麦多肽液抗氧化活性最强，Alcalase food grade 水解 1h 后的荞麦多肽液次之，之后依次是 Neutrase 水解 1h 后的多肽液，Papain 水解 2h 后的多肽液，Flavourzyme 水解 3h 后得到的多肽液。此外，使用同一种酶对荞麦复合蛋白进行酶解，得到的荞麦多肽液的抗氧化活性也并不是随着水解时间的延长而增强，而是在一定的水解时间下表现出最高的抗氧化活性（李红敏等，2006）。

Tang 等（2009）将荞麦蛋白质进行酶解处理后，研究了其水解产物的抗氧化活性，结果发现水解后得到的荞麦多肽具有极强的清除 DPPH · 的能力，且能有效抑制亚油酸过氧化。研究还表明荞麦水解物的抗氧化活性与其所含的多酚含量有密切联系，而荞麦蛋白质中正富含多酚类物质。

丰凡（2007）采用酶法水解荞麦蛋白质得到荞麦多肽，经隆丁快速测定法分级显示多肽分子质量均小于 2300Da。通过与荞麦蛋白质对比发现荞麦多肽的抗氧化活性明显优于荞麦蛋白质，其中羟基自由基清除率为 45.40%，ABTS ·（2,2-连氮基 · 3-乙基苯并唾吡咯琳-6-磺酸）清除率为 99.05%，超氧阴离子清除率为 80.33%，DPPH · 清除率为 46.60%，亚油酸氧化抑制率最大可达到 84.80%。

周小理等研究荞麦抗氧化活性发现，苦荞萌发处理后对碱性条件下邻苯三酚产生的超氧阴离子，Fenton 体系产生的 OH ·，DPPH ·，弱酸条件下的亚硝酸盐的清除均有显著效果。

萌发 1～7 天的苦荞麦芽提取液具有较高的清除超氧阴离子自由基的能力，随着发芽天数的增加，清除率也随之增强，由萌发 1 天的清除率 78.78%增加到 7 天的 94.69%，增加了 20%，上升幅度较大，明显高于维生素 C（75.47%）和 BHT（48.68%）的清除能力。

萌发 1～7 天的苦荞麦芽提取液具有较高的清除 DPPH · 的能力，清除率均在 90%以上，且随着发芽天数的增加，清除率增强。萌发 1 天的清除率为 90.22%，萌发 7 天的清除率是 95.56%，增加了 6%。效果优于 BHT（83.11%），与维生素 C（93.33%）相当。

萌发 1～7 天的苦荞麦芽提取液清除亚硝酸盐的能力随着发芽天数的增加而增强。萌发 7 天的苦荞麦芽提取液的清除率最高为 49.35%，明显高于维生素 C（24.68%）和 BHT（20.78%）的清除能力。

萌发 1～7 天苦荞麦芽提取液，吸光值从萌发 1 天的 0.1975 到发芽 7 天的 0.4090，有了明显增加，说明苦荞麦芽提取液的还原能力是随着发芽天数的增加而增强，吸光值从萌发 2 天到萌发 3 天的增加较快，而之后其吸光值上升趋势较为平缓。其还原能力优于维生素 C（0.181）和 BHT（0.108）。同时实验还表明，不同天数苦荞麦芽抗氧化能力呈现增加趋势，与其不同天数黄酮类含量的增加趋势呈正相关，也与苦荞萌发期所产生的其他抗氧化成分有关（周小理等，2009）。

3. 抗衰老作用

张政等（1999a）采用碱抽提和等电点沉淀法，从荞麦籽粒中制备出荞麦蛋白复合物，用 20%荞麦蛋白复合物饲喂小鼠。通过观察小鼠血液、脏器中的超氧化物歧化酶、过氧化氢酶和谷胱甘肽过氧化物酶的活性，发现食用含有苦荞蛋白质饲料的小鼠，其血液和脏器中的超氧化物歧化酶、过氧化氢酶和谷胱甘肽过氧化物酶的活性均有不同程度的提高，且脂质过氧化产物丙二醛的含量呈下降趋势，表明苦荞蛋白质对生物体具有一定的抗衰老作用。

4. 抗疲劳作用

张超等（2004b）研究了荞麦抗疲劳的作用，发现荞麦蛋白质与黄酮类化合物相比其抗疲劳效果更加显著，且在清蛋白、球蛋白和谷蛋白三者中球蛋白的抗疲劳效果最为明显。并通过对球蛋白进行氨基酸分析后发现球蛋白含有丰富的支链氨基酸，这是抗疲劳的主要功效成分。

5. 调解血脂

血脂是指血浆中甘油三酯和磷脂、糖脂、固醇、类固醇等类脂的总称。血脂的高低与日常膳食摄入和体内代谢有着密切的联系。高脂血症是由于体内血脂代谢异常所致，高脂血症可诱发动脉粥样硬化、冠心病、心肌梗死等心脑血管疾病。

胆酸盐是胆固醇分解后的产物，通过吸附胆酸盐并将其排出体外可有效降低胆酸盐在肝肠循环过程中的积累，从而促进胆固醇的代谢，最终达到降低体内胆固醇的效果。周小理等（2011）采用硫酸铵盐析法、DEAE-Sepharose Fast Flow 离子交换层析法提取分离制备苦荞水溶性蛋白，并进行分离提纯。同时通过体外吸附胆酸盐能力的测定，分别配制 4mg/ml 胆酸钠、脱氧胆酸钠、牛磺胆酸钠溶液，加入苦荞水溶性蛋白纯化物，于 37℃恒温下反应 1h 后，5000r/min 离心分离 10min。准确移取 1ml 上清液，于 620nm 波长处测吸光度，由标准曲线确定其胆酸盐的质量浓度。再根据反应前后溶液中胆酸盐的浓度差计算苦荞水溶性蛋白纯化物对胆酸盐的吸附量，结果见表 4.8。苦荞水溶性蛋白纯化物对三种胆酸盐均有吸附效果，且对胆酸钠、脱氧胆酸钠吸附率均达到 90%以上，初步证实了所提取分离得到的苦荞水溶性蛋白具有一定的降血脂功能。

表 4.8　苦荞水溶性蛋白纯化物对胆酸盐的吸附能力

胆酸盐	苦荞水溶性蛋白纯化物对胆酸盐吸附率/%
胆酸钠	93.80±0.0049
牛磺胆酸钠	54.89±0.0078
脱氧胆酸钠	95.38±0.0028

Kayashita 等（1997）发现荞麦蛋白质与其他植物蛋白质相比，有更强的降低胆固醇的效果，特别是降低低密度脂蛋白的作用。荞麦蛋白质降低血液胆固醇的作用与膳食纤维相似。荞麦蛋白质有较低的消化率，被称为抗性蛋白，具有膳食纤维的作用，可增加对中性脂的排泄。

Kayashita 等（1995；1996；1997）通过喂食高胆固醇饲料的方法诱导出小鼠高胆固醇模型，分别比较了荞麦蛋白质提取物、大豆蛋白质及酪蛋白对高胆固醇症状的效果。给患有高胆固醇症的小鼠分别喂食三种蛋白质3周后，发现三组样本在食量、生长方面均无差异，分别取样测定三组样本血液及肝脏中的胆固醇含量，结果发现食用荞麦蛋白质提取物的小鼠其血液中胆固醇含量及肝脏中胆固醇含量均显著低于大豆蛋白质组和酪蛋白组。采用同样的方法测定了荞麦蛋白质对体内甘油三酯、葡萄糖-6-磷酸脱氢酶等的影响，结果发现荞麦蛋白质提取物能降低肝脏中甘油三酯的含量，并抑制肝脏中葡萄糖-6-磷酸脱氢酶的活性及脂肪酸的合成。同时喂食荞麦蛋白质提取物的小鼠，其血液中甘氨酸和精氨酸的含量均高于喂食大豆蛋白质和酪蛋白的实验组，因此推测这两种氨基酸可能与降低体内脂肪含量有关。此外，通过实验还发现荞麦蛋白质提取物能增加小鼠排泄物中中性甾醇的含量，认为荞麦蛋白质降低胆固醇的机制可能与膳食纤维类似，是通过吸附胆酸盐并将其排出体外，可有效降低胆酸盐在肝肠循环过程中的积累，从而促进胆固醇的代谢，最终达到降低体内胆固醇的效果。

左光明等（2010）利用高脂饲料诱导小鼠高脂血症模型，分别研究了苦荞蛋白质中清蛋白、球蛋白及谷蛋白体内降血脂及抗氧化功能。结果发现，苦荞蛋白质各组分均有不同程度的降血脂及体内抗氧化功能，其中清蛋白降血脂及抗氧化功能最强，其次为球蛋白，谷蛋白最弱。清蛋白能显著降低血清中总胆固醇、甘油三酯、低密度脂蛋白胆固醇的含量，提高高密度脂蛋白胆固醇含量。此外还能显著降低血清和肝脏脂质过氧化产物丙二醛含量，增强超氧化物歧化酶、谷胱甘肽氧化物酶活性。

6. 抑制脂肪蓄积

Kayashita等（1997）对正常健康的大白鼠喂荞麦蛋白质、大豆蛋白质和酪蛋白，结果发现荞麦蛋白质组的脂肪组织重量最低，表明荞麦蛋白质对脂肪的蓄积有良好的抑制作用。荞麦蛋白质降低脂肪的机制，可能与其富含精氨酸有关。

7. 降低血糖的作用

崔霞（2006）采用碱性蛋白酶提取得到了100～1000Da的低分子质量活性肽。通过动物实验表明这种活性肽能有效抑制体外脂质过氧化反应的发生，保护细胞和组织的生理功能，且对四氧嘧啶所致糖尿病可以起到降低血糖的作用。

8. 抑制胆结石形成

Tomotake等（2002）发现，饲喂荞麦蛋白质的老鼠胆囊中胆汁酸比较高，没有胆结石形成，饲喂了大豆蛋白质和动物蛋白质的部分老鼠出现了胆结石，说明荞麦蛋白质具有抑制胆结石形成的作用。日本某一专利，用碱提取法分离得到的荞麦蛋白质饲喂有胆结石的小鼠，发现其具有独特的减少胆结石的作用（Park，1985）。

Tomotake等（2006）通过动物实验发现摄入荞麦蛋白质能降低胆囊胆汁中

胆固醇的比例，促进肝脏中的胆酸合成胆固醇，从而降低了患胆结石的风险。此外研究还发现摄入荞麦蛋白质能提高排泄物中胆酸的含量，因此 Tomotake 等认为荞麦蛋白质中可能含有能吸附胆酸的蛋白质，且荞麦蛋白质的低消化性也可能与胆酸的排泄有关。

9. 抗肿瘤作用

郭晓娜等（2006a）通过硫酸铵分级沉淀、离子交换色谱、凝胶过滤色谱等方法对苦荞蛋白质进行了分离纯化，并结合细胞实验筛选出了苦荞水溶性蛋白中体外抗肿瘤活性的有效成分。经分析发现该成分为单体蛋白，其分子质量为57 000Da。通过细胞实验表明此成分对人乳腺癌细胞株 MDA-MB-231 和人乳腺癌细胞株 Bcap37 细胞有明显的增殖抑制作用，能使细胞变形、细胞核固缩、裂解，出现典型的凋亡形态学特征。

郭晓娜等（2010）采用 MTT 法、HE 染色法、扫描电镜法研究苦荞蛋白质（TBWSP31）对人乳腺癌 Bcap37 细胞的增殖抑制作用。结果表明，TBWSP31 对人乳腺癌细胞株 Bcap37 的生长有明显的抑制作用，并且有存在时间效应和剂量效应。48h 和 72h 的 IC_{50} 值分别为 43.37μg/ml、19.75μg/ml。HE 染色发现细胞经样品作用后，细胞变形，变小，细胞核固缩、裂解，细胞膜皱褶、卷曲和出泡，并且有细胞膜包裹的凋亡小体生成。扫描电镜下观察细胞表面超微结构，发现细胞出现典型的凋亡形态学特征，细胞表面微绒毛大量减少，有的甚至消失，细胞体积变小，细胞膜皱缩，表面凸起，形成了大量的小泡，有的成为凋亡小体。Liu 等（2001）用含有 20%荞麦蛋白质的饲料对 4 周龄雄小鼠进行 124 天自由摄取式喂养，在前 8 周，每周使之摄入一次二甲基肼，结果小鼠大肠腺瘤数量减少、细胞增殖减少，直肠癌的发生概率降低了 4.7%。

Kayashita 等（1999）研究了荞麦蛋白质提取物对由 7,12-二甲苯蒽引起的乳腺癌的影响。结果发现通过摄入荞麦蛋白质提取物，雌鼠中患乳腺癌的数量明显减少了，且血液中雌二醇含量也较未摄入的雌鼠少。由此可知，荞麦蛋白质提取物可通过降低血液中雌二醇含量来减少患乳腺癌的概率。

Liu 等（2001）研究了荞麦蛋白质对由 1,2-二甲肼诱发的结肠癌的影响。通过喂食小白鼠含有荞麦蛋白质的饲料后发现，与未食用荞麦蛋白质的对照组相比，实验组中患结肠癌的数量减少了 47%。研究发现摄入荞麦蛋白质能有效减少结肠癌细胞的增殖，从而降低结肠癌的患病率。

第六节　荞麦蛋白质的提取及分离

1. 碱提酸沉法

任清等（2009）采用碱提酸沉法提取荞麦蛋白质，并优化了提取工艺，发现当料液比为 1∶20、温度 50℃、pH11、提取 3h，蛋白质的提取率可达 44.2%。

杜健等（2007）也采用碱提酸沉法制备苦荞分离蛋白，得到最佳提取条件为 pH9.0、提取时间 30min、料液比为 1∶10、温度 35℃，此法得到的分离蛋白提取率达 54.7%，纯度可达 69.81%。

陶健（2004）通过碱提酸沉的方法提取荞麦蛋白质，发现当操作条件为 pH8.0、料液比 1∶15、提取时间 30min、温度 50℃时，荞麦蛋白质提取率为 69.29%。

周小理等（2007）通过碱提酸沉法提取苦荞蛋白质，当料液比为 1∶9、pH9、浸提时间 1.0h 时，荞麦蛋白质浸提得率可达到 41.96%。并以多肽浓度和水解度（DH）作为评价指标，比较木瓜蛋白酶（Papain）、Protamex、碱性蛋白酶（Alcalase）、Flavourzyme、Neutrase 将荞麦蛋白质水解成为低相对分子质量的苦荞多肽的效果，以 Papain 和 Flavourzyme 为研究对象，采用二次回归正交旋转组合设计方法研究双酶复合对荞麦蛋白质水解的影响，确定 Papain 和 Flavourzyme 双酶水解的最佳工艺条件，结果发现当酶解温度为 Papain 55～65℃，pH5.5～6.0，酶解时间 4h，料液比为 1∶12，酶比（Papain∶Flavourzyme）为 8∶5～8∶6 时酶解效果最好。

2. 酶法提取

朱慧等（2010）选取碱性蛋白酶通过酶法制备苦荞粗蛋白，反应体系 pH8，加酶量 60U/g，于 40℃反应 40min，粗蛋白提取率为 73%。并根据溶解性差异，按 Osborne 法提取得到清蛋白、球蛋白、醇溶蛋白及谷蛋白，其含量分别为 19.1%、21.5%、4.4%、55.0%。

张超等（2004a）比较了酸性蛋白酶、中性蛋白酶、碱性蛋白酶及精制复合胰蛋白酶提取荞麦蛋白质的效果后发现碱性蛋白酶提取效果最好，最佳提取工艺为温度 35℃、酶用量 50U/g、料液比 1∶12、pH11、反应 30min，在此工艺下，苦荞蛋白质提取率达到 76%。

萌芽期荞麦蛋白质被降解为氨基酸、含磷化合物和无机阳离子，降解的第一阶段需要一种含 Zn^{2+} 的蛋白降解酶，它的分子质量为 5.644×10^{-20}g，在 pH8.0～8.2 时催化效率最大（Choi，2007）。Elpidina 等（1990）实验证实此蛋白降解酶被 Mg^{2+} 激活。降解的第二阶段需半胱氨酸蛋白酶，此酶受植物激素——脱落酸的调节（Durnaevaky et al.，1993）。总之，蛋白降解酶的活性受蛋白酶抑制剂（proteinase inhibitor，PI）、二价阳离子、pH、降解产物和脱落酸的调控（Belozentky et al.，1999）。

崔霞（2006）比较了碱性蛋白酶与中性蛋白酶提取苦荞活性肽的效果后，发现碱性蛋白酶更优于中性蛋白酶，当酶解条件为温度 45℃、pH1.0、酶量 70U/g、反应时间 12h 时，水解度可达 43.11%。

郭晓娜等（2007a）通过扫描电镜对四种蛋白质组分酶解产物的超微结构进行观察发现，胃蛋白酶作用于四种蛋白质组分的方式是不同的，胃蛋白酶不仅可以作用于清蛋白和球蛋白的表面，而且随着水解进程的延长胃蛋白酶还可以作用于清蛋白和球蛋白的内部结构，因此其体外消化率相对较高。而对于醇溶蛋白和谷蛋白，其高级结构相对较为稳定，胃蛋白酶只能作用于其表面，很难作用于其内部结构，所以这两种蛋白质组分的体外消化率相对较低。此外，还通过高效液相色谱对其酶解物的相对分子质量分布进行研究，结果表明，清蛋白和球蛋白的酶解产物相对分子质量相对较低，组分多，酶解程度高。醇溶蛋白酶解产物的组成较为简单，这可能是由于被胃蛋白酶作用的位点较少所造成的。而谷蛋白，其酶解产物的相对分子质量分布广，高相对分子质量的组分所占比例大，这表明其被酶解的程度相对较低。

侯文娟（2009）研究表明，采用碱性蛋白酶水解荞麦球蛋白的效果优于胰蛋白酶和木瓜蛋白酶。碱性蛋白酶水解荞麦球蛋白的最佳工艺条件为加酶量20000U/g、温度55℃、pH9、底物浓度5％、反应时间2h。采用此工艺条件可使荞麦球蛋白酶解液的水解度达23.79％。

周小理等（2007）通过以多肽浓度和DH为指标，运用单因素实验选择，确定木瓜蛋白酶酶解苦荞复合蛋白质的适宜加酶量、pH、料液比、温度及酶解时间。实验确定木瓜蛋白酶酶解的适宜工艺条件为加酶量23164U/g、pH5.5、酶解温度55℃、酶解时间4h和底物料液比为1∶12，酶解液的多肽浓度为6.28mg/ml，DH为30.83％。

龚钢明等（2004）采用枯草杆菌蛋白酶水解荞麦蛋白质，对酶解过程的主要影响因素进行了研究。正交实验结果表明：枯草杆菌蛋白酶在底物浓度为3％、温度35℃、pH7.5、加酶量为5000U/g的条件下，酶解反应4h，其水解度可达36.09％。

任清等（2009）以荞麦粉为原料，采用碱提酸沉法提取荞麦蛋白质。通过正交实验优化了最佳蛋白质提取工艺：料液比1∶20、温度50℃、pH11、时间3h，蛋白质的提取率可达44.2％。荞麦蛋白质经碱性蛋白酶、中性蛋白酶和复合蛋白酶单独或联合水解，以获得具有ACE抑制活性的短肽。结果表明：单酶反应时，由Alcalase酶解1h得到的产物对ACE的抑制率可达83.60％，而由3种酶共同水解所获得的产物ACE抑制活性明显提高，抑制率可达90.55％。

3. 硫酸铵沉淀法

周小理等（2011）采用硫酸铵盐析法、DEAE-Sepharose Fast Flow离子交换介质对荞麦水溶性蛋白进行提取、分离及纯化，同时分别从缓冲液pH、流速等方面考察DEAE-Sepharose Fast Flow离子交换介质对荞麦水溶性蛋白分离纯化的影响，最终确定提取及分离条件。初沉提取液为40％的硫酸铵，二次盐沉液为 80%。静态吸附结果表明 DEAE-Sepharose Fast Flow 离子交换介质可有效吸附水溶性蛋白，具备分离纯化水溶性蛋白的能力。动态层析结果表明当采用磷酸盐缓冲体系为 20mmol/L、pH 为 6.5、洗脱液为 0.2mol/L 和 0.5mol/L NaCl-磷酸盐、流速为 1.0ml/min，于室温下进行洗脱，收集主要分离峰的实验条件，DEAE-Sepharose Fast Flow 离子交换介质可较好地实现荞麦水溶性蛋白的分离。

王转花等（2006）采用 Tris-HCl 缓冲液提取、硫酸铵沉淀获得荞麦蛋白质。具体操作方法为用 200mmol/L、pH8.0 的 Tris-HCl 缓冲液，含 150mmol/L NaCl，于室温下提取荞麦蛋白质 4h，离心后向上清液中加入硫酸铵，使其饱和度达到 80%，沉淀蛋白质。将所得蛋白质再通过 Resource Q 离子交换柱和 G-75 凝胶柱，分离纯化得到一种胰蛋白酶抑制剂（TBTI-Ⅱ）。

郭晓娜等（2007b）采用 10mmol/L、pH7.2 的磷酸盐缓冲液，按料液比 1∶10 提取苦荞水溶性蛋白，离心后向上清液中加入饱和度为 70%～95%的硫酸铵沉淀蛋白质，通过 DEAE-Sepharose Fast Flow 离子交换色谱、Sephadex G-100 凝胶过滤色谱和 Sephacryl S-200 凝胶过滤色谱对苦荞水溶性蛋白逐步分离纯化，并筛选出具有体外抗肿瘤活性的有效蛋白质组分 TBWSP31。

第七节　特殊荞麦蛋白质

1. 硫胺结合蛋白

硫胺结合蛋白（TBP）是硫胺素（维生素 B_1）与蛋白质结合形成的一种复杂物质，能提高硫胺素储运过程中的稳定性。当硫胺结合蛋白进入人体消化道后，通过消化道内蛋白酶的作用，释放硫胺素，使得硫胺素的生物利用率得以提高（Watanabe et al.，1999）。硫胺结合蛋白的这一特性有助于提高硫胺素在加工过程中的稳定性，从而提高了食物中硫胺素的含量，适合体内缺乏硫胺素及不能储藏硫胺素的人群食用。

Mitsunaga 等（1986）首次发现荞麦种子中有硫胺结合蛋白，并通过竞争抑制实验证明蛋白质与硫胺素的结合是高度特异性的。荞麦种子 TBP 只能忍受低浓度的变性剂如 2mol/L 尿素，通过形成蛋白质-硫胺素复合物稳定硫胺素，摄入后这种复合物能被蛋白酶消化，从而释放出硫胺素，因此可用来治疗无法储存或缺乏硫胺素的人群。尽管荞麦 TBP 与大米和芝麻 TBP 在亚基结构和免疫特性等方面不同，但硫胺素的结合机制是相似的。

Rapalakozik 和 Kozik（1996）研究了荞麦种子中硫胺结合蛋白的分子功能以及配合基之间的作用。研究发现硫胺结合蛋白在三种谷物种子中不能作为单一的蛋白质分离出来，荞麦就是其中一种。荞麦种子中的硫铵结合蛋白是一类低聚物，由多肽通过二硫键连接而成。通过 SDS-PAGE 电泳发现荞麦种子中的硫铵结合蛋白是一个单一条带，其分子质量为42 000～45 000Da。

2. 蛋白酶抑制剂

蛋白酶抑制剂泛指具有抑制胰蛋白酶活性作用的一类物质，在动物、植物、微生物中广泛存在，能与相应蛋白水解酶形成一定的动态平衡，能够调节生物体内许多重要的生命过程，对胰腺炎、肺气肿、癌症等疾病具有一定的疗效（Holmberg et al.，2002；Tabib et al.，2001；Maya et al.，1996）。科研人员在植物中已发现了三类蛋白酶抑制剂，分别是丝氨酸蛋白酶抑制剂、巯基蛋白酶抑制剂、金属蛋白酶抑制剂。苦荞中蛋白酶抑制剂属于丝氨酸蛋白酶抑制剂（林汝法，1994）。

荞麦种子中的胰蛋白酶抑制剂主要分为两类：阴离子抑制剂和阳离子抑制剂。阴离子抑制剂分为BWI-1a、BWI-2a和BWI-4a三种，分子质量均为7.7～9.2kDa。阳离子抑制剂分为BWI-1c、BWI-2c、BWI-3c和BWI-4c四种，分子质量约为6kDa。这两类抑制剂在pH2.2时可使胃蛋白酶失活，却都能抑制胰蛋白酶的活性（Belozersky et al.，1999）。荞麦蛋白酶抑制剂对于临床新药开发和抗虫转基因作物培养有着十分重要的意义。荞麦蛋白酶抑制剂BWI-1a和BWI-2a不仅可以抑制内源蛋白酶活性，而且还能显著抑制T-急性成淋巴细胞白血病（T-ALL）细胞的生长（Park et al.，2004）。Wang等（2006）研究发现荞麦胰蛋白酶抑制剂具有明显的抑制棉铃虫生长的活性。Yoshika等（2004）研究发现荞麦胰蛋白酶抑制剂能够抑制植物病原真菌菌丝的生长和孢子的繁殖。Ma等（2006）通过电泳-液谱-质谱分析发现，荞麦中含有的血管扩张肽氧化酶实际是“甘氨酸-脯氨酸-脯氨酸”三肽，每毫克含6.25μg，IC_{50}值为50。在荞麦中除了蛋白酶抑制剂外还发现了α-淀粉酶抑制剂（Skrabanja，2001），荞麦经发芽可以降低抑制剂的活性从而提高荞麦蛋白质中氨基酸的利用率。王宏伟等（2002）测试了荞麦蛋白酶抑制剂（BWPI）对急性髓细胞性白血病细胞株HL-60细胞生长的影响，结果发现荞麦蛋白酶抑制剂能显著抑制此白血病细胞的增殖，而对非正常细胞毒性较小。

周小理等采用硫酸铵盐析等方法，提取得到荞麦籽粒中的胰蛋白酶抑制剂，经SDS-PAGE电泳验证后发现其分子质量集中在21kDa左右，通过对其抑制活性的研究发现该蛋白酶抑制剂的最适抑制剂量为0.25mg/ml，最适保温时间为10min，抑制比活力为300U/mg。

张政等（1999b）研究发现采用凝胶层析及离子交换层析等方法，从苦荞种子中分离出一组胰蛋白酶抑制剂（TBTI-Ⅰ、Ⅱ）。对其性质研究表明，两个组分均对胰蛋白酶有较强的抑制作用，对胰凝乳蛋白酶抑制作用较弱，其中TBTI-Ⅱ的抑制作用大于TBTI-Ⅰ，两者对胃蛋白酶、木瓜蛋白酶及枯草杆菌蛋白酶均无抑制作用。用SDS-聚丙烯酰胺凝胶电泳和Sephadex G-100凝胶层析分别对纯化产物进行分析，得出 TBTI-Ⅰ和 TBTI-Ⅱ的近似分子质量分别为 15.0kDa 和 18.0kDa。TBTI-Ⅰ、Ⅱ都具有较高的热稳定性，在 100℃处理 10min 后可保留 86%左右的抑制活性。TBTI 在酸性环境下较为稳定，在 pH2.0 条件下保温 1h，仍保留 75%的抑制活性。用 Lineveaer-Burk 作图法得知，该抑制剂属竞争性抑制类型，TBTI-Ⅱ的 K_i 值为 3.59×10^{-7}mol/L（以 BAPNA 为底物），对胰蛋白酶的摩尔抑制比为 1∶1.4。

3. 过敏原

Smith，Peshkin 和 Rowe 于 2006 年最早报道了荞麦能引起过敏反应。食用荞麦及其产品或暴露在荞麦粉中后主要的过敏症状包括：哮喘、过敏性鼻炎、荨麻疹、血管性水肿、皮肤肿痛等。大约有 0.22%的人对荞麦蛋白质过敏，主要的症状有气喘、荨麻疹和哮喘等。目前已克隆鉴定纯化的过敏蛋白主要有 10kDa、16kDa、22kDa 和 24kDa 的蛋白质，其中 10kDa、16kDa 过敏蛋白属于 2S 清蛋白家族，22kDa 过敏蛋白属于 8S 球蛋白 β 亚基上的一段序列，它是荞麦蛋白质的主要过敏原（Koyano，2006）。Wang 等首次克隆、表达、鉴定了苦荞主要过敏蛋白（24kDa），并发现它具有特殊的 IgE 连接活性（Wang et al.，2006）。过敏蛋白主要存在于荞麦籽粒外部，采用逐级加工的方法能够生产出低过敏蛋白荞麦面粉。

Urisu 等（1995）提取得到分子质量为 67kDa、70kDa、26kDa 和 24kDa 的蛋白质，这类蛋白质在荞麦过敏蛋白中占了 50%以上，能与血清中的 Ig-E 连接，产生活性。同时也认为荞麦中的分子质量为 24kDa 的蛋白质在抗过敏原吸收试验、皮肤刺痛试验及免疫试验中呈阳性。在整个荞麦种子中荞麦过敏蛋白与其他储藏蛋白一样分布在种子的每个部分，因此了解这些过敏蛋白的加工特性具有重要的意义。然而在加工过程中这些过敏蛋白的加工性质及变化情况目前仍不是很清楚。

Kazuko 等发现荞麦中分子质量为 16kDa 的蛋白质可能是通过阻止胃蛋白酶水解产生过敏反应的。

张昕等（2009）研究利用苦荞种子为材料，提取总 RNA，通过 RT-PCR 和 5′-RACE 等方法，扩增得到了苦荞过敏蛋白的全长 cDNA 序列。同源性分析显示，此核苷酸序列与甜荞主要过敏蛋白的同源性达到 90%以上，说明此基因是苦荞中的主要过敏蛋白基因。

Wieslander 等以山西儿童为研究对象，对哮喘和过敏现象进行研究发现，荞麦过敏症状发生频率高于花粉或宠物皮毛引起的过敏症状。

荞麦蛋白质是天然的抗性蛋白质，荞麦蛋白质本身对蛋白酶敏感，但荞麦蛋白质各组分对蛋白酶的敏感性不同，球蛋白和谷蛋白比清蛋白和醇溶蛋白易被蛋白酶消化。

主要参考文献

崔霞. 2006. 苦荞麦活性肽的分离提取及其理化特性的研究. 沈阳农业大学硕士学位论文

杜健，张晖，郭晓娜，等. 2007. 苦荞麦分离蛋白的提取及功能性质研究. 粮食与饲料工业，(3)：17～19

丰凡. 2007. 荞麦多肽制备及生物活性研究. 西北农林科技大学硕士学位论文

高冬丽，高金锋，党根友，等. 2008. 荞麦籽粒蛋白质组成特性研究. 华北农学报，23（2）：68～71

龚钢明，周小理，应淳朴，等. 2004. 荞酶法水解荞麦蛋白的研究. 食品工业，5：14～15

郭晓娜，姚惠源，陈正行. 2006a. 苦荞粉蛋白质的分级制备及理化性质. 食品与生物技术学报，25（3）：88～92

郭晓娜，姚惠源，陈正行. 2006b. 苦荞蛋白质的低消化性研究——热处理、还原二硫键及添加芦丁对其体外消化率的影响. 食品科学，27（8）：136～140

郭晓娜，姚惠源. 2007b. 苦荞麦抗肿瘤蛋白的分离纯化及结构分析. 食品科学，28（7）：462～465

郭晓娜，姚惠源，陈正行. 2007a. 苦荞蛋白质的低消化性研究Ⅱ——酶解产物的超微结构分析和分子量分布. 食品科学，28（1）：183～186

郭晓娜，姚惠源. 2010. 苦荞麦蛋白对乳腺癌细胞的增殖抑制作用. 食品科学，31（19）：317

侯文娟. 2009. 荞麦球蛋白酶法水解制备抗氧化活性肽的研究. 内蒙古农业大学硕士学位论文

李红敏，周小理. 2006. 荞麦多肽的制备及其抗氧化活性的研究. 食品科学，27（10）：302～306

林汝法. 1994. 中国荞麦. 北京：中国农业出版社

任清，张晓平，刘丫丫，等. 2009. 荞麦蛋白的提取及其酶解产物 ACE 抑制活性的研究. 食品科技，34（4）：175～178

阮景军，陈惠. 2008a. 荞麦蛋白的研究进展与展望. 中国粮油学报，23（3）：209～213

阮景军，陈惠，吴琦，等. 2008b. 荞麦中的蛋白质. 生命的化学，28（1）：111～112

宋鑫莉. 2010. 萌发后荞麦营养成分的动态变化及抗氧化活性研究. 上海应用技术学院硕士学位论文

陶健. 2004. 荞麦蛋白的制备及功能特性研究. 西北农林科技大学硕士学位论文

陶健，毛立新，杨小姣，等. 2005. 荞麦蛋白的功能特性研究. 中国粮油学报，20（5）：46～50

王宏伟，乔振华，任文英，等. 2002. 苦荞胰蛋白酶抑制剂对 HL-60 细胞增殖的抑制作用. 山西医科大学学报，33（1）：3～5

王转花，赵卓慧，张政，等. 2006. 一种苦荞麦种子蛋白酶抑制剂的纯化、特性及其抗虫活性. 中国生物化学与分子生物学报，22（12）：960～965

张超，郭贯新，张晖. 2004a. 苦荞麦可溶性蛋白的提取工艺以及性质的研究. 食品工业科

技，25（4）：72～77

张超，卢艳，郭贯新，等. 2004b. 苦荞麦蛋白质抗疲劳功能机理的研究. 江南大学硕士学位论文

张美莉，赵广华，胡小松. 2004. 萌发荞麦种子蛋白质组分含量变化的研究. 中国粮油学报，19（4）：35～37

张美莉，赵广华，胡小松. 2005. 荞麦蛋白和类黄酮提取物清除自由基的ESR研究。营养学报，27（1）：21～24

张昕，崔晓东，李玉英，等. 2009. 苦荞过敏蛋白全长基因的克隆、表达及免疫学活性研究. 食品科学，（30）：203～207

张政，王转花，林汝法，等. 1999b. 苦荞种子胰蛋白酶抑制剂的分离纯化及部分性质研究. 中国生物化学与分子生物学报，15（2）：247～232

张政，王转花，刘凤艳，等. 1999a. 苦荞蛋白复合物的营养成分及其抗衰老作用的研究. 营养学报，21（2）：159～161

周小理，黄琳. 2010. 荞麦蛋白的组成与功能成分研究进展. 上海应用技术学院学报：自然科学版，10（3）：196～200

周小理，黄琳，周一鸣. 2011. 苦荞水溶性蛋白体外吸附胆酸盐能力的研究. 食品科学，32（23）：77～79

周小理，李红敏，周一鸣. 2007. 苦荞蛋白水解过程及其水解产物. 食品工业科技，9：104～107

周小理，宋鑫莉. 2009. 苦荞萌发期抗氧化活性变化规律的研究. 食品工业，5：9～11

朱慧，涂世，刘蓉蓉，等. 2010. 酶法提取苦荞麦蛋白的理化性质和加工性质. 食品科学，31（19）：197～203

左光明，谭斌，王金华，等. 2010. 苦荞蛋白对高血脂症小鼠降血脂及抗氧化功能研究. 食品科学，31（7）：247～250

Aphalo P，Castellani O F，Noramartinez E，et al. 2004. Surface physicochemical properties of globulin-P amaranth protein. J. Agric. Food Chem.，52（3）：616～622

Bejosano F P，Corke H. 1999. Properties of protein concentrates and hydrolysates from Amaranthus and Buckwheat. Industrial Crops and Products，10：175～183

Belozentky M A，Dunaevalry Y E. 1999. Proteolytic enzymes and their inhibitors in buckwheat seeds. Russian Journal of Plant Physiology，46：330～339

Bewley J D，Black M. 1985. Seeds：Physiology of Developarent and Germination. New York：Plenum Press

Bonafaccia G A，Acquisrucci R，Luthar Z. 1994. Proximate clinical composition and protein characterize of the buckwheat cultivated in Italy. Fagopyrum，14：43～48

Choi H S，Sohn K Y. 1995. The study on emulsifying and foaming properties of buckwheat protein isolate. Journal of Korean Society of Food Science，9（1）：43～51

Choi J S，Kwon S O，Juhyun N A M，et al. 2010. Different distribution and utilization of free amino acids in two buckwheats：*Fagopyrum esculentum* and *Fagopyrum tataricum*. //Proceedings of the 11th International Symposium on Buckwheat, Orel: 259～262

Choi, Ma C. 2006. Extraction, purification and characterization of globulin from common buckwheat (*Fagopyrum esculentum* Moench) seeds. Food Research International, 39 (9): 974～981

Choi, Ma C. 2007. Structural characterization of globulin from common buckwheat (*Fagopyrum esculentum* Moench) using circular dichroism and Raman spectroscopy. Food Chemistry, 102 (1): 150～160

Durnaevaky Y E, Belozersky M A. 1993. Effects of the embryonic axis and phytohormones on proteolysis of the storage protein in buckwheat seed. Physiol. Plant, 88: 60～64

Elpidina E N, Dunaevaky Y E, Belozersky M A. 1990. Protein bodies from buckwheat seed cotyledons: isolation and characteristics. Experiment Botany, 41: 969～977

Guo X N, Yao H Y, Chen Z X. 2006. In vitro digestibility of Chinese tartary buckwheat protein fractions: the microstructure and molecular weight distribution of their hydrolysates. Journal of Food Biochemistry, 30 (5): 508～520

Guo Y Z, Chen Q F, Yang L Y, et al. 2007. Analyses of the seed protein contents on the cultivated and wild buckwheat *Fagopyrum esculentum* resources. Genet. Resour. Crop Evol., 54: 1465～1472

Holmberg S D, Moorman A C, Williamson J M, et al. 2002. Proteinase inhibitors and cardiovascular outcomes in patients with HIV-1. Lancet, 360: 1747～1748

Ikcdak, Sekaguchi T, Kusano T, et al. 1991. Endogeraus factors affecting protein digestibility in buckwheat. Cereal Chemistry, 68: 424～427

Kato N, Kayashita J, Sasaki M. 2000. Physiological functions of buckwheat protein and sericin as resistant proteins. Journal of the Japanese Society of Nutrition and Food Science, 53 (2): 71～75

Kayashita J, Shimaoka I, Nakajyoh M. 1995. Hypocholesterolemic effect of buckwheat protein extract in rats fed cholesterol enriched diets. Nutrition Research, 15 (5): 691～698

Kayashita J, Shimaoka I, Nakajyoh M, et al. 1996. Feeding of buckwheat protein extract reduces hepatic triglyceride concentration, adipose tissue weight and hepatic lipogenesis in rats. Nutritional Biochemistry, 7: 555～559

Kayashita J, Shimaoka I, Nakajyoh M, et al. 1997. Consumption of buckwheat protein lowers plasma cholesterol and raises fecal neutral sterols in cholesterol-fed rats becauses of its low digestibility. J. Nutr., 127 (7): 1395～1400

Kayashita J, Shimaoka I, Nakajyoh M, et al. 1999. Consumption of a buckwheat protein extract retards 7, 12-dimethylbenz [α] anthracene-induced mammary carcinogenesis in rats. Biosci. Biotechnol. Biochem., 63 (10): 1837～1839

Koyano S, Takagi K, Teshima R, et al. 2006. Molecular cloning of cDNA, recombinant protein expression and characterization of a buckwheat 16-kDa major allergen. Int. Arch. Allergy Immunol., 140 (1): 73～81

Lazareva T N, Fesenko I N. 2010. Comparative study of SDS-PAGE spectra of *Fagopyrum esculentum* and two morphologically different lineages of *F. homotropicum*. // Proceedings of the 11th International Symposium on Buckwheat, Orel: 119～122

Liu Z H, Ishikawa W, Huang, et al. 2001. A buckwheat protein product suppresses 1, 2-dimethylhydrazine-induced colon carcinogenesis in rats by reducing cell proliferation. J. Nutr., 23: 1850～1853

Ma M S, Bae I Y, Lee H G, et al. 2006. Purification and identification of angiotensin I-converting enzyme inhibitory peptide from buckwheat (*Fagopyrum esculentum* Moench). Food Chem., 96 (1): 36～42

Maya J P, Deborah A, Smith, et al. 1996. Complete amino acid sequences of two trypsin inhibitiors from buckwheat seed. Phytochemistry, 43 (2): 327～331

Milisavljevic M D, Timotijevic G S, Radovic S R, et al. 2004. Viclin-like seeds storage globulin from buckwheat (*Fagopyrum esculentum* Moench) seeds. J. Agric. Food Chem., 52: 5258～5262

Mitsunaga T, Matsuda M, Shimizu M, et al. 1986. Isolation and properties of a thiamine-binding protein from buckwheat seed. Cereal Chem., 63: 332～335

Nishida T, Koge T, Manabe S, et al. 1995. Comparison of the polypeptide components and amino acid composition between buckwheat protein fractions. Home. Econ. Jpn., 46 (8): 731～738

Park S S. 1985. Buckwheat flour extract for reducing cholesterol gallstone: JP, 1072

Park S S, Ohba H. 2004. Suppressive activity of protease inhibitors from buckwheat seeds against human T-acute lymphoblastic leukemia cell lines. Appl. Biotechnol., 117 (2): 65～74

Radovie S R, Meksimovie V R, Varkonji-Gašić E I. 1996. Characterization of buckwheat seed storage proteins. J. Agric. Food Chem., 44: 972～974

Rapalakozik, Kozik M. 1996. A mechanism of ligand-protein interaction in plant seed thiamine-binding protein-preliminary chemical-identification of amino acid residues essential for thiamine binding to the buckwheat seed protein. Biochimie, 78 (2): 77～84

Rayos Dunrte. 1998. Effect of extrusion process paraneterson the quality of buckwheat flour mixes. Cereal Chemistry, 75 (3): 338～345

Shcherbakov V G. 1992. Proteins of instant buckwheat groats. Vgssh Uchebn Zaved Pishch Tekhnd, (5/6): 16～17

Shin D H, Kamal A H M, Suzuki T, et al. 2010. Functional proteome analysis of buckwheat leaf and stem cultured in light and dark condition. // Proceedings of the 11th International Symposium on Buckwheat, Orel: 253～258

Skrabanja V, Liljeberg Elmståhl H G M, Kreft I, et al. 2001. Nutritional properties of starch in buckwheat products: studies *in vitro* and *in vivo*. J. Agric. Food Chem., 49: 490～496

Steffen U F. 1998. Enzyme Linked immunosorbent assay for quanititalion of cereal proteins toxic in coeliac disease. Clinica Chimica Acta，78 (30)：261～270

Tabib A，Leroux C，Momex J F，et al. 2001. Accelerated coronary atherosclerosis and arterioscelerosis in young human immunodeficiency virus positive patients. Coron. Artery. Dis.，11：41～46

Tang C H，Peng J，Zhen D W，et al. 2009. Physicochemical and antioxidant properties of buckwheat (*Fagopyrum esculentum* Moench) protein hydrolysates. Food Chemistry，115：672～678

Tomotake H，Shimaoka I，Kayashita J，et al. 2002. Physicochemical and functional properties of buckwheat protein product. J. Agric. Food Chem.，50：2125～2129

Tomotake H，Yamamoto N，Yanaka N，et al. 2006. High protein buckwheat flour suppresses hypercholesterolemia in rats and gallstone formation in mice by hypercholesterolemic diet and body fat in rats because of its low protein digestibility. Nutrition，22 (2)：166～173

Urisu A，Kondo Y，Morita Y，et al. 1995. Isolation and characterization of a major allergen in buckwheat seeds. Curr. Adv. Buckwheat Res.：965～974

Wang Z H，Wang L，Chang W J，et al. 2006. Cloning，expression and identification of immunological activity of an allergenic protein in tartary buckwheat. Biosci. Biotech. Biochemic，70：1195～1199

Watanabe K，Shimizu M，Adachi T，et al. 1999. Characterization of thiamine-binding protein from buckwheat seeds. Nutrit. Sci.，44 (2)：323～328

Yoshika H，Ohmoto T，Urisu A，et al. 2004. Expression and epitope analysis of the major allergenic protein Fag e 1 from buckwheat. Journal of Plant Physiology，161：761～767

Zheng G H，Sosulski F W，Tyler R T. 1998. Wet-milling，composition and functional properties of starch and protein isolated from buckwheat groats. Food Research International，30 (7)：493～502

第五章 荞麦多糖与糖醇

多糖类化合物是荞麦的主要活性成分之一。目前，从荞麦中已分离得到多种多糖。但由于研究者采用的荞麦的品种、产地、栽培方式等的不同，荞麦植株的部位不同，提取、分离、纯化方式的不同，这些造成所获得的荞麦多糖的性质、单糖组成、结构等方面的差异。因此，有必要对研究者们的工作进行梳理，希望对荞麦的研究工作有所帮助。

荞麦糖醇（fagopyritols）是近年来研究的一个热点，大多认为荞麦糖醇是荞麦降血糖的主要活性成分之一，它们是 D-手性肌醇（D-CI）及其半乳糖苷。D-CI 是肌醇（myo-inositol）的一种立体异构体，α-1,2-D-半乳糖-D-手性肌醇是其存在的常见形式，其半乳糖苷仅存在于种子中。D-CI 存在于绿豆、苦荞等杂粮中，为开发富含 D-CI 的苦荞保健食品提供了基础。

第一节 荞麦多糖、糖醇的结构组成

一、荞麦多糖

目前，荞麦多糖的研究逐渐受到学者们的关注，已经成为多糖研究中的重要组成部分。根据研究者所采用的荞麦的部位不同可分为：荞麦花多糖、荞麦花粉多糖、荞麦麸皮多糖、荞麦籽粒多糖；根据荞麦品种不同，主要将荞麦多糖分为金荞多糖、甜荞多糖、苦荞多糖。

（一）不同部位荞麦多糖

1. 荞麦花多糖

内蒙古民族大学的达胡白乙拉等（2007a）以内蒙古通辽市库仑旗所产荞麦的花为材料，提取获得了荞麦花多糖。荞麦花多糖的得率为 25%，糖含量为 41.63%。

2. 荞麦花粉多糖

花粉多糖能激活巨噬细胞的吞噬活动，提高人体抗病能力，增强体质，消除疲劳，提高机体免疫力。国外许多运动员经常食用花粉，因此花粉是受人们喜爱的保健食品。甜荞在我国的北方地区有大面积种植，其花粉产量可观。荞麦花粉多糖从荞麦花粉中提取分离得到。为了科学合理地开发利用这一优势资源，咸阳师范学院的张萍等（2011）对荞麦花粉多糖的提取工艺进行了研究，荞麦花粉多糖得率为2.52%。

3. 荞麦麸皮多糖

荞麦麸皮是荞麦加工后得到的副产品。过去，麸皮主要是用作饲料，经济价值不高。实际上，麸皮可进行多层次的开发利用，深加工潜力大。荞麦麸皮多糖是荞麦麸皮研究和开发利用的重要方向。内蒙古民族大学的达胡白乙拉等（2007b）以内蒙古通辽市库仑旗所产荞麦的麸皮为材料，提取获得了荞麦麸皮多糖。荞麦麸皮多糖的得率为2.85%，多糖平均含量为56.89%。山西省农业科学院孙元琳等（2011）采用0.2mol/L NaOH溶液提取得到荞麦麸皮多糖，结果表明苦荞麸皮碱提多糖主要由葡萄糖组成，并含有少量阿拉伯糖、木糖、半乳糖和微量甘露糖，初步推测苦荞麸皮碱提多糖主要为β-葡聚糖。

4. 荞麦籽粒多糖

通常说的荞麦多糖，大多是指荞麦籽粒中的多糖。荞麦属于果实，具有完整的果皮和种皮。荞麦籽粒多糖是指荞麦去了果皮后提取获得的多糖，是荞麦多糖研究中的重点。目前，成都大学的杂粮加工中心、山西省农业科学院、中国农业大学等科研院所在这方面做了大量的基础研究。

（二）不同品种（系）荞麦多糖

中国幅员辽阔，各地的气候条件不相同。荞麦品种（系）多样，因此，研究者常采用当地的品种进行研究。所以，荞麦籽粒多糖又因荞麦的品种（系）不同而有差异。

1. 金荞多糖

金荞［*Fagopyrum dibotrys*（D. Don）Hara］，别名苦荞头、野荞子、铁石子、野桥荞麦、天荞麦。其性凉，味辛、苦，有清热解毒、活血化瘀、健脾利湿的作用。主产于陕西、江苏、浙江、湖北、湖南等省。金荞多糖提取于金荞。黑龙江中医药大学刘慧娇等（2010）在对不同浸提温度、时间、固液比和浸提次数等因素进行研究的基础上，采用热水浸提获得了金荞多糖。

2. 甜荞多糖

甜荞（*Fagopyrum esculentum* Moench），生育期短，抗逆性强，极耐寒瘠，一年可多次播种、多次收获。分布于欧、亚二洲，中国各地均有栽培，主栽于北方。甜荞多糖提取于甜荞。中国农业大学的许文涛等（2009）采用先醇浸，然后水提醇沉法获得甜荞水溶性多糖粗品，得率为7.0%～10.0%。

3. 苦荞多糖

苦荞多糖提取于苦荞［*Fagopyrum tataricum*（L.）Gaerth］。目前，苦荞多糖是荞麦研究中的热点。成都大学的研究团队以凉山州的苦荞为材料，采用水提醇沉法、Sevag 法除蛋白质获得苦荞多糖，苦荞多糖得率为 6.84%。六盘水师范高等专科学校的谭萍等（2008）以贵州六盘水生产的野生苦荞种子为材料，对六苦 1 号、六苦 2 号、六苦 3 号三种苦荞进行了多糖的提取，多糖含量分别为 10.150mg/g、19.474mg/g、5.101mg/g。

二、荞麦糖醇及 D-手性肌醇

（一）荞麦中的糖醇、手性肌醇含量

D-手性肌醇（D-CI）具有增强胰岛功能，能够降低人体血糖，调节血脂、血压等生理活动，是一种水溶性肌醇（环己六醇）的立体异构体，存在于荞麦，绿豆、鹰嘴豆等豆类及一些南瓜属植物体中。荞麦中 D-CI 单体含量较低，Yang 等（2008）对苦荞及其产品中的 D-CI 含量进行了测定，其中 D-CI 在苦荞中含量为 0.178%～0.228%。徐宝才等（2003）用色谱法测定苦荞壳、麸皮、外层粉、内层粉样品中的 D-CI 含量分别为 0.008%、0.294%、0.176%、0.041%。Horbowicz 和 Obendorf（1994）对羽扇豆、木豆、大豆、鹰嘴豆、绿豆、荞麦中的 D-CI 进行测定，发现只有绿豆中的 D-CI 高于荞麦。彭镰心等（2009）对米荞 1 号中 D-CI 进行了测定，含量为 0.29%。D-CI 主要以 1～3 个半乳糖形成的衍生物存在。肌醇及其异构体结构见图 5.1。

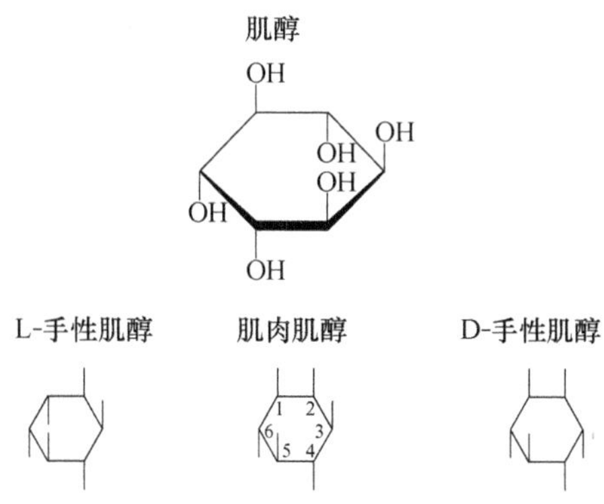

图 5.1 肌醇及其立体异构体

发酵、发芽、高压水解等技术可提高荞麦中 D-CI 的含量，从而提高荞麦功能品质。夏涛（2003）、曹文明等（2006）采用发芽方式激活苦荞内源酶，酶解荞麦糖醇的半乳糖苷键，可显著提高 D-CI 含量。边俊生等（2007a）采用高压水解技术处理苦荞麸皮提取液，可将 D-CI 浓度提高 5 倍以上。勾秋芬（2009）采用发酵方式可显著提高苦荞中的 D-CI 含量。大豆种子、羽扇豆、小扁豆、鹰嘴

豆、霍霍巴豆、甜荞籽粒中均含有 α-1,2-D-半乳糖-D-手性肌醇。其位置异构体分别称为荞麦糖醇 B1（FPB1）及荞麦糖醇 Al（FPA1），荞麦糖醇 B1 可进行人工合成。大豆种子中还发现存在间甲基荞麦糖醇及邻甲基荞麦糖醇。Shiomid 在甜菜果实中发现手性肌醇二半乳糖苷，这种物质也就是甜荞中的 FPB2，甜荞中还有其对应的位置异构体荞麦糖醇 A2，荞麦糖醇 B3，荞麦糖醇 A3（手性肌醇的三半乳糖苷）。

（二）荞麦体内 D-CI 的生物合成

荞麦种子中的 D-CI 主要以其衍生物的形式存在，即 D-CI 与 1～3 个半乳糖以 α-糖苷键结合形成的一组糖苷化合物。在高等植物体内，D-CI 被认为是通过以下途径合成的：肌醇→4-O-甲基肌醇或 5-O-甲基肌醇→3-O-甲基手性肌醇→D-CI。在苦荞籽粒中没有发现中间体 D-蒎立醇（D-pinitol）的存在，说明荞麦可能直接通过肌醇合成 D-CI。

研究发现，荞麦种子在萌发过程中会激活 α-半乳糖苷酶的表达，而这种酶正是作用于 α-半乳糖苷上的酶。通过这种激活半乳糖苷酶表达的生物学方法和化学方法处理，能有效地转化 D-CI 的衍生物，释放出游离的手性肌醇分子。早在 1994 年日本人竹内富雄已经发现了用盐水解提高荞麦中 D-CI 含量的方法并申请了专利。夏涛（2003）利用盐水萌发苦荞种子，种子内 α-半乳糖苷酶的活性急剧增加，在 10～16h 内达到高峰，低浓度的 NaCl 加速 α-半乳糖苷酶的激活并增大峰值，20mmol/L NaCl 条件下萌发 10h 测得的酶相对活性最高，是处理前的 35 倍。植物种子在萌发过程中激发一系列的生理生化反应，以提供种子萌发、生长所需的各种营养物质。刘仁杰（2006）对不同生长期盘播的荞麦苗中 D-CI 的含量进行测定，发现荞麦在其生长期大约第 35 天含量达到峰值为 557.5μg/g，是荞麦籽粒中 4.27 倍。

第二节　荞麦多糖提取分离

荞麦中多糖的提取一般采用水为溶剂。为了减少杂质，可先用非极性或极性低的溶剂除去亲脂性的成分，然后用水浸提取。由于荞麦去果皮和种皮后，色素、脂类物质较少，常采用先醇浸，然后水提醇析法提取分离荞麦多糖。

目前，多糖提取方法主要有浸提法、微波辅助萃取法、酶法等。不同的提取手段对荞麦多糖提取率的影响是比较大的。此外，荞麦来源的不同、提取条件的不同均会影响提取效率，提取效率还受提取温度和提取时间等因素的影响。

一、浸提法

常用于荞麦多糖浸提的热水浸提法有时间长、产品纯度低、色泽不好的情况发生。因此，在此基础上出现了醇浸水提醇沉法、醚浸水提醇沉法、碱浸提法等方式。

（一）热水浸提法

热水浸提法不仅是其他材料多糖类物质提取的最主要的方法，也是荞麦多糖提取的最主要的方法。此法常简称为水提醇沉法。其主要工艺流程见下：

荞麦 → 粉碎 → 热水浸提 → 离心 → 滤液浓缩 → 除蛋白质 → 脱色 → 滤液透析 → 浓缩 → 抽滤 → 醇沉 → 干燥 → 荞麦多糖

这种方式提取时间较长，提取过程中的脂类、色素等多种物质进入提取液，致使脱色等操作环节复杂。而且将造成产品纯度低、色泽不好。

（二）醚浸水提醇沉法

为了解决产品纯度低、色泽不好的问题，有研究者采用先脱色、脱脂后提取的方法。常采用的是乙醚或石油醚进行回流。其主要工艺流程见下：

荞麦 → 粉碎 → 回流（乙醚或石油醚） → 挥干 → 热水浸提 → 离心 → 滤液浓缩 → 除蛋白质 → 醇沉 → 干燥 → 荞麦多糖

安徽工程科技学院的柴瑞娟等（2007）用 3 倍量石油醚回流脱脂 2 次，将处理后的荞麦放入 70℃的风箱中风干，用水溶液提取荞麦多糖，得率是 16.50％。由于醚的挥发性危害，也有采用其他极性低的溶剂代替。例如，内蒙古民族大学的达胡白乙拉等（2007a；2007b）用三氯甲烷、丙酮抽提除去色素以及有机试剂溶物，然后再提取。这些溶剂虽然对脂类、色素等亲脂性物质的去除效果好，但由于对健康、环境有危害，对水体、土壤和大气可造成污染，目前很多研究者都没有采用。

（三）醇浸水提醇沉法

成都大学的颜军等（2011）对上述两种提取工艺进行了改进，形成了醇浸水提醇沉法提取荞麦多糖新工艺。此法的主要流程见下：

荞麦 → 粉碎 → 醇浸 → 热水浸提 → 离心 → 滤液浓缩 → 除蛋白质 → 浓缩 → 抽滤 → 醇沉 → 干燥 → 荞麦多糖

这种方法在荞麦多糖提取前，先用醇浸提，这样可将色素等醇溶物先提取出来，而且使蛋白质变性。通过方法的改进避免了醚类对人体健康、环境的危害，也减少了热水浸提法复杂的脱色操作，且提取出的多糖色白。

(四) 碱浸提法

碱浸提法即以一定浓度的碱溶液提取荞麦多糖的方法。柴瑞娟等（2008）首次报道了碱溶液提取荞麦水溶性多糖的条件，运城学院、山西省农业科学院的孙元琳等（2011）也采用此法提取苦荞麸皮多糖。此法的主要流程见下：

苦荞麸皮 → 粉碎 → 乙醇溶液热处理 → 抽滤 → 干燥 → 热水中浸提 → 离心 → 沉淀 → 用 0.2mol/L NaOH 溶液处理 → 提取 → 离心 → 除蛋白质 → 浓缩 → 醇沉 → 复溶醇沉 → 透析醇沉 → 冷冻干燥 → 荞麦麸皮多糖

二、微波辅助萃取法

微波辅助萃取法以其快速、高效、省溶剂、环境友好的优点广泛应用于生物活性成分提取中。微波加热是靠微波电子管发出的电磁波转化成分子的动能而发热，微波的频率很高，能透入物体的深部，直接作用于生物体细胞结构的内部维管束和细胞系统。由于吸收微波能，细胞内部温度迅速上升，使其细胞内部压力超过细胞壁膨胀承受能力，细胞破裂。细胞内有效成分自由流出，在较低的温度条件下萃取介质捕获并溶解。利用微波能强化溶剂萃取效率，即利用微波加热来加速溶剂对固体样品中目标萃取物的萃取过程。

微波加热导致细胞内的极性物质及溶剂中的偶极分子，在高频微波能的作用下，以 10^9 圈/s 的速度变换其正、负极，产生偶极涡流、离子传导和高频率摩擦，从而在短时间内产生大量的热量。胞内温度迅速上升，液态水气化产生的压力将细胞膜和细胞壁冲破，形成微小的孔洞。孔洞的存在使胞外溶剂容易进入细胞内，溶解并释放出胞内产物。同时减少了多糖提取液在残渣中的残留，比较容易过滤，提高了提取率。工艺流程见下：

荞麦 → 粉碎 → 醇浸 → 微波提取 → 热水浸提 → 离心 → 滤液浓缩 → 除蛋白质 → 滤液透析 → 浓缩 → 抽滤 → 醇沉 → 干燥 → 荞麦多糖

与热水浸提法相比，利用微波提取可以明显提高多糖提取率。热水浸提多糖的提取率在 10%左右。经优化的在最佳微波条件下进行提取，得到多糖的提取率为 20%左右，并且提取时间大大缩短。

三、酶法

国内外学者对荞麦多糖组分的提取分离、纯化、结构分析及药效等做了大量的研究，其中对荞麦多糖的提取一般采取热水浸提法，而此法粗多糖提取率较低。其原因主要是荞麦壁厚坚实，而为了有效地提取荞麦多糖必须先进行破壁处理。因此，采用酶辅助的方法是比较合适的。此法的关键是要选择合适的酶。目前，在荞麦多糖的提取研究中采用此法的还未见报道。

第三节　荞麦多糖的纯化

多糖的纯化是指将多糖混合物分离为单一多糖的过程。根据多糖性质的差异，纯化可采用不同的手段。根据相对分子质量大小不同，用凝胶色谱、中空纤维超滤等技术进行分级分离是最常用的方法；根据多糖阴离子电荷密度的不同，可利用离子交换色谱或季铵配合物的生成进行分级分离；根据多糖在乙醇中的溶解度不同，逐级增加乙醇的浓度而使多糖分部沉淀下来。凝胶色谱法是目前最为常用的、简单而有效的方法。但是，要想获得单一多糖，仅仅采用一种方法是达不到要求的，往往要采用两种或两种以上的方法组合分离纯化才能获得。

一、凝胶色谱法

凝胶色谱法又称为尺寸排阻色谱法，是利用被分离物质相对分子质量大小的不同和在填料上渗透程度的不同，以使组分分离的方法。常用的填料有分子筛、葡聚糖凝胶、微孔聚合物、微孔硅胶或玻璃珠等，可根据载体和实验样品的性质，选用水或有机溶剂为流动相。以有机溶剂为流动相的称为凝胶渗透色谱法；以水为流动相的称为凝胶过滤色谱法。荞麦多糖的纯化采用的是水为流动相，即凝胶过滤色谱法。

（一）分离原理

凝胶色谱法的分离原理主要是分子筛效应。凝胶是一种具有立体网状结构且呈多孔的不溶性珠状颗粒物质，多孔的凝胶就是分子筛。其主要是根据多孔凝胶对不同半径的物质具有不同的排阻效应实现的，即是根据分子大小这一物理性质进行分离纯化的。各种分子筛的孔隙大小分布有一定范围，有最大极限和最小极限。在凝胶色谱中会有三种情况，一是分子很小，能进入分子筛全部的孔隙内（也称为内水体积，用 V_t 表示）；二是分子很大，完全不能进入凝胶的任何孔隙内（也称为外水体积，用 V_o 表示）；三是分子大小适中，能进入凝胶的内孔隙中孔径大小相应的部分（也称为洗脱体积，用 V_e 表示）。大、中、小三类分子彼此间较易分开，但每种凝胶分离范围之外的分子，在不改变凝胶种类的情况下是很难分离的。

对于分子大小不同，但同属于凝胶分离范围内的各种分子，在凝胶床中的分布情况是不同的。分子较大的只能进入孔径较大的那一部分凝胶孔隙内，在凝胶床内移动距离较短；而分子较小的可进入较多的凝胶孔隙内，在凝胶床内移动距离较长。相对分子质量大小不同的成分在通过凝胶床时，按照相对分子质量大小排队，以从大到小的顺序依次流出，从而达到分离的目的。

凝胶色谱法的另一个重要作用是对大分子物质相对分子质量的测定。对于任何一种被分离的大分子物质相对分子质量 M_r 与其在凝胶柱上的洗脱体积 V_e、分配系数 K_{av}存在如下关系。

$$K_{av} = K_1 - K_2 \ln M_r$$

$$K_{av} = (V_e - V_o)/(V_t - V_o)$$

在一定的色谱条件下，V_t 和 V_o 都是恒定值，而 V_e 是随着分离物相对分子质量的变化而改变，K_1、K_2 是常数。相对分子质量大，V_e 值小，K_{av}值也小。反之，相对分子质量小，V_e 值大，K_{av}值大。

（二）凝胶的种类及性质

凝胶按机械强度可分为软质凝胶和硬质凝胶。

1. 软质凝胶

软质凝胶适用于常压排阻分离，常见的有葡聚糖凝胶、琼脂凝胶等，以水为流动相。苯乙烯-二乙烯基苯交联共聚物是有机凝胶，以非极性有机溶剂为流动相，不能用丙酮、乙醇等极性溶剂。

（1）交联葡聚糖凝胶

Sephadex G 交联葡聚糖的商品名为 Sephadex，不同规格型号的葡聚糖用英文字母“G”表示，“G”后面的阿拉伯数字为凝胶得水值的 10 倍。例如，G-25 为每克凝胶膨胀时吸水 2.5g，同样 G-200 为每克凝胶膨胀时吸水 20g。交联葡聚糖凝胶的种类有 G-10、G-15、G-25、G-50、G-75、G-100、G-150 和 G-200。因此，字母“G”后的数字代表了凝胶的交联程度，膨胀程度及分布范围。中国农业大学的许文涛等（2009）就采用丙烯葡聚糖凝胶柱层析纯化，得到荞麦多糖(FEP)，经过凝胶柱色谱分析表明，FEP 为均一多糖。

（2）琼脂糖凝胶

商品名很多，常见的有 Sepharose，Bio-Gel-A 等。琼脂糖凝胶是依靠糖链之间的次级链如氢键来维持网状结构，网状结构的疏密依靠琼脂糖的浓度。一般情况下，结构是稳定的，可以在许多条件下使用（如水，pH4～9 的盐溶液）。琼脂糖凝胶在 40℃以上开始熔化，不能高压消毒，但可用化学灭菌处理。

（3）苯乙烯-二乙烯基苯交联共聚物

苯乙烯与二乙烯基苯在致孔剂的存在下于聚乙烯醇分散液中经过氧化苯甲酰引发进行悬浮聚合制备多孔苯乙烯-二乙烯基苯共聚物（St-DVB）。它是一种重要的吸附分离材料，在环境保护、制药、色谱柱填料及固相萃取等领域有广泛的应用。

2. 硬质凝胶

硬质凝胶机械强度大，可承载较高的压力，常用于高效液相色谱法。常见的有多孔硅胶、多孔玻珠等，其化学稳定性、热稳定性好，流动相性质影响小，可在较高流速下使用。

（1）多孔硅胶

以硅胶为基质的填料以其高机械强度、高流速、高分辨率的特点而备受重视。多孔硅胶的制备方法有堆砌硅珠法、无机盐扩孔法、溶胶-凝胶法、碱溶法等。商品化 TSK-GEL SW 系列色谱柱的填料以刚性的球型硅胶为基质，在其表面通过共价键化学键合亲水基团而成。其在 pH2.5～7.5 适用，可以使用与水完全互溶的有机溶剂，如乙腈、丙酮、甲醇或乙醇等。适合分析分离蛋白质和多肽类样品。

（2）多孔甲基丙烯酸酯

以聚合物为基质的填料具有优良的化学和机械稳定性。常采用刚性球形亲水的多孔甲基丙烯酸酯类颗粒。目前，商品化 TSK-GEL PW 系列色谱柱即采用此填料。PW 系列色谱柱 pH2～12，能够在 50%有机溶剂下使用。色谱柱孔径有多种，能分离相对分子质量范围很广的物质。可以用于分析蛋白质、多肽、多聚糖、寡糖、DNA、RNA、水溶性高聚物等。成都大学的颜军、谢贞建、苟小军等就采用此填料测定了分离纯化的三个苦荞多糖组分 TBP-1、TBP-2 和 TBP-3 的相对分子质量。

（3）玻璃微球

近年来发展起来的可控孔径玻璃微球，具有恒定孔径和窄粒度分布。用作固定相，色谱柱易填充均匀；柱压、流动相流速、pH 或离子强度对分离的影响小，适用于较高流速下操作。

二、离子交换柱层析法

离子交换柱层析法按照离子交换剂对阴离子或阳离子的亲和特性可以分为阴离子交换和阳离子交换两种类型。阴离子交换是在纤维素与葡聚糖分子上结合了阳离子基团，可置换出阴离子，则称为阴离子交换剂，如二乙氨乙基（DEAE）纤维素。另一种为阳离子交换，在纤维素与葡聚糖分子上结合了阴离子基团，可置换阳离子，称为阳离子交换剂，如羧甲基（CM）纤维素。

(一) 分离原理

离子交换通常采用柱层析，其过程包括离子交换剂的选择、离子交换剂使用前的处理与转型、装柱，样品的准备、加样、洗脱、检测及离子交换剂的再生等若干步骤。

离子交换剂在使用前要用水浸泡使之充分膨胀、洗涤，再用酸和碱处理（对离子交换纤维素或葡聚糖凝胶常用 0.5mol/L 的 HCl 和 NaOH），使之转变为带 H^+ 或 OH^- 的型式，通常称之为转型。如果离子交换剂已经使用过，也可以用这种处理方法使它恢复为原来的离子型，这种处理称为再生。

阳离子交换剂

$$R^- X^+ + HCl \rightleftharpoons R^- H^+ + XCl$$

氢离子型

阴离子交换剂

$$R^+ Y^- + NaOH \rightleftharpoons R^+ OH^- + NaY$$

氢氧离子型

对新的离子交换剂通常要用酸和碱反复处理，以便获得良好的交换效果。经处理好的离子交换剂装柱后，即可将样品加入，使样品中待分离的离子进行交换。

阳离子交换剂

$$R^- H^+ + M^+ A^- \rightleftharpoons R^- M^+ + HA$$

与 M^+ 结合

阴离子交换剂

$$R^+ OH^- + B^+ Y^- \rightleftharpoons R^+ Y^- + BOH$$

与 Y^- 结合

经过离子交换被吸附在离子交换剂上的待分离物质的洗脱办法有两种：一是改变 pH，使样品离子的解离度降低，电荷减少，因而对交换剂的亲和力减弱而被洗脱下来；二是增加离子强度，使洗脱液中的离子能争夺交换剂的吸附部位，从而将分离的物质置换下来。

从洗脱液的成分而言，洗脱方式有三种：一是恒液洗脱法，选用单一洗脱液进行洗脱，适用于组分不太复杂的样品；二是阶段洗脱法，选用几种洗脱能力逐步增强的洗脱液相继洗脱，适用于各组分对交换剂亲和力比较悬殊的样品；三是梯度洗脱法，用离子强度和 pH 呈连续梯度变动的洗脱液进行洗脱，使洗脱能力持续增强，适用于各组分与交换剂亲和力相近的样品。

纤维素阴离子交换剂柱色谱法的分离原理是 pH 为 6 时，酸性多糖吸附于交换剂上，中性多糖不吸附，然后用不同离子强度的缓冲液按酸性强弱将各种多糖依次洗脱。洗脱方式可以是阶梯式或梯度式。pH 大于 9 时，中性多糖也被吸附。中性多糖还能与硼砂形成配合物，若将柱处理成硼砂型后，改变硼砂液浓度也能将不同中性多糖洗脱下来。另外，杂质会吸附于柱上端而达到部分纯化的目的。多糖在柱上的吸附力与其结构有关，吸附力一般随分子中酸性基团的增加而增大。对于线性分子相对分子质量大的比小的易吸附，直链多糖比分支多糖易吸附。

（二）交换剂的种类及性质

阴离子交换柱层析法中常用的交换剂为 DEAE-纤维素和 DEAE-Sepharose。

1. DEAE-纤维素

DEAE-纤维素，在纤维素上结合了 DEAE，含有带正电荷的阳离子［纤维素-O-CH_2-CH_2-$N^+(C_2H_5)_2$］，理论交换量为 0.1～1.1mmol/g，pK 为 9.1～9.5，应用的 pH 范围需小于 8.6。它是离子交换纤维素中使用最为广泛的一种，可与带负电荷的多糖阴离子进行交换。该法适用于分离各种多糖（酸性多糖和中性多糖）。成都大学的颜军、谢贞建、苟小军等就采用此填料分离纯化了采于凉山地区的苦荞的多糖，获得三个组分 TBP-1、TBP-2 和 TBP-3。江南大学的徐德平等（2010）采用 DEAE-纤维素柱对山西省灵邱县苦荞麦粉中提取的荞麦多糖进行了纯化，获得了三个多糖组分。

2. DEAE-Sepharose

DEAE-Sepharose 是 DEAE 琼脂糖凝胶，为弱阴离子交换填料，化学稳定性好、载量高，能快速纯化大量粗产品。运城学院孙元琳等采用 DEAE-Sepharose 柱层析技术进行分级纯化，从苦荞麸皮中分离获得 ABP1 和 ABP2 两个多糖组分。中国农业大学的许文涛等（2009）采用 DEAE-Sepharose 柱层析纯化，得到荞麦多糖（FEP）。

三、分级沉淀法

分级沉淀法是指用不同浓度的沉淀剂，如乙醇、甲醇、丙酮等来分级沉淀纯化多糖，也称为分部沉淀。分级沉淀或分级溶解是借助于改变溶剂的组成、浓度、pH、温度或添加无机盐等方法，使多糖类依次沉淀或依次溶解达到分离、纯化目的。

首先，将原料除去脂溶性物质；其次，根据糖类在水、乙醇或稀酸、稀碱等中的溶解情况，选择合适的溶剂提取；再次，提取液经处理后，浓缩，依次加入沉淀剂，如乙醇、丙酮、乙酸或无机盐（如硫酸铵等）使其沉淀；最后，每次沉淀需经反复溶解与醇析，直至达到糖类的组分均一，物理常数恒定为止。这些物理常数常用旋光仪测定和电泳等方法检测。

在该法中，利用糖类在乙醇中溶解度不同，改变乙醇的浓度，分级沉淀，在产量与乙醇浓度之间作出相应的工作曲线，粗略估计出糖类的组分。一般在pH7时进行，此时糖类的组分不易改变，性质稳定。对于以盐形式存在的酸性多糖应在偏酸性下（如pH2～4）防止苷键的水解。具体哪个pH合适，应通过小试验摸索其条件，而且操作应尽量迅速。

对于极性较低的糖衍生物，如糖的乙酸酯，可在有机溶剂中进行分级沉淀。首先，在丙酮中溶解；然后，加乙醚；最后，加入低沸点的石油醚类，用溶剂的极性降低法来分级沉淀。此外，进行pH梯度沉淀也是分级沉淀常用的方法。每次的分级沉淀一般有相应的溶解过程，以达到多次分离、纯化目的，该法是按糖类的相对分子质量不同进行分离的。

分级沉淀法得到的糖类，常含有较多的蛋白质，需要除去。一般选用能沉淀蛋白质又能保留多糖在溶液中的试剂来处理，如酚类、三氯乙酸等，但操作时应保持低温且尽量迅速，避免糖的降解；或者用蛋白质水解酶除去蛋白质，常用的有胰蛋白酶、胃蛋白酶和链霉蛋白酶等。当将大分子的蛋白质除去后，可再用Sevag法处理，一般均可得到好的结果。

四、季铵盐沉淀法

季铵盐是一类阳离子表面活性剂，能与酸性多糖形成不溶性化合物季铵配合物，此配合物在低离子强度的水溶液中不溶解而产生沉淀。常用的季铵盐有十六烷基三甲基溴化铵（CTAB）和十六烷基吡啶（CPC）。

（一）分离原理

1）根据电离性质不同分离。季铵盐能与酸性多糖形成不溶性化合物，以分离酸性多糖。一般地说，酸性强或相对分子质量大的多糖首先沉淀出来，所以控制季铵盐的浓度，能分离各种不同的酸性多糖。根据形成的沉淀能溶于不同盐、酸溶液和有机溶剂中的性质，将多糖游离出来。

2）在碱性条件下，高价金属阳离子及有机阳离子（如季铵盐）可与聚阴离子多糖形成沉淀，经酸化处理后，可使离子解离下来而转为醇沉淀或有机溶剂沉淀出来。

（二）季铵盐的种类及性质

1. 十六烷基三甲基溴化铵

CTAB是一种阳离子去污剂，具有从低离子强度溶液中沉淀核酸与酸性多聚糖的特性。但在高离子强度的溶液中（>0.7mol/L NaCl），CTAB与蛋白质和多聚糖形成复合物，却不能沉淀核酸，所以在提取荞麦多糖后先用Sevag试剂去除溶液中蛋白质，再加入CTAB沉淀荞麦多糖，最后加入乙醇沉淀即可使多糖分离出来。一般地说，酸性强或相对分子质量大的酸性多糖首先沉淀出来。

2. 十六烷基吡啶

CPC 主要是其溴代或氯代物（$C_{21}H_{38}N_{x}$）。CPC 配合沉淀与解离步骤是分离提纯酸性黏多糖常用的方法之一，特点是纯化效率高，可以从很低浓度的溶液中将酸性黏多糖沉淀出来。在低盐浓度下，酸性黏多糖与 CPC 配合沉淀，在高盐浓度下，酸性黏多糖-CPC 配合物解离溶解，利用这一性质，可除去不能与 CPC 配合并沉淀的杂质。

第四节　荞麦糖醇的制备

目前，国外对于 D-CI 的制备，主要以化学合成和自然资源（松针）提取为主，但此法生产成本高，工艺复杂，不利于大规模生产。也有用发酵、高压水解、酶工程技术等方法生产制备 D-CI。D-CI 的化学合成方法以 1-氯-2,3-二羟环己基-4,6-二烯（1-chloro-2,3-dihydroxycyclohexa-4,6-diene）或卤代苯（halogeno benzene）为原料生产 D-CI，该方法涉及立体定向合成，反应效率低、成本高。另一方法以抗生素-春日霉素（kasugamycin）为原料，采用强酸水解法生产 D-CI。该过程会产生无用的副产物，同时产生大量的废水。在国内，于寒松等（2010）使用 50%乙醇为溶剂，料液比为 1∶15、提取时间为 30min、浸提温度为 50℃的条件提取荞麦愈伤组织中的 D-CI，提取率为 84.59%。卢丞文（2007）采用三种不同的方法对荞麦中 D-CI 的粗提工艺进行优化，分别为不同溶剂提取法、微波法、超声法。结果表明不同溶剂提取法中，以 50%乙醇、料液比 1∶20、在 30℃条件下提取 1.5h 效果最好，D-CI 含量最高达 4.95mg/g；微波法提取时，最佳工艺为 245W、微波加热时间 125s、乙醇浓度 80%、料液比1∶30，此时 D-CI 含量高达 5.11mg/g；采用超声法提取时，乙醇浓度 50%、料液比 1∶15、提取时间 30min、浸提温度 50℃效果最佳，D-CI 含量达 5.19mg/g。在此基础上，卢丞文（2007）采用微生物发酵、荞麦萌发的方法提高 D-CI 的含量，并达到了良好的效果。荞麦中以荞麦麸皮为原料提取 D-CI 的研究发现，麸皮是荞麦籽粒中 D-CI 及其衍生物含量最高的部分。以水或乙醇水溶液为提取剂，从荞麦麸皮中提取 D-CI 及其衍生物，提取液过滤浓缩后，采用高压水解处理，打开 D-CI 衍生物的半乳糖苷键，释放出 D-CI 单体，再经活性炭脱色、离子交换树脂分离精制，可得到 D-CI 单体含量为 30%以上的产品。

荞麦麸皮原料 → 预处理 → 溶剂提取 → 高压水解 → 活性炭脱色 → 树脂分离 → 减压浓缩 → D-CI 水解物

D-CI 提取转化工艺流程见图 5.2。

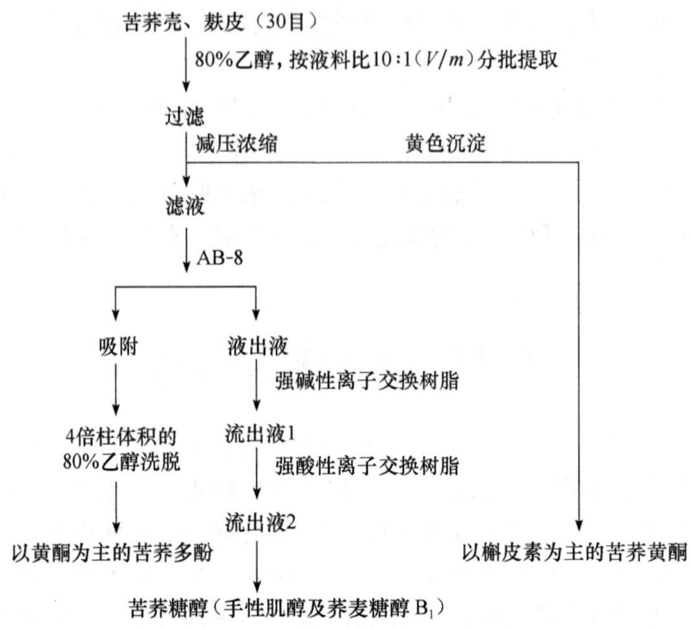

图 5.2　荞麦糖醇、手性肌醇的提取分离（徐宝才等，2003）
AB-8，大孔吸附树脂的一种

不经任何预处理，直接用水对未萌芽荞麦麸皮、荞麦仁、荞麦种子进行抽提，所得抽提物中 D-CI 单体含量极少，分别为 1.40%、0.29%和小于 0.01%，且是一个以糖为主的混合物。对 D-CI 单体含量最高的未萌芽荞麦麸皮抽提物中糖类检测，比例高达 45.1%。

第五节　荞麦多糖、糖醇的检测

由于多糖、糖醇类成分在紫外-可见区域没有特征吸收，因此不可能直接利用光谱法对其进行研究。糖类能与某些酚类化合物发生呈色反应，所以，一般都采用酚类显色法来测定多糖的含量。但是这些方法选择性差，没有对样品中的糖类物质进行分离分析，得到的是总糖的分析结果。

20 世纪 90 年代以来，随着色谱法的发展，使糖及糖醇物质的分离分析达到了新的阶段。该法具有快速、简便、准确、分离度好等优点，是目前广泛应用于糖类、糖醇类化合物的分析方法。

一、酚类-硫酸显色法

根据多糖及其衍生物在浓无机酸的作用下（一般采用浓硫酸）水解为单糖，单糖继续脱水生成糠醛或糠醛的衍生物，与酚类、芳胺类等缩合成有色化合物，戊糖变成糠醛，已糖相应地生成 5-羟甲基糠醛。

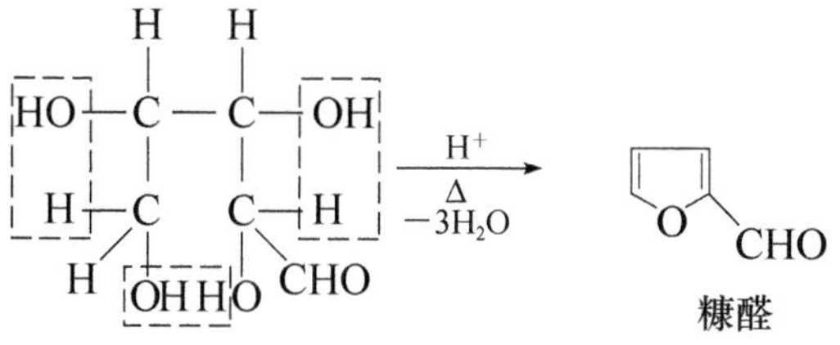

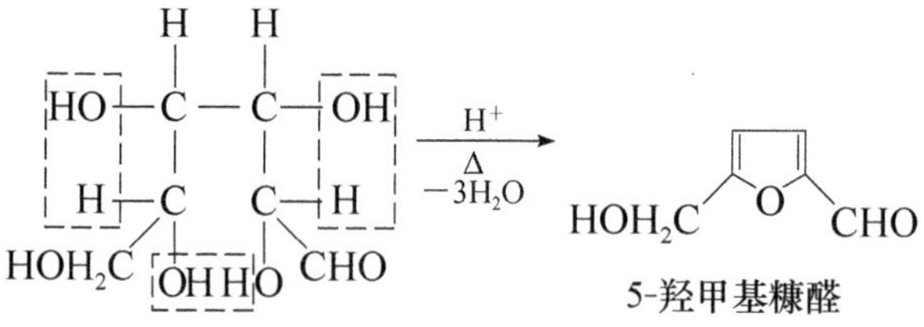

糠醛

5-羟甲基糠醛

（一）定性鉴别

根据糖类在酸的作用下，生成糠醛或羟甲基糠醛，这些产物继续同酚或芳胺类化合物发生缩合反应，结果生成了有色物质，此性质经常用于糖类的鉴别反应。

（1）α-萘酚反应

在糖类的水溶液中加入 α-萘酚的乙醇溶液，然后沿试管壁小心地注入浓硫酸，不要振动试管，则在两层液面之间就能形成一个紫色环。这个反应又称莫利（Molisch）反应。

莫利反应用浓硫酸作脱水剂，再与两分子 α-萘酚缩合成醌型化合物而显紫色，反应如下

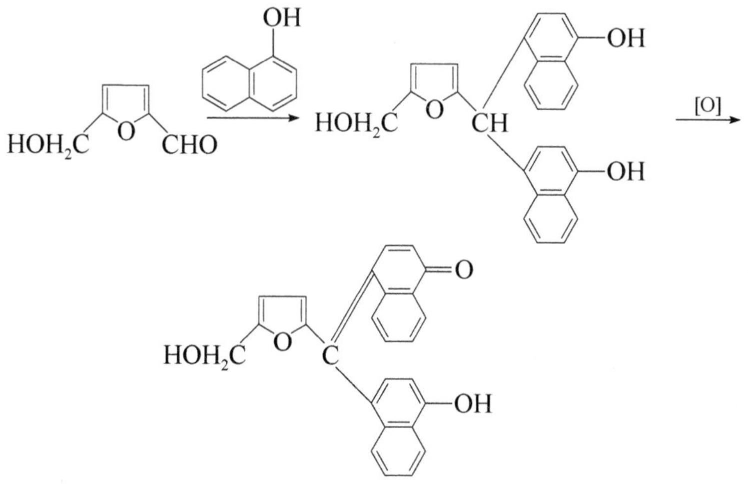

所有的糖类、糠醛化合物和苷类对莫利实验都显阳性反应，其他有机物如丙

酮、乳糖、葡萄糖醛酸等也能对莫利实验呈阳性反应。因此，阴性反应是糖类不存在的确证，阳性反应则不一定证明含有糖类。

（2）间苯二酚反应

酮糖与间苯二酚在浓盐酸存在下加热，能生成红色物质，而醛糖在 2min 内不呈色。这是由于酮糖与盐酸共热后，能较快地生成糖醛衍生物。醛糖与盐酸反应生成糠醛衍生物的速度比酮糖慢得多，故用此反应可以鉴别酮糖和醛糖。这一反应又称西里瓦诺夫（Seliwanoff）反应。

（3）蒽酮反应

单糖和其他糖类都能与蒽酮的浓硫酸溶液作用生成绿色物质。这个反应也可以用来定量测定糖类。

（4）苔黑酚反应

在浓盐酸存在下，戊糖与苔黑酚（5-甲基-1,3-苯二酚）反应，生成蓝绿色物质，此反应可用来区别戊糖和己糖。

（二）定量测定

糠醛或羟甲基糠醛与酚类物质（苯酚）缩合生成橙黄色物质，或与蒽酮缩合产生蓝绿色物质，生成有色物质的光吸收在一定范围内与糖的含量成正比关系。此法可用于单糖、寡糖和多糖的含量测定，并具有灵敏度高、简便快捷、适用于微量样品的测定等优点，但需严格控制水解条件及研究人员的操作一致性。

1. 苯酚-硫酸法

苯酚-硫酸法的传统方法是：取 1.00ml 样品，加 1.00ml 水，加 1.00ml 60g/L 苯酚摇匀后，再加入 5ml 浓硫酸，振荡显色，静置 30min 后，于 490nm 处检测其吸光度。其原理是在高温的条件下，硫酸使糖类缩合生成糠醛，糠醛再与苯酚形成稳定的显色物质。因此，温度对显色影响很大。按此方法加入硫酸时，系统可能不沸腾、轻微沸腾或剧烈沸腾，使得系统温度相差很大，重复性差。

与通常的苯酚-硫酸法比较，董群等使用 50g/L 苯酚代替 800g/L 的苯酚。因为实际操作中，800g/L 的苯酚和样液混合时，不能立即充分地混溶，同时苯酚浓度太高，易产生操作误差，所以反应的稳定性不好。原方法中，加入硫酸混合后，应于 30℃水浴中放置 15min，本法中采用室温下放置 30min。有些报道采用在 10～20s 内慢速加入硫酸，本法则采用快速加入的方法，结果也很好。

成都大学的苟小军、颜军等对此方法进行了改进，提高了检测的重现性与准确度。传统的苯酚-硫酸法在加入硫酸时，系统显色温度相差较大，而造成相应的偶然偏差。用该方法对不同浓度多糖溶液同一管样品分别测定 6 次，其重现性较差。而改进后的方法，由于先把水和硫酸混合，对浓硫酸起到了稀释作用，用冰水冷却最后加入苯酚晶体，配成显色液。通过沸水浴加热来使其显色，保证了反应系统温度一致，减少了多次操作不一致所带来的误差，很好地解决了检测的重现性与准确度。他们并采用此方法测定了采于凉山地区的苦荞的多糖含量。

2. 蒽酮-硫酸法

多糖类化合物在浓硫酸的作用下水解为单糖，并迅速生成糠醛衍生物，糠醛衍生物再与蒽酮缩合产生蓝绿色物质，其在 620nm 波长处有最大吸收。生成有色物质的光吸收在一定范围内与糖的含量呈线性关系，故可用比色法在 620nm 波长下测定多糖的含量。

二、DNS 法

DNS 法是一个能消除还原性杂质干扰的方法。还原糖的测定是糖定量测定的基本方法。还原糖是指含有自由醛基或酮基的糖类，单糖都是还原糖，双糖和多糖不一定是还原糖，其中乳糖和麦芽糖是还原糖，蔗糖和淀粉是非还原糖。对没有还原性的双糖和多糖，可用酸水解法使其降解成有还原性的单糖进行测定，再分别求出样品中还原糖和总糖的含量（还原糖以葡萄糖含量计）。

COOH　OH　O_2N　NO_2　＋还原糖 $\xrightarrow[\text{碱性}]{\text{加热}}$ COOH　OH　O_2N　NH_2　＋糖酸

3,5-二硝基水杨酸（黄色）　　3-氨基-5-硝基-水杨酸（棕红色）

还原糖在碱性条件下加热被氧化成糖酸及其他产物，3,5-二硝基水杨酸则被还原为 3-氨基-5-硝基水杨酸，此化合物在过量的氢氧化钠碱性溶液中呈橘红色，在 540nm 波长有最大吸收。在一定范围内，还原糖的量与橘红色物质颜色的深浅成正比。利用分光光度计，在 540nm 波长测定吸光值，由标准曲线计算，便可求出样品中还原糖和总糖的含量。此外，由于多糖水解为单糖时，每断裂一个糖苷键需加入 1 分子水，所以在计算多糖含量时应乘以 0.9。

三、气相色谱法

气相色谱法（GC）是一种以气体为流动相的柱色谱分离技术。作为流动相的气体称为载气，常用的有氮气、氦气、氢气等。如果柱内填充的固定相是固体吸附剂，称为气-固色谱法；柱内填充的是表面涂有固定液的载体，则称为气-液色谱法。气-固色谱法的分离基础是吸附与解吸；气-液色谱法分离基础是溶解与挥发，也称为分配作用。组分被载气带入色谱系统，由于各组分的分配系数（性质及结构）上的差异，因而在色谱柱中滞留时间不同，从而按一定的顺序被载气送入检测器进行检测。气-液色谱法是GC中最主要的分析方式。

GC具有样品用量少、选择性好、分辨率好、灵敏度高等优点，在国内外糖类物质的测定中得到了广泛应用。但是由于糖类本身没有足够的挥发性，必须经过一次或两次的衍生反应，转变成易挥发、热稳定性好的物质后才能进行GC测定。对衍生化单糖分离鉴定使用最多的是氢火焰离子化检测器（FID），也有采用质谱检测器（MS）的。柱前衍生-气相色谱法可定性、定量分析多糖的组分及含量。

一般是将多糖酸水解物或甲醇解（用盐酸-甲醇）物，用三甲基硅烷基化（TMS）或三氟乙酰化（TFA）转化为硅烷化产物或二酰化产物进行GC分析。但乙酰化之前，糖先用KBO_4或$NaBH_4$还原成开链的糖醇化合物较好。多糖用甲醇解方式把半缩醛甲基化，形成甲基糖苷后再TMS，异构物减少，有利于分辨。常以甘露醇或肌醇为内标，用已知的各种单糖作标准。此外，由于单糖存在的异构化，在单糖衍生物的制备中，同时会产生衍生物的异构体，给单糖的GC分析带来困难。因此，选择适宜单糖的衍生化条件，使每种糖得到单一的色谱峰极其重要。

徐宝才等（2003）用气相色谱-质谱联用、气相色谱、高效液相色谱三种方法检测苦荞中D-CI的含量，并且对三种方法进行了比较。结果表明，对于糖种类繁多，且含量较低的样品，采用衍生化GC特别是采用毛细管柱，其分离效果是HPLC无法比拟的。但在GC分析过程中，发现样品的干燥程度，衍生化试剂量、衍生化过程中的密封性，衍生化后样品的溶解性都会影响实验结果，操作繁琐，并会造成样品的损失。提取液经离子交换柱处理后，流出液中的糖种类大大减少，因此用HPLC法测定流出液中的D-CI分离效果较好。边俊生等（2007b）对荞麦提取物中的D-CI进行测定，10次平行测定，D-CI平均值为0.0856%，该分析过程中需对样品进行衍生化处理，严格控制样品的干燥程度以及衍生化试剂量和衍生化过程中的密封程度等。

四、高效液相色谱法

高效液相色谱法（HPLC）有分离速度快、分辨率高、分离效果好、重现性好、不破坏样品的优点。但糖类本身在紫外-可见区域没有吸收，只能采用示差折光检测器（RID）或蒸发光散射检测器（ELSD）等通用型检测器。采用HPLC法分析时，色谱柱的选择也比较困难，一般采用氨基柱或专用的糖柱。此外，还可以采用柱前或柱后衍生化色谱法分离和检测，以改善其分离选择性和提高检测灵敏度。

1. 高效液相-示差折光检测法

高效液相-示差折光检测法（HPLC-RID）是液相色谱测定糖类最简单的一

种方法。测定热不稳定的单糖，低聚糖效果较好，尤其在多糖相对分子质量测定方面较为优越，但检测灵敏度和选择性比较低且难以用于梯度洗脱。成都大学的颜军、谢贞建、苟小军等采用凝胶过滤色谱结合示差折光检测法测定了苦荞多糖 TBP-1、TBP-2 和 TBP-3 三个组分的相对分子质量。TBP-1、TBP-2 和 TBP-3 相对分子质量分别为 144 544、445 656 和 636 795。成都大学彭镰心等（2009）采用 HPLC-RID 对不同品种的荞麦中 D-CI 含量进行测定，发现不同品种荞麦中 D-CI 含量差异较大，其中，'威 93-8' 含量相对较高。由于 RID 检测器的灵敏度相对较低，部分学者选择采用 HPLC-ELSD 对荞麦中的 D-CI 进行检测。

2. 高效液相-蒸发光散射检测法

ELSD 是一种通用型的检测器，可检测挥发性低于流动相的任何样品，而不需要样品含有发色基团。ELSD 灵敏度比 RID 高，对温度变化不敏感，基线稳定，适合与梯度洗脱液相色谱联用。

ELSD 工作分为雾化、蒸发、检测三步。①雾化：液体流动相在载气压力的作用下在雾化室内转变成细小的液滴，从而使溶剂更易于蒸发。液滴的大小和均匀性是保证检测器的灵敏度和重复性的重要因素。②蒸发：载气把液滴从雾化室运送到漂移管进行蒸发，在漂移管中，溶剂被除去，留下微粒或纯溶质的小滴。③检测：光源采用 650nm 激光，溶质颗粒从漂移管出来后进入光检测池，并穿过激光光束，被溶质颗粒散射的光通过光电倍增管进行收集，溶质颗粒在进入光检测池时被辅助载气所包封，避免溶质在检测池内的分散和沉淀在壁上，极大增强了检测灵敏度并极大地降低了检测池表面的污染。

Yang 等（2008）采用高效液相-蒸发光散射检测法（HPLC-ELSD）建立了荞麦种子及其产品中 D-CI 的检测方法，样品通过乙醇提取后，加入 TFA 进行水解，用 HPLC-ELSD 检测。结果表明该方法与 GC 法相比，具有操作简单、准确高效的特点，适用于荞麦及其产品中 D-CI 的检测。

3. 柱前衍生-液相色谱法

由于糖类本身在紫外线区域无吸收，通过衍生化使糖类化合物变成具有紫外线吸收的物质，以改善其分离选择性和提高检测灵敏度。常用的糖类紫外线衍生化试剂有 1-苯基-3-甲基-5-吡唑啉酮（PMP）、对氨基苯甲酸乙酯、2,4-二硝基苯、对甲氧基苯胺、2-氨基吡啶、苯甲酰氯、6-氨基喹啉、苯甲酸等。伯胺基衍生化试剂是目前最常用的，但不足的是需经 6h 以上的还原反应才可生成稳定的叔胺衍生物，且不能还原酮糖。PMP 也是常用的衍生化试剂，而对氨基苯甲酸乙酯是一个适合于所有类型衍生化的试剂。

PMP 在碱性的条件下，与单糖反应生成糖衍生物。PMP 糖衍生物样品制备过程是：取样品溶液与一定量的 NaOH 溶液和一定量的 PMP 甲醇溶液，混匀；在 70℃水浴中反应一定时间；取出，冷却；加一定量的 HCl 溶液中和；再加

2ml 的氯仿萃取；将水相供 HPLC 分析。优点主要有两个：第一，大大增加了检测灵敏度。PMP 紫外线吸收很强，250nm 处摩尔吸光系数为 3 万。第二，降低了糖类的极性。这为反相分离各种单糖增加了选择性。

成都大学的颜军、谢贞建、苟小军等采用 PMP 柱前衍生-液相色谱法（PCD-HPLC）分析苦荞多糖的单糖组成，5 种单糖和两种糖醛酸的衍生物分离度良好。通过此方法测定三个苦荞多糖组分。TBP-1 和 TBP-2 是由葡萄糖组成的均一多糖；TBP-3 是由甘露糖、鼠李糖、葡萄糖醛酸、葡萄糖、半乳糖、阿拉伯糖组成的杂多糖，其物质的量比为 4.32∶2.41∶1.00∶39.80∶9.64∶2.02。

4. 高效毛细管电泳法

高效毛细管电泳法（HPCE）是 20 世纪 80 年代发展起来的一种新型的技术，主要特点是快速、高效和灵敏度高，加之所需样品少，并且在电泳时可不要求样品带电，因此被广泛应用于各领域。在糖类分析方面主要集中于单糖和寡糖。因为糖类物质在紫外线区无吸收或缺少荧光生色基团，用 HPCE 法测定糖类物质时，一般需要对糖类进行柱前衍生化。常用的衍生化试剂对不同类型的糖均可起到衍生化作用，包括三类：第一类，氨基吡啶、2-氨基苯甲酸等，通常只能用于醛糖类还原糖的衍生；第二类，1,2-二氯芳香化合物、芴甲氧基羰基氯（FMOC-Cl）等，通常是氨基糖的衍生化试剂；第三类是 PMP 或醛酮物质。20 世纪 90 年代以来，HPCE 在多糖分离和定量分析方面有广泛的应用。也有人指出，HPCE 用于多糖的分析仍然处于探索阶段。侯建霞等（2007）用 HPCE 和电化学检测法（CE-ED）分离并测定了荞麦中游离态的肌醇和 D-CI。与 GC 相比，CE-ED 样品处理简单，不需要衍生化及其他预处理过程；与 HPLC 相比，成本低、试剂用量少、安全无毒。但是这种方法最大的缺点是测定结果相对不如 HPLC 准确，在做定量分析时不够精确。

第六节　荞麦多糖、糖醇的保健功能

一、荞麦多糖的保健功能

越来越多的研究证明多糖具有复杂的多方面的生物活性和功能，特别是对机体免疫功能的作用。作为荞麦主要有效成分的荞麦多糖，具有增强免疫、保肝护肝、改善睡眠等广泛的保健及药理作用，此外，尚且有抗氧化作用（谭萍等，2011）。学者在生理生化基础上对荞麦多糖的各种作用进行了深入的探讨，为阐明荞麦多糖的体内作用机制、开发荞麦多糖的保健产品提供了重要的参考依据。

（一）免疫调节作用

荞麦多糖具有增强免疫、抗肿瘤作用。经过学者多年的研究，多糖抗肿瘤大多不直接作用于肿瘤细胞，而是通过激活机体的免疫系统起作用，即促进淋巴细胞和巨噬细胞的成熟、分化和繁殖，促进各种细胞因子的生成，最终抑制肿瘤细胞的生长或导致肿瘤细胞的凋亡。正是由于多糖的抗肿瘤活性是通过激活机体的免疫系统而起作用，不是直接杀死肿瘤细胞，在筛选抗肿瘤多糖时，通常体外试验是无效的，而必须通过免疫系统发挥功效的体内试验才有意义。就是体内试验的效果也需经过大约两周时间才会慢慢呈现出来。国内研究机构常采用化疗药物的动物试验方法，即 10 天左右将动物处死观察效果。事实上这时多糖的作用还未呈现出来，正确的动物试验必须进行 20 天以上。

中荷农业部北京畜牧培训示范中心的屈洪岩等（1998）采用荞麦花粉多糖进行了对鸡新城疫弱毒苗免疫效果影响的研究。结果表明，3 个剂量多糖组均显著地高于对照组。第 20 天平均提高 0.6～1.3 滴度；第 30 天平均提高 1.4～3 滴度；至第 60 天时仍平均提高 1.3～1.7 滴度。经 t 检验，$P<0.05$，由此说明荞麦花粉多糖最佳剂量是 50mg/ml。荞麦花粉多糖对鸡免疫抗体水平有明显地提高。

（二）保肝护肝

荞麦多糖具有保肝护肝的作用。四氯化碳、对乙酰氨基酚、硫代乙酰胺损伤肝脏的生化机制不同。一般认为，四氯化碳损伤肝组织机制是四氯化碳经肝细胞色素 P450 代谢激活后生成三氯甲基自由基（$CCl_3 \cdot$），引起生物膜脂质过氧化，造成膜结构和功能损伤，蛋白质等物质合成代谢发生障碍。而硫代乙酰胺损伤肝细胞机制可能是损害了细胞膜结构和功能。大剂量对乙酰氨基酚经肝细胞色素 P450 代谢后，生成的半醌自由基过多使肝内谷胱甘肽（GSH）消耗，并与肝细胞蛋白质进行共价结合，引起肝细胞坏死。

赣南医学院曾靖等（2005）进行了荞麦多糖对小鼠实验性肝损伤保护作用的研究。结果显示，荞麦多糖对四氯化碳、对乙酰氨基酚致肝损伤小鼠的血清谷丙转氨酶（SGPT）活性的升高具有明显的拮抗作用，因此其能明显地缓解四氯化碳、乙酰氨基酚所致小鼠急性肝损伤。但对硫代乙酰胺致小鼠肝损伤血清谷丙转氨酶活性无影响，所以荞麦多糖对硫代乙酰胺所致小鼠肝细胞膜结构和功能损伤无明显的缓解。

（三）改善睡眠

荞麦多糖具有改善睡眠质量的作用。赣州市人民医院及赣南医学院的赖芸等

(2009) 采用荞麦多糖对小鼠睡眠功能和自发活动的影响进行了研究。实验结果表明，荞麦多糖有明显抑制昆明种小鼠自发活动的作用。可使小鼠的自发活动明显减少，明显减少大波、中波出现次数。荞麦多糖还能明显加快阈上剂量戊巴比妥钠小鼠的入睡时间，可延长阈下剂量戊巴比妥钠的催眠时间和增加入睡小鼠数。荞麦多糖对小鼠睡眠的影响与戊巴比妥钠有协同作用，且剂量越大，作用越明显。荞麦多糖有明显的中枢抑制作用，同时与戊巴比妥钠有协同的中枢抑制作用。

目前，对荞麦多糖的药理学作用研究较少，对其主要药理学作用及作用机制尚不清楚，而且对其各种药理作用之间的内在联系也知之甚少。调节机体免疫功能是许多多糖的主要药理学作用之一，是多糖的共性。根据目前研究结果显示，荞麦多糖的增强免疫、保肝护肝、改善睡眠等作用可能与其调节机体免疫功能密切相关。荞麦多糖是否通过调节机体免疫功能的平衡而发挥其多种药理学作用，还有待进一步确证。由于多糖结构复杂，即使组成相同的多糖，也可能因其螺旋结构的不同，具有不同的吸收、分布和活性。因此，阐明荞麦多糖的主要药理学作用及其作用机制与荞麦多糖的化学研究是息息相关的。但当前对荞麦多糖的化学研究很少，其有效活性成分还未见有过报道。因此，加紧对荞麦多糖的化学研究，同时将化学与药理学相结合，搞清荞麦多糖的主要药理学作用及其作用机制，找出其有效活性成分，阐明其构效关系，为更好地理解荞麦多糖药理学作用及指导临床用药打下良好基础。

二、荞麦糖醇的保健功能

肌醇又叫环己六醇，共有 9 种同分异构体。目前，D-CI 成为研究的热点，大多数学者认为其具有降低血糖的作用。Ostlund 等（1993）研究发现Ⅱ型糖尿病患者可能由于代谢紊乱，D-CI 流失太快，使患者尿液中 D-CI 含量高于正常人数倍，而血液中低于正常人。D-CI 对由链脲霉素引起的大鼠糖尿病有降糖效应：当剂量达到 15mg/kg 时，产生较明显的降糖效应，在 120min 时血糖浓度降低了 21%；但当口服剂量为 5mg/kg 时，则没有产生降低血糖的作用。Ortmeyer 等（1995）的研究表明，D-CI 并不是通过提高血液中胰岛素水平来降低血糖浓度的，而是有可能通过提高胰岛素的敏感性来达到降低血糖浓度的目的。因为患有胰岛素抵抗症的猕猴口服 D-CI 后，实验组血糖浓度明显低于对照组，血液中胰岛素与对照组比较无统计学差异。Ortmeyer 等（1993）同时观察了化学合成的 D-CI 对 STZ 诱导大鼠血糖的急性作用，结果表明单一剂量 D-CI 治疗可使 STZ 糖尿病大鼠血糖显著下降，说明 D-CI 具有降糖作用。Kawa 等（2003）等用含 D-CI 的荞麦提取物治疗 STZ 大鼠，结果同样表明 D-CI 具有降糖作用，同时发现对正常大鼠事先给予 D-CI 可降低葡萄糖负荷后的血糖上升幅度。Arias 等

(2002) 进行了有关 D-CI 降低实验性糖尿病大鼠血糖机制的研究，证实 STZ 大鼠糖基化磷脂酰基醇酯 (GPI) 依赖的胰岛素信号途径受损。从 STZ 大鼠分离的肝细胞与对照组相比 GPI 水平较低。STZ 诱导糖尿病大鼠也阻断了对胰岛素反应的 GPI 的水解，从而减少了 D-CI-IPG 的释放。另外在Ⅱ型糖尿病大鼠胰岛素敏感组织中也存在肌醇转化为其差向异构体 D-CI 减少的缺陷。因此，D-CI 治疗可以直接补充其体内的不足，可能纠正了 GPI 依赖的胰岛素信号传递途径中的这种缺陷，达到增加胰岛素作用效应，降低血糖的效果。正常人尿液的中肌醇与 D-CI 的比例一般小于 5，而在糖尿病患者尿液中两者比例远远超过 5。Sun 等 (2002) 也发现不仅是在糖尿病患者的尿液中存在肌醇与 D-CI 比例失调的现象，在动物的肝脏、肾脏和肌肉中这一比例也存在不平衡的情况。

对于育龄妇女中可能患有多囊性卵巢症的患者，口服 D-CI 可提高胰岛素作用，改善卵巢功能及降低血清中雄性激素 (androgen) 的水平，从而对多囊性卵巢症有治疗作用。

在荞麦中 D-CI 有游离和结合两种存在状态，即游离态和结合态。胰岛素是人体胰腺 β 细胞分泌的身体内唯一的降血糖激素。D-CI 在唯一的降血糖激素——胰岛素的信号转导过程中发挥极为重要的作用，是胰岛素信号传递过程的信使，直接促进胰岛素与其受体结合，从而促进胰岛素发挥作用。胰岛素抵抗是指体内外周组织对胰岛素的敏感性降低，组织对胰岛素不敏感，外周组织，如肌肉、脂肪，对胰岛素促进葡萄糖摄取的作用发生了抵抗。糖尿病患者的胰岛素抵抗主要是由体内缺乏足够的 D-CI 所致。且 D-CI 无任何毒性作用。由于人体肠胃中不含有可切断 α-半乳糖苷键、释放 D-CI 单体的 α-半乳糖苷酶，荞麦种子中天然存在 D-CI 衍生物仅在肠道末端被细菌消化，释放出单体 D-CI。因此，如果直接食用荞麦，其调节血糖效果甚微。通过激活生物体内的大量相关酶，可使 D-CI 衍生物在生物体内转化为 D-CI 单体，多数的 D-CI 以糖醇的形式存在，其通过 α-半乳糖苷酶断开半乳糖键，可被转化为 D-CI。虽然糖醇富含于荞麦中，但是荞麦产品的生物利用度很低，因为人和其他单胃动物不含有这种酶。Yao 等 (2008) 采用高压水解等方法从荞麦麸皮中提取富含 D-CI 的提取物 (TBBE)，并以此为原料对其安全性及活性进行了评价，急性毒性实验表明，TBBE 的 LD_{50} 大于 20g/kg。药效研究表明，口服富含 D-CI 的荞麦提取物，可明显降低 KK-Ay 鼠血糖、甘油三酯等，改善耐糖量，提高 KK-Ay 鼠免疫力。边俊生等 (2007a) 以荞麦麸皮为原料，用乙醇提取，经过高压水解、活性炭脱色、离子交换树脂纯化、浓缩，得到荞麦 D-CI 提取物 (TBBEP)，含 D-CI 可达 22%，相关动物药理试验表明在对小鼠进行的降糖试验中发现苦荞提取物可能是由于提高了胰岛素的敏感性，效果最好的一组小鼠血糖降低了 38%。曹文明等 (2006) 报道 Gr^{3+} 催导苦荞仁发芽，整粒抽提种子中 D-CI 工艺方法；并使用 SPSS 软件评价 D-CI 抽提物对糖尿病 ICR 小鼠具有显著降低空腹血糖（FBG）（$P<0.05$），以及对糖尿病患者具有显著降低空腹血糖和极显著降低餐后血糖（PG）的作用（$P<0.05$）。陕方等（2006）研究了苦荞不同提取物对糖尿病模型大鼠血糖的影响。将苦荞麸皮不同浓度的乙醇溶液提取物，用于链脲霉素诱发的糖尿病模型大鼠，两种提取物对糖尿病模型大鼠血糖的影响不同，其作用可能与 D-CI 的含量有关。因为提取物 B 含有含量较高的黄酮及较低含量的 D-CI，其作用不及含有高 D-CI 及低黄酮含量的提取物 A。荞麦种子含有少量 D-CI，但在萌发时 D-CI 的含量会大大提高，使得荞麦的降糖作用亦大幅提高。温龙平同时发现，降糖效果与荞麦提取物中 D-CI 含量成正相关。

主要参考文献

边俊生，李红梅，陕方，等. 2007b. 荞麦提取物中 D-手性肌醇测定方法的研究. // 林汝法，池田清和. 苦荞产业经济国际论坛论文集. 北京：中国农业科学技术出版社：213～215

边俊生，陕方，任贵兴，等. 2007a. 一种从荞麦麸皮中提取 D-手性肌醇的方法：中国，CN200710062201

曹文明，张燕群，苏勇. 2006. 荞麦手性肌醇的提取及其降糖功能研究. 粮食与油脂，(1)：22～24

柴瑞娟，马加红，徐的琴. 2007. 水溶液提取荞麦水溶性多糖的研究. 食品工业科技，28 (4)：163～164

柴瑞娟，马加红，徐的琴. 2008. 碱性溶液提取荞麦水溶性多糖的研究. 中国林副特产，(5)：32～33

达胡白乙拉，唐木兰，满都拉，等. 2007b. 荞麦皮多糖的提取及多糖含量测定. 中国民族医药杂志，(12)：44～45

达胡白乙拉，乌仁，任晓娟，等. 2007a. 荞麦花多糖的提取及含量测定. 光谱实验室，24 (2)：116～118

勾秋芬. 2009. 酿酒酵母发酵对苦荞中 D-手性肌醇含量的影响. 四川师范大学硕士学位论文

侯建霞，汪云，程宏英，等. 2007. 毛细管电泳电化学检测分离测定荞麦中的手性肌醇和肌醇. 分析测试学报，26 (4)：526～529

赖芸，肖海，黄真. 2009. 荞麦多糖对小鼠睡眠功能和自发活动的影响. 赣南医学院学报，29 (1)：5～6

刘慧娇，白政忠，王清华. 2010. 金荞麦多糖最佳提取条件研究. 内蒙古中医药，(12)：43

刘仁杰. 2006. 不同生长期荞麦中降糖因子含量的测定及保健饮料的研制. 吉林农业大学硕士学位论文

卢丞文. 2007. 荞麦中 D-手性肌醇分离提取与纯化研究. 吉林农业大学硕士学位论文

彭镰心，勾秋芬，胡一冰，等. 2009. 反相高效液相色谱法测定选荞 1 号中的手性肌醇. 时珍国医国药，20 (10)：2507～2508

屈洪岩，郭玉璞，陆钢，等. 1998. 花粉多糖对新城疫弱毒苗免疫效果影响——玉米、油菜、

荞麦3种花粉多糖作用的比较. 中国兽医杂志，24（9）：3～5

陕方，李文德，林汝法，等. 2006. 苦荞不同提取物对糖尿病模型大鼠血糖的影响. 中国食品学报，6（1）：208～211

孙元琳，陕方，边俊生，等. 2011. 苦荞麦麸碱提多糖的制备与分析. 郑州轻工业学院学报：自然科学版，26（2）：1～4

谭萍，方玉梅，王毅红，等. 2011. 苦荞麦多糖的抗氧化作用. 食品研究与开发，32（4）：5～8

谭萍，张萍，王玉珠，等. 2008. 荞麦多糖的提取方法及含量测定. 湖北农业科学，47（8）：955～956

夏涛. 2003. 苦荞种子内肌醇衍生物转化为其单体的方法及其提取物产品：中国，CN03116287

徐宝才，肖刚，丁霄霖. 2003. 色谱法分析检测苦荞籽粒中的可溶性糖（醇）. 色谱，21（4）：410～413

徐德平，胡长鹰，刘鹏，等. 2010. 苦荞 β-半乳聚糖的提取分离与结构鉴定. 食品与发酵工业，36（9）：172～174

许文涛，张方方，罗云波，等. 2009. 荞麦水溶性多糖的分离纯化及其分子量的测定. 食品科学，30（13）：22～24

颜军，孙晓春，谢贞建，等. 2011. 苦荞多糖的分离纯化及单糖组成测定. 食品科学，32（19）：33～36

于寒松，卢丞文，朴春红，等. 2010. 微波和超声波方法提取荞麦愈伤组织D-手性肌醇的研究. 粮油加工，139～142

曾靖，张黎明，江丽霞，等. 2005. 荞麦多糖对小鼠实验性肝损伤的保护作用. 中药药理与临床，21（5）：29～30

张萍，陈燕，王晓玲. 2011. 荞麦花粉多糖的提取工艺及抗氧化性能研究. 食品科技，36（7）：169～173

赵钢，陕方. 2009. 中国苦荞. 北京：科学出版社

竹内富雄. 1994. D-手性肌醇的制造方法：中国，CN94193030

Arias S，Earner J. 2002. D-chiro-inositol—its functional role in insulin action and its deficit insulin resistance. Int. J. Exp. Diabetes. Res.，3（1）：47～60

Fagopyritols L J. 2000. D-chiro-inositol and other soluble carbohydrates in buckwheat seed milling fractions. J. Agric. Food Chem.，48（7）：2843～2847

Fonteles M C，Almeida M Q，Lamer J，et al. 2000. Antihyperglycemie effects of 3-o-methyl-D-chiro-inositol and D-chiro-inositol associated with manganese in streptozotocin diabetic rats. Horm. Metab. Res.，32（4）：129～132

Horbowicz M，Obendorf R L. 1994. Seed desiccation tolerance and storability：dependence on flatulence-producing oligosaccharides and cyclitols-review and survey. Seed Sci. Res.，4：385～405

Kawa J M，Taylor C G. 2003. Buckwheat concentrate reduces serum glucose in streptozocindidbetic rats. J. Agric. Food Chem., 51: 7287～7291

Ortmeyer H K, Huang L C, Zhang L, et al. 1993. Chioronositol deficiency and insulin resistance Ⅱ acute effects of D-chiro-inositol administration in streptozotocin-diabetic rats normal given aglucose load spontaneously inresistant rhesus monkeys. Endocrinlogy, 132: 646～651

Ortmeyer H K, Imrner J, Hansen B C. 1995. Effects of D-chiro-inositol added to a meal on plasma glucose and insulin in hyperinsulinemic rhesus monkeys. Obesity Res., 4: 605～608.

Ostlund R E, Jr, McGill J B, Herskowitz I, et al. 1993. D-chiro-inositol metabolism in diabetes mellitus. Proc. Natl. Acad. Sci., 90: 9988～9992

Sun T H, Heimark D B, Nguygen T, et al. 2002. Both myo-inositol to chiro-inositol epimerase activities and chiro-inositol to myoinositol ratios are decreased in tissues of GK type 2 diabetic rats compared to wistar controls. Biochem. Biophys. Res. Commun., 293 (3): 1092～1098

Szezecinski P, Gryff-Keller A, Horbowicz M, et al. 1998. NMR investigation of the structure of fagopyritoi BI from buckwheat seeds. Bull. Pol. Acad. Sci. Chem., 46: 9～13

Yang N, Ren G X. 2008. Determination of D-chiro-inositol in tartary buckwheat using high-performance liquid chromatography with an evaporative light-scattering detector. J. Agric. Food Chem., 56: 757～760

Yao Y, Shan F, Bian J, et al. 2008. D-chiro-inositol-enriched tartary buckwheat bran extract lowers the blood glucose level in KK-Ay mice. J. Agric. Food Chem., 56: 10 027～10 031

第六章　荞麦药理、临床及安全性评价

荞麦的药用价值在远古时期就已被人们发现并应用于实践中。中国、日本、印度及欧洲许多国家的人民都有利用荞麦防病、治病的记载。荞麦性凉味甘，能健胃、消积、止汗。我国医书《齐民要术》、《备急千金要方》、《群芳谱·谷谱》等都有荞麦防病、治病之说。

唐代食医孟冼《食疗本草》记载："实肠胃，益气力，续精神，能炼五脏泽。"孙思邈著《千金要方》中指出："味甘辛苦、性寒无毒。"《图经本草》有"实肠胃、益气力"的记述。明代李时珍《本草纲目》记载："苦荞性味苦、平寒，实肠胃，益气力，续精神，利耳目，能练五脏滓秽，降气宽肠，磨积滞，消热肿风痛，除万浊，脾积泻泄等功效。"《群芳谱·谷谱》有荞麦"性甘寒无毒。降气宽中，能炼肠胃……气盛有湿热者宜之。叶：作茹食。下气利耳目。多食则微泄。生食动刺风，令人身痒。秸：烧灰淋汁。熬干取碱。蜜调涂烂痈疽。蚀恶肉、去面痣最良。淋汁洗六畜疮及驴马躁蹄。"清巡台御史黄叔璥《台海使槎录》记载："婴儿有疾，每用面少许，滚汤冲服立瘥。"清代食医王孟英《随息居饮食谱》中称其"罗面煮食开胃宽肠，益气力，祛风寒，炼滓，磨积滞。"《齐民要术》有"头风畏冷者，以面汤和粉为饼，更令镬罨出汗，虽数十年者，皆疾。又腹中时时微痛。日夜泻泄四五次者，久之极伤人。专以荞麦作食，饱食二三日即愈，神效。其秸作荐，可辟臭虫蜈蚣，烧烟熏之亦效。其壳和黑豆皮菊草装枕，明目。"《中国药植图鉴》记载："可收敛冷汗。能治疗痢疾、咳嗽、水肿、喘息、烧伤、胃痛、消化不良、腰腿疼痛、跌打损伤等疾病。"

现代出版的《中药大辞典》记载："苦荞秸，治噎食，痈肿，并能止血，蚀恶肉。"《常见病验方研究参考资料》中说："对于崩漏的治疗，采用荞麦根一两，切碎水煎服。"

荞麦作为药用有悠久的历史，现代药理研究及作为药品在临床广泛应用还鲜有报道。其安全范围较大，研究价值高，但是目前国内还未有荞麦相关药品问世，其研究开发还有很长的路要走，值得更多关注和深入研究。作为食品，荞麦已经享有一席之地，但是作为药品，使用它还没有引起足够的重视。在临床应用中，最理想的药物是高效低毒的药物。食品作为日常生活中的必需品，较为安全，而具有药用价值的食品应该算是较为安全的药品。

第一节　荞麦的药理研究

随着社会进步，科学发展，人们越来越关注食药同源植物的研究，希望从中找到更多具有医疗保健作用的药物。现代富贵疾病有发展壮大趋势，更促使人们关注荞麦这一具有双重身份，对现代疾病有好的防治作用的食药同源植物的研究进展。对荞麦药理研究近年有较多积累与成果。

一、对血糖血脂的影响

（1）实验结果

伍杨等（2004）用腹腔注射四氧嘧啶造高血糖动物模型，食用苦荞粉后可明显降低模型大鼠血糖。1987年，北京市宣武医院、同仁医院合作用苦荞粉对高脂饲料饲喂的模型大鼠进行降脂试验，三周饲喂结果显示，大鼠胆固醇和β-脂蛋白均有明显下降。

瞿燕等（2006）研究发现，服用复方苦荞胶囊对正常小鼠体重、空腹血糖无显著影响，但能降低四氧嘧啶诱导的高血糖模型小鼠空腹血糖，升高模型小鼠糖耐量水平而对模型小鼠体重无影响，说明复方苦荞胶囊具有一定的降糖或辅助降糖作用。苦荞的黄酮提取物（150g/kg）连续灌胃15天，可提高正常小鼠糖耐量水平，使糖负荷后1h血糖值明显降低（$P<0.01$）。给高胆固醇饲料饮食大鼠饲用含苦荞的标准饲料，能有效减轻食诱性血清TC（胆固醇）、TG（甘油三酯）、CHO（高胆固醇）、FFA（游离脂肪酸）的升高，具有降脂作用。童红莉等（2006a，2006b）给高脂饲料饮食大鼠予苦荞壳提取物饲喂，发现苦荞壳提取物可降低实验性高脂血症大鼠的血脂、肝指数、肝脏脂质沉积，提高血液的抗氧化能力，提高肝脏抗氧化能力，减轻高脂饮食导致的氧化损伤，降低肝脏脂质过氧化水平，预防脂肪肝的形成。苦荞壳提取物中含有丰富的类黄酮化合物，主要为芦丁、槲皮素等。苦荞类黄酮可清除O·、OH·等自由基，升高自由基清除酶SOD（超氧化物歧化醇）、GPX（谷胱甘肽过氧化物酶）活力，降低脂质过氧化水平，改善高脂血症大鼠氧化—抗氧化失衡状态，从而减轻因高脂血症产生的过量自由基对机体的损伤作用，这可能是苦荞壳提取物实现调节血脂和肝脏保护作用的机制之一。

李洁等（2004）用高胆固醇乳剂造高血脂动物模型，然后给予苦荞类黄酮治疗，结果苦荞类黄酮可以使高血脂小鼠的甘油三酯水平和高血脂大鼠的胆固醇及甘油三酯水平明显降低，但是不降低二者的高密度脂蛋白水平。苦荞类黄酮具有较强生理活性，其主要成分是2-苯基色原酮类化合物，如槲皮素、芦丁、桑色素、茨菲醇等黄酮类物质。芦丁作为苦荞中所特有的成分，能降低毛细血管通透性，改善微循环，加强维生素C的作用，并促进维生素C在体内蓄积，有利于改善脂质代谢，从而达到降血脂的作用。

祁学忠等（2003）研究还发现苦荞黄酮对正常小鼠血糖无降低作用，对实验性高血糖小鼠血糖有明显降低作用，对其糖耐量有明显改善作用，对糖化蛋白也明显降低，可促进肝糖原合成，对氢化可的松诱发胰岛素抗性有改善作用。

高铁祥等（2003；2002）用注射链脲佐菌素并配合高热量饮食的方法建立糖尿病（DM）模型，发现复方苦荞能明显地改善STZ糖尿病大鼠的症状，能降低血糖及血清中TNF-α（肿瘤坏死因子），PAI-1（纤溶酶原激活剂抑制物-1）的含量，促进胰岛素分泌，具有改善胰岛素抵抗作用，明显降低TXB_2（血栓素B_2）含量，升高6-keto-PGF_{10}（6-酮-前列腺素F_{10}）含量，明显减轻STZ糖尿病大鼠神经病变，说明复方苦荞对Ⅱ型糖尿病有确切疗效，对糖尿病神经病变具有早期防治作用。

胡慧等（2004）用复方苦荞合剂对糖尿病肾病模型治疗，能有效改善糖尿病肾病大鼠多尿、多饮、多食和体重减轻的症状，可通过降低血糖，调节脂代谢，改善血液高凝状态等达到调控肾脏整体功能，说明复方苦荞合剂对糖尿病肾病具有防治作用。

周艳萍等（2007）发现复方苦荞能明显改善糖尿病大鼠症状，降低糖尿病大鼠血糖，提高糖尿病大鼠血浆胰岛素水平，降低血浆胰高血糖素水平，并能在一定程度上修复损伤的β细胞，抑制α细胞异常增殖，其降糖效果呈剂量依赖性。

高铁祥（2002）通过对喂饲料所致的高脂血症小鼠观察，发现苦荞正丁醇提取物（相当于生药150～200g/kg）对其血清胆固醇、甘油三酯的升高有明显的降低作用（$P<0.01$），氯仿提取物（相当于生药150g/kg）对胆固醇的升高也有一定的缓解作用，但作用性质不稳定（$P<0.05$）。复方苦荞及其拆方对Ⅱ型糖尿病大鼠症状明显改善，血糖血脂降低，SOD活性提高，MDA水平降低，NO（一氧化氮）代谢水平改善，对治疗Ⅱ型糖尿病疗效可靠。

陈耀明等（1997）发现苦荞粉能明显降低血脂水平，有降低血清游离脂肪酸的趋势，但对大鼠体重增长无异常影响。

陕方等（2006）认为苦荞提取物降血糖、血脂的途径可能是通过抑制糖苷酶、三酰甘油、激活过氧化物体增殖剂激活型受体γ和α而实现。

薛长勇等（2005）采用不同浓度的乙醇溶液处理苦荞麸皮原料，得到苦荞黄酮和自由D-CI含量差异显著的两种苦荞提取物。通过糖尿病模型大鼠试验发现，两种苦荞提取物对大鼠血糖相关生理指标的影响显著不同。富含自由D-CI而黄酮含量较低的苦荞提取物A，其降血糖效果明显好于黄酮含量高而自由D-CI含量低的苦荞提取物B，暗示血糖降低与D-CI有关。

张月红等（2006）发现苦荞提取物对α-葡萄糖苷酶的活性有明显的抑制作用，抑制程度与阿卡波糖相当。苦荞提取物可降低餐后血糖，可能与其抑制α-葡萄糖苷酶活性有关。有研究学者发现苦荞胚油有显著的降血脂，肝脂、抗肝脂氧化作用。王斯慧等（2012a）发现，阿卡波糖、苦荞总黄酮溶液、苦荞水溶性黄酮溶液、苦荞醇溶性黄酮溶液对 α-葡萄糖苷酶均有抑制作用，且各苦荞提取液优于阿卡波糖，其半抑制浓度（IC_{50}）分别为 0.85mg/ml、0.026mg/ml、0.037mg/ml、0.057mg/ml。为苦荞在防治糖尿病及其并发症等方面的应用提供参考，具有较大的理论意义和应用价值。

西北农林科技大学王敏等（2006a）采用苦荞制粉的副产品提取苦荞胚油对实验性高脂血症大鼠进行降脂和抗氧化研究，连续 6 周试验结果显示：与绞股蓝总苷片阳性对照组相比，苦荞胚油各剂量组血清 TG 和肝脏 MDA 降低均达到极显著（$P<0.01$）水平；其中中剂量组降脂和抗氧化效果突出，其血清 TC、血清 MDA 和肝脏 TG 降低均达到显著水平（$P<0.05$），肝脏 TC 降低达到非常显著水平（$P<0.01$）。

童国强（2011）给予大鼠高血脂模型苦荞酒 30 天，表明 10 倍、30 倍苦荞酒剂量组 TG 水平均显著低于高脂对照组；30 倍苦荞酒剂量组血清 TC 水平明显低于高脂对照组和正常对照组。证明苦荞酒具有辅助降血脂功能。

马挺军等（2010）证实在 4 周的血糖测量中，苦荞醋 2 号具有降血糖活性。与模型组比较苦荞醋 2 号中剂量组均有显著性差异（$P<0.05$），血糖比模型组下降了 17.2%。对小鼠口服糖耐量试验，苦荞醋 2 号可辅助抑制糖负荷引起的血糖升高。

左光明等（2010）利用高脂饲料诱导小鼠高脂血症模型，对苦荞蛋白质各组分进行体内降血脂及抗氧化功能研究。结果表明，苦荞蛋白质各组分均具有不同程度的降血脂及体内抗氧化功能，其中清蛋白最强，球蛋白次之，谷蛋白最弱。与高脂模型组相比，苦荞清蛋白高、低剂量组和球蛋白高剂量组，均显著降低高脂血症小鼠血清中总 TC、TG、低密度脂蛋白胆固醇含量（LDL-C）（$P<0.05$），显著提高高密度脂蛋白胆固醇含量（HDL-C）（$P<0.05$），有降血脂作用；同时清蛋白高、低剂量组能显著降低高脂血症小鼠血清和肝脏脂质过氧化产物 MDA 含量（$P<0.05$），显著增强血清和肝脏中 SOD、谷胱甘肽过氧化物酶（GSH-Px）活性（$P<0.05$）。

（2）药理分析

苦荞粉降糖降血脂作用可能与其含有丰富的亚油酸、槲皮素、微量元素、维生素、植物固醇等有关。亚油酸为不饱和脂肪酸，能与胆固醇结合成酯，促进胆固醇的转运，抑制肝脏内源性胆固醇的合成，并促进其降解为胆酸而排泄，故有较好的降脂作用。维生素、氨基酸、植酸可清除自由基，并阻断或减轻自由基对细胞和组织的损伤。芦丁能减轻急性胰腺炎的病理生理损害，保护胰腺组织，加强胰岛素外周作用，抗脂质过氧化，抑制高密度脂蛋白（HDL）氧化修饰，促进胆固醇降解为胆酸排泄，降低毛细血管的通透性，扩张血管，加强维生素 C

的作用并促进维生素在体内蓄积，有利于改善脂质代谢。微量元素镁能降低血清胆固醇，硒能促进胰岛素分泌增加直接清除氧自由基，因其为GSH-Px的重要组成部分，亦能与SOD一起清除体内氧自由基，且GSH-Px能阻断或减轻脂自由基对细胞或组织的过氧化损伤。硒能使动物血中TC、TG显著降低。锌能缓解胰岛素活性减退，使游离脂肪酸降低。铬可以增强胰岛素功能，改善葡萄糖耐量。所含维生素PP有降低人体血脂和胆固醇的作用，食物纤维可以螯合胆固醇。黄凯丰等（2011a）以4份苦荞及其荞麦壳为实验材料，测定了它们对不饱和脂肪酸、饱和脂肪酸的吸附能力，同时测定了在不同处理条件下荞麦对胆固醇的吸附能力。结果表明：苦荞籽粒对油脂的吸附量总体为1.0g/g，显著低于荞麦壳的吸附量；不同时间处理对苦荞吸附胆固醇能力的影响不大；当苦荞材料用量为0.01g（经40倍体积的冰醋酸饱和）时，对胆固醇的吸附能力显著高于其他用量处理；苦荞材料间对胆固醇吸附能力的差异不显著。因此，长期食用含苦荞的食物对糖尿病、高脂血症有良好的医疗保健作用。

二、抗疲劳作用

张超等（2005）通过检测小鼠的负重游泳、爬杆时间等生化指标，发现苦荞球蛋白可以显著延长小鼠的负重游泳时间、爬杆时间和提高肝糖原的含量，有效地降低血乳酸和血清尿素的含量。球蛋白具有抗疲劳作用，主要原因是其氨基酸组成中F因子低，可以抑制5-羟色胺的形成，对神经中枢系统（CNS）的抑制作用降低，使活动能力增强，耐力时间延长。用苦荞籽粒醇提物连续给小鼠灌胃7天，观察小鼠转棒耐力。结果发现苦荞籽粒提取物能明显延长小鼠转棒耐力时间，与阴性对照组比有极显著性差异（$P<0.001$）。这表明苦荞籽粒提取物具有抗疲劳作用。微量元素在抗疲劳作用中也扮演很重要的角色，镁元素可参与人体细胞能量转换，钾、镁都能有效地消除疲劳，增强耐力。其抗疲劳作用物质基础尚待研究。

三、抗缺血作用

李玉田等（2006）通过犬肾动脉夹闭实验，造成急性肾缺血模型肾脏肿胀，血肌酐明显升高，苦荞黄酮对肾衰犬的肌苷增加有显著对抗作用，提示其具有一定的抗缺血作用。血清总蛋白及白蛋白则随夹闭时间的延长逐渐下降，但给予苦荞黄酮对蛋白质的减少未见显著对抗作用。说明，苦荞黄酮对肾脏蛋白质的丢失未能起到控制作用。

闫泉香等（2005）通过部分结扎颈总动脉建立脑缺血小鼠模型，发现苦荞黄酮可明显抑制脑缺血所致脑内MDA含量的升高，说明苦荞黄酮对脑缺血有一定的保护作用。

黄叶梅等（2006）结扎大鼠双侧颈总动脉，制备脑缺血再灌注损伤模型，缺血 30min，再灌注 90min，苦荞黄酮大小剂量和芦丁均能降低脑组织中 MDA、乳酸脱氢酶（LDH）、NO 含量，但对 SOD 活力影响均不明显。说明苦荞黄酮可能通过抗自由基和减轻 NO 介导的神经毒性来发挥减轻脑缺血再灌注损伤的作用。

陶胜宇等（2006）发现苦荞黄酮可显著对抗糖尿病大鼠脑组织谷光甘肽（GSH）水平下降，恢复 Na^+-K^+-ATP 酶活力，提高神经传导速度，增加坐骨神经内血流量，说明苦荞黄酮对糖尿病动物的神经功能有保护作用，此作用可能是通过增加神经内血流量实现的。

苦荞抗缺血作用可能与芦丁有关。芦丁能终止自由基的连锁反应，抑制生物膜上不饱和脂肪酸的过氧化，保护生物膜及亚细胞结构的完整性；提高 SOD 活性，有效减轻脑缺血再灌注损伤，显著提高脑缺血小鼠的存活率，改善神经元和胶质细胞的形态学变化，减少缺血脑组织神经元的凋亡数目；舒张血管，改善毛细血管脆性及异常通透性作用，改善微循环障碍和血流变异常。

四、雌激素样作用

曹红平等（2006）对雌性 SD 大鼠双侧卵巢切除术造成雌激素水平低下动物模型给予苦荞类黄酮治疗，发现能明显增加去卵巢大鼠阴道涂片中上皮细胞数量，以有核上皮细胞为主，角化比例不高。对子宫和肾上腺质量有增加趋势，对子宫、阴道等组织有一定的改善作用。这说明苦荞类黄酮具有弱雌激素样作用，这可能与其含有雌性激素束缚受体的芦丁有关。

五、保肝作用

舒成仁等（2005）用四氯化碳（CCl_4）、D-半乳糖胺致小鼠急性肝损伤动物模型，给予苦荞籽粒提取物治疗，对化学性药物导致的急性肝损伤小鼠有非常显著的降酶作用，且剂量越大，降酶作用越强。这说明苦荞籽粒提取物对化学性肝损伤小鼠有明显的保护作用。苦荞总黄酮、Fr9、槲皮素及芦丁 DPPH · 抑制率（IR）分别为 53.13％、66.15％、68.55％、71.99％、63.08％；抑制大鼠肝脏自发性脂质过氧化半抑制浓度（IC_{50}）分别为：27.78mg/ml、16.05mg/ml、14.28mg/ml、8.74mg/ml 和 7.4mg/ml；抑制 H_2O_2 诱导大鼠肝脂质过氧化 IC_{50} 分别为：0.37mg/ml、3.60mg/ml、0.07mg/ml、0.07mg/ml 和 0.41mg/ml；抑制 H_2O_2 诱导大鼠红细胞溶血 IC_{50} 分别为：13.00mg/ml、0.48mg/ml、0.20mg/ml、0.08mg/ml 和 4.10mg/ml。Fr4、Fr9 均含有槲皮素。这说明槲皮素是苦荞总黄酮在体外表现抗脂质过氧化和红细胞保护作用主要活性成分之一。

储金秀等（2011）研究发现荞麦花叶芦丁（RBFL）对乙醇所致的小鼠肝细胞损伤有明显减轻作用。经荞麦花叶芦丁（75～300mg/L）干预后，与模型组比较，小鼠损伤肝细胞培养上清液中天门冬氨酸氨基转换酶（AST）、丙氨酸氨基转移酶（ALT）和MDA水平明显降低，SOD活性明显提高，并呈剂量依赖性（$P<0.05$，$P<0.01$）。RBFL对肝损伤保护作用的机制可能与其能清除自由基，防止脂质过氧化，以及改善脂质代谢有关。

六、抑制白血病细胞增殖作用

王宏伟等（2002）应用四氮唑盐（MTT）法分析苦荞蛋白酶抑制剂（BWPI）对急性髓细胞性白血病细胞株HL-60细胞生长影响，结果显示BWPI能显著抑制HL-60白血病细胞增殖，而对正常细胞毒性较小，其IC_{50}值分别为0.29mg/ml和1.01mg/ml，且对HL-60细胞增殖抑制作用呈明显剂量-效应和时间-效应关系。BWPI能显著抑制HL-60细胞增殖作用，有望开发成为一种新型抗白血病药物。

七、抗氧化作用

王转花等（1999）发现苦荞叶片中含有高活性的SOD等抗氧化酶，张政等（1999）用苦荞叶提取物灌胃小鼠能明显提高其血液、肝脏和心脏中的SOD和谷胱苷肽过氧化物酶的活性，降低脂质过氧化产物MDA的含量，但对过氧化氢酶的活性变化无明显规律。这表明苦荞叶提取物有一定量的抗氧化物质，能有效地清除体内的自由基，具有较好的抗氧化和抗脂质过氧化作用。

张政等（1999），朱瑞等（2003），从苦荞中提取蛋白复合物（TBPC）可使小鼠体重增加，提示TBPC可作为小鼠生长所需的蛋白质源，对血液、肝脏、心脏中SOD、CAT、GSH-Px活性有不同程度提高，MDA含量下降，其中心脏中MDA降低程度最为显著，认为TBPC对机体内的脂质过氧化物有一定的清除作用，具有抗衰老作用。

李丹等（2000）发现苦荞黄酮对三种自由基的清除能力表现为其内各组分的协同效应，作用要强于其内最大量的卢丁，以对羟基自由基的清除效果最显著。

李丹等（2001）发现苦荞黄酮对猪油和亚油酸的抗氧化效果不同。在猪油体系中，含槲皮素较多的苦荞黄酮抗氧化作用较强；在亚油酸体系中，苦荞黄酮各组分协同抗氧化效果较好。

薛长晖等（2002）发现苦荞粉提取液对NO_2^-具有良好的清除作用，可应用于人体内NO_2^-的清除，这为苦荞粉提取液的抗癌、防癌作用提供了一定的依据。

伍杨等（2005）发现苦荞籽粒中黄酮提取物能防止体内抗氧化酶受自由基诱导的氧化损伤，增强抗氧化酶的活性，有效降低老龄鼠体内脂质过氧化水平。

曹艳萍（2005）发现苦荞叶提取物对羟自由基和超氧阴离子均有较强的清除能力。

张民（2004）发现苦荞壳提取物显著抑制小鼠肝脏自发性脂质过氧化和 Fe^{2+}-H_2O_2 诱导的肝脏脂质过氧化，抑制率分别为 38.1%，24.0%，并对 Fe^{2+}-VC（抗坏血酸）诱导的小鼠线粒体肿胀有显著性抑制作用。苦荞壳提取物不能抑制小鼠红细胞溶血，但可以抑制红细胞 MDA 的生成，具有抗氧化活性。

王敏等（2006b）从苦荞总黄酮分离得到 18 个 R_f 值不同部位，DPPH·活性示踪得到 2 个活性较强部位（Fr4、Fr9），对大鼠肝组织脂质过氧化、红细胞溶血模型影响发现，槲皮素是苦荞总黄酮在体外表现抗脂质过氧化和红细胞保护作用主要活性成分之一。

左光明等（2010）利用高脂饲料诱导小鼠高脂血症模型，对苦荞蛋白质各组分进行了体内降血脂和抗氧化功能研究。结果表明苦荞蛋白质各组分均具有不同程度的降血脂和抗氧化功能，其中清蛋白最强，球蛋白次之，谷蛋白最弱。清蛋白高低剂量组能显著降低小鼠血清和肝脏脂质过氧化产物 MDA 含量（$P<0.05$），显著增强血清和肝脏中 SOD、GSH-Px 活性。

八、抗炎作用

胡一冰等分别用苦荞去壳种子醇提物、苦荞叶醇提物、苦荞芽醇提物、苦荞带壳种子醇提物、苦荞粉醇提物处理二甲苯致小鼠耳肿胀模型，通过观察发现这些提取物对二甲苯所致小鼠耳肿胀有明显抑制作用，与生理盐水组比较，具有差异性。

九、抗乙肝病毒表面抗原

郑民实等（1991）用酶联免疫吸附检测技术（ELISA）测定抗乙肝病毒表面抗原（HBsAg）试验表明，苦荞水煎剂对 HBsAg 有明显灭活作用。

十、抗肿瘤

江南大学郭晓娜等（2007）采用硫酸铵分级沉淀、离子交换色谱和凝胶过滤色谱等技术分离、纯化苦荞水溶性蛋白质，得到组分 TBWSP31。经测定，该蛋白质组分对人乳腺癌细胞株 Bcap37 的生长具有显著的增殖抑制作用，IC_{50} 值为 19.75μg/ml，浓度为 200μg/ml 时，作用 72h 的抑制率达到 87.2%。

陈荣林等（2009）采用 MTT 法考察 EE-2 对人肝癌细胞 HepG2 体外增殖的抑制作用，显微镜观察可见细胞脱壁圆缩，出现凋亡小体，细胞核降解。流式细胞仪检测发现，处理组的 DNA 直方图上有比对照组加强的 SubG1 峰，且可将 HepG2 细胞阻滞于 G_0/G_1 期。苦荞内生真菌 KQH-2 代谢醇提物 EE-2 可诱导人肝癌 HepG2 细胞的凋亡，且具有细胞周期阻滞作用。

周小理等（2011a）用萌发期（1～6 天）的苦荞芽粉为原料证实苦荞芽粉乙

醇提取物具有抑制 MCF-7 乳腺癌细胞增殖的作用，尤以萌发第 3 天（芦丁与槲皮素含量比为 0.92∶1）时抑制效果最好，显示二者具有良好的协同抑制效果；苦荞芽粉乙醇提取物的抑制效果与槲皮素和芦丁标准品模拟样品抑制效果相似，表明苦荞芽粉乙醇提取物对 MCF-7 细胞的生长起抑制作用的主要功效成分为槲皮素和芦丁。

十一、抗结石

日本飯田女子短期大学的 Tomotake 等（2007）采用碱法提取、等电点分离技术从苦荞面粉中提取苦荞蛋白质产品（TBP），其蛋白质含量为 45.8%。按照日粮 20%的纯蛋白质水平饲喂大鼠 TBP 和甜荞蛋白质（BWP）13 天，与酪蛋白相比，可使高脂饲料饲喂的实验大鼠胆固醇分别降低 25%和 32%（$P<0.05$）；饲喂 27 天后，可使大鼠胆固醇结石指数分别减少 43%和 62%（$P<0.05$）。

十二、抗过敏

周小理（2011b）以苦荞萌发物——苦荞芽粉的乙醇提取物为原料，证实苦荞芽粉的乙醇提取物对化合物（Compound 48/80）引起的大鼠腹腔肥大细胞的组胺释放均有抑制作用，且抑制率高于苦荞种子的乙醇提取物。其中，以萌发 3 天的苦荞芽粉的抑制效果最好。芦丁和槲皮素对组胺释放均有抑制作用，且槲皮素对组胺释放的抑制作用强于芦丁。为进一步研究苦荞资源的抗过敏作用，研制开发苦荞功能食品提供了可靠的依据。

十三、镇静

胡一冰等（2010a）研究证实苦荞醇提物能延长戊巴比妥钠阈下剂量引起的小鼠睡眠持续时间，增加戊巴比妥钠阈下剂量引起的小鼠睡眠只数，且能明显减少小鼠自主活动次数。这说明苦荞醇提物具有镇静作用。

十四、抗菌

申瑞玲等（2012）给予小鼠不同剂量的苦荞粉，35 天后与对照组相比，苦荞粉的灌胃剂量大于 3.250g/(kg·d) 时，小鼠肠道中乳酸杆菌和双歧杆菌数量均显著增加，同时大肠杆菌的数量显著下降（$P<0.05$）。灌胃苦荞粉改变了小鼠空肠组织结构形态。苦荞粉可以作为益生元。

周小理等（2010）证实苦荞芽提取物对大肠杆菌、金黄色葡萄球菌、枯草芽孢杆菌和沙门菌均具有抑制效果，其中对沙门菌的抑菌效果最为显著。

十五、胃肠运动

荞麦中存在着大量的抗性淀粉和抗消化蛋白质，对于人体具有很好的保健功能作用。田秀红（2009）认为，荞麦中的抗性淀粉在小肠中能够抗消化，在结肠内发酵产生大量短链脂肪酸，从而有助于降低结肠 pH，这对于结肠炎具有很好的防治作用。此外，未被完全分解的抗性淀粉和抗性蛋白质可增加粪便体积，对于防止便秘、盲肠炎、痔疮等有重要作用。同时，这些物质有利于促进肠道微生物生长，从而合成更多的微生物蛋白质，减少胺类致癌物的产生。

胡一冰等（2010b）证实苦荞提取物对腹泻模型有一定止泻作用，对便秘模型促进胃肠运动、排便有一定的影响。这说明苦荞提取物对胃肠运动具有双向调节作用。

第二节 荞麦的临床研究

由于荞麦作为食物的历史较长，人们过多地关注其营养上的知识，忽略了它的药用价值，因此临床上运用报道不多。古代医书中有部分医家有一些使用医案记载，现代临床医学观察认为，荞麦的籽粒、根、茎、叶及花中均含有较多的黄酮类化合物，具有降血糖、降血脂、降血压、抗氧化和清除自由基等多种生理活性，具有增强人体免疫力的作用，对糖尿病、高血压、高血脂等病人都有较好治疗作用。进一步研究认为茎和叶适用于高血压和毛细血管脆弱性出血，防治中风、视网膜出血、肺出血。种子为健胃消化药，能止虚汗。炒燥研末，外用收敛止汗、消炎。

古代医书《本草纲目》中有部分荞麦的临床应用记载。

1）治腹痛。杨起《简便方》云：“肚腹微微作痛，出即泻，泻亦不多，日夜数行者。用荞麦面一味作饭，连食三、四次即愈。予壮年患此两月，瘦怯尤甚。用消食化气药俱不效，一僧授此而愈，转用皆效，此可征其炼积滞之功矣。”

2）治烫火伤。用荞麦面，炒黄研末，水和敷之。

3）治颈淋巴结结核。用荞麦炒去壳，海藻、白僵蚕炒去丝等份研为末，白梅浸汤，取半量的肉，和丸呈绿豆大，每次服六七十丸。饭前服用，每日五服。忌豆腐、鸡、羊、酒、面。

4）治痘疮溃烂。荞麦粉反复敷涂。

5）治痘黑凹陷不起。荞麦面煮食，即发起。

6）治肠绞痛。荞麦面一撮炒后，加水调服。

7）治水肿喘满（余瀛鳌等，2007）。《医宗金鉴》真君妙贴散主治：痈疽诸毒，顽硬恶疮，散漫不作脓者，用此药敷之，不痛者即痛，痛者即止。如皮破血流，湿烂疼苦，天泡火丹，肺风酒刺等证，并用之皆效。组成及用法：荞面（五斤[①]），明净硫黄（为末，十斤），白面（五斤）。上三味，共一处，用清水微拌，干湿得宜，擀成薄片微晒，单纸包裹，风中阴干，收用。临时研细末，新汲水调敷。如皮破血流湿烂者，用麻油调敷。天泡、火丹、酒刺者，用靛汁调搽并效。

一、降血脂

徐嘉生（1987）从在北京中医医院、同仁医院、天津胸科医院、中日友好医院完成的三组病人疗效结果判断，胆固醇治前（5.80±0.22)mmol/L，治后为(5.02±0.21)mmol/L，$P>0.05$。甘油三酯治前为（1.49±0.25)mmol/L，治后为(0.38±0.53)mmol/L，$P<0.01$。载脂蛋白A治前为（152.1±8.15)mmol/L，治后为（146.9±0.604)mmol/L，$P>0.05$。

刘熙平等（1994）用苦荞粉治疗老年高脂血症患者60例，高甘油三酯平均下降1.23mmol/L，高胆固醇下降1.72mmol/L，总胆固醇下降1.33mmol/L，低密度脂蛋白下降0.96mmol/L，高密度脂蛋白上升0.18mmol/L，均呈显著差异。

鲁纯静等（1988）用另外一组糖尿病并发甘油三酯升高者18例，并发胆固醇升高者13例，分别服苦荞粉30天，甘油三酯治疗前后比$P<0.05$，总胆固醇治前为（247.15±56.7)mmol/L，治后降到（177.07±42)mmol/L，其差值为(50.0±36)mmol/L，$P<0.05$。其结果表明疗效具有统计学意义。

赵泽华等（2001）选用凉山苦荞为试验食品对60例老年高脂血症患者进行苦荞降血脂、降血压及降体重的临床观察。其中甘油三酯高者20例，治疗后血清甘油三酯水平较治疗前平均下降1.28mmol/L，有显著性差异；高胆固醇血症20例，治疗后胆固醇水平下降1.72mmol/L，与治疗前比较有显著性差异；双项均增高者20例，甘油三酯较治疗前下降1.73mmol/L，总胆固醇平均下降1.33mmol/L，有显著性差异；低密度脂蛋白平均下降，高密度脂蛋白平均增高，与治疗前有显著性差异；43例并发高血压病例，治疗后收缩压、舒张压均下降，与治疗前比有显著性差异；44例超过标准体重病例，超重20%以上病例治疗后体重平均下降3.44kg，体重超重10%者治疗后体重平均下降2.69kg，与治疗前比有显著性差异。

有人自拟荞蒌煎药物组成：苦荞根30g，全瓜蒌、莱菔子各20g，三七10g，甘草6g。伴有高胆固醇血症者加栀子、杜仲各10g，生大黄6g；伴有高尿酸血症者加补骨脂10g；伴有高血压者加夏枯草、天麻各10g；伴有冠心病心绞痛者加丹参20g、薤白10g；伴有低高脂蛋白血症者加服鲤鱼汤（每次鲜鲤鱼200～300g清水炖服），每周2～3次。每日1剂，10剂为1疗程，疗程间隔3～5天。

① 1斤=0.5kg

22 例患者中，甘油三酯下降至正常值，3 个月后无反复 16 例；甘油三酯部分下降，或虽下降至正常值，3 个月后仍有反复 3 例；甘油三酯治疗前后均无变化 3 例。总有效率为 86.3%。

二、降血糖

单纯用苦荞粉复方组 29 例，显效率为 37.9%，有效率为 55.17%，总有效率可达 93%。此组病理经 1 个疗程后，空腹血糖总有效率为 91.3%。此外，王杰（1992）在新疆乌鲁木齐市友谊医院对 75 例糖尿病患者应用苦荞复方粉进行临床疗效观察，其疗程为 30～40 天。实验前后 55 例对比血糖下降 4.46～7.23mmol/L，对照组 20 例，平均血糖下降 3.26～0.83mmol/dl。统计学处理，各组患者有非常显著的差异，$P<0.01$。分别对糖尿病Ⅰ型和Ⅱ型进行了验证，Ⅰ型病例有效率为 75%，Ⅱ型病例有效率为 97.3%。陕西省粮油科学研究所等（1990）对 15 例患者单用了复方降糖粉，其中 14 例有效，占 93.3%。对 67 例病情较重的患者，在血糖控制一定水平而不能再下降的情况下，不停用原降糖药物，加食复方降糖粉，其中 64 例有效，占 95.5%。这一验证结果表明，复方降糖粉与其他降糖药物并用，有极好的增效作用。另外，临床验证结果还表明，复方降糖粉有明显的降脂作用。临床观察的 82 例患者中，有 50 例伴有高脂血症，经食用降糖粉一个疗程后，其中 4 例血脂降至正常。

孟铭伦等（2000）通过苦荞复合食品（以下简称苦荞面）连续三周对 86 例糖尿病患者的降血糖效果观察。采取自身对照和非自身对照两种方法，每周分别于空腹和餐后 2h 测定苦荞面组和糖Ⅱ号组［可提供热能 1730kcal（1kcal≈4.2J），蛋白质 80g，糖类 250g，脂肪 50g］血糖值。结果显示：苦荞面组血糖值明显低于糖Ⅱ号组（第一、二周，$P<0.01$；第三周，$P<0.05$）。这暗示苦荞面有明显的降血糖效果。以病人自身前后为对照，1 个月为 1 疗程，每人每天配餐苦荞面粉 100～150g，观察期间不停药。单用苦荞面粉：食用前空腹血糖平均为（202.17±46）mg/dl，1 个疗程后为（156.7±39.76）mg/dl，$P<0.01$，有显著性差异。由于 2 个疗程例数少，虽无显著性差异，但呈下降趋势。用药加食用苦荞面粉：食前空腹血糖平均为（225.22±89.1）mg/dl，1 个疗程后为（193.24±61.7）mg/dl，$P<0.05$，有差异。2 个疗程，食前空腹血糖平均为（269.92±91.72）mg/dl，服食后为（173.83±67.69）mg/dl，$P<0.01$。3 个疗程，食前空腹血糖平均为（265.5±75.31）mg/dl，服食后为（130.13±36.43）mg/dl，$P<0.01$。2、3 疗程差异均极显著。

林汝法等（2004）通过对山西省太原市 62 名 NIDDM（Ⅱ型糖尿病）患者食用苦荞茶降血糖，结果表明食用苦荞茶 18 个月后降低空腹和餐后血糖效果明显，血糖趋于平稳的人群占 85.48%；血糖较平稳的人群占 4.84%，显效和有效合计占 90.32%；而血糖趋于降低尚有波动的人群占 9.68%。

北京同仁医院自制复方苦荞粉，对 84 例患者治疗观察（参试中单纯饮食治疗者 29 人，口服降糖药+饮食治疗者 55 人）。实验方法：以自身前后为对照，1 个月为 1 疗程，第 1 疗程中第 1 周为对照期，后 3 周为实验期，以后各疗程皆为实验期。实验期是在糖尿病饮食控制基础上，每日用复方苦荞粉代替部分主食。实验前和实验中，收集 2～3 次空腹血糖。实验结果：采用复方苦荞粉空腹血糖下降者为 57.7（45 例）；降至正常者 23（18 例）；无变化者 19（15 例）。临床观察表明复方苦荞粉有降糖效果，可作为预防和辅助治疗糖尿病的良好天然食品。

三、降尿糖

卢长庆等（2002）单用苦荞面粉：食前尿糖定量（44.29±42.67）g/24h，食后为（19.65±22）g/24h，$P<0.05$，有差异。用药加食用苦荞面粉：食前为（50.55±50.58）g/24h，食后为（29.84±37.32）g/24h，$P<0.05$，有差异。2、3 疗程由于病例数少，统计学上无显著性差异，但均呈下降趋势。

四、溃疡、胃炎

郎桂常等（1990）在河北省唐山市工人医院每日用苦荞Ⅲ号对患者进行食疗。给患者加服两餐苦荞面粉（2×25g），冲成糊或熬成粥或与小麦面粉配伍，最少加服 30 天。50 例病人，其中慢性胃炎 17 例，胃炎中浅表性胃炎 14 例，萎缩性胃炎 3 例。1 个月痊愈的 12 例，占 70.58%；慢性胃炎显效 4 例，有效 1 例。溃疡病 33 例，溃疡病中十二指肠球部溃疡 30 例，胃溃疡 3 例。3 周痊愈 1 例，占 3.03%；1 个月痊愈 27 例，占 81.8%。病理性溃疡病显效 3 例，有效 2 例。

五、牙周炎

宋占平等（1991）以苦荞粉为特制专用粉，患者每日早晚用苦荞粉刷牙漱口两次，以自身前后为对照，1 个月为 1 疗程。于 1987、1990 年在平凉、天水两地对 38 例患者进行观察，病程 1～4 年不等。苦荞专用粉对牙周炎及牙龈出血具有一定治疗作用，有效率为 96.5%，显著疗效率为 82.8%。

六、血栓闭塞性脉管炎

用苦荞生物类黄酮为原料，配以冰片、千里光精制而成黄色粉末，外用。经北京市宣武中医医院周围血管病研究中心临床观察，该散对糖尿病并发下肢溃疡、血栓闭塞性脉管炎、血管炎、大动脉炎等周围血管的溃疡、褥疮和烫伤，以及各种原因引起的伤口感染，均有显著疗效，总有效率为 93.3%。这说明苦荞生物类黄酮具有清热解毒、活血化瘀、消炎止痛、抗菌生肌、扩张血管、促进伤口愈合的作用。辽宁患者罗××，男性，43 岁，有血栓闭塞性脉管炎 18 年。治疗前，溃疡伤口 0.4cm×0.4cm×0.1cm，剧痛；治疗四周后愈合出院。

七、脉管炎下肢慢性溃疡

以医用凡士林为基质，配以苦荞生物类黄酮、冰片、千里光药物精制而成生物类黄酮软膏。经北京市宣武中医医院周围血管病研究中心临床观察，对带状疱疹、湿疹、脉管炎溃疡及褥疮、烫伤，以及各种原因引起的伤口感染，都有显著疗效。这说明此软膏具有清热解毒、扩张局部血管、活血化瘀、抗菌生肌、促进溃疡愈合的作用。北京市大红门油厂患者赵××，女性，41 岁，脉管炎下肢慢性溃疡，溃烂长达 15 年。治疗前溃疡伤口为 5.0cm×5.0cm×0.5cm，3.0cm×3.0cm×0.6cm；治疗 9 周后愈合。

八、下肢静脉曲张合并慢性溃疡

河北患者凌××，男性，41 岁，双下肢静脉曲张合并慢性溃疡，病史 3 年。治疗前疼痛，伤口分泌物多，肉芽生长慢，微循环总积分值 10.00；用苦荞生物类黄酮、红花、黄芪等治疗 2 周后，疼痛减轻，分泌物减少；治疗 4 周后，疼痛减轻，分泌物减少，肉芽生长，微循环总积分值降至 3.80。这说明苦荞生物类黄酮、红花、黄芪等具有清热解毒、活血化瘀、扩张血管、改善微循环障碍的作用。

九、腮腺炎

都晓丽等（2006）根据肿胀的程度和面积的大小选取卤水和荞面的多少，适量为度。将卤水和荞面调和成糊状，摊在消毒纱布上，先将局部清洗干净，然后将调好的药敷于患处。为防干结可在纱布外加盖塑料薄膜，然后用橡皮膏固定，6h 更换 1 次。23 例病人经此法治疗，其中 20 例完全治愈，占 86.96%；3 例好转，占 13.04%；总有效率达 100%。

十、痔疮

用地龙 15g、荞面 100g。将地龙放在瓦片上烘成黄黑色，研成细末。再将荞面用白水调匀，做成饼，然后放入地龙末包成 7～10 个饺子。用药壶煮熟，一次吃完，每日 1 剂。轻者 1 剂，重者连服 2、3 剂，即可痊愈。注：忌酒和腥辣食物（常万有，1980）。

十一、便秘

有患者患帕金森病后，半年来，大便一直 3～4 天一行，大便呈羊粪状，常伴有腹胀、倦怠。经用上清丸、大黄苏打片、果导片等药物均无效。服通幽灵（当归 20g，莱菔子 20g，荞麦蜜 200g；先将前两药加 6 倍量水，煎煮 2h，共煮 2 次，沉淀，纱布过滤，去渣，然后将蜂蜜混匀，煮沸后瓶装备用）100ml，每天 2 次，10 天为 1 疗程。3 天后大便正常，每天 1 次，质软，大便时感觉轻快，腹胀、疲倦等感觉消失，一直感觉良好，未出现不良反应（张树生等，1996）。

十二、慢性泻痢，妇女白带

荞麦炒后研末，水泛为丸，每服 6g，一日 2 次。

十三、高血压，眼底出血，毛细血管脆性出血，紫癜

鲜荞麦叶 30～60g，藕节 3～4 个，水煎服（何清湖，2004）。

十四、疮毒，疖毒，丹毒，无名肿毒

荞麦面炒黄，用米醋调如糊状，涂于患部，早晚更换，有良好的消炎、消肿作用。

十五、出黄汗

荞麦子 500g，磨粉后筛去壳，加红糖烙饼或煮食（彭铭泉，2002）。

十六、夏季痧症

荞麦面炒香，用开水搅成稀糊，适量服。

十七、偏正头痛

荞麦子、蔓荆子等分研末，以烧酒调敷患部。

十八、带状疱疹

大黄 50g，黄柏 50g，苦荞头 100g，蛇倒退 100g，雄黄 20g，五倍子 30g，枯矾 20g，凡士林 500g。取以上中草药大黄、黄柏、苦荞头、蛇倒退、五倍子、枯矾共研为细末，过 100 目筛，再将 500g 凡士林热熔，兑入药粉，将研细的雄黄加入，调和均匀，冷却备用。将膏药涂敷于患处厚 2～3mm，盖上新鲜蔬菜叶，缠上绷带即可。一般敷药后疼痛即逐渐减轻，5 天痊愈。经治疗 5 天，治愈 30 例，占 83.33%；好转 6 例，占 16.67%；总有效率 100%（王友，2007）。

十九、咳嗽

芩荞利咽汤组成：黄芩 15g，野荞麦根 30g，连翘 10g，黛蛤散 10g，射干 10g，

桔梗 6g，地龙 10g，蝉衣 10g，生甘草 5g。咽痛加山豆根；咳久加诃子、五味子。每天 1 剂，上、下午各 1 次水煎服，疗程 14 天。治疗期间忌服辛辣燥热之品，用药 2 周后复查。治疗 48 例以喉痒干咳为主的病症的喉源性咳嗽。临床痊愈 11 例；显效 17 例；有效 18 例；无效 2 例；总有效率为 96.5%（戴志红，2002）。

第三节　荞麦的安全性评价

20 世纪，全世界出现了许多严重的药物不良反应事件。例如，30 年代美国的“磺胺酏剂”事件，50 年代法国的“有机锡中毒”事件，60 年代德国的“沙利度胺”事件，以及 70 年代日本的“氯碘喹啉”事件。正是这众多药品不良反应的发生，使政府意识到规范药品临床前研究的重要性。20 世纪 70 年代，为了确保药物安全性评价的严肃性和科学性，很多国家制定了药物安全性评价的标准，而且以立法的形式加以实施，从而保证了药物安全性评价规范执行的力度（贾博宇等，2012）。随着我国药品研发总体水平的提高，为使我国药品走上国际市场，参与国际竞争。自 1993 年起，我国政府先后出台了《药物非临床研究质量管理规范（试行）》、《药物非临床研究质量治理规范检查办法》等指导性文件，并于 2003 年正式颁布并实施了《药物非临床研究质量管理规范》。

在新药研制过程主要分临床前试验研究、临床人体试验研究、新药批准上市后的不良反应监测三个阶段。这三个阶段都涉及药物安全性评价问题。在临床前的实验研究中，主要是在实验室应用实验动物进行药物的安全性评价；在临床实验阶段中是在临床上应用小样本的人体试验进行药物安全性评价；新药批准上市后的监督则是涉及在社会人群大样本的使用中考察药物对人体的安全性评价。

荞麦是食药同源植物，从其发现开始至今都仍然作为食物在食用，很多主产区作为主要粮食作物长期大量食用，由此可以证实报道荞麦中毒多发生于动物上。例如，何学谦等（2002）报道四川凉山德昌县某羊场饲喂的 42 只成年西农莎能奶山羊，误入正处于开花期苦荞麦地，采食了数量不等的苦荞，其中 27 只在采食后 1～5h 经日光照射相继中毒。经诊治后，其中 26 只痊愈，1 只死亡（吉林农业大学畜牧兽医系，1978）。荞麦各部分都含有光能效应物质，在一定条件下，均能引起中毒。荞麦秸，特别是开花期间收割的或未成熟的荞麦秸，家畜采食后，容易中毒。喂荞麦糠皮也能中毒，仔猪吮食喂荞麦粉的母猪的乳汁，都能发病。此病只是在无色素的皮肤受到日光照射才能发生。饲养于阴暗畜舍或有色素的皮肤的家畜，即使食入同样数量的荞麦也不发病。人食用后中毒尚未见报道。食物中毒，有时与食物和食物同食有关。古籍中有“野鸡不可与荞面同食，黄鱼也不可与荞面同食”的言论。现代书籍有“猪肉合荞麦食用，令人落毛发，患风病；猪肝同荞麦、豆酱食用，令人发痼疾”的言论。

由于历史的原因，至今还未见有荞麦药品上市销售，因此其安全性评价的路还很长。目前有一些安全性方面的报道，都未全面开展进行。

李国华等（2004）发现苦荞降糖胶囊在基因水平和细胞水平均不具有致突变性。

林汝法等（2001）通过给小鼠和大鼠投喂苦荞提取物，长期连续应用，对大鼠生长发育及血液学、生化、病理指标均未见明显的不良影响，说明苦荞毒性小，安全性高。胡一冰对苦荞粉醇提物、苦荞芽醇提物、苦荞去壳种子醇提物、苦荞带壳种子醇提取物、苦荞芽醇提物、苦荞壳醇提物分别进行了急性毒性试验，发现苦荞的6个醇提物未见动物死亡，动物生长良好。最大耐受倍数均高于100倍，表明苦荞醇提物毒性小，安全性高。

林汝法等（2000）用苦荞提取物对大、小鼠进行急性毒性 LD_{50}＞10g/kg 实属无毒。经 Ames 试验、微核试验和精子畸变试验证实苦荞提取物无致突变性。30天喂养试验表明，苦荞提取物对大鼠生长发育及血液、生化、病理指标均未见明显不良影响。

苦荞有很高的营养和药用价值，目前在国内外已有较多的苦荞功能食品面世。近年来的许多研究发现，苦荞中含有的过敏性成分可在一些接触人群中产生哮喘、皮症等多种过敏症状，日本和韩国学者先后从甜荞中分离获得16kDa、22～24kDa、34～38kDa 及 69kDa 等分子质量不等的过敏蛋白质，并普遍认为22～24kDa 蛋白质是荞麦中的主要过敏蛋白质。

王岚等（2006）以我国云南的苦荞种子为材料，分离、纯化出纯度均一、分子质量约24kDa的天然蛋白质 TBa，通过免疫检测证明该蛋白质为苦荞中的主要过敏蛋白质。

胡一冰研究证实，苦荞种子、壳、粉、芽、花水提（醇提）小鼠急性毒性试验未见明显毒性，动物生长良好，体重增加。其最大耐受量为人临床用量100倍以上，最高达上千倍。

第四节 荞麦药用价值挖掘

目前，荞麦药用价值研究得到了一定发展，但是还有很多的范围、层次、方向值得扩展，进行深入研究。荞麦是集食用、药用一体，因此进行研究过程中也要结合起来研究，才能真正揭示其中的一些本质。

一、生产、加工、功能成分开发及相互关系研究

时政等（2011）研究不同原产地的35份苦荞种子中可溶性糖的含量差异。结果发现不同原产地的35份苦荞样品中的可溶性糖含量为7.23％～9.96％，平

均值为8.17%。其中以贵州威宁产苦荞T374种子中可溶性糖含量最高，达9.96%；贵州威宁产苦荞T330种子中可溶性糖含量最低，为7.23%。黄凯丰等(2011b)以不同产地的35份苦荞资源为实验材料，发现蛋白质含量为23.65～193.28mg/g，平均为111.85mg/g。不同产地苦荞的蛋白质含量存在差异，贵州赫章和四川地区较高，贵州纳雍地区较低。彭镰心等(2010)采用分光光度法对不同品种苦荞中黄酮含量进行检测，样品通过显色后在500nm条件下直接测定。通过对17种不同品种苦荞的黄酮含量进行测定，发现美姑县苦荞的黄酮含量最高，达2.40%；选荞1号次之，为2.35%；而川荞1号最低，仅为1.54%。这说明品种与成分之间有关联。

袁丽环等(2012)研究土壤中施加活性炭后对苦荞幼苗根系及碳氮代谢、保护酶活性等指标的影响。结果显示适量施用活性炭(2.5～7.5g/kg)能有效促进苦荞幼苗碳氮代谢和保护酶活性，增强其根系活力。李海平(2006)研究了锰、锌对苦荞种子的发芽势、发芽率和活力指数，苦荞芽菜的株高、产量、维生素C和总黄酮含量以及相关酶活性的影响。实验结果表明：低浓度的硫酸锰浸种提高了苦荞种子的活力指数和种子中相关酶的活性，对苦荞芽菜的生长有促进效应，可以提高苦荞芽菜总黄酮含量；硫酸锌浸种可以提高苦荞种子的活力指数和种子中相关酶的活性，对苦荞芽菜的生长有一定的促进效应，可以提高苦荞芽维生素C的含量。赵卫敏等(2012)研究苦荞在中等肥力的土壤中栽培，产量最高的施肥水平为每亩施25kg磷肥作底肥，5kg尿素作追肥，不施复合肥；生物类黄酮含量最高的施肥水平为每亩施12.5kg复合肥、25kg磷肥作底肥，不追肥。李晓雁等(2010)从苦荞中分离得到2株内生菌N3和XJ01，通过形态观察、生理生化实验和16S rDNA系统进化分析，鉴定这2株苦荞内生菌属于肠杆菌科泛菌属。用内生菌及其多糖类提取物对萌发苦荞进行处理，结果表明，N3和XJ01提取物能诱导苦荞样品中苯丙氨酸氨解酶的活性升高，进而促进萌发苦荞的黄酮合成。内生菌提取物的最佳使用浓度均为50mg/L，经N3提取物处理的苦荞黄酮含量最高，达到4.59%，比对照提高15.3%。这说明处理手段影响荞麦有效成分含量高低。

刘艳香等(2011)以苦荞粉为主要原料制作苦荞挂面，探讨苦荞挂面在加工过程中黄酮含量的变化规律及以黄酮作为标记物评价苦荞挂面中苦荞含量方法的可行性。结果表明：加水、和面、醒置、压延、干燥工艺前后的黄酮含量(干基)差异均不显著($P>0.05$)，苦荞黄酮在挂面加工过程中具有较好的稳定性，苦荞粉添加量与挂面中黄酮含量呈线性相关($R^2=0.999$)。巩发永(2011)分析了8个全麦苦荞茶、15个造粒成型苦荞茶、2个苦荞叶芽茶共25个苦荞茶产品的总黄酮含量。结果表明，三类苦荞茶总黄酮含量平均值高低依次是全麦苦荞茶<造粒成型苦荞茶<苦荞叶芽茶，总黄酮含量之比全麦苦荞茶∶造粒成型苦荞

茶：苦荞叶芽茶为 1.00：2.51：3.57；同一类型苦荞茶之间总黄酮最高含量平均值和最低含量平均值比值最大的是造粒成型苦荞茶；总黄酮含量差异性最大的是苦荞叶芽茶，其次是造粒成型苦荞茶，最小的是全麦苦荞茶。左光明等（2009）对苦荞米与苦荞粉加工中各组分主要营养功能性成分的对比分析结果表明，传统制粉工艺中，营养功能性成分主要富集于麸皮，蛋白质和黄酮含量分别高达 23.88%和 6.58%，但利用率仅为 34.57%和 13.65%。而按蒸谷米工艺加工的苦荞香米和全营养苦荞米，其营养功能成分含量显著高于苦荞粉（$P<0.01$），蛋白质和黄酮的利用率可达 78.95%～89.58%和 66.44%～77.78%，同时还形成了较多的抗性淀粉，含量分别为 4.68%和 6.84%。张美莉等（2005）研究表明苦荞和甜荞在萌发 72h 后其 EFA（必需脂肪酸）含量分别增加了 5.4 和 5.8 百分点，与 PUFA（多不饱和脂肪酸）含量变化相同，脂肪酸总量无明显变化，而 MUFA（单不饱和脂肪酸）含量下降，PUFA 含量增加，因此荞麦萌发后脂肪酸营养价值提高。雷菲等（2010）研究了以苦荞为主要原料的山西老陈醋发酵过程中芦丁和槲皮素的含量变化。通过正交实验对超声辅助提取芦丁和槲皮素的条件进行了优化，并采用 HPLC 对芦丁和槲皮素含量进行了定量检测。结果表明，蒸料后苦荞醋醅中芦丁含量低于槲皮素含量，随着发酵和熏醅的进行，槲皮素含量也显著降低。翟金霞等（2010）以苦荞为原料，研究了不同烘烤条件对苦荞提取液抗氧化活性的影响。结果表明，烘烤处理可极显著（$P<0.01$）降低苦荞提取液的抑制脂质体过氧化活性、清除超氧阴离子能力和清除羟自由基能力。升高温度和延长烘烤时间，都可极显著（$P<0.01$）降低苦荞提取液抗氧化活性；增加水分含量，可提高苦荞亲脂性提取液抗氧化活性，并降低苦荞亲水性提取液抗氧化活性。这说明加工处理对荞麦中成分有一定影响。

王斯慧等（2012b）通过研究颜色分析法对苦荞总黄酮、水溶性黄酮和醇溶性黄酮 3 种溶液中黄酮类物质的化学成分进行定性判别，7 个颜色反应结果表明苦荞总黄酮、水溶性黄酮、醇溶性黄酮 3 种黄酮中没有二氢黄酮、二氢黄酮醇，可能有黄酮、黄酮醇、异黄酮、3-OH 或 5-OH 或 2′-OH 的查尔酮，为进一步的分析研究提供了依据。郑峰等（2011）采用试管法对苦荞籽粒化学成分进行系统预试，以工业乙醇为溶剂对其化学成分进行超声辅助提取，采用硅胶柱层析、聚酰胺柱层析和凝胶柱层析对化合物进行分离，通过紫外可见光谱法、红外光谱法、质谱法、核磁共振法的综合分析，结果从苦荞籽粒中共分离得到 10 个单体化合物，其中 5 个分别被鉴定为伞形花内酯、槲皮素、山奈酚-3-*O*-芸香糖苷、(—)-表儿茶素和芦丁。伞形花内酯为首次从该植物中发现。田龙（2008）选择超声强化提取法提取苦荞黄酮，采用聚酰胺柱层析和制备薄层层析对苦荞黄酮提取液进行分离纯化，通过抗氧化活性比较，筛选出抗氧化活性最好的样品 F3，运用高效液相色谱法、紫外光谱法、红外光谱法、液质联用法、核磁共振法，对样品 F3 进行结构分析，确定苦荞黄酮的主要成分为木犀草素。荞麦中还有很多未知成分等着我们深入去研究发现。目前荞麦药用成分主要是生物类黄酮、矿物质、维生素、膳食纤维、脂肪、蛋白质、烟酸等。除了这些大家公认的成分外，可以探讨新的成分研究，或者发现新的成分。例如，苦荞药用价值比甜荞药用价值高，其成分差异是什么，其苦味实质是什么。

季节、气候、温度、海拔高度、栽培措施、储存条件、加工中温度、处理方法等对成分影响较大，可以将农业、加工生产与荞麦有效成分之间的关系结合起来进行研究，找出之间的规律。荞麦成分研究还有待于在现有研究基础上运用现代研究手段挖掘更多新成分，以便于后续研究运用。

二、药用部位研究

对于荞麦药用部位研究，文献报道较为集中的有荞麦壳、荞麦籽粒及其提取物等几个方面，对荞麦根、茎、叶、花、芽等除籽粒以外药用方面研究的报道罕见，对这几个方面研究或许可以扩大荞麦药用资源，减少药用资源的浪费，或许可以发现荞麦新的药用价值。杨红叶等（2011a）以甜荞、苦荞的麸皮和内粉为实验材料，对比研究两种荞麦籽粒在多酚物质分布、存在形式和抗氧化活性上的差异。结果发现各样品中总酚、总黄酮含量由高到低依次为：苦荞麸粉＞苦荞粉＞甜荞麸＞甜荞粉，各样品间存在显著性差异。其中苦荞麸皮的总酚与总黄酮含量分别为 2433.98mg GA eq/100g DW、3306.60mg Rutin eq①/100g DW，苦荞中芦丁含量远高于甜荞，其中苦荞粉、麸中芦丁含量分别是甜荞对应部位的 183～275 倍和 136～207 倍，但同种荞麦麸、粉间芦丁含量无显著差异。荞麦多酚主要以自由酚形式存在，苦荞粉与甜荞粉自由酚占总酚比例分别为 96%、93%，苦荞麸与甜荞麸自由酚占总酚比例分别为 95%、88%。此外，荞麦抗氧化能力与多酚含量之间呈线性相关（$P>0.90$），且苦荞麦麸抗氧化活性最强。孙元琳等（2011）以苦荞醋为原料，采用乙醇沉淀法制备苦荞醋多糖，分析其单糖组成。通过清除 DPPH·、OH·及测定总还原力等方法对苦荞醋及其多糖物质的抗氧化性能进行研究。结果表明：苦荞醋多糖得率为 8.52mg/ml，主要由阿拉伯糖（Ara）、木糖（Xyl）和葡萄糖（Glc）组成，并含有少量甘露糖（Man）和半乳糖（Gal）。苦荞醋及其多糖物质均具有良好的抗氧化清除自由基能力，其中苦荞醋的抗氧化能力强于多糖物质。国旭丹等（2011）对苦荞麸皮乙醇粗提物中抗氧化活性最强的部分进行研究，结果发现，乙酸乙酯相的总酚和总黄酮含量最高，抗氧化活性最强。乙酸乙酯萃取物的 DPPH·清除能力（EC_{50} 78.86μg/ml）优于芦丁（EC_{50} 135.71μg/ml），弱于维生素 C（EC_{50} 71.26μg/ml）；

---

① Rutin eq 代表芦丁的当量。

ABTS·清除能力（EC_{50} 29.79μg/ml）优于芦丁（EC_{50} 72.96μg/ml）和维生素C（EC_{50} 112.71μg/ml），还原力高于芦丁和槲皮素，抑制β-胡萝卜素褪色的能力（EC_{50} 101.24μg/ml）低于BHT（EC_{50} 15.80μg/ml）。苦荞麸皮粗提物和萃取物的总酚和总黄酮含量与DPPH·和ABTS·清除率EC_{50}值呈负相关性。结论：乙酸乙酯萃取物发现具有很强的抗氧化活性，优于粗提物。荞麦种子能够发芽，其发芽后成分发生了很大的变化，可以作为新的药用部位进行探索研究。发芽过程中外来因素也会直接影响其成分的变化，因此可以增加外来因素干扰与有效物质之间的关系，保留有价值结果继续研究。生物技术引入，并有效结合在荞麦药用部位研究上是荞麦研究的一大进步。

三、制备方法研究

提取制备手段对荞麦中有效物质的影响很大。不同提取制备方法获得的有效物质有一定差异。慕婷婷等（2012）以苦荞麸皮为原料，通过单因素和正交实验探讨了亚临界浸提时间、萃取釜内温度、系统压力等因素对总黄酮提取效果的影响。结果表明：影响次序为萃取釜内温度＞亚临界浸提时间＞系统压力。确定了亚临界-超声波协同萃取苦荞麸皮中黄酮的适宜工艺条件：萃取釜内温度20℃，亚临界浸提时间3h，系统压力0.8MPa，黄酮提取率为90.05%。周小理等（2011c）用酶法处理后发现苦荞麸皮膳食纤维的持水力由原来的2.216g/g提高至2.383g/g，膨胀率由原来的2.333ml/g增加至4.667ml/g；经纤维素酶改性，苦荞麸皮水溶性膳食纤维含量由0.62%提高至18.03%，其中质量浓度5.0g/100ml的水溶性膳食纤维溶液为非牛顿流体，表现出剪切稀化特性；酶法处理后的不溶性膳食纤维微观结构呈褶皱状，比表面积增加，有利于吸水膨胀和持水。周小理等（2011d）发现膨化处理、酶法工艺对提高苦荞麸皮膳食纤维中黄酮、酚类物质以及总膳食纤维、水溶性膳食纤维、不溶性膳食纤维的含量及其抗氧化活性均具有一定效果。杨红叶等（2011b）比较不同溶剂体系和提取方式对苦荞抗氧化活性物质含量及活性的影响，发现不同溶剂体系中，80%丙酮提取液的总酚和总黄酮含量最高，其次依次为：50%丙酮＞80%甲醇＞60%甲醇＞80%乙醇＞纯乙醇；80%丙酮提取物在3个抗氧化模型评价中排序较高。以80%丙酮为溶剂，对比不同提取方式研究中，总酚含量由高到低依次为：回流提取＞均质提取、超声波30min提取及浸泡提取＞超声波10min提取与振摇提取。其中，超声波30min提取液在3个抗氧化模型中表现出最强的抗氧化能力。提取时间顺序：浸泡15h＞回流2h、振摇2h＞均质10min/次（3次）、超声波30min＞超声波10min。有学者以甜荞麸皮为材料，研究了NaOH质量分荒数、提取温度、料液比、提取时间对水溶性膳食纤维得率的影响，并对这四个因素进行$L_9(3^4)$正交实验研究。结果表明：各因素影响水溶性膳食纤维提取率的次序为：提取温度＞NaOH 质量分数＞提取时间＞料液比；最优提取工艺条件为：NaOH 质量分数为 5%，料液比为 1∶14，提取时间为 120min，提取温度为 80℃。闫斐艳等（2010）比较乙醇回流提取法、微波辅助提取法、超声波提取法、碱水浸提法及热水浸提法提取苦荞种子总黄酮，用 HPLC 测定总黄酮含量，计算提取产率。结果表明乙醇回流提取法提取总黄酮产率最高，微波和超声波提取法次之，碱水和热水浸提法最低。微波提取法具有明显的高效性，适于大量提取苦荞种子总黄酮。刘金玉等（2008）研究大孔吸附树脂分离纯化苦荞芦丁的工艺。以树脂对芦丁的吸附率、解吸率为评价指标，讨论了影响苦荞芦丁分离纯化的几个主要因素。结果显示：D16 大孔吸附树脂对苦荞芦丁有较好的吸附性能，在一定的适宜条件下，可以使粗提物的纯度得到较大程度的提高，纯化后芦丁纯度达到 38.76%。

制备手段、条件、处理因素等会影响药物成分及含量高低，因此有必要从制备各个阶段进行深入研究精选出更适合其有效成分的制备手段。

四、药理研究

荞麦药理研究有降血糖、降血脂、抗疲劳等方面，在这之外要将古代医家对荞麦的应用、认识与现代医学广泛结合，探讨更广泛的药物价值。例如，白承之等（2010）以苦荞种子为材料，经提取、热处理，Resources 阳离子交换层析及 Superdex Peptide 分子筛层析，纯化具有抗真菌活性的多肽。该抗菌肽对白腐菌、绿色木霉和链格孢霉均表现出显著的生长抑制活性。绿色木霉的形态学分析显示：受到苦荞抗真菌肽影响的菌丝生长停滞，分支加剧，基内菌丝端部膨大，原生质凝缩。因此可以从多个方面广泛研究荞麦药理作用。

五、配伍研究

根据病情需要和药性特点有选择地将两种或两种以上的药物配合在一起应用。最初治疗疾病多采用单味药物。随着药物品种的日益增多，对药性特点的不断明确，用药也由简到繁，出现了多种药物配合应用的方法。配伍既能照顾复杂病情，又可增强疗效，减少毒性作用，因而被广泛采用。东汉时期的《神农本草经》最早总结了中医配伍用药的规律，指出："有单行者，有相须者，有相使者，有相畏者，有相恶者，有相反者，有相杀者。凡此七情，合和时视之。"除单行是指单用一味药治病外，相须、相使、相畏、相杀、相恶和相反都属药物配伍。

方剂是中医实现辨证论治疗疾病的主要形式，是在中医药理论指导下，根据中药配伍规律和疾病辨证治疗原则，将中药饮片按一定规则配伍组方，从而满足治疗原则规定的功能和主治的中药组合用药形式（于友华等，2002）。因而，配伍是方剂的核心，也是研究方剂的关键科学问题。药物代谢是研究表征药物体内命运的学科。广义的药物代谢包括药物代谢（drug metabolism）及药代动力学（pharmacokinetics），是阐释化合物成药性及药物作用规律，先导化合物的发现及临床科学用药等问题不可或缺的关键技术。药物代谢组学即关注药物分子本身在体内的过程及代谢产物，又关注药物分子或其代谢产物作用于生物体后机体代谢轮廓的变化，以及药物代谢物与内源性小分子代谢物之间的关系。王喜军等（2010）在正确认识方剂的配伍意义和方剂化学研究的基础上，利用现代多维联用色谱技术，研究不同配伍情况下方剂口服后体内成分及其动态变化规律，阐明方剂成分的体内命运，阐释药物代谢层面的配伍意义；同时利用代谢组学对整体代谢轮廓的描述来评价复杂性多元（方剂成分及代谢产物）输入的调整带来整体效应的变化，克服有限指标的局限，最大限度从对证侯的整体效应变化层面揭示配伍意义。配伍在组方中发挥的作用是不可估量的，因此可以从荞麦药对研究入手进行大范围配伍研究。首先探明能与荞麦作为药对的药物是什么，机理是什么，然后再研究组方层次，量效关系。

六、炮制研究

中药炮制具有悠久的历史，随着中医药事业的发展，中药炮制已经成为一门专门研究中药炮制理论、工艺、规格标准、历史沿革及其发展方向的学科（刘红，2011）。炮制学科起源发展历史悠久，是数千年来中华民族用药经验的总结和理论升华。炮制学科的重要任务是用现代科学的方法来探讨其深奥的理论内涵、挖掘其丰富用药经验。中药炮制起源于中药用药实践，火的发现对中药炮制同时可具有几方面的目的，这些不同的炮制目的虽有主次之分，但彼此间往往又有紧密的联系。

王全庆（1984）认为炮制是中医药的一大特色，药物经过炮制后对生物碱、苷类、挥发油、鞣质、有机酸、无机成分等都有影响，从而影响药物药性、功效，进而影响临床应用范围。可通过研究不同炮制方法对荞麦的影响，找到适合荞麦某一药用物质的最佳炮制加工工艺，研究其成分变化，功效改变及疾病治疗范围。

主要参考文献

白承之，王转花，李玉英. 2010. 一种苦荞抗真菌肽的纯化及抑菌活性分析. 食品科学，31（15）：4～7

曹红平，方肇勤，王晓波，等. 2006. 苦荞麦类黄酮等对去卵巢大鼠的雌激素样作用. 上海中医药杂志，40（3）：59～61

曹艳萍. 2005. 苦荞麦叶提取物抗氧化性及其协同效应的研究. 西北农林科技大学学报：自

然科学版，33（8）：144～148
常万有．1980．地龙荞面治疗痔疮．辽宁中医杂志，(2)：16
陈荣林，王中康，张传博，等．2009．苦荞内生真菌产物 EE-2 抑制 HepG2 生长及诱导其细胞凋亡．中国药理学通报，25（7）：939～942
陈耀明，成国才，杨林，等．1997．苦荞麦对大鼠实验性高脂血症的影响．第四军医大学学报，18（1）：57～59
储金秀，张博男，韩淑英，等．2011．荞麦花叶芦丁对乙醇所致小鼠肝细胞损伤的保护作用．山东医药，51（7）：18～19
戴志红．2002．芩荞利咽汤治疗喉源性咳嗽 48 例．中国中医药科技，9（4）：197
都晓丽，于宏．2006．卤水荞面外敷治疗腮腺炎 23 例．中医外治杂志，15（4）：45
高铁祥．2002．复方苦荞麦及其拆方治疗 2 型糖尿病的研究．现代中西医结合杂志，11（22）：2209～2211
高铁祥，颜学槐．2005．复方苦荞麦对糖尿病大鼠周围神经病变防治作用的实验研究．中国中医药科技，12（2）：86～88
高铁祥，游秋云．2003．复方苦荞麦对Ⅱ型糖尿病大鼠治疗作用的实验研究．中国中医药科技，10（1）：15～17
巩发永．2011．凉山州苦荞茶总黄酮含量对比及分析．湖北农业科学，50（18）：3811～3814
郭晓娜，姚慧源．2007．苦荞抗肿瘤蛋白的分离纯化及结构分析．食品科学，(7)：62～65
国旭丹，陕方，高锦明，等．2011．苦荞麸乙醇粗提物各极性成分的抗氧化活性研究．中国食品学报，11（6）：20～26
何清湖．2004．近视眼与老花眼——患者最想知道什么．太原：山西科学技术出版社
何学谦，刘利春，黄志秋．2002．一起西农莎能奶山羊苦荞中毒的诊治．畜牧兽医杂志，21（1）：38
胡慧，张正浩．2004．复方苦荞麦合剂对实验性糖尿病大鼠早期肾脏病变影响的实验研究．中医药学刊，22（8）：1420～1421
胡一冰，赵钢．2010b．苦荞提取物对小鼠胃肠运动双向调节作用的实验研究．时珍国医国药，21（10）：2485～2486
胡一冰，赵钢，彭镰心，等．2010a．苦荞醇提物的镇静催眠作用研究．安徽农业科学，38（5）：2354～2355
黄凯丰，时政，韩承华，等．2011b．苦荞种子中蛋白质含量变异．安徽农业科学，39（14）：8299～8301
黄凯丰，时政，饶庆琳，等．2011a．苦荞对油脂和胆固醇的吸附作用．江苏农业科学，39（4）：379～380
黄叶梅，黎霞，张丽．2006．苦荞麦黄酮对大鼠脑缺血再灌注损伤的保护作用．四川师范大学学报：自然科学版，29（4）：499～501
吉林农业大学畜牧兽医系．1978．家畜中毒．长春：吉林人民出版社
贾博宇，吴娟，严妍，等．2012．药物安全性评价实施 GLP 的意义．牡丹江医学院学报，33（1）：81～82

郎桂常，何玲玲．1990．苦荞Ⅲ号食疗专用粉对消化性溃疡及慢性胃炎临床观察．荞麦动态，(1)：21～24

雷菲，李再贵，李璐，等．2010．苦荞醋发酵和熏醅过程中芦丁与槲皮素含量变化的检测．农产品加工：学刊，(11)：100～102，106

雷子，林静．2008．图解本草纲目．北京：中医古籍出版社

李丹，肖刚，丁霄霖．2000．苦荞麦黄酮清除自由基作用的研究．食品科技，(6)：62～64

李丹，肖刚，丁霄霖．2001．苦荞麦黄酮抗氧化作用的研究．无锡轻工大学学报，20 (1)：44～47

李国华，席小平，边林秀．2004．苦荞麦降糖胶囊的致突变性研究．中国药物与临床，4 (8)：609～610

李洁，梁月琴，郝一彬．2004．苦荞麦类黄酮降血脂作用的实验研究．山西医科大学学报，35 (6)：570～571

李晓雁，黄海东，甄润英，等．2010．苦荞内生菌的分类鉴定及对黄酮合成的影响．食品工业科技，31 (8)：118～120

李玉田，徐峰，闫泉香．2006．苦荞麦黄酮对家犬肾缺血的影响．中药材，29 (2)：169～172

林汝法，任建珍，申伟．2004．苦荞茶降糖效果观察．荞麦动态，(1)：34～36

林汝法，王瑞，周运宁．2000．苦荞麦提取物的研究．荞麦动态，(2)：4～8

林汝法，王瑞，周运宁．2001．苦荞麦提取物的毒理学安全性．华北农学报，16 (1)：116～121

刘红．2011．中药炮制的临床意义探讨．中医临床研究，3 (4)：12～13

刘金玉，吴秀华，商雪娇，等．2008．不同大孔吸附树脂对苦荞芦丁分离纯化效果的研究．食品研究与开发，29 (7)：22～24

刘熙平，符献琼．1994．苦荞治疗老年高脂血症临床观察．荞麦动态，(2)：31

刘艳香，刘明，田晓红，等．2011．苦荞挂面加工过程中苦荞黄酮含量的变化及其评价研究．食品科技，36 (12)：147～152

卢长庆，屈玉洁．2002．糖尿病的中医饮食疗法．中国医药情报，8 (4)：31～36

鲁纯静，徐嘉生，赵萍．1988．苦荞降低血脂血糖实验报告．北京食品油粮科技，(11)：45～46

马挺军，陕方，贾昌喜．2010．苦荞醋对糖尿病模型小鼠血糖的影响．中国粮油学报，25 (5)：42～48

孟铭伦，王化忠．2000．苦荞复合食品对糖尿病的降糖作用．辽宁实用糖尿病杂志，8 (3)：22～24

慕婷婷，韩玲．2012．亚临界——超声波协同萃取苦荞麸中的黄酮．食品与发酵工业，38 (1)：230～232

彭镰心，赵钢，王姝，等．2010．不同品种苦荞中黄酮含量的测定．成都大学学报：自然科学版，29 (1)：20～21

彭铭泉．2002．延年益寿药膳．广州：华南理工大学出版社

祁学忠，吉锁兴，王晓燕．2003．苦荞麦黄酮及其降血糖作用的研究．科技情报开发与经济，13（8）：111～112
瞿燕，曾锐．2006．复方苦荞麦胶囊降糖作用的实验研究．中医药学刊，24（1）：135～136
陕方，李文德，林汝法，等．2006．苦荞麦不同提取物对糖尿病模型大鼠血糖的影响．中国食品学报，6（1）：208～211
陕西省粮油科学研究所，中国人民解放军第35医院．1990．复方降糖粉研制工作报告．粮油加工，（3）：1～4
申瑞玲，张静雯，党雪雅，等．2012．苦荞粉对小鼠肠道菌群的影响．食品与机械，28（1）：38～40
时政，韩承华，黄凯丰．2011．不同原产地苦荞种子中可溶性糖含量的比较．安徽农业科学，39（14）：8302～8303，8342
舒成仁，裘军，王高升．2005．苦荞麦籽粒提取物对小鼠化学性肝损伤的影响．医药导报，24（10）：880～882
宋占平，周雅玲．1991．苦荞粉对牙周炎牙龈出血疗效观察．荞麦动态，（2）：28～30
孙元琳，陕方，李秀玲，等．2011．苦荞醋及其多糖物质的抗氧化性能研究．食品工业科技，32（5）：123～125
陶胜宇，徐峰，闫泉香．2006．苦荞麦黄酮对糖尿病大鼠神经功能的影响．实用药物与临床，9（4）：219～221
田龙．2008．苦荞中抗氧化物质分子结构的波谱学分析．粮食与饲料工业，（2）：25～27
田秀红．2009．苦荞麦抗营养因子的保健功能．食品研究与开发，30（11）：139～141
童国强．2011．苦荞酒辅助降血脂动物实验研究．酿酒科技，11（11）：81～83
童红莉，田亚平，汪德清，等．2006a．苦荞麦壳提取物对大鼠血脂的调节作用．第四军医大学学报，27（2）：120～122
童红莉，田亚平，汪德清，等．2006b．苦荞麦壳提取物对高脂饲料诱导的大鼠脂肪肝的预防作用．第四军医大学学报，27（10）：883～885
王宏伟，乔振华，任文英，等．2002．苦荞麦胰蛋白酶抑制剂对HL-60细胞增殖的抑制作用．山西医科大学学报，33（1）：3～5
王杰．1992．新疆苦荞降血糖临床初步观察．荞麦动态，（2）：42～44
王岚，李玉英，蔡桂红，等．2006．重组苦荞麦过敏蛋白TBa的原核表达及其免疫活性鉴定．中国生物化学与分子生物学报，22（4）：308～312
王敏，魏益民，高锦明．2006a．苦荞胚油对高脂血症大鼠血脂及脂质过氧化作用的影响．中国粮油学报，（4）：45～49
王敏，魏益民，高锦明．2006b．苦荞麦黄酮的抗脂质过氧化和红细胞保护作用研究．中国食品学报，6（1）：278～283
王全庆．1984．就炮制对中药化学成分的影响谈遵古炮制．河南医药，4（3）：166～167
王斯慧，白银花，黄琬凌，等．2012a．苦荞黄酮对α-葡萄糖苷酶的抑制作用研究．食品科技，37（2）：24～31
王斯慧，黄琬凌，曾里，等．2012b．3种苦荞黄酮提取物主要成分定性分析．粮食科技与经

济，37（2）：54～56

王喜军，张伯礼. 2010. 基于药物代谢组学的方剂配伍规律及配伍科学价值揭示. 中国中药杂志，35（10）：1346～1348

王友. 2007. 中草药黄荞膏外敷治疗带状疱疹36例. 中医外治杂志，16（4）：36

王转花，张政，林汝法. 1999. 苦荞麦叶提取物对小鼠体内抗氧化酶系的调节. 药物生物技术，6（4）：208～211

伍杨，邓明会，李继红，等. 2005. 苦荞麦黄酮对老龄鼠抗氧化功能影响的研究. 中华实用中西医杂志，18（13）：220～221

伍杨，林平，刘锦红. 2004. 恩施苦荞麦对大鼠血糖、血脂的影响. 湖北民族学院学报：医学版，21（1）：32～34

徐嘉生. 1987. 苦荞粉降血脂实验研究. 北京食品油粮科技，（8）：20～24

徐嘉生，张太生，郭玉刚. 1999. 苦荞粉临床疗效实验及其保健功能概述. 食品工业科技，（增刊）：53～56

薛长晖，王佩维，姚晨之. 2002. 苦荞麦粉提取液对 NO_2^- 清除作用的体外试验研究. 粮油加工与食品机械，（10）：48～49

薛长勇，张月红，刘英华，等. 2005. 苦荞麦黄酮降低血糖和血脂的作用途径. 中国临床康复，9（35）：111

闫斐艳，杨振煌，李玉英，等. 2010. 苦荞种子总黄酮提取方法的比较研究. 食品与药品，12（3）：93～95

闫泉香，徐峰. 2005. 苦荞麦黄酮对缺氧小鼠脑组织 MDA 含量的影响. 中药药理与临床，21（4）：33

杨红叶，柴岩，黄忠民，等. 2011b. 溶剂与提取方式对苦荞提取液抗氧化性能的影响. 中国食品学报，11（1）：28～33

杨红叶，杨联芝，柴岩，等. 2011a. 甜荞和苦荞籽中多酚存在形式与抗氧化活性的研究. 食品工业科技，32（5）：90～94，97

于友华，林谦，崔建潮，等. 2002. 方剂配伍研究与中成药二次开发模式. 中国中医基础医学杂志，8（9）：67～71

袁丽环，王甜，王文科. 2012. 活性炭对苦荞幼苗根系和叶片生理特性的影响. 西北植物学报，32（5）：956～962

翟金霞，秦培军，裴颖，等. 2010. 烘烤对苦荞抗氧化活性的影响. 食品科技，35（11）：182～185

张超，卢艳，郭贯新，等. 2005. 苦荞麦蛋白质抗疲劳功能机理的研究. 食品与生物技术学报，24（6）：78～82

张美莉，吴继红，赵镭，等. 2005. 苦荞和甜荞萌发后脂肪酸营养评价. 中国粮油学报，20（3）：44～47

张民. 2004. 苦荞壳提取物抗氧化活性研究. 食品科学，25（10）：312～314

张树生，王芝兰. 1996. 百病食疗奇验大关. 北京：中医古籍出版社

张月红，郑子新，刘英华，等. 2006. 苦荞麦提取物对餐后血糖及 α-葡萄糖苷酶活性的影响.

中国临床康复，10（15）：111～113

张政，王转花，刘凤艳，等. 1999. 苦荞麦蛋白复合物的营养成分及其抗衰老作用的研究. 营养学报，21（2）：159～162

赵卫敏，张清明，桂梅. 2012. 施肥水平对苦荞产量及生物类黄酮含量的影响. 贵州农业科学，40（3）：41～43

赵泽华，李嘉福. 2001. 荞蒌煎治疗高甘油三脂血症 22 例. 湖南中医杂志，17（3）：31

郑峰，孙文文，张琦，等. 2011. 苦荞籽粒的化学成分研究. 西北农林科技大学学报：自然科学版，39（10）：199～203

郑民实，邹正宇. 1991. ELISA 技术检测中草药抗 HBsAg 的实验研究. 中国医院药学杂志，11（2）：53～55

周小理，成少宁，周一鸣，等. 2010. 苦荞芽中黄酮类化合物的抑菌作用研究. 食品工业，（2）：12～14

周小理，钱韻芳，周一鸣，等. 2011d. 不同处理工艺对苦荞麸皮膳食纤维体外抗氧化活性的影响. 食品科学，32（8）：1～4

周小理，钱韻芳，周一鸣. 2011c. 酶法处理对苦荞麸皮膳食纤维物性的影响. 食品科学，32（3）：36～39

周小理，王青，杨延利，等. 2011a. 苦荞萌发物中生物活性黄酮对人乳腺癌细胞增殖的抑制作用. 食品科学，32（1）：225～228

周小理，杨延利，王青，等. 2011b. 苦荞萌发物对大鼠腹腔肥大细胞组胺释放的影响. 食品工业，（4）：12～14

周艳萍，张正浩. 2007. 复方苦荞麦对糖尿病大鼠胰岛功能与形态的影响. 咸宁学院学报：医学版，21（4）：288～291

朱瑞，高南南，陈建民. 2003. 苦荞麦的化学成分和药理作用. 中国野生植物资源，22（2）：7～9

左光明，谭斌，王金华，等. 2009. 苦荞米与苦荞粉加工中营养功能成分的评价及利用. 食品科学，30（14）：183～187

左光明，谭斌，王金华，等. 2010. 苦荞蛋白对高血脂症小鼠降血脂及抗氧化功能研究. 食品科学，31（7）：247～250

Tomotake H，Yamamoto N，Kitabayashi H，et al. 2007. Preparation of tartary buckwheat protein product and its improving effect on cholesterol metabolism in rats and mice fed cholesterol-enriched diet. Journal of Food Science，72（7）：S528～533

第七章　功能性荞麦产品开发

荞麦是一种著名的药食同源小宗杂粮作物，不仅营养丰富，且富含生物类黄酮、γ-氨基丁酸、荞麦多酚、荞麦碱、荞麦糖醇、活性蛋白、抗性淀粉、膳食纤维、不饱和脂肪酸等多种具有特殊功能的活性成分，被国际农业营养及卫生组织认为是“21 世纪的一种重要作物”。大量研究表明，荞麦及其加工制品具有较好的降血糖、降血脂、降低胆固醇、抗菌、抗氧化、抗衰老、抑制肿瘤和细胞毒活性等功能。尤其是荞麦中所含有的生物黄酮类活性成分对脑缺血等心血管疾病有缓解和预防作用。常食荞麦，还可改善人体肠道内的微生物菌群，增强消化功能，有益于人体健康。随着人们对于荞麦营养价值与保健功能认知度的提升，功能性荞麦产品的开发日益成为研究的热点，有着很好的开发应用前景。

第一节　功能性荞麦产品研究现状与发展趋势

荞麦营养丰富，富含淀粉、蛋白质、脂肪、维生素、矿物质和微量元素等营养成分。此外，荞麦还富含糖醇、多肽、甾体、酚酸类、生物黄酮类等活性成分，具有很好的保健功能。荞麦的营养价值与保健功效逐渐被人们所认识，已成为功能性食品及加工制品研究的热点，主要体现在以下几个方面：①荞麦加工制品的多样性；②荞麦加工制品工艺的改进；③荞麦加工制品的功效性；④荞麦加工制品的品质标准研究等，有力地促进了荞麦产业的健康发展。

一、荞麦加工制品的主要类别

近年来，营养与保健兼备的荞麦及其加工制品日益受到人们的喜爱。随着现代食品加工技术、设备的创新和提高，荞麦及其功能性产品的开发取得了较快发展。中国、日本、韩国、俄罗斯、斯洛文尼亚等国家在对荞麦加工制品开发利用方面取得了较大成绩。目前，已成功开发出的荞麦加工制品有几十种，其归纳起来主要有以下几大类。

一是荞麦米面类食品，如荞麦米、荞麦粉、荞麦挂面、荞麦蔬菜面、荞麦保湿面等；二是荞麦方便食品，如荞麦面包、荞麦蛋糕、荞麦饼干、荞麦沙琪玛、荞麦方便面、荞麦糊、荞麦羹、荞麦八宝粥等；三是饮品类，如荞麦米茶、荞麦花茶、荞麦奶茶、荞麦蛋白饮料、荞麦乳酸饮料等；四是荞麦酒类，如荞麦黄酒、荞麦青梅酒、荞麦啤酒、荞麦芽酒等；五是功能性食品配料，如荞麦多酚配料、荞麦黄酮配料、荞麦 D-CI 配料、荞麦蛋白配料等；六是功能制剂类，如荞麦黄酮醋胶囊、荞麦泡腾片、荞麦颗粒冲剂、荞麦芦丁胶囊等；七是日用品类，如荞麦褥垫、荞麦枕、荞麦增白霜、荞麦沐浴露、荞麦护眼罩等。这在原有基础之上，大大丰富了荞麦制品的种类，有效地提升了荞麦精深加工技术水平。

二、加工工艺对荞麦制品中功能成分的影响

长期以来，众多学者及荞麦加工企业对荞麦加工制品的研发做了大量的工作。研究表明，各类荞麦制品的加工工艺都会影响到产品的外观、口感，特别是会影响产品的营养及功能活性成分的变化。因此，在加工高质量的荞麦产品时，一定要选择适当的加工工艺，最大限度地发挥荞麦功能产品的功能特性。

（一）煮、蒸、烙、焙炒、油炸和挤压膨化对产品中功能成分的影响

肖诗明（1999）通过挤压膨化、焙炒、生料煮制 3 种方法加工苦荞麦粉，对所得产品中的淀粉 α-化程度、粗蛋白含量、粗脂肪含量、氨基酸总量、赖氨酸含量、芦丁变化进行了研究，结果表明：3 种加工方法均会对苦荞制品的营养成分和功能成分造成一定的损失，尤其是用焙炒、煮制加工时，其损失率较大。采用挤压膨化的方法生产苦荞麦食用粉，其制品的淀粉 α-化程度高，均在 98%以上，但营养成分随原料在挤压腔内停留时间延长，损失率增大，尤其是对粗脂肪和赖氨酸的损失较大；焙炒处理，其制品中的淀粉 α-化程度随焙炒时间延长而增加，但造成营养成分的大量损失，尤其是芦丁的损失，当焙炒 25min 时，其损失高达 47.40%；煮制处理，同样会造成营养成分的损失，尤其是芦丁、赖氨酸在煮制前期损失较大，当煮制时间在 15min 时，芦丁的损失高达 21.75%。3 种加工方法相比，挤压膨化生产苦荞麦食用粉，营养成分损失较小，食用方便，易消化吸收，是目前工业化生产苦荞麦方便食品的理想方法。

宫风秋等（2007）采用高效液相色谱法检测了蒸、煮、烙、油炸和发酵等加工方式所得传统荞麦制品中的芦丁、槲皮素含量，并对其制品的抗氧化能力进行了比较。研究结果表明：荞麦面粉加水调制成面团时，芦丁结构发生了变化，转化生成了槲皮素；传统荞麦制品中，槲皮素的含量显著高于芦丁的含量；不同加工方式对制品中芦丁和槲皮素含量的影响不同，发酵对荞麦中芦丁、槲皮素的影响最大（苦荞麦粉中的芦丁含量为 6869.1mg/kg，槲皮素未检

出；而苦荞醋中的芦丁含量为 19.8mg/kg，槲皮素含量为 29.2mg/g），油炸次之，煮制最小；此外，不同加工方式所得的苦荞制品的甲醇提取物均具有一定的抗氧化能力，其中发酵制品的抗氧化能力最强，而油炸制品的抗氧化能力最弱。该研究结果提示人们在加工荞麦制品时，应尽量避免采用加热温度较高的烙制和油炸，可多采用煮制加工，以减少对荞麦加工制品营养品质及功能活性成分的影响。

张莉等（2009）利用高效液相色谱法和比色法对苦荞麦粉、甜荞麦粉及其加工制品甲醇提取物的芦丁含量进行了分析测定，并对其抗氧化活性进行了研究。结果表明：苦荞麦粉与甜荞麦粉中芦丁含量分别达到 5250.4mg/kg 和 1995.3mg/kg。荞麦馒头、荞麦饸饹、荞麦烙饼、荞麦锅巴等制品中的芦丁含量与荞麦粉相比，均有大幅度降低。此外，各荞麦制品的抗氧化性结果表明：苦荞麦粉及其制品甲醇提取物对 DPPH·的清除率明显高于甜荞麦粉及其制品的甲醇提取物；荞麦加工制品的总抗氧化能力和清除 DPPH·的能力较其原料都有所下降。不同荞麦加工制品对 DPPH·的清除率依次为荞麦锅巴（油炸食品）＜荞麦烙饼（烙制品）＜荞麦馒头（蒸制品）＜荞麦饸饹（煮制品），荞麦锅巴的抗氧化功能成分损失最多。由此可以看出，在加工制作过程中，温度是影响荞麦产品品质及其功能活性成分的重要因素。

（二）发芽萌动对产品中功能成分及其生理功能的影响

萌动是一种神奇的生命现象，是生命发展的最初阶段，也是生物中最有活力的阶段。植物籽粒吸水萌动后会发生一系列的生理代谢变化，主要表现在细胞生理活性的恢复和复杂的生化代谢，从而使籽粒的营养成分发生重大变化。植物籽粒萌动处理后可以降低或消除谷物和豆类中有毒、有害或抗营养物质的含量，提高蛋白质和淀粉的消化率，提高某些谷物中限制性氨基酸和维生素等营养物质的含量，还可提高某些功能活性成分的含量，进而提高其生物学效价和营养保健功能。通过适宜的发芽萌动技术，可进一步将原料加工开发成高功能的营养保健制品，这对于功能性食品及加工制品的开发有着重要的意义。

蔡马（2004）对荞麦籽粒和萌发过程中及 10 天的荞麦芽的营养成分与抗营养因子进行了分析。研究结果表明：萌发 10 天后，荞麦芽中胰蛋白抑制剂活性消失或仅存痕量，荞麦芽苗的氨基酸更为均衡，氨基酸比值系数分（SRC）升高。此外，苦荞和甜荞的芦丁含量较籽粒分别增加 4.1 倍和 6.5 倍，相应总黄酮含量较籽粒分别增加 1.76 倍和 2.33 倍，说明萌发对荞麦营养品质有明显改良作用。

张美莉（2004）研究了不同荞麦品种萌发后主要营养成分和生物活性物质的动态变化，结果发现不同品种荞麦在萌发 72h 后可溶糖含量增加了 2.0～3.4 倍；

脂肪酸总量无明显变化，但单不饱和脂肪酸（MUFA）含量增加，多不饱和脂肪酸（PUFA）含量下降；矿物元素含量无明显变化；此外，苦荞和甜荞类黄酮总量随萌发时间的增加呈现先略有下降而后升高的趋势，延长发芽时间可以提高荞麦中的类黄酮含量；荞麦萌发后芦丁含量变化与类黄酮总量变化趋势一致，而槲皮素含量呈现下降趋势；苦荞萌发后蛋白质总量无明显变化，而甜荞蛋白质总量有所下降；荞麦萌发的各个时期以谷氨酸含量最高，其次是精氨酸、天冬氨酸；另外，萌发处理还是降低荞麦苦味的有效方法之一。

侯建霞（2007）研究了苦荞活性成分及其在萌发过程中的变化，发现萌发过程中，荞麦黄酮的含量和种类都有所变化。荞麦黄酮的含量会有很大的提高，芦丁的含量甚至会增加到原来的十几倍。荞麦芽在萌发第 7 天时黄酮类化合物的含量达到最大，荞麦苗在萌发第 10 天时黄酮类物质的含量达到最大，而后开始下降。

周小理等（2009）较系统地研究了萌动荞麦营养成分的动态变化及其功能特性。研究发现：甜荞和苦荞籽粒经萌动后，随萌动时间的增加，其总蛋白质含量呈下降趋势，前 5 天下降幅度较大，之后均趋于平缓。甜荞萌动 7 天后总蛋白质含量下降了 60.47%，而苦荞萌动后总蛋白质含量下降了 62.28%；荞麦萌动后总氨基酸含量为 10%～20%，高于荞麦籽粒中的含量，且检测到的 17 种氨基酸含量随萌发时间的增加明显提高；荞麦芽中黄酮类化合物的含量变化随着萌动天数的增长而逐渐增加。苦荞萌动前两天变化较小，3～5 天增加较缓，在第 6 天时黄酮类化合物含量达到最大，与籽粒相比增加了 70.08%。同时，荞麦萌动期荞麦芽体外抗氧化性能研究表明，不同萌动天数的荞麦芽抗氧化能力呈现增加趋势，与其不同萌动天数黄酮类物质含量的增加趋势呈正相关。

采用适宜的发芽萌动技术，对所得荞麦制品的生理功能如抗氧化活性、抗菌作用，以及抗肿瘤活性等方面也有较大的影响。

周小理等（2010a）对荞麦种子萌发期内多种抗氧化酶的活性进行了研究，结果发现：荞麦种子抗氧化酶活性的变化与萌发进程有关。在种子萌发初期（0～2 天），4 种抗氧化酶活性都较低。随着种子萌发天数的增加（3～5 天），产生的代谢产物也随之增多，超氧化物歧化酶（SOD）活性迅速增加，同时由于 SOD 在清除自由基的同时生成过氧化氢，对过氧化氢酶（CAT）和过氧化物酶（POD）也起到了一定的激活效应；当萌发第 5 天时，SOD 活性达到了最高峰，CAT 和 POD 活性都迅速升高，种子内清除活性氧和自由基的速率加快，活性氧等有害物质的浓度明显降低。此外，还检测了不同萌发天数的荞麦对 DPPH · 的清除作用。结果表明：苦荞对 DPPH · 的清除率一直大于甜荞；苦荞对 DPPH · 的清除率在 1～2 天比较平稳，3～5 天不断升高，第 6 天有所降低，而第 7 天又有所回升；甜荞对 DPPH · 的清除率随着发芽天数的增加而增大，第 6～7 天增幅有所减缓；两种荞麦在第 7 天对 DPPH · 的清除率最高，分别为 95.56%和 92.86%。

周小理等（2010b）对苦荞麦芽中黄酮类化合物的抑菌作用进行了研究。结果表明：苦荞种子在萌发 7 天内黄酮类化合物的含量明显增加；苦荞麦芽提取物对鼠伤寒沙门氏菌（*Salmonella typhimurium*）的抑菌效果明显，对大肠杆菌（*Escherichia coli*）、金黄色葡萄球菌（*Staphylococcus aureus*）和枯草芽孢杆菌（*Bacillus subtilis*）有选择性地抑制作用。

周小理等（2011a）研究发现苦荞萌发提取物对人乳腺癌细胞（MCF-7）、人肺癌细胞（A549）的生长均起到抑制作用，同时还发现该提取物可诱导前者发生凋亡，其主要功效成分为槲皮素和芦丁，且二者具有良好的协同作用。

（三）不同工艺对荞麦膳食纤维提取及体外抗氧化活性的影响

周小理等（2011b）以苦荞麸皮为原料，通过对比挤压膨化处理、双酶法（淀粉酶、蛋白酶）提取处理、纤维素酶改性处理等不同工艺手段，对苦荞麸皮总膳食纤维、水溶性膳食纤维、不溶性膳食纤维、总酚和总黄酮的含量进行了测定。结果发现膨化处理后麸皮中水溶性膳食纤维、总酚、总黄酮含量均较未膨化麸皮高，且还原能力和螯合 Fe^{3+} 能力也均较未膨化麸皮高；双酶法处理后的提取产物中总酚、总黄酮含量均有不同程度的增加，并均提高了对 DPPH · 和 OH · 的清除能力；纤维素酶改性处理后产物中水溶性膳食纤维明显提高，在螯合 Fe^{3+} 、抑制 OH · 的形成方面作用明显，而 OH · 是毒性较强的自由基，因此改性处理对整体提高苦荞麸皮膳食纤维的抗氧化性能具有重要价值。

杨芙莲等（2008）在荞麦膳食纤维的研究中，比较了化学法与酶法提取膳食纤维的得率和产品质量。研究结果表明，酶法提取荞麦壳膳食纤维工艺简单，因为酶的专一性和高效性使它们只水解淀粉和蛋白质，半纤维素、多缩戊糖等不会被水解而损失掉，所以采用酶法提取制备的膳食纤维得率高、纯度高，成分较理想，口感好，色泽较好，是一种可转化为工业化生产的较理想的方法。而化学法提取制备的荞麦壳膳食纤维色泽较深，提取率比较低，这是因为在酸水解淀粉及碱水解蛋白质时，一部分半纤维素、多缩戊糖等也会被水解而损失掉。

第二节　功能性荞麦产品的研究方法及策略

荞麦作为一种营养保健兼备的药食同源植物资源，其食疗保健作用逐渐受到人们的关注和肯定。荞麦中富含的蛋白质、淀粉、不饱和脂肪酸、维生素、矿质微量元素、生物类黄酮、γ-氨基丁酸、荞麦糖醇、荞麦多酚等营养功能活性物质，是加工荞麦功能性产品的主要物质基础，同时也是进行荞麦功能性产品研发的基本依据和出发点。

荞麦周身是宝，富含的多种功能活性成分，在根、茎、叶、花、籽粒、内外种皮等不同部位中均有分布。其主要功能成分在花、叶、内种皮、籽粒中分布较多，因此这些富含主要功能成分的部位是开发荞麦功能性产品的主要原料。对于荞麦功能性产品的开发，以下几个方面值得重点关注。

一、培育优质品种，建设绿色有机荞麦种植基地

荞麦原材料充足、加工性能好、品质优良，这是进行荞麦功能性产品开发的先决条件。在传统育种方法的基础上，应结合现代分子生物学方法和生物技术手段进行荞麦品种的选育，从而培育出高产优质的荞麦品种，以满足荞麦功能性产品开发生产对优质原料的需求。

随着人民生活水平的不断提高，居民消费从“吃得饱”到“吃得好”，从“吃得安全”到“吃出风味”，人们对于食用物质的品质和安全越来越关注和重视，要求也越来越高，绿色有机食品也因此越来越受到消费者的喜爱，其市场前景十分广阔。建设绿色有机荞麦种植基地，从生态和技术条件出发，探索标准化生产技术，达到高产高效，以提高荞麦品质和市场竞争力，进而推动荞麦产品的上档升级。

二、开发新型加工工艺，丰富产品类型

根据荞麦营养价值高、保健功能强等特点，在传统荞麦制品生产技术的基础之上，应进一步提升荞麦精深加工技术，开发新型加工工艺，向功能食品、药用制品和日用品等方向发展。另外，荞麦功能性产品的研制应根据目标市场、消费人群以及目标产品功效、产品形式等因素，选用适当的原料、辅料，结合现代食品加工设备及新型加工工艺，开发出产品类型丰富、功效明显、适口性好、安全性高的荞麦产品，以满足广大消费者的需求。

三、建立品质评价体系、确保产品质量

为了生产出品质优异、功效明显、安全性高的荞麦制品，有必要健全荞麦及其加工制品的品质评价体系。一方面，在荞麦品种质量、种植生产方式等方面应完善其质量标准和相应的认证制度，以确保优质荞麦原料的来源。另一方面，在进行新型荞麦制品研制过程中，应对其进行相应的功能成分、保健功效、健康功效及使用安全性等方面的评价研究，以确认其功能效果并制定相应标准工艺规程

和质量标准规范，并推行相应的生产许可证制度，以稳定其产品质量。一般而言，对于功能成分明确，含量足够高且稳定、安全的产品，可作为健康食品提供给消费者。经过动物试验或临床人体试验、且具有显著特定保健功效的产品，可申报卫生部相应管理文号，纳入保健食品生产经营管理范围。

四、完善产销制度，提升品牌形象

为了有效推动荞麦加工企业的发展，提升其经济效益，以及促进农业增效、农民增收和区域经济的发展。首先，荞麦加工企业应规范管理、努力创新，依靠科技原动力不断进步和发展壮大，增强综合实力，并加大对荞麦及其功能产品的宣传和推广，以树立品牌意识，提升企业品牌形象。其次，应在荞麦主产地建立荞麦专业交易市场，在产销地、大中城市等建立荞麦批发市场、销售柜台或专卖店，形成“产-供-销”一体化生产销售体系。此外，应健全信息网络服务体系，搞好信息收集和发布，实现荞麦供求关系资源信息的有效共享。

荞麦功能性产品的研究路线如图 7.1 所示。

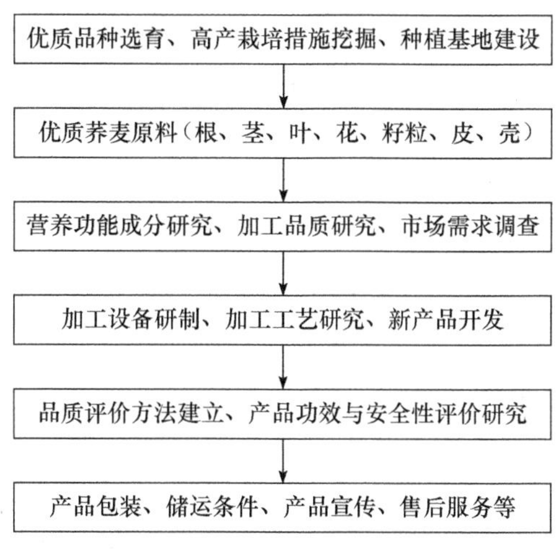

图 7.1　荞麦功能性产品研究路线图

随着人们对于荞麦营养与保健功能认知度的提高，荞麦及其加工制品越来越受到消费者的青睐。为了满足人们对于荞麦功能产品日益增长的需求，有效提升荞麦加工制品的整体研究水平，以及促进荞麦产业的健康发展，我们应重点加强对荞麦营养功能活性成分组成分析、营养功能成分功效分析及作用机制、荞麦功能产品加工工艺以及市场需求等方面的研究。

荞麦功能性产品开发的技术路线如图 7.2 所示。

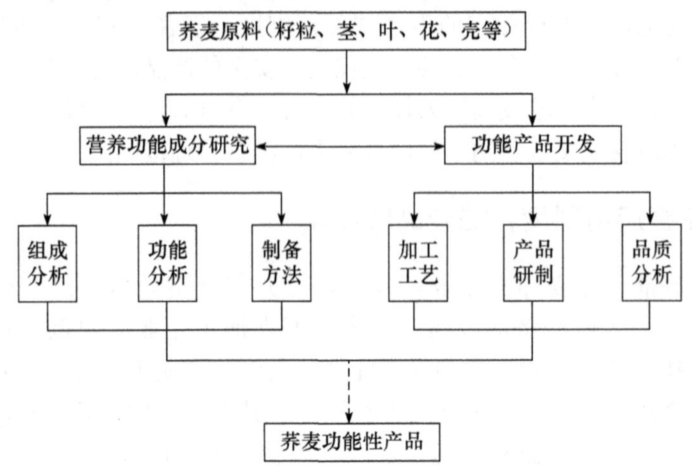

图 7.2　荞麦功能性产品开发技术路线图

第三节　荞麦功能性产品及加工工艺

荞麦富含生物类黄酮、荞麦多酚、抗性淀粉、蛋白多肽、荞麦糖醇等多种功能活性成分，是迄今为止发现的含有功能物质种类最多的谷物之一，是开发功能性食品及保健制品的理想原料。根据荞麦独特的营养价值和保健功能，已经开发出了抗氧化、抗疲劳、防治“三高”、增强机体免疫力等具有不同生理功能活性的荞麦制品，其主要类别包括功能性食品、功能性饮品、食品配料类、功能制剂类、日用品类、饲料添加剂类等。以下就近年来已开发的主要荞麦功能性产品及其加工工艺进行简要的介绍。

一、功能性食品

通过科学配方和先进的生产工艺，将荞麦制成具有抗氧化、调节人体免疫功能、适合糖尿病人食用的功能性食品，这些食品主要包括面类和方便食品类。

（一）荞麦面类食品

1. 荞麦挂面

吴素萍（2002）开发了一种以荞麦粉和高筋面粉为主要原料，同时添加枸杞浆、燕麦粉、蒿子粉等成分的营养挂面。根据水平试验筛选结果，优选得到其最佳配方为：高筋粉 92%、荞麦粉 5%、枸杞浆 2%、燕麦粉 2%、蒿子粉 1%、加水量 30%、食盐 2%、食碱 0.2%、葡萄糖氧化酶适量。

主要工艺流程如下：

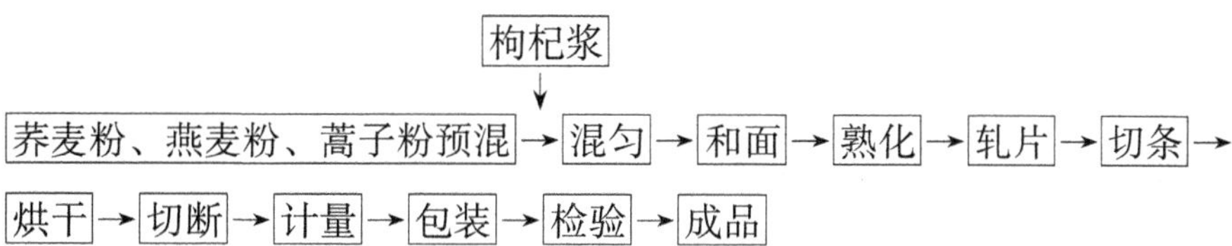

2. 苦荞蔬菜面

朱世宗（2008）开发了一种苦荞蔬菜面条，原料为苦荞麦粉、蔬菜、小麦面粉，产品中各组分比例为：苦荞麦粉60%～80%、蔬菜10%～20%、小麦面粉5%～20%。经过试用后，该产品的蛋白质、淀粉、脂肪等营养成分均符合相关标准。由于苦荞黄酮类成分，苦荞、蔬菜中的维生素，以及矿物质的加入，使得苦荞蔬菜面条较普通面条的营养成分与食疗功能大幅度增加，长期食用该面条能够对慢性胃肠疾病有较好的治疗作用，其保健功能特性突出，口感也较好。

主要工艺流程如下：

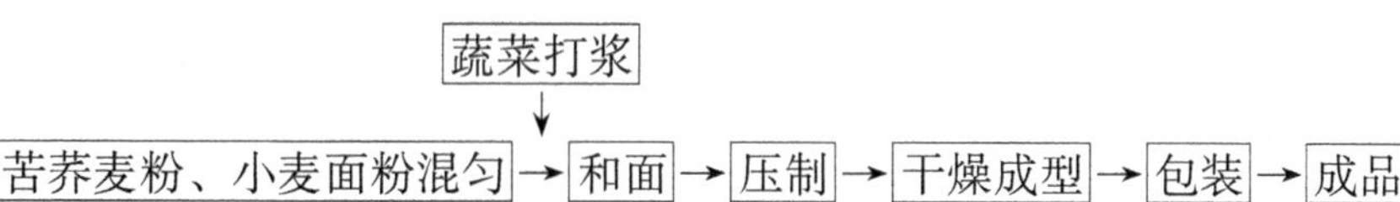

3. 木耳荞麦面

林朝森（2003）发明了一种木耳荞麦面，其干基的主成分和相对百分含量为：木耳浆干基3%～40%，包括含有木耳多糖的黑木耳、皱木耳、毛木耳、褐黄木耳或盾形木耳；荞麦粉（包括苦荞和甜荞）60%～97%；还可以添加面食干基总质量1%～2.4%的乳酸钙粉或0.01%～0.015%的乳酸锌粉。该木耳荞麦面具有明显的降低机体血黏度、抗血栓、降血脂、降血糖和辅助治疗高血脂症和糖尿病引起的心血管疾病功效，食用方便、制造方法简单和成本低等优点，广泛适合于各年龄层次和不同口味的人食用，尤其适合于中老年人食用。

4. 荞麦低血糖生成指数（GI）保鲜湿面

陕方等于2008年利用挤压预糊化成型技术，结合高压蒸汽灭菌和调酸抑菌技术，在不使用任何保鲜剂的情况下开发了杂粮系列保鲜湿面产品。产品货架期可保持90天以上。通过调配适量小麦粉、优化工艺参数，并在荞麦湿面产品中添加10%以上燕麦膳食纤维粉，能显著降低产品的血糖生成指数。该保鲜湿面食用便捷、口感好，避免了复水性差带来的混汤、断条、口感变差等弊端，受到市场的青睐。

主要工艺流程如下：

苦荞麦面粉、膳食纤维粉 → 和面 → 两次挤压成型 → 冷却 → 干燥成型 →

时效处理 → 定量分割 → 灭菌处理 → 酸处理 → 成品检验 → 包装 → 成品

经试验，该产品的GI（血糖生成指数）值为38.6。

5. 非油炸荞麦方便面

通过控制淀粉预糊化过程和工艺参数等措施，将不含面筋的荞麦原料进行二次连续挤压处理，可生产出口感爽滑、复水性好、不断条、不混汤等特点的非油炸荞麦面条。陕方等利用二次连续挤压设备加工荞麦等纯杂粮系列方便面，不使用任何辅料和添加剂，主要工艺流程如下：

苦荞面粉 → 和面 → 两次挤压成型 → 定量切块 → 蒸煮 → 干燥 → 冷却 → 包装 → 成品

该产品中苦荞黄酮的含量为0.43%，DPPH·清除率抑制中浓度（IC_{50}）为5.4mg，其总抗氧化能力为229.4mmol/g。

6. 苦荞降糖粉

王艳（2001）发明了一种苦荞降糖粉，各组分含量为：苦荞粉50%～60%、营养粉（脱脂奶粉或豆粉）20%～40%、松花粉1%～10%、黄酮类物质1%～5%、膳食纤维素1%～10%、黑芝麻粉1%～10%。其制备方法是：将苦荞去皮后磨制成苦荞粉；将松树花粉磨制成松花粉，按比例打匀即可。由于降糖粉中的苦荞粉含量在40%以上，其含有的丰富的生物类黄酮芦丁，能改善糖耐量，调节血糖，并调节内分泌系统，使得降糖粉的疗效明显。

7. 苦荞三降保健粉

钟华强（2006a）发明了一种苦荞三降（降低血脂、血糖、尿糖）保健粉，由以下原料配制而成：苦荞米70%～88%、螺旋藻5%～10%、人参1.5%～9%、决明子1.5%～9%、甘草2.4%～5%。将苦荞米清洗晾干，进入膨胀机膨胀后，加入螺旋藻、人参、决明子、甘草拌匀后，粉碎成细粉，包装。该苦荞三降保健粉由于加入了螺旋藻和决明子，使其三降功能更为明显。加入人参能补气、安神，使人们服用感觉更好；加入甘草能改善口味，使其具有较好的口感，为苦荞米的开发利用提供了一种新的产品。

主要工艺流程如下：

螺旋藻、人参、决明子、甘草 ↓

苦荞米 → 清洗晾干 → 膨胀 → 拌匀 → 粉碎 → 包装 → 成品

8. 荞麦营养配方面粉

李红梅等（2007）利用70%～85%高筋小麦面粉、10%～25%荞麦面粉、0.1%～0.5%苦荞黄酮提取物与3%～8%燕麦麸皮超细粉混合在一起制成的纯天然荞麦营养配方面粉既改善了口感、提高了加工品质，又具有显著的抗氧化活性。经检测，其 DPPH · 清除率抑制中浓度值 IC_{50} ＜10mg，总抗氧化能力＞100mmol/g，与普通高筋小麦面粉相比，两项抗氧化指标分别提高了 15 倍和 5.95 倍以上，抗氧化活性效果十分显著。

9. 荞麦芽全粉

荞麦芽全粉具有诱人的荞麦芽清香味，其氨基酸、芦丁、矿物质含量均高于一般荞麦种子粉，且功能成分的含量和活性增强，易为人体所吸收。制备的荞麦芽全粉可直接冲饮或食用，也可将其与其他面粉或米粉混合后制作米饼、面包和各种休闲食品，还可将其作为营养添加剂加入各类食品中。

主要工艺流程如下：

荞麦籽粒→清洗、浸泡→发芽→拌匀→破壁→速冻→真空冷冻干燥→粉碎→包装→成品

10. 荞麦苗粉

胡久青（2003）开发了一种荞麦苗粉，其具有色泽鲜艳、有效成分含量高、无农药残留和金属离子的特点。由于荞麦苗中含有大量的芦丁、总黄酮以及人体所必需的多种微量元素，具有较高的药用价值，可以作为添加剂制备具有保健作用的各类食品。

主要工艺流程如下：

荞麦苗→割取、清洗→漂烫护色→去浮水→烘干→微波干燥→粉碎→包装→成品

（二）荞麦方便食品

1. 苦荞蛋糕

邓正中等（2008）发明了一种苦荞蛋糕，由以下原料配制而成：苦荞粉 3.3%～20%、面粉 12.7%～35%、鸡蛋 20%～32.3%、糖醇类食品添加剂 25%～50.5%、辅料 1%～2.5%。该苦荞蛋糕既可以克服苦荞所具有的苦涩口感，又可以解决现有蛋糕含糖量高的缺陷。由于该蛋糕含有苦荞，具有降血糖、降血脂等作用，而且在制备过程中没有加入含糖成分，既可提供给“三高”人群食用，也可提供给不适于食用含糖量过高的人群（如老人、小孩、减肥人士）。

2. 苦荞桃片

赵钢等（2008）发明了一种苦荞桃片加工方法及质量标准。该桃片所用原料除糯米、植物油、核桃、白砂糖外，还添加了苦荞粉，苦荞粉通过炒制脱壳，粉碎后过 100～120 目，按一定比例混合在“回粉”中。该桃片富含生物蛋白、维

生素、矿物质，尤其是保健功能强的生物黄酮类成分，同时制订了苦荞桃片的质量标准，保证了苦荞桃片的质量。

主要工艺流程如下：

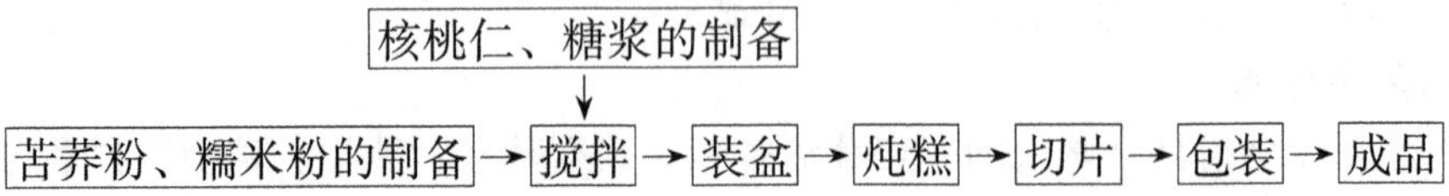

核桃仁、糖浆的制备
↓
苦荞粉、糯米粉的制备 → 搅拌 → 装盆 → 炖糕 → 切片 → 包装 → 成品

3. 苦荞雉羹

王向东等（2008）发明了一种苦荞雉羹，由以下原料组成：黑米 1～3 份、小米 1～3 份、苦荞粉占黑米和小米总量的 20％～30％、白条雉鸡占黑米和小米总量的 55％～65％、猪皮占黑米和小米总量的 15％～20％、食盐占黑米和小米总量的 0.5％～1.5％。该产品蛋白质含量高、营养丰富、口感舒适、食用方便，具有较好的营养价值。

主要工艺流程如下：

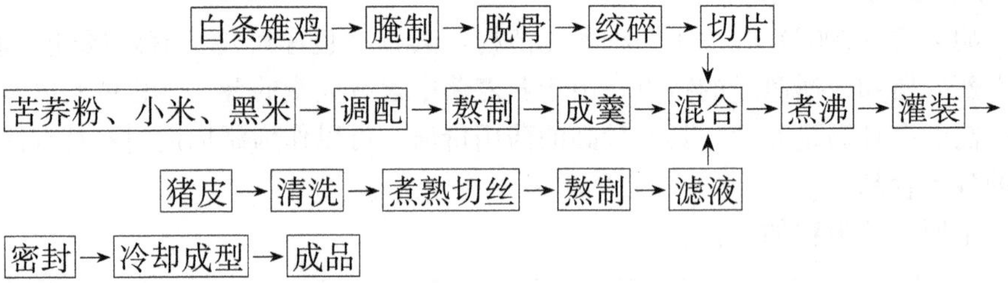

白条雉鸡 → 腌制 → 脱骨 → 绞碎 → 切片
↓
苦荞粉、小米、黑米 → 调配 → 熬制 → 成羹 → 混合 → 煮沸 → 灌装 →
↑
猪皮 → 清洗 → 煮熟切丝 → 熬制 → 滤液

密封 → 冷却成型 → 成品

4. 荞麦杏仁软糖

周小理等（2009）发明了一种荞麦、杏仁琼脂双层软糖，其制作方法主要包括烤杏仁，苦荞膨化，混料熬糖，糖浆的冷却和调色、调香，上层软糖的浇模成型、下层软糖的分切成型，组合及成品包装等。该产品所含的芦丁等黄酮类化合物、矿物质以及人体必需的 18 种氨基酸的含量高于一般琼脂软糖，可提高人体的免疫力，增强人体健康。

主要工艺流程如下：

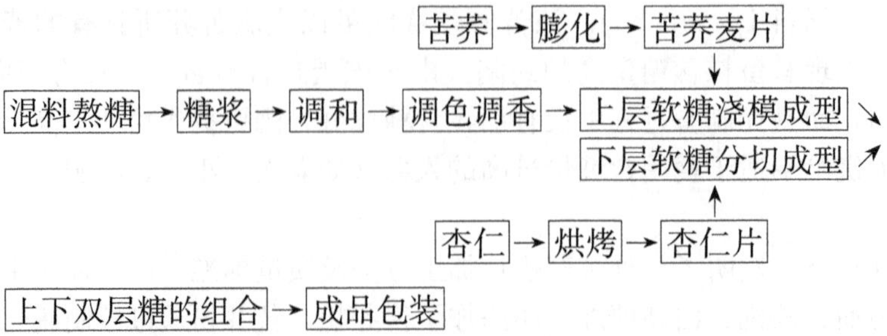

苦荞 → 膨化 → 苦荞麦片
↓
混料熬糖 → 糖浆 → 调和 → 调色调香 → 上层软糖浇模成型 ↘
下层软糖分切成型 ↗
↑
杏仁 → 烘烤 → 杏仁片

上下双层糖的组合 → 成品包装

5. 核桃苦荞糊

朱世宗（2011a）开发了一种核桃苦荞糊，其原料为核桃仁、芝麻仁、葵花仁、花生仁、鱼香草、苦荞、燕麦、天星米、薏仁米。其中核桃仁 5%～10%，芝麻仁 3%～5%，葵花仁 3%～5%，花生仁 3%～5%，鱼香草 1%，苦荞 30%～55%，燕麦 15%～40%，天星米 10%～20%，薏仁米 5%～10%。该产品香味浓郁、口感较佳，同时还具有较高的营养价值和保健功能，能增强身体素质，提高免疫能力，有健脑、润肠、降血脂、降血糖、降血压的功效，是高血糖、高血脂、高血压、神经衰弱人群的最佳饮食。

主要工艺流程如下：

芝麻仁、葵花仁、花生仁 → 烘干 → 炒制 ↘

苦荞、燕麦、核桃仁 → 烘干 → 炒制 → 调配 → 磨粉 → 包装 → 成品

天星米、薏仁米、鱼香草 → 烘干 → 炒制 ↗

6. 苦荞八宝粥

赵钢等（2009a）发明了一种口味新颖，营养丰富，保健功能强，以苦荞为主要原料的八宝粥配制方法。其采用苦荞为主要原料，加入食药同源，保健功能强的营养滋补品绿豆、红豆、莲子、大枣、薏苡仁、糯米、花生、冰糖、枸杞子而得。本发明具有益气健脾，美容养颜，延年益寿功用。特别适合老年人、中年妇女、亚健康人群滋补健体服用。本发明具有制作工艺简单，营养丰富，食用方便，口感好，原料易于获得，加工成本低等特点。

该八宝粥的配制方法如下。

1）筛选去掉原料中杂物、虫蛀、破损、变质的部分，浸洗，去除表面灰土，沥干。

2）将花生、红豆、绿豆、糯米、薏苡仁、莲子用冷水浸泡 2～3h，沥干备用。花生采用去皮的无衣花生仁。

3）大枣去核，切成 0.5cm 左右小块备用。

4）苦荞米、枸杞洗净备用。

5）在加热容器中加入无衣花生仁、莲子、糯米、薏苡仁用武火煮沸后改为文火煎煮 2h。

6）在 5）中加入大枣、枸杞子、冰糖武火煎沸后改为文火煎煮 30min。

7）在 6）中加入苦荞米、红豆、绿豆、糊精武火煮沸 10min 即可。

二、功能性饮品

市面上，最常见的荞麦饮品是各种各样的保健茶，其次还有荞麦多肽营养饮料、荞麦保健奶等。

（一）荞麦保健茶

荞麦保健茶的品种繁多，从原料配方看，有用荞米或花序单原料的，也有用种子、叶片等多原料的，还有将荞麦和其他药用植物混合为原料的，采用多种加工工艺而制成。

1. 灵芝苦荞茶

朱世宗（2011b）开发了一种灵芝苦荞茶，其原料配方为灵芝 3%～10%，苦荞 20%～45%，茶叶 45%～77%。该产品香味独特，具有茶叶的茶香和苦荞的清香，口感极佳，是高血糖、高血脂、高血压和神经衰弱人群的最佳饮品。该灵芝苦荞茶制备的主要工艺流程如下：

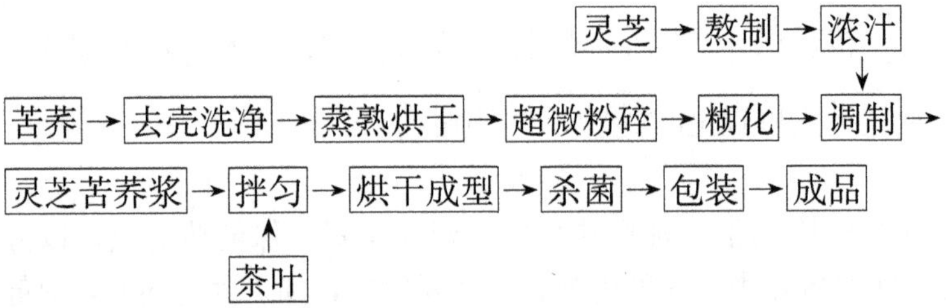

灵芝→熬制→浓汁↓

苦荞→去壳洗净→蒸熟烘干→超微粉碎→糊化→调制（←浓汁）→

灵芝苦荞浆→拌匀（↑茶叶）→烘干成型→杀菌→包装→成品

2. 苦荞养生茶

仪徐生（2007）发明了一种苦荞养生茶，由苦荞、苦荞花粉、生物类黄酮混合而成，其中苦荞含量为 70%，苦荞花粉含量为 28%，生物类黄酮含量为 2%。该苦荞养生茶尤其适用于糖尿病引起的并发症患者、血糖偏高患者及老年人饮用，不仅能清燥热、消口渴、调节代谢紊乱，而且具有降血糖、消除并发症等效果。

3. 松针苦荞仁茶

高骁勇（2011）发明了一种松针苦荞仁茶，其原料配比由 30%～70%质量份的松针和 30%～70%质量份的苦荞仁组成。该产品气味清香、口感纯正、滋味浓厚，且充分保留了松针和苦荞的营养活性成分，具有较好的营养保健价值。其制作的主要工艺流程如下：

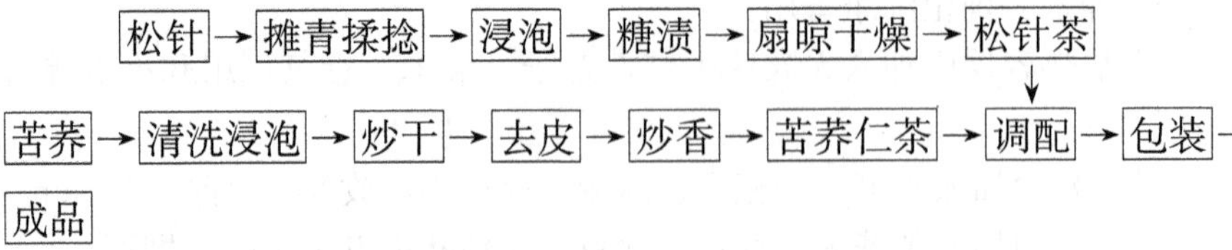

松针→摊青揉捻→浸泡→糖渍→扇晾干燥→松针茶↓

苦荞→清洗浸泡→炒干→去皮→炒香→苦荞仁茶→调配（←松针茶）→包装→

成品

4. 苦荞醋茶饮料及其生产方法

陈树俊等（2007）发明了一种苦荞醋茶饮料，按质量百分比计，生产原料主要为：苦荞米 5%～8%、绿茶 0.8%～1%、菊花 2%～4%、甘草 0.05%～0.1%、木糖醇 5%～8%、食醋 3%～5%。其生产步骤：将苦荞米在 80～90℃

的纯净水中保温浸提 1～2h 得到苦荞米浸提液；将绿茶、菊花、甘草粉碎后用苦荞米浸提液对其进行提取，80～90℃提取 20～30min；将食醋、木糖醇和剩余的水加入上述提取液中，超滤，121℃，灭菌 8～10s，冷却，灌装，密封包装制得产品。产品中苦荞黄酮含量≥50mg/L，茶多酚含量≥200mg/L，咖啡因含量≥35mg/L，绿原酸含量≥5mg/L。

5. 荞麦芦丁茶

郑鉴忠（2009）发明了一种荞麦芦丁茶，荞麦有丰富的蛋白质、淀粉、膳食纤维、脂肪、维生素和微量元素。苦荞黄酮（芦丁占 80%以上）有软化血管、降血压、降血脂、降血糖、抑制肿瘤、抗菌、抗病毒和抗氧化等多种生理功能。荞麦种子胚中有芦丁降解酶，当温度 1～60℃时，苦荞粉与水接触，芦丁被迅速降解。普通荞麦茶，都是冷水拌和后高温加工，导致荞麦芦丁被破坏，不能实现荞麦的药食两用功能。此发明生产步骤：选料灭酶（灭酶温度 85℃）→配料生产→包装检验得到成品。荞麦芦丁茶可含芦丁 10～40mg/g，最大限度保存了荞麦茶中的芦丁。

6. 降脂功能茶

郭爱秀等（2011）发明了一种降脂功能茶，其制作原料包括白砂糖、木糖醇、乌龙茶、普洱茶、苦荞、左旋肉碱、绿茶类、银杏叶提取物、聚葡萄糖、六偏磷酸钠、复合茶香精、D-异抗坏血酸钠、碳酸氢钠、维生素 C 和水。该茶口感鲜爽，并且能够辅助降低血脂、防治心血管疾病等。

7. 苦荞麦凉茶

周素梅等（2011）发明了一种苦荞麦凉茶，其有效成分为苦荞、陈皮、金银花、菊花、枸杞、仙草、柠檬和甜叶菊。其中，苦荞为 75～90 份，陈皮为 3～8 份，金银花为 3～8 份，菊花为 1～3 份，枸杞为 1～3 份，仙草为 1～3 份，柠檬为 0.5～2 份，甜叶菊为 0.1～0.5 份。制备方法包括：将苦荞烘烤后与上述组分混匀，加水浸提、过滤，取过滤所得滤液灌装和杀菌后，得到所述苦荞麦凉茶。该产品具有清热解毒、清肝明目等功效。

8. 荞麦花茶

陈庆富（2007）发明了一种荞麦花茶以荞麦幼花序为原料，采用改进的绿茶制作工艺，经摊青、杀青、热揉、干燥等步骤，生产出保健荞麦花茶产品。该荞麦花茶的生产方法简单，产品色泽好，香味浓，荞麦总黄酮类物质含量高达 5%以上，芦丁含量在 3%以上，并且其他营养成分，如维生素等也较丰富。同时荞麦花茶中还含有部分天然抗饥饿成分，可以减轻饥饿感，减少食物的摄取，长期饮用还具有减肥效果。

（二）荞麦营养保健饮料

1. 荞麦多肽营养饮料

周小理等（2005a）发明了荞麦多肽营养饮料，制备方法包括：①清洗、浸泡；②发芽；③破壁；④酶解；⑤配料；⑥均质等步骤。将荞麦原料发芽且全胚芽细胞破壁，再生物酶解成为含有荞麦多肽、荞麦氨基酸的可溶性荞麦蛋白复合物后，经配料、均质、无菌灌装制成荞麦多肽营养饮料。该饮料具有诱人的荞麦芽清香味，其氨基酸、芦丁、矿物质含量高，营养成分活性增强。与一般的荞麦制品相比，本饮料更容易被人体所吸收，而且消除了荞麦中的过敏原因子。通过在配料中添加复合稳定剂使饮料组织状态均匀稳定。该饮料含有较多的低聚糖浆和膳食纤维也有助于肠道菌群的生长。

2. 苦荞营养保健饮料

马强（2011a）发明了一种苦荞营养保健饮料，该产品最大程度地保存了苦荞中生物类黄酮、微量元素、矿物质、淀粉、维生素、纤维素、脂肪和蛋白质等有益成分，具有降血脂、降血糖、减肥等保健功效。其主要生产工艺流程包括：①预处理；②灭酶；③提取；④酸解；⑤挤压膨化；⑥糊化；⑦酶解；⑧调配；⑨均质；⑩灌装；⑪检验包装、入库。

3. 苦荞咖啡及生产工艺

侯兆乾（2008）开发了一种苦荞咖啡，其各组分及其质量配比为：苦荞芦丁粉75%～83%、咖啡全粉13%～19%、天然香辛料4%～6%。其生产工艺流程为：①对苦荞精选→脱壳→破碎→分离，得有机芦丁粉原料；②将①中所得的有机芦丁粉原料汽蒸→冷却→膨化→炒制→超微，得半成品芦丁粉原料；③进口咖啡豆→精选→烘焙→研磨，得咖啡全粉；④将②中所得的芦丁粉原料与③中所得的咖啡全粉按比例混合→烘焙→冷却→加天然香辛料→真空包装，得成品。制得产品质量及各项营养成分完全达到Q/LBW010-2008企业标准，同时又保留了苦荞的天然营养成分，食用方便快捷。

4. 苦荞麦复合杂粮饮料

蒋保林等（2010）发明了一种苦荞麦复合杂粮饮料，以苦荞为主，玉米、大豆、花生等杂粮为辅，再复配其他辅料。其制备方法是利用中国传统的蒸煮工艺，结合烘烤增香技术去除大豆和花生的豆腥味和生味，并优选乳化稳定剂胶体进行复配，再通过胶体磨和高压均质超微粉碎技术，在不外加香精和防腐剂的情况下，使制备的苦荞麦杂粮饮料保留了苦荞、玉米、大豆和花生中的生物黄酮类物质，膳食纤维，蛋白质和亚油酸等营养成分，富含营养，保健功能突出；饮料稳定性好、无沉淀、不分层、保质期长；苦荞、玉米、大豆、花生等杂粮的滋味和香味完美地融合在一起，香甜爽滑，口感舒适细腻，适合各类消费人群饮用，四季皆宜，既可作为补充水分的解渴饮料，又可作为早餐饮品。

5. 降血压功能的苦荞保健饮料

马强等（2011b）发明了一种辅助降血压功能的苦荞保健饮料，配方为每1000ml饮料中含有：苦荞5～35g，沙棘5～20g，山楂10～30g，枸杞子5～

20g，大蒜 1～15g，葛根 1～10g，决明子 1～15g，红花 1～9g，银杏叶 1～10g，海带 5～20g，葡萄籽提取物 0.4～0.8g，蜂蜜 5～30g，果葡糖浆 5～30g，柠檬酸 5～15g，余量为纯净水。长期饮用可以有效地降低血压，提高机体免疫力。

6. 保健养生饮品

贾应杰等（2010）发明了一种女性保健养生饮品，由下述质量份的原料制得：枸杞 10～30 份、红枣 10～20 份、阿胶 5～15 份、山楂干 10～20 份、桂圆 5～15 份、木瓜干 5～15 份、葛根 5～15 份、苦荞 2～8 份、普洱茶 2～8 份。将阿胶按 1∶20 比例加水熬制成含 40%～50%水分的阿胶浓浆；其他原料分别精选、洗净、烘干、搅拌均匀、破碎、灭菌，按配方比例加入阿胶浓浆中，混合均匀，加温，在 70℃条件下烘干，制得粒度小于 60 目的颗粒。该产品为养颜美体、排毒抗衰和养生健身的纯天然饮品。

7. 黑苦荞保健酱油及其制作方法

薛春生等（2003）发明了一种苦荞保健酱油，解决了现有酱油只有调味作用而没有保健功能的技术难点。该黑苦荞保健酱油，由下述质量百分比的原料酿制而成：黑苦荞 40%～60%、黑小麦 30%～50%、黑芝麻 5%～10%。生产黑苦荞保健酱油的方法是：先将黑苦荞、黑小麦粉碎并用同量的热水润料；然后将黑芝麻粉碎后拌入润好的黑苦荞和黑小麦中并混合均匀；接着再蒸料 4～8min，迅速出锅摊凉；将种曲接入熟料内制曲，制曲时间为 40h；制酱醅，发酵 20 天，加原料质量 17%的盐水，发酵 5 天，最后淋油。

8. 荞麦乳酸菌饮料

郭凯等（2006）发明了一种荞麦乳酸菌饮料，原料的质量百分比为荞麦 3%～6%，大豆 4%～7%，其余为平衡量的水。将去皮荞麦蒸煮熟化并加水研磨成浆液存入无菌储料罐中，再加适量的糖化酶生化处理；将经过清洗浸泡后的大豆进行完全脱腥处理；再将大豆浆液和生化处理后的荞麦浆液充分混合后注入特殊驯化培养的益生菌菌种进行发酵；将发酵好的半固体物料放入调配罐加水研磨；将研磨后的物料再进行高压均质的高速研磨。该产品可刺激胃液分泌、促进人体新陈代谢，有助于便秘、消化不良等疾病的恢复。

（三）荞麦芽保健奶的生产

荞麦芽保健奶是以荞麦芽和内蒙古大草原无污染的纯净牛奶为原料加工而成的一种保健奶。它不仅具有内蒙古大草原无污染的纯净牛奶的营养，而且含有荞麦中特有的保健因子——芦丁，具有与其他保健奶不同的保健功能。其制作的主要工艺流程如下：

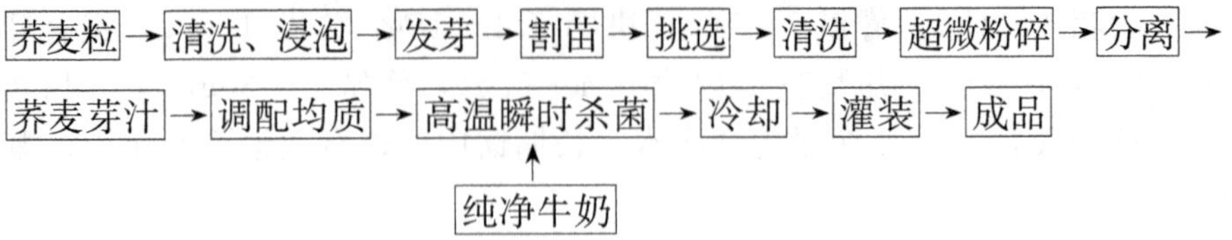

荞麦粒 → 清洗、浸泡 → 发芽 → 割苗 → 挑选 → 清洗 → 超微粉碎 → 分离 → 荞麦芽汁 → 调配均质 → 高温瞬时杀菌 → 冷却 → 灌装 → 成品

（纯净牛奶 → 高温瞬时杀菌）

（四）荞麦保健酒

1. 苦荞黄酒

马东升等（1998）发明了一种苦荞麦黄酒，是由黄酒和苦荞提取液组合而成。苦荞黄酒的生产方法的关键是在黄酒中加入了苦荞提取液，苦荞提取液可以在三个阶段和黄酒合成，即同步合成，后发酵期合成，分别制成混合合成。苦荞发酵或被乙醇浸泡后能生成芦丁，而芦丁能软化血管，增加血管弹性，代谢O·，延缓衰老的作用早已被医学界公认，故含有芦丁的黄酒，借用黄酒的引药作用将更好地发挥芦丁的医用效用，使这种黄酒在饮后对人体起到更好的保健作用。

2. 苦荞青梅酒

唐赐斌（2008）发明了一种苦荞青梅酒，按每100kg纯苦荞原浆酒配10～100kg青梅的比例将青梅浸入纯苦荞原浆酒中，并至少封存10天后，就得到微红、微黄的苦荞青梅酒，将微红、微黄的苦荞青梅酒进行蒸馏处理就得到无色的苦荞青梅酒。

3. 苦荞抗氧化保健酒

李云龙等（2007）发明了一种苦荞抗氧化保健酒，是在苦荞基酒中添加黄酮提取物。具体是用50%以上的食用乙醇提取酒糟，滤液浓缩回收溶剂；以大孔径树脂吸附浓缩液，水洗后再用食用乙醇洗脱，收集洗脱液，浓缩干燥得到酒糟黄酮提取物；将酒糟黄酮提取物添加到苦荞基酒中，微热溶解，勾兑制成苦荞抗氧化保健酒。该苦荞酒清除DPPH·和抗氧化能力比原苦荞基酒分别提高了8.1倍和33.3倍以上，具有十分显著的抗氧化保健活性。

4. 苦荞啤酒

赵钢等（2009b）发明了一种苦荞啤酒，该苦荞啤酒在制备时用苦荞粉代替了传统的大米、玉米等辅料，其麦芽与苦荞粉的比例为（3∶7）～（1∶1），所采用的制备方法解决了苦荞粉添加量大时无法糖化的问题，使所生产的苦荞啤酒具有高含量的黄酮类、高生物价蛋白质、维生素及矿质元素等成分，大大提高了啤酒的营养成分和保健功能，并强化了啤酒的苦荞风味。

5. 苦荞麦发酵饮料酒

王怀能等（2008）发明了一种治疗糖尿病的低度发酵饮料酒，将苦荞1250g、糖化酶10～15g、酵母2～6g、柠檬酸8～9g、白砂糖700～1200g、人参

12～15g、黑豆 12～18g、黄精 15～20g、巴戟天 10～16g、枸杞子 12～15g、山药 6～15g、熟地 16～20g、肉苁蓉 6～12g、女贞子 5～12g、桑葚 6～10g、何首乌 8～15g、泽泻 9～15g、苦瓜干 8～12g、地骨皮 10～18g、三七 46g、红花 5～12g、马齿苋 9～15g、葛根 18～30g 等全部采用低温发酵的方式，然后分离倒桶、澄清，制得含乙醇 8%，总糖≤4g/L 的低度发酵饮料酒。

6. 苦荞芽保健酒

胡一冰等（2011）发明了一种苦荞芽保健酒，该苦荞芽保健酒是由苦荞芽、中药材放入白酒中浸泡而制成，所用原料组分及质量比为：苦荞芽 50～100 份、淫羊藿 8～15 份、补骨脂 10～15 份、黄芪 5～10 份、炒白术 5～10 份、当归 6～10 份、麦冬 1～5 份、甘草 1～5 份、杜仲 5～10 份、枸杞子 1～5 份和大枣 5～10 份，所述白酒与上述原料总量的质量之比为（15～20）∶1。其制作过程是：先将苦荞芽烘干，然后将烘干后的苦荞芽与其他原料进行粗粉碎并混合，再将混合后的原料放入乙醇含量为 56%～60%的白酒中浸泡，每天搅动 1～2 次，浸泡 25～35 天后过滤即制得。该苦荞芽保健酒不仅总黄酮含量高，而且还具有中药的药效，保健功能强，长期食用能增强人体免疫力，防病治病。

三、功能性食品配料

用高科技技术提取荞麦中的功能成分，经浓缩、精制，作为食品加工的原料配入食品中，以提高功能食品的功效。目前，该类产品主要有荞麦多酚类、苦荞黄酮类、荞麦糖醇类和荞麦蛋白质类。

（一）荞麦多酚食品配料

袁建平（2008）发明了一种金荞麦多酚提取物，其为褐红色无定形粉末，味涩、苦、微酸；放置空气中易吸潮，遇光、热颜色逐渐变深，可溶于甲醇、乙醇、含水乙醇，微溶于水，不溶于氯仿、石油醚、乙醚等有机溶剂。采用低温-搅拌动态渗漉法对金荞麦进行粗提取；然后将粗提取物用中性大孔吸附树脂精制；最后低温微波干燥，得到无有机物残留、高活性、高纯度的金荞麦多酚提取物。具体流程为：①粗提。采用低温-搅拌动态渗漉法，用 60%的乙醇在 50～60℃对金荞麦进行粗提取，得到金荞麦多酚粗提取物。②精制。采用中性大孔吸附树脂 LAS-20 精制粗提取物，得到精制多酚提取物。③干燥。采用低温微波干燥技术对精制多酚提取物进行干燥。该金荞麦多酚提取物可与其他中药联用，增强治疗效果。

（二）苦荞黄酮食品配料

1）边俊生等（2007a）以富含黄酮的苦荞麸皮、花、茎叶等为原料，经预处理、溶剂浸提等工艺，一次性提取纯化处理的总黄酮含量可达 30%～80%，经动物口服急毒试验表明，LD_{50} 大于 20.0g/kg，属实际无毒，可用于功能食品配料和医药原料。

主要工艺流程如下：

苦荞原料→破壁处理→溶剂提取→分离弃渣→滤液浓缩、纯化→离心分离→真空干燥→成品

2）白宝兰等（2008）对苦荞叶、茎、壳和籽粒粉碎物中的生物类黄酮进行了定性定量分析，选用总黄酮含量最高的苦荞叶为原料制备苦荞黄酮精粉。材料经粉碎处理、溶剂浸提、大孔树脂纯化等工艺，制备的苦荞黄酮精粉中芦丁和总黄酮含量达到 85.34%和 91.36%。

主要工艺流程如下：

苦荞叶→粉碎→溶剂提取→大孔树脂纯化→真空干燥→黄酮精粉

3）徐宝才等（2005）以牛肉火腿切片分离出的乳酸杆菌及肠杆菌为供试菌，采用滤纸片法对 10 种防腐保鲜剂乳酸钠、双乙酸钠、山梨酸钾、EDTA 二钠、乳酸链球菌素（Nisin）、茶多酚、壳聚糖、水溶性壳聚糖、芦丁、苦荞壳提取液（黄酮），以及部分复配剂的抑菌效果进行了筛选。结果发现 Nisin 对乳杆菌的作用效果明显；茶多酚、壳聚糖对肠杆菌有较强的抑制作用；苦荞提取液对供试菌只表现出轻微的抑制作用，但可能对其他种类的食品腐败菌具有强的抑菌活性，需进一步开展提取液的抑菌实验，以发掘出其作为保健型天然防腐保鲜剂的潜在作用。

主要工艺流程如下：

苦荞籽粒筛选→筛选苦荞壳→粉碎→浸提→过滤→黄酮提取液→防腐剂的制备

（三）荞麦 D-CI 食品配料

1）边俊生等（2007b）以富含荞麦糖醇的荞麦麸皮，经破壁处理、溶剂浸提、高压水解等工艺加工，一次性提取纯化处理的提取物中 D-CI 含量可达 30%～50%，作为荞麦 D-CI 食品配料，可满足功能食品加工的要求。经动物口服急毒试验表明，LD_{50} 大于 16.0g/kg，属实际无毒，可应用于功能食品配料和医药原料。

主要工艺流程如下：

荞麦麸皮原料→预处理→溶剂提取→高压水解→活性炭脱色→树脂分离→减压浓缩→D-CI 水解物

2）温龙平等（2002）研究发现，荞麦发芽萌动时激活的 α-半乳糖苷酶等内源酶可有效水解荞麦糖醇生成 D-CI、肌醇等功能成分单体，其提取物作为食品配料或保健食品配料时，大幅度提升荞麦降低糖尿病模型大鼠空腹血糖的效果。

主要工艺流程如下：

苦荞或甜荞籽粒→发芽萌动→溶剂提取→冷冻干燥→D-CI 提取物

试验表明：提取物使用剂量为 50mg/kg 时，4 天后模型大鼠血糖比对照下降 39%，使用剂量增加至 100mg/kg 时，1 天后血糖可比对照下降 28%。苦荞提取物相同剂量降低血糖效果要好于甜荞提取物。

（四）荞麦蛋白质食品配料

1）高梅等（2009）用 4000～6500U/g 蛋白酶水解荞麦蛋白质，清液经真空冷冻干燥可得荞麦蛋白质生物活性肽的干粉。研究发现，经酶水解得到的蛋白多肽具有促进免疫、激素调节、抗菌、抗氧化、抗病毒、降血压、降血脂等多种健康功能。

主要工艺流程如下：

荞麦蛋白粉→蛋白酶水解→离心分离→冷冻干燥→蛋白多肽干粉

经电泳分析，荞麦蛋白多肽分子质量分布在 20 000～43 000Da。其 ACE 抑制率为 52.37%，OH · 清除率可达 45.4%，超氧阴离子清除率为 80.33%，DPPH · 清除率达 46.6%。

2）郭晓娜等（2007）以苦荞麦粉为原料，采用硫酸铵分级沉淀、离子交换色谱和凝胶过滤色谱对苦荞麦水溶性蛋白质（TBWSP）中抗肿瘤活性组分进行筛选、分离及纯化，得到了有效组分 TBWSP31，其对人乳腺癌细胞株 Bcap37 的生长、增殖有显著的抑制活性，IC_{50} 值为 19.75μg/mL。

主要工艺流程如下：

苦荞粉→蛋白提取液→分级沉淀→离子交换色谱分离→凝胶色谱分离→冷冻干燥→抗肿瘤活性检测→TBWSP31

3）卢建雄等（2002）以苦荞粉为辅料，经特殊工艺加工而成的彩色保健豆腐凝固剂-苦荞酸性凝固剂，将苦荞中的营养成分借助豆腐加工工艺有机富集、融合在豆制品中，成品色泽微黄、清香爽口、营养丰富，既保持了传统豆腐的风味，又具有保健功能。经检测苦荞豆腐中微量元素 Zn、Cu、Se 等均高于普通豆腐。

主要工艺流程如下：

苦荞粉→浸泡→洗脱→静置去沉淀→灭菌→发酵→酸性凝固剂

四、功能制剂类

1. 苦荞黄酮醋软胶囊

薛春生等（2004）开发了一种苦荞黄酮醋软胶囊，以苦荞醋为基础原料，适量添加苦荞黄酮配料，采用稳定性好的软胶囊剂型，辅之以红花籽油、卵磷脂等天然辅料开发的新型保健醋产品，其中苦荞黄酮含量可达5%以上。

主要工艺流程如下：

苦荞醋原料→低温浓缩→配料调制→高压乳化→灌装→定型→干燥→灭菌→检验→成品包装

2. 复方金荞麦制剂

袁建平（2004）发明了一种复方金荞麦制剂，由中草药金荞麦、岩白菜和绞股蓝的提取物组成。金荞麦粉的提取方法是：取金荞麦根茎洗净切片晒干，在丙酮-水溶剂中，室温浸泡2～7天，对提取液减压回收丙酮，浓缩过滤除去沉淀物，用乙醚∶醋酸乙酯∶正丁醇萃取，以D100大孔吸附树脂为填料，用浓度不同的乙醇作为洗脱剂，分别将醋酸乙酯、正丁醇萃取液分离，收集洗脱液静置24h，105℃烘干即可。本制剂有益气养阴、清热解毒、活血化瘀、祛痰止咳的功效；具有癌化学预防作用及抗癌活性，更重要的是它能有效地治疗肺癌。

3. 荞麦谷果蔬泡腾片

周小理等（2005b）发明了一种荞麦谷果蔬泡腾片，其主要工艺流程包括下列步骤：①制备荞麦多肽复合蛋白粉；②制备荞麦芽全粉；③配料、造粒；④真空干燥、压片成型。将荞麦米经清洗、浸泡、细胞破壁微细化粉碎为30～50μm细度的浆体，再经蒸煮、冷却、酶解、分离浓缩、真空浓缩、喷雾干燥、真空充氮包装制成荞麦多肽复合蛋白粉，再与荞麦芽全粉、荞麦黄酮提取物、沙棘粉、番茄粉、碳酸氢钠及碳酸氢钾、酸味剂、甜味剂、麦芽糊精、硬脂酸镁、蔗糖粉和乙醇溶液均匀混合，经两步法造粒、真空干燥后压片成型，单片或多片包装。与采用一般方法制作的荞麦种子粉混合冲剂相比，该产品更多地保存了荞麦的功能成分，食用非常方便。

4. 苦荞螺旋藻片

罗光宏等（2005）发明了一种苦荞螺旋藻片，由下列质量百分含量的有效成分和辅料组成，螺旋藻85.0%～92.5%、苦荞提取物5.0%～10.0%、二氧化硅1.25%～2.5%、纤维素1.0%～2.0%和硬脂酸镁0.25%～0.5%。其制备方法的主要步骤为：将螺旋藻、苦荞提取物分别经粉碎，过40～60目筛备用，将螺旋藻、苦荞提取物和纤维素、二氧化硅、硬脂酸镁，充分混合过筛后，采用旋转式压片机干粉直接压片成型。该产品既保持了螺旋藻营养又增补了苦荞中生物活性成分，富含55%以上的丰富优质蛋白质和人体必需的8种氨基酸等；能够补充平衡营养，增强机体活力；促进胰岛细胞恢复，改善糖耐量；降低血黏度和毛细血管脆性；降低血糖和血脂；促进血液循环。

5. 苦荞托毒丸

王文祥（2009）发明了一种苦荞托毒丸，以苦荞粉、黄芪、虎杖、菊花、蜂蜜为原料制备而成，其步骤为：①称取下列质量配比原料，苦荞粉36%～45%、黄芪1%～2%、虎杖1%～2%、菊花0.5%～1%、蜂蜜38%～50%；②取黄芪、虎杖、菊花粉碎成粉，将三味药粉与苦荞粉混匀，干燥灭菌，水分控制在7%～9%；③取蜂蜜加温至112～116℃，时间10～20min，制成炼蜜；④将②步骤制成的药粉与③步骤制成的炼蜜混合，搅拌均匀，放置24～72h，制丸包装。该苦荞托毒丸具有清热解毒、消肿止痛，对于治疗皮肤肌肉溃疡、痈疽具有显著疗效，对胃病、溃疡有一定保健作用，用药方便，为患者提供了新的选择。

6. 苦荞片

闫晓伟（2010）发明了一种苦荞片，由预拌粉与辅料按照3∶2的质量比混合制成，预拌粉由苦荞粉、小米粉、枸杞粉和薏米粉组成；辅料由聚胺酸和碳酸氢钠组成。预拌粉原料分别经α-淀粉酶和蛋白酶处理后，将其与辅料混合均匀，然后压制成片，最后将其灭菌消毒后进行包装，即可制得苦荞片。本发明具有清热解毒、降血糖、降血脂、益气提神、补肾益精、养肝明目等作用，且易吸收、携带食用方便。

7. 荞麦芽芦丁胶囊

周小理等（2008）发明了一种荞麦芽芦丁胶囊，其制备方法主要包括下列步骤：①选种与浸种；②发芽；③打浆；④速冻；⑤真空冷冻干燥；⑥粉碎包装；⑦微波提取与分离纯化；⑧真空浓缩；⑨速冻；⑩真空冷冻干燥；⑪粉碎包装。原料荞麦经发芽且全胚芽细胞破壁微细化后，经溶剂提取和大孔吸附树脂纯化后再经速冻和真空冷冻干燥制成荞麦芽粉，最后精制成荞麦芽芦丁胶囊。所制备的荞麦芽粉具有荞麦芽清香味，氨基酸、芦丁等黄酮类化合物、矿物质含量高于一般荞麦种子粉，营养成分活性增强，易于人体吸收。

8. 苦荞黄酮泡腾片

赵钢等于2008年开发出了一种苦荞黄酮泡腾片，该产品包含苦荞黄酮提取物12%～18%、酸源10%～30%、碳源10%～20%、填充剂30%～50%、水溶性包合材料5%～10%、润滑剂0.1%～0.5%和甜味剂2%～6%，所用苦荞黄酮提取物采用生物酶法联合水提取、大孔吸附树脂纯化、喷雾干燥等工艺制得。

该泡腾片制作时是采用水溶性包合材料对碳源进行包合，而酸源与其他组分单独制粒，制得的苦荞黄酮泡腾片生物黄酮含量高且不易受潮。

五、日用品

1. 苦荞麦皮保健褥垫

刘栋材（2006）发明了一种苦荞麦皮保健褥垫，其主要工艺流程包括：①用棉线将两层棉布缝合成其横截面的长宽均为6～7cm的正方形空间；②在该空间内填充苦荞麦皮、黄芪和沙棘叶的混合物，其填充厚度为2～3cm。该苦荞麦皮保健褥垫，不仅具有驱风、除湿、通经活络、舒筋活血、健脑清目、清热解毒和冬暖夏凉的奇特功能，还对治疗糖尿病、高血压、尿急尿频和防止动脉硬化有显著的疗效，该苦荞麦皮保健褥垫可以作睡觉时铺的褥子、沙发坐垫、汽车坐垫、汽车靠垫和婴儿褥等。

2. 苦荞壳药枕

钟华强（2006b）发明了一种苦荞壳药枕，由苦荞壳和中药材金银花、青蒿组成，苦荞壳与中药材质量比为10∶(1～3)，金银花与青蒿的质量比为1∶1。苦荞壳用水浸泡2～3h，加入金银花与青蒿置于木甑熏蒸11～12h，微波干燥使含水量小于8%，杀菌即得。该苦荞壳药枕对于失眠者和高血压、颈椎病、头痛、头昏等患者具有保健和辅助治疗作用。苦荞药枕能在头的外部形成“动态药场”与外界交换热量，抽湿泻热，能调节睡眠中枢，恢复自然的睡眠状态。

3. 苦荞麦皮肤增白霜

夏栋（2008）发明了一种苦荞麦皮肤增白霜，每份增白霜包括：苦荞、聚氧乙烯十六烷基醚、单硬脂酸甘油酯、山嵛醇、液体石蜡、鲸蜡醇十八酸酯、甲基聚硅氧烷、对羟基苯甲酸、d-δ-EDTA盐、氢氧化钠、蒸馏水。面部清洁后，将制成后的增白霜涂于面部，涂抹均匀，轻轻按摩至完全吸收，能有效地美白肌肤。

4. 苦荞壳护眼罩

孙臻（2008）发明了一种治疗失眠症的护眼罩，特别适合患有失眠症的人使用，属于生活医疗保健领域。护眼罩制作方法是：将银杏叶10～15份，薰衣草6～8份，苦荞壳4～6份，薄荷梗5～7份，野菊花7～9份，麝香1～2份干燥，混合后装入用高精度纺织棉布做成的眼罩套内缝合后即可使用。使用以上方法制作的护眼罩可缓解紧张情绪、消除大脑疲劳，促进面部、脑部血液循环，改善新陈代谢，使患有失眠症的病人很快入睡，大幅改善睡眠质量，还具有消除头晕、头痛、失眠多梦、易醒、记忆力减退症状的功效。该产品配方独特，治疗效果好，使用简便，制备方法简单，生产成本低，便于普及使用。

5. 苦荞麦染发防护制剂

李政俭（2003）发明了一种染发植物防护制剂，每千克产品的原料组成是银杏叶100～150g、黄芪50～100g、苦荞100～150g、茶叶200～250g、甘草50～80g、白扁豆100～150g、桑葚100～120g、皂角100～120g的混合物经醇浸、醋浸、水浸、水煎煮分离溶剂后所得到的提取液。在染发时将少量产品添加到染发膏中，即可显著抑制染发剂中有害物质的致癌作用，减轻染发引起的过敏反应，不影响染发效果且具有滋润皮肤、养护发质的作用。

6. 苦荞壳养生保健床垫

王国富（2009）发明了一种绿色养生保健床垫，在床垫本体的表面设有多个用于放置填充物的容腔，且容腔的外形呈波浪状凸起，相邻的容腔之间还设有缝纫线，该缝纫线为横向缝纫线或纵向缝纫线，填充物为山楂籽、决明子与苦荞壳。该产品外形美观，具有防病、保健等功能。由于在床垫的表面设有多个波浪状凸起，可以对整个身体进行按摩，缓解身体的疲劳与不适，其内部含有的填充物成分经过挥发后会作用在人体的周围，长期睡在上面，可以有效地改善人们的睡眠情况，提高人体的各项机能，起到促进血液循环与人体健康的效果。

7. 荞麦壳保健褥子

韩俊等（2010）发明了一种荞麦壳保健褥子，包括荞麦壳灌装层，高分子材料层和纯棉布层，所述荞麦壳灌装层位于保健褥子的中间，其上、下表面分别连接一层高分子材料层，在所述两层高分子材料层的表面覆盖纯棉布层，所述纯棉布层的四边与所述高分子材料层的四边缝合在一起。去掉荞麦皮后的壳褥子在使用过程中空气流通加大，不会出现荞麦皮不均匀的情况，卧床病人长时间使用也不会出现褥疮。

8. 竹炭荞麦枕

孔玲（2010）发明了一种竹炭荞麦枕，包括枕套和枕芯，所述的枕套由100％纯棉面料制成，枕芯由竹炭颗粒、荞麦壳和茶叶填充而成，竹炭具有超强吸附力，能起到除臭杀菌的作用，荞麦壳防潮透气、冬暖夏凉，茶叶具有提神益智，防暑降温的功能。所述枕芯中竹炭颗粒、荞麦壳和茶叶的配比为1∶2∶1。本发明的枕芯形状依据人体颈部睡眠曲线设计而成，中间低、四周稍高，贴合脊椎正常曲线，不仅有益于头部血液循环，还能有效预防颈椎病、背脊酸痛等。

六、饲料添加剂

王久金（2008）发明了一种苦荞麦饲料添加剂，以我国西南和高海拔地区生产的苦荞麦秸秆（茎）、叶、壳、麸和粉为原料，经备料、秸秆和叶去杂清洗、铡节、混合、粉碎、消毒灭菌包装而成。苦荞营养丰富，还富含生物类黄酮和酚类活性成分，具有清热解毒，活血化瘀，改善微循环系统，拔毒生肌，降血糖血脂等功能。经试用，该苦荞麦饲料添加剂对家禽、家畜有预防和辅助治疗作用，使其生长健壮，提高免疫能力和肉类品质。

主要参考文献

白宝兰，曹柏营，郑鸿雁，等. 2008. 苦荞叶黄酮的提取及精制. 食品科学，29（9）：181～185

边俊生，陕方，李红梅，等. 2007a. 一种从苦荞麸皮中提取黄酮的方法：中国，CN101062114

边俊生，陕方，任贵兴，等. 2007b. 一种从荞麦麸皮中提取D-手性肌醇的方法：中国，CN101077851

蔡马. 2004. 萌发对荞麦营养成分的影响研究. 西北农业学报，13（3）：18～21

陈庆富. 2007. 一种荞麦花茶及其制备方法：中国，CN200710201039. X

陈树俊，吴玉龙，张海英. 2007. 苦荞醋茶饮料及其生产方法：中国，CN200710062535. 1

成少宁. 2010. 萌发荞麦抗氧化活性及抑菌效果研究. 上海师范大学硕士学位论文

邓正中，郭培强. 2008. 苦荞蛋糕及其制备方法：中国，CN200810300602. 3

高梅，张国权，罗勤贵，等. 2009. 一种荞麦蛋白生物活性肽的制备方法：中国，CN101381759

高骁勇. 2011. 松针苦荞仁茶及其制作工艺：中国，CN201110334487. 3

宫风秋，张莉，李志西，等. 2007. 加工方式对传统荞麦制品芦丁含量及功能特性的影响. 西北农林科技大学学报：自然科学版，35（9）：180～183

郭爱秀，成官哲，刘小杰，等. 2011. 降脂功能茶饮料及其制备方法：中国，CN201110222984. 4

郭凯，惠小毅，王敏. 2006. 荞麦乳酸菌饮料及其制备方法：中国，CN200610041926. 0

郭晓娜，姚惠源，张晖，等. 2007. 一种苦荞麦抗肿瘤蛋白的制备方法：中国，CN1944456

韩俊，冯岳宏，张志军，等. 2010. 一种荞麦壳保健褥子：中国，CN201020518225. 3

侯建霞. 2007. 苦荞麦中活性成分及其在萌发过程中变化的研究. 江南大学硕士学位论文

侯兆乾. 2008. 苦荞咖啡及生产工艺：中国，CN200810185194. 1

胡久青. 2003. 一种荞麦苗粉的制备工艺：中国，CN03109613. 1

胡一冰，杨敬东，邹亮，等. 2006. 苦荞麦药理研究及临床应用概况. 成都大学学报，25（4）：271～276

胡一冰，赵钢，彭镰心，等. 2011. 一种苦荞芽保健酒：中国，CN201110139225. 1

贾应杰，刘文. 2010. 一种女性保健养生饮品：中国，CN201010218258. 0

蒋保林，周永进，王永欢. 2010. 苦荞麦复合杂粮饮料及其生产方法：中国，CN201010247433. 9

孔玲. 2010. 竹炭荞麦枕：中国，CN201010245076.2
李红梅，陕方，边俊生，等. 2007. 一种抗氧化杂粮营养配方面粉：中国，CN101066063
李云龙，胡俊君，陕方，等. 2007. 一种苦荞抗氧化保健酒：中国，CN200710062200.X
李政俭. 2003. 染发植物防护制剂及其制备方法：中国，CN03111118.1
林兵，胡长玲，黄芳，等. 2011. 苦荞麦的化学成分和药理活性研究进展. 现代药物与临床，26（1）：29～32
林朝森. 2003. 木耳荞麦保健面食产品及其制造方法：中国，CN03102827.6
刘栋材. 2006. 苦荞麦皮保健褥垫：中国，CN200620115593.7
刘汉武. 2007. 荞麦芽保健奶的生产技术. 内蒙古科技与经济，（7）：124
卢建雄，藏荣鑫，杨具田，等. 2002. 苦荞豆腐加工工艺及其凝固剂的研究. 食品科技，（7）：14～15
罗光宏，祖廷勋，陈天仁，等. 2005. 苦荞螺旋藻片剂及其制备方法：中国，CN200510096477.5
马东升，王存厚. 1998. 一种苦荞黄酒及其生产方法：中国，CN98101584.0
马强. 2011a. 苦荞营养保健饮料：中国，CN201110078982.2
马强. 2011b. 一种辅助降血压功能的苦荞保健饮料及其生产工艺：中国，CN201110078996.4
孙臻. 2008. 一种治疗失眠症的护眼罩及其制作方法：中国，CN200810158559.1
唐赐斌. 2008. 苦荞青梅酒：中国，CN200810045096.8
王国富. 2009. 绿色养生保健床垫：中国，CN200920167425.6
王怀能，王辉，文科. 2008. 一种治疗糖尿病的低度发酵饮料酒：中国，CN200810095728.1
王久金. 2008. 苦荞麦饲料添加剂及其生产方法：中国，CN200810143110.8
王文祥. 2009. 苦荞托毒丸及其制备方法：中国，CN200910127982.X
王向东，王文晶，张燕. 2008. 苦荞雉羹：中国，CN200810054471.5
王艳. 2001. 苦荞降糖粉及其制备方法：中国，CN01105104.3
温龙平，夏涛. 2002. 荞麦种子内肌醇衍生物转化为单体的方法及其种子：中国，CN1380276
吴素萍. 2002. 荞麦枸杞保健挂面的研制. 食品科技，（10）：54～57
夏栋. 2008. 一种苦荞麦皮肤增白霜：中国，CN200810159052.8
肖诗明. 1999. 加工方法对苦荞麦粉营养成分影响的研究. 粮食与饲料工业，（1）：48～49
徐宝才，任发政，周辉，等. 2005. 防腐保鲜剂对牛肉火腿切片腐败菌抑制效果的研究. 食品科学，26（7）：93～98
薛春生，薛俊生，苏雪林. 2003. 黑苦荞保健酱油及其制作方法：中国，CN03122337.0
薛春生，薛俊生，苏雪林，等. 2004. 苦荞黄酮醋软胶囊及制备方法：中国，CN200410069056.9
闫晓伟. 2010. 苦荞片及其制备方法：中国，CN201010196115.4
杨芙莲，任蓓蕾. 2008. 荞麦膳食纤维的研制. 食品与生物技术学报，27（6）：57～60
杨延莉. 2011. 萌发对苦荞黄酮合成的影响及萌发物抑菌、抗肿瘤活性的研究. 上海师范大学硕士学位论文
仪徐生. 2007. 苦荞养生茶：中国，CN200710187498.7

袁建平. 2004. 复方金荞麦制剂：中国，CN200410040094.1

袁建平. 2008. 金荞麦多酚提取物及其制备方法：中国，CN200810117079.0

张莉，李志西. 2009. 传统荞麦制品保健功能特性研究. 中国粮油学报，24（3）：53～57

张美莉. 2004. 萌发荞麦种子内黄酮与蛋白质的动态变化及抗氧化性研究. 中国农业大学博士学位论文

张政，王转花，刘风艳，等. 1999. 苦荞麦蛋白复合物的营养成分及其抗衰老作用的研究. 营养学报，21（2）：159～162

赵钢，胡一冰，彭镰心，等. 2009a. 一种苦荞八宝粥及其制作方法：中国，CN200910263585.5

赵钢，蒋世荣，彭镰心，等. 2008. 一种荞麦桃片及其制作方法：中国，CN200810147732.8

赵钢，万萍，彭镰心，等. 2009b. 一种苦荞啤酒及其制备方法：中国，CN200910263584.0

郑鉴忠. 2009. 荞麦芦丁茶生产方法：中国，CN200910212262.3

钟华强. 2006a. 一种苦荞三降保健粉及制备方法：中国，CN200610048843.4

钟华强. 2006b. 一种苦荞壳药枕及其制备方法：中国，CN200610048845.3

周素梅，钟葵，郭丽娜，等. 2011. 一种苦荞麦凉茶及其制备方法：中国，CN201110273137.0

周小理，成少宁，唐文，等. 2010a. 荞麦种子萌发期多种抗氧化酶活性的研究. 工业微生物，40（4）：53～56

周小理，成少宁，周一鸣，等. 2010b. 苦荞芽中黄酮类化合物的抑菌作用研究. 食品工业，（2）：12～14

周小理，李红敏，周一鸣. 2005a. 荞麦多肽营养饮料的制备方法：中国，CN1663455

周小理，李红敏，周一鸣. 2005b. 荞麦谷果蔬泡腾片的制备方法：中国，CN200510024515.6

周小理，钱韻芳，周一鸣，等. 2011b. 不同处理工艺对苦荞麸皮膳食纤维体外抗氧化活性的影响. 食品科学，32（8）：1～4

周小理，宋鑫莉. 2009. 萌动对植物籽粒营养成分的影响及荞麦萌动食品的研究. 上海应用技术学院学报：自然科学版，9（3）：171～174，192

周小理，王青，杨延莉，等. 2011a. 苦荞萌发物中生物活性黄酮对人乳腺癌细胞增殖的抑制作用. 食品科学，32（1）：225～228

周小理，周一鸣，倪燕燕. 2009. 一种荞麦、杏仁琼脂双层软糖及其制作方法：中国，CN200910054987.4

周小理，周一鸣，唐文，等. 2008. 荞麦芽芦丁胶囊的制备方法：中国，CN200810201675.7

朱瑞，高南南，陈建民. 2003. 苦荞麦的化学成分和药理作用. 中国野生物质资源，22（2）：7～9

朱世宗. 2008. 苦荞蔬菜面条：中国，CN200810068860.3

朱世宗. 2011a. 核桃苦荞糊：中国，CN201110153108.0

朱世宗. 2011b. 灵芝苦荞茶：中国，CN201110163191.X

Li C H，Matsui T，Matsumoto K，et al. 2002. Latent production of angiotensin I-converting enzyme inhibitors from buckwheat protein. J. Pept. Sci.，8（6）：267～274

Pu F，Mishima K，Egashira N，et al. 2004. Protective effect of buckwheat polyphenols against long-lasting impairment of spatial memory associated with hippocampal neuronal damage in rats subjected to repeated cerebral ischemia. J. Pharmacol. Sci.，94：393～402

Yao Y，Shan F，Bian J S，et al. 2008. D-chiro-inositol-enriched tartaray buckwheat bran extract lowers the blood glucose level in KK-Ay mice. J. Agric. Food Chem.，56：10 027～10 031

第八章　荞麦质量标准

第一节　荞麦及其产品质量标准概况

荞麦是世界传统化、多样化和自然化的食品原料，荞麦营养丰富，蛋白质含量达11%～15%，包括人体必需的8种氨基酸，含有9种脂肪酸类物质，其中80%是不饱和脂肪酸，是非常有利于中老年人的健康食品，且荞麦含有黄酮、手性肌醇、γ-氨基丁酸、硒、镁等有益于人体的物质。全世界每年消耗大量的荞麦，同时产生大量副产品——荞麦根、茎、叶、籽壳，均有很好的食用价值、营养价值和药用价值。

一、荞麦品种及其商品的质量标准情况

由于荞麦品种（系）多样，其所含的药用成分有较大差异，苦荞中黄酮类成分显著高于甜荞，其抗氧化活性也显著高于甜荞。相同品种不同品系的苦荞，其品质差异也较大，如成都大学选育的米荞1号，由于其黄酮含量高、容易脱壳等特点，可制成营养价值更高的天然荞麦米，其价格是普通苦荞的2～3倍。目前，荞麦的商品全部以苦荞为主要原料，苦荞经过清理、脱壳、碾磨后得到以下粗产品。①荞麦米：荞麦籽粒脱去壳后，再经碾磨去除种皮而得到的加工品，可直接食用或进一步加工成其他食品。②荞麦糁：用荞麦仁制粉时得到的粗粒。③荞麦粉：荞麦加工的主要产品，用于制作荞麦食品。④荞麦（皮）壳：经过彻底清理的、3～4瓣联合完整的、形似弹性的壳花。苦荞可加工的产品很多，如茶类、酒类、醋类、酱油类、豆奶类、饮料类、豆腐类、冰激凌类、面条和米粉类、速食面、冷面、粉末类、麦片类、荞粑类、荞酥类、粥类、米类、饼干糕点类、苦荞灌肠类、荞面血糕、芽菜类、枕头类、床垫类、保健食品类（胶囊剂、片剂和散剂）、化妆品、软膏类、牙膏类、口香糖类等，大多数产品质量标准参差不齐或者缺失，具体情况见附表。

大量研究表明，黄酮类化合物具有降血脂、降血糖、增强人体免疫力的功能，并对糖尿病、高血压、冠心病、中风等疾病有辅助疗效。黄酮类化合物还是一种天然抗氧化剂，具有清除人体中超氧离子自由基、抗衰老作用，并且有研究证实食用黄酮类化合物与降低癌症率有关。据美国《食物与营养百科全书》报道，黄酮类化合物还有如下功能。①具有金属螯合物的能力，可影响酶与膜的活

性；对抗坏血酸具有增效作用；具有抑制细菌作用和抗生素的作用。②具有抗癌作用：一是对恶性细胞抑制（即停止或抑制恶性细胞的增长）；二是从生化方面保护细胞免受致癌物的损害。

近年来，荞麦的质量标准中除了常规的指标外，逐步地加入了以芦丁、总黄酮为指标的质量控制方法。苦荞的根、茎、叶、花、籽粒、壳中均含有黄酮类化合物，其中苦荞花和叶中的黄酮含量最高，为其综合利用开发奠定了基础，但其质量标准急需进一步完善。荞麦在加工过程中，其品质、功能性成分会随之发生改变，因此，加工工艺对荞麦产品的质量标准有重要的影响。以下介绍几种荞麦产品加工方式对其质量的影响。

（1）苦荞茶

苦荞茶是目前荞麦商业化制品中最为常见的一种。苦荞茶的生产厂家多，所用原料来源差异大，产品形式多样，因此其质量也参差不齐。荞麦全株茶、胚芽茶、麸皮超微粉碎茶中的黄酮含量显著高于荞麦籽粒茶，原因是荞麦全株茶中的花、叶、麸皮等部位黄酮含量远高于荞麦籽粒，荞麦萌动或发芽后黄酮含量也会有所提高。市场上荞麦茶从外形上看主要有两种：籽粒茶与节节茶。籽粒茶主要是通过蒸煮、烘干、脱壳、翻炒、色选、包装的工艺制成，而节节茶是先将荞麦打粉后，与其他原料混合，加入一定比例黏合剂，挤压成型后再进行烘焙、包装。两者黄酮含量差异较大。籽粒茶中黄酮主要以芦丁的形式存在，而槲皮素含量极低，任贵兴等对苦荞茶（籽粒茶）加工过程中各环节中间体的品质进行测定，发现通过蒸煮后苦荞芦丁含量比原料中还高。通过蒸煮后，苦荞中芦丁降解酶被钝化，因此在后续加工过程中芦丁不再因为降解酶的存在而降解。在节节茶的加工过程中，由于先前接触水，芦丁在原料混合挤压过程中大多已发生降解，最后所得产品中芦丁含量较低，而槲皮素含量极高。两种形式苦荞茶不应以统一标准去衡量，应相应制订其质量标准，并通过功能性评价，明确其最适合使用人群。

（2）苦荞醋

采用苦荞醋液态回流发酵法制作，在每一个工段中，芦丁和槲皮素均有损失，特别是糖化初始阶段（液化）芦丁损失量较大，同时也有少部分转化成槲皮素。苦荞醋的制备过程中，各阶段产物对 DPPH· 的清除作用大小依次为：苦荞醋＞苦荞糖化液＞苦荞液化液＞苦荞酒醪，总抗氧化能力大小依次为：苦荞糖化液＞苦荞醋＞苦荞酒醪＞苦荞液化液。与苦荞粉相比，苦荞渣（苦荞醋发酵前期醪液酒化后分离的固体残渣）的水分、粗蛋白、氨基酸和矿物质含量均明显高于苦荞粉。苦荞粉和苦荞渣中含量最高的是谷氨酸，含量最低的是胱氨酸和蛋氨酸。研究发现，苦荞渣中的氨基酸含量虽高于苦荞粉，但氨基酸组成并没有发生明显变化。苦荞粉和苦荞渣所含的矿物质中，常量元素以 K 的含量为最高，微量元素以 Mg 的含量为最高。

(3) 苦荞蒸烙品

不同加工方式（蒸、煮、烙和油炸）所得苦荞制品（馒头、饸饹、烙饼和锅巴）对 DPPH · 的清除作用和总抗氧化能力不同，大小次序依次为：苦荞饸饹>苦荞馒头>苦荞烙饼>苦荞锅巴，这一结果表明煮制方式对抗氧化性影响最小，所得的苦荞制品对 DPPH · 的清除作用和总抗氧化能力最高。荞麦的面、馒头等传统食品加工中主要原料是荞麦心粉；因苦荞主要营养及功能成分主要集中在籽粒外皮层，经传统制粉加工后，蛋白质、矿物质、黄酮等营养及功能性成分大量集中于荞麸，利用率较低；荞粉除了碳水化合物含量较高（70.07%）外，其他营养及功能性成分含量显著（$P<0.01$）低于荞麸。因此，应加强荞麦麸皮粉制粉技术研究及对应的质量标准研究。荞麦粉中的黄酮类物质主要以芦丁形式存在，荞麦面团和制品中的黄酮类物质主要以槲皮素形式存在，说明在制作面团过程中有大量的芦丁转化为槲皮素。传统加工的熟制工艺对芦丁、槲皮素含量均有不同程度的影响，煮制加工方式对芦丁和槲皮素的影响最小，烙制和油炸加工方式对芦丁和槲皮素的影响较大。

(4) 苦荞米与苦荞粉

全营养苦荞米在香米加工工艺基础上增加了汽蒸工艺，并通过汽蒸、干燥等工艺参数优化，富集有效成分的效果优于香米，抗性淀粉的生成量也高于香米。传统制粉工艺中，营养功能性成分主要富集于麸皮，蛋白质和黄酮含量分别高达23.88%和6.58%，但利用率仅为34.57%和13.65%，而按蒸谷米工艺加工的苦荞香米和全营养苦荞米，其营养功能成分含量显著（$P<0.01$）高于苦荞粉，蛋白质和黄酮的利用率可达78.95%～89.58%和66.44%～77.78%，同时还形成了较多的抗性淀粉，含量分别为4.68%和6.84%。因此，苦荞米比苦荞粉具有更佳的营养价值和保健功能。

以上表明，荞麦产品质量与其加工工艺密切相关，因此，在制定荞麦质量标准时，应紧密结合其加工工艺，而不能仅仅以某一种成分含量多少进行控制。

二、荞麦原料及其商品的安全性现状

(一) 重金属、农药残留、储存过程中产生的黄曲霉毒素问题

重金属、农药残留和黄曲霉毒素是对人体有极大危害的外源性有害物质，这三种物质能在人体中逐渐积累，进而引发严重疾病。世界各国对食品中重金属、农药残留和黄曲霉毒素的含量都有严格的规定。我国是荞麦生产和出口大国，严格控制荞麦中的有害残留物，才能有效提高荞麦的安全性，提升竞争力。目前，荞麦质量标准研究中，多以苦荞中的蛋白质、脂肪、纤维素、黄酮、手性肌醇等成分为研究对象，而很少涉及其安全性的重金属、农药残留和黄曲霉毒素等。

由于我国工业化进程不断加快，环境中的重金属污染相对普遍，对荞麦也有较大的影响。重金属在植物体内难以降解，被人体吸附后可能在人体的某些器官中富集，一旦超过人体耐受限度将会出现中毒症状，对人体造成很大的危害。周娅等（2010）采用原子吸收光谱法和原子荧光光度法，测定了四川凉山彝族自治州某几个品牌黑苦荞保健茶中的重金属铅、镉、铬、无机砷和汞的含量，并以绿色食品麦类制品（NY/T1510-2007）为依据，对黑苦荞保健茶重金属污染状况进行分析评价，结果表明：黑苦荞保健茶受重金属元素污染的程度表现为铅>铬>镉，无机砷和汞含量均未超过国家标准规定；黑苦荞叶芽茶和全株茶的重金属污染较为严重，全胚茶未受重金属污染。

病虫害、杂草等有害生物的防治一直是农业生产的重要环节，是保证农业收成的关键，因此，农药的使用成了保护作物的重要手段，并且在今后一段时间内都没有其他手段可以代替。但是，有些农药不易水解和降解，性质稳定，在自然和食物中长期残留，并且不会因其储藏、加工、烹调而减少，很容易进入人体积蓄，从而引发急性或慢性中毒。目前，主要采用气相色谱法定性定量分析荞麦中的残留农药。廉玫等（2008）采用加压溶剂萃取-气相色谱法测定荞麦中残留的有机氯农药，以丙酮-正己烷为溶剂，在 100℃和 10MPa 条件下，对荞麦样品中残留的 7 种农药（α-BHC，γ-BHC，δ-BHC，p,p'-DDT，p,p'-DDE，p,p'-DDD，o,p-DDT）进行测定，结果表明，加样回收率和精密度均能达到国家要求；陈建荣等（2010）采用气相色谱法对 10 份荞麦样品中残留的百菌清、三唑酮和拟除虫菊酯类农药残留量进行测定，结果表明，8 份样品中检出了残留农药，百菌清的含量为 0.003～0.109mg/kg，三唑酮的含量为 0.002～0.031mg/kg，甲氰菊酯的含量为 0.005～0.007mg/kg，氯氰菊酯的含量为 0.020～0.068mg/kg，氰戊菊酯的含量为 0.025～0.049mg/kg。目前，国家标准《GB 2673—2005 食品中农药最大残留限量》，还未收录荞麦的农药最大残留限量的相关标准。

黄曲霉毒素是农作物或食品在储存过程中由于受潮发生霉变产生的毒素，常见于发霉的花生、玉米及谷物中，为 1 类致癌物质和剧毒物质。食品安全国家标准《GB 2761—2011 食品中真菌毒素限量》规定，谷物及其制品中（包括荞麦）黄曲霉毒素 B1 的含量不得超过 5.0μg/kg。我国为荞麦主产区，生产的荞麦销往世界 31 个国家，遍及五大洲。然而，2005 年，由于我国出口日本的一批荞麦被检出黄曲霉毒素，日本对我国产的荞麦实施命令检查分析。鉴于此，如何避免荞麦在储存过程中不发生霉变产生黄曲霉毒素成了科学家研究的重要课题。黄曲霉毒素的产生与气候、收获条件和土地基础结构有关，目前主要的预防方法是将荞麦收获后尽快干燥，当荞麦籽粒含水量降到 13%以下时霉菌就不容易生长。其他有效防止荞麦发霉的方法还有待进一步研究。

因此，重金属、农药残留、储存过程中产生的黄曲霉毒素与荞麦原料种植基地、田间管理和运输、储存等环节密切相关，应加快荞麦绿色有机基地的建设，并对采后运输和储存等环节进行更深入的研究。

（二）掺假问题

因荞麦粉的价格高于面粉的价格，所以，市场上存在着不良商家掺假的现象。主要形式有以次充好、掺假等。以次充好是以储存年限长、品质差的荞麦粉混入到荞麦粉中，让消费者难以识别。荞麦粉中掺假主要是将面粉加入到荞麦粉中。制订一套荞麦粉掺假识别技术，避免给消费者带来损失，也是荞麦质量标准研究中需要攻关的重点之一。

第二节　荞麦的鉴定

一、荞麦种的来源

荞麦类植物属于蓼科（Polygonaceae），原置于林奈 1753 年建立的蓼科蓼属 *Polygonum* Linn.，后来归于 Miller 1754 年建立的荞麦属 *Fagopyrum* Mill.。Graham（1965）认为，荞麦属区别于蓼属在于花被不膨大，胚位于胚乳中，子叶卷曲于胚根的周围，花序多为伞房状，所以是一个明显的属。中国多数学者同意这种说法，认为荞麦植物应自成荞麦属。

荞麦是蓼科粮药兼备资源，有两个食用栽培种：一是 1791 年定名的 *F. tataricum*（Linn.）Gaertn.（鞑靼荞），二是 1794 年定名的 *F. esculentum* Moench（普通荞）。20 世纪 80 年代中国科学家将鞑靼荞冠名苦荞，普通荞冠名甜荞。

荞麦主要分布在东亚和欧美，前苏联种植最多，占世界种植面积的 60%。我国也是荞麦生产大国，面积和产量均居世界第 2 位，是世界上最大的荞麦出口国，南方和北方都有种植。甜荞主要分布在内蒙古、甘肃、山西等省和自治区。苦荞有 300 多个栽培品种，主要集中种植在我国西南地区的四川、云南、陕西、甘肃、山西、贵州等省的高海拔山区、高原和高寒地区，尤其贵州与四川（如凉山）是两个最集中的产区。荞麦富含高生物价的蛋白质、维生素、矿质元素、黄酮类化合物，尤其是苦荞黄酮含量较高（比甜荞高），是黄酮的重要膳食来源。

全世界荞麦属约有 23 个种，包括 2 个亚种 3 个变种，我国的荞麦种几乎占世界的 3/4。我国的荞麦属分种为：金荞麦［*F. cymosum*（Trevir.）Meisn.（1832)］，硬枝万年荞［*F. urophyllum*（Bureau et Franch）H. Gross（1913)］，长柄野荞麦［*F. statice* Levl H. Gross（1913)］，甜荞（普通荞）［*F. esculentum* Moench（1794)］，小野荞麦［*F. leptopodum*（Diels）Hedberg（1944)］，线叶

野荞麦［*F. lineare*（Sam.）Haraldson（1978）］，苦荞［*F. tataricum*（Linn.）Gaertn.（1791）］，细柄野荞麦［*F. gracilipes*（Hemsl.）Dammer ex Diels（1918）］，心叶野荞麦［*F. gilesii*（Hemsl.）Hedberg（1946）］等。在荞麦属的23个种中，只有甜荞和苦荞是栽培种，其余均为野生种。

荞麦是中国的小宗作物，种植荞麦历史久远，历代古农书、古医书、诗文不乏记载。甜荞在世界各地种植广泛，而苦荞则只有我国栽培，是我国重要的出口作物之一。苦荞分布地域辽阔，凡有作物种植的地方都有荞麦种植，尤其是高纬度高海拔地区。苦荞为一年生草本植物，生育期短（60～90天），耐旱、耐贫瘠、适应性强。中国的西南和一些北方高寒地区，特别是在凉山等地苦荞被普遍栽培并作为彝族人的重要食粮。

我国荞麦主要分布于东北、华北、西北、西南地区。北方主要是甜荞产区，西南地区是苦荞产区，秦岭山区为过渡地带，甜荞、苦荞均有分布。黄河中游地区、内蒙古中部为北方荞麦集中分布地区。长江上游以苦荞为主，主要分布在高海拔地区。甜荞多分布于长江中游低海拔地区（杨克理等，1992）。甜荞种植区域广阔，种植面积随纬度增加而增加，纬度降低而减少；苦荞分布区域多为高海拔贫瘠地区。

林汝法（1994）根据荞麦生物学特性和当地自然条件、栽培条件和耕作制度将中国荞麦的栽培生态区域划分为：北方春荞麦区，北方夏荞麦区，南方秋、冬荞麦区和西南高原春、秋荞麦区。其中西南高原春、秋荞麦区（包括青藏高原、甘南、云贵、川鄂湘黔边境和秦巴山区南麓）是我国苦荞的主要产区。

目前世界上荞麦的主要生产国是俄罗斯、中国、日本、波兰、法国、加拿大和美国等。我国荞麦常年种植面积约1.33万hm^2，面积和产量居世界第2位，总产量最高的年份是1955年，总面积为220万hm^2，总产量为90万t。20世纪60年代以后，荞麦种植面积有所下降。据1986年统计，全国荞麦面积为72.3万hm^2，总产量51万t，平均每公顷0.70t，其中甜荞约55万hm^2，总产量29万t，平均每公顷0.53t；苦荞17万hm^2，总产量22万t，平均每公顷1.25t。目前我国荞麦种植面积在6.6万hm^2以上的省和自治区有内蒙古、陕西、甘肃、云南；3.3～6.6万hm^2的有四川、宁夏；0.7～3.3万hm^2的有山西、贵州、湖南、吉林、辽宁、新疆；0.06～0.07万hm^2有江西、河北、黑龙江、安徽和山东。台湾种有0.04万hm^2荞麦，主要集中在彰化、南投两县。

《神农本草经》记载，公元前五世纪，荞麦已是栽培的八谷之一，是唯一作为粮用的蓼科植物。《备急千金要方》最早以荞麦入药。《图经本草》记“荞麦实肠胃，益气力”，古今民俗、俚语有荞麦食疗效，可全入药。中医认为，苦荞性味苦寒，有渗湿健脾、清热降火之功效。现代的医学研究也表明苦荞不仅含有全面的氨基酸，丰富的油酸、亚油酸、维生素及微量元素等，且营养价值极为丰富，并且富含其他谷类粮食所不具有的叶绿素和类黄酮，降血压、降血脂和降血糖等生理功能尤为显著。苦荞营养丰富，蛋白质含量达 6%～7%，包括人体必需的 8 种氨基酸，含有 9 种脂肪酸类物质，其中 80%是不饱和脂肪酸，是非常有利于中老年人的健康食品，且苦荞的根、茎、叶、花、籽粒、壳中均含有黄酮类化合物和硒、镁等有益于人体保健长寿的物质；含有以芦丁为代表的黄酮多酚类化合物，含量高于甜荞；对于预防和治疗高血脂、高血压、糖尿病和血管障碍有较好的效果。20 世纪 80 年代以来，我国学者率先开展苦荞开发利用研究，尤其是苦荞对一些疾病具有良好的预防和治疗作用，其所含的生物活性成分已引起医学界的广泛关注。全世界每年消耗大量的苦荞，同时产生大量副产品，已成为新世纪全球重要的保健食品资源。

荞麦是一种多用途的杂粮作物。无论是甜荞还是苦荞，其果实、茎、叶、花均具有较高的利用价值。荞麦嫩苗、花和叶含有生物活性物质类黄酮。荞麦花朵大、多，花期长，蜜腺大，具有香味，泌蜜量大，是中国的三大蜜源植物，荞麦蜜的质量较好。种子制粉后，可以用来生产多种谷物食品。种壳可以用于填充枕头。大田里的荞麦植株，在雨季时可以固着土壤，有防止水土被侵蚀的作用。同时荞麦也是一种非常好的绿肥植物，能改善土壤的组织结构。

二、荞麦的生物学特性

苦荞在《本草纲目》、《图经本草》等多部古籍中均有记载，《中国植物志》中有对苦荞植物形态较为详细的描述。苦荞与同属的甜荞、金荞等植物在营养器官的形态上有明显的差异，而内部解剖结构基本相似。

荞麦是一年生草本双子叶植物，直根系，茎直立，中空稍有棱角，绿色到红色，成熟时变成褐色，分枝多少因栽培疏密而异，茎秆柔软，易受暴风雨之害，倒伏后不能恢复。叶互生，茎下部的叶长柄，上部的短柄或无柄，叶片呈三角心形，托叶包围在茎的四周。荞麦为顶生或腋生的总状花序，直立或下垂，上面有许多密集的花，花梗细长，花排列稀疏，白色或淡红色，花被 5 深裂，裂片椭圆形，长约 2mm，雄蕊 8，短于花被，花柱 3，较短，柱头头状，果实为瘦果，三棱形。果实去壳后，苦荞的种子呈锥形，上部锐利，下部圆钝，果皮粗糙，黑褐色，有 3 条深沟；而甜荞的种子为三角形，棱角较锐，果皮光滑，常呈棕褐色或棕黑色。荞麦的果皮较厚，是小麦果皮厚度的 3 倍。

荞麦的生育期在 60～90 天，是理想的填闲作物和备荒救灾的补种作物。荞麦在 7～8℃时即可发芽，在 15～22℃时出苗最整齐，在 13℃以下、25℃以上皆生长不良，在长日照和短日照条件下，均能生长发育、结实。苦荞生育期普遍长于甜荞，生育期主要与气候有关，因此荞麦在不同地方的栽培可从一年一季到一年三季。荞麦对土壤要求不严，但以排水良好的砂质土壤最为适宜，碱性较重的土壤，生长较差。荞麦生长发育过程与禾谷类作物有很大的不同，植株生长一直持续到成熟期，而花蕾的形成在出苗后 8～10 天即开始，花期可达 25～40 天，甚至更长，因此荞麦在开花结实期，对水分和养分需要较多，如果在开花时遇到干旱天气，往往影响灌浆甚至不实。

荞麦忌连作，最好安排在豆类、根茎类作物之后。我国南方地区，大多数在春季作物中间，或晚秋作物之后种植荞麦。春荞以清明前后播种为宜，秋荞则以 8 月中下旬播种，白露前齐苗为适。播种方式有撒播、穴播和条播，以条播为优。穴播和条播每公倾用种 30～60kg，撒播 75kg 左右。据研究每生产 50kg 荞麦籽粒，需要从土壤中吸收 N 1.65kg，P_2O_5 0.45kg，K_2O 0.15kg。所以荞麦的施肥原则是施足基肥，早施追肥，适施磷钾肥料。在施用基肥和种肥的基础上，荞麦出苗后可结合第一、二次中耕施用速效氮肥、过磷酸钙；在开花初期，可用磷、钾肥和微量元素肥料进行根外追肥。荞麦陆续开花结实，成熟很不一致，所以荞麦最适宜的收获期以全株有 2/3 籽实成熟，即籽实变褐色或银灰色，呈现本品种固有颜色的时候最为适宜。

苦荞株高普遍高于甜荞，但不同品种苦荞的株高差异较大，可从 50cm 到 150cm。荞麦幼茎为实心，随着其生长发育，茎逐渐中空，因此遇到风雨容易倒伏。荞麦结实率不高，笔者对 9 个甜荞品种真实结实率进行统计，自开花始，每天对植株的开放小花进行标记，直到收获期，累计开花数，对饱满籽粒进行动态统计，计算真实结实率并探索荞麦开花规律，真实结实率＝籽粒总数/小花总数。结果表明甜荞真实结实率为 7.3％～23.9％，开花规律呈偏态分布，自开花开始，20 天内即达到盛花期，然后每天的开花数量逐渐减少，直到收获时，部分荞麦尚在继续开花。

三、苦荞的分子标记

荞麦是一种未被充分利用的农作物，开展荞麦的遗传多样性研究对荞麦遗传资源的保存和开发利用具有重要意义。一直以来，国内外开展荞麦遗传多样性的研究都较少，总体上落后于其他大宗作物甚至于园艺果蔬类作物。但是荞麦资源研究也遵循了其他作物多样性研究的趋势，从形态学标记起始，细胞学标记、生化标记顺次产生，逐渐走向当前的以分子标记为主，其他方法相辅助的局面。

荞麦形态学研究方面，李淑久等（1992）研究了 4 种荞麦生殖器官的形态结构，结果显示，苦荞花被片通常有 3 条脉迹，其他 3 种有 1～5 条不等，4 种荞麦均有 8 个蜜腺，苦荞的蜜腺最小，且为黄绿色，其他的为黄色，苦荞和齿翅野生荞麦雌雄蕊近等长，而甜荞和金荞麦雌雄蕊表现异常。吴渝生（1996）对昆明 9 个栽培荞麦品种的 10 个农艺性状进行遗传相关和通径分析，结果表明，荞麦高产育种中，应该选择生育期长，且营养生长期较长、千粒重较高，分枝数、单株粒数和单株叶面积适当的材料，对于单株粒数和生育期的选择要注意环境条件的影响。安守海等（1997）对贵州省部分苦荞农艺、品质性状进行了评价，结果表明，单株粒重、千粒重等农艺性状相对较低；与全国平均水平相比，贵州省该批材料的蛋白质和氨基酸含量、维生素 E 和烟酸含量较低，脂肪和芦丁含量大致持平，而矿质元素含量较高。罗定泽等（2000）对四川省凉山彝族自治州的 56 个苦荞栽培居群的 13 个数量形状进行了聚类和主成分分析，结果显示，苦荞栽培居群分为 2 个主要类群（生于低海拔区的高产类和生于高海拔区的低产类）和 1 个少数过渡居群。张小燕等（2000）利用株高、开花期、千粒重和产量 4 个性状，通过系统聚类，把全球 121 个荞麦品种分成了 12 类（Ⅰ高产类、Ⅱ1-1 中高产高产类、Ⅱ1-2 中高产中产类、Ⅱ1-3 中高产高秆大粒中产类、Ⅱ2-1 中低产高产类、Ⅱ2-2 中低产中产类、Ⅱ2-3 中低产早熟大粒低产类、Ⅱ2-4 中低产低产类、Ⅲ-1 低产中产类、Ⅲ-2 低产矮秆低产类、Ⅲ-3 低产无产类和Ⅳ特矮低产类），并论述了各类荞麦品种的性状特征及黄土丘陵区适宜荞麦品种的生态性状及特征特性。盛晋华等（2000）对内蒙古自治区 41 份典型的地方品种，进行了生育期、株高、主茎节数、分枝数、株粒重和千粒重的比较与分析；并对其中 39 份典型材料，根据 8 个主要数量性状进行了聚类分析。结果表明，目前当地栽培的主要以中粒（千粒重 25～30g）、中高秆（株高 100～120cm）的中熟种为主；聚类结果显示品种可以分为 6 个类，主要类型特点是早熟、中秆、中粒。杨明君等（2005）对苦荞主要经济性遗传参数进行了研究，结果表明，苦荞株高、千粒重等遗传力较高，早代进行选择效果明显；株粒重等遗传力低，应放宽选择标准，增加选择世代；单株粒重虽然与产量高度相关，但遗传变异系数较小，直接选择效果差，可通过选择株高、株粒数和千粒重来达到间接提高株粒重目标。在荞麦染色体组成研究上，陈庆富（2001）通过对甜荞（*F. esculentum*）、苦荞（*F. tataricum*）、左贡野荞（*F. zuogongense* Q. F. Chen）、大野荞（*F. megaspartanium* Q. F. Chen）及毛野荞（*F. pilus* Q. F. Chen）等荞麦种的根、茎尖有丝分裂染色体观察，比较分析了茎尖有丝分裂染色体的核型。得出了 5 种荞麦的核型公式分别为 12m＋4m（SAT）、12m＋4sm（SAT）、8m＋4sm＋4m（SAT）、12m+2m（SAT）+2sm（SAT）以及 24m+4sm+4m（SAT）。王健胜（2005）研究表明荞麦栽培品种根尖体细胞染色体核型为 $2n=2x=16$，且品种间染色体数目恒定。核型差异主要体现在染色体相对长度、染色体长度比、随体染色体等染色体形态方面，且差异明显表现于甜荞、苦荞两种之间。杜幸等（2005）对南方的两个荞麦品种高荞 3 号和溪荞 5 号的根尖细胞有丝分裂染色体进行核型分析。结果显示，两者核型都为 2A，且核型公式分别为 $2n=2x=16=$ 10m（2SAT）+4sm+2st 和 $2n=2x=16=$8m+6sm（2SAT）+2st。这两个品种都出现了着丝粒位置为 st 的近端部着丝粒染色体，表明这两个南方荞麦品种的核型比北方和西南地区的几个品种不对称，也间接证明了南方荞麦是从北方以及西南地区进化和引进的。在荞麦生化遗传多样性研究方面，高洪君等（1994）对国内5个荞麦品种（系）和美国甜荞的过氧化物酶同工酶进行了研究。结果表明，美国荞麦与我国的5种荞麦地理起源和亲缘关系较远，而国内的5种荞麦资源亲缘关系较近，但仍有一定的遗传差异。王转花等（1998）选取甜、苦荞材料各10份，用聚丙烯酰胺凝胶电泳法对其进行同工酶分析。结果表明，20个样品中，甜荞超氧化物歧化酶出现3条强活性谱带，苦荞仅有1条；酯酶在不同样品中表现出较大差异（有快电泳变异型、慢电泳变异型和缺失电泳型）；苹果酸脱氧酶和谷氨酸脱氢酶种内、种间存在较小差异。罗定泽等（2001）采用等位酶电泳技术对西南地区硬枝野荞麦的6个天然居群的遗传多样性进行了研究。结果表明，硬枝野荞麦居群内维持有较高的遗传多样性，其多态性位点比率为50%，预期杂合度和观察杂合度分别为0.251和0.471。赵佐成等（2002）通过等位酶技术测定了川滇两省27个县市的苦荞及其近缘种8种和1变种共50个居群的遗传多样性。结果表明，栽培苦荞遗传多样性较低，各种野荞麦的遗传多样性较高；同时指出细柄野荞麦是与两种栽培荞麦的亲缘关系最近的野生种，并且指出金沙江流域是苦荞及其近缘种的分布和起源中心。罗定泽等（2002）采用等位酶电泳技术研究了云南省中北部及四川省布拖县境内的硬枝野荞麦6个天然居群的遗传分化情况，得出了居群间遗传一致度（I）和遗传距离（D）的均值分别为0.9274和0.0776，表明硬枝野荞麦居群间遗传分化程度较低。

在采用同工酶标记进行荞麦遗传多样性研究的同时，人们也开展了一些蛋白质标记方面的研究。Dvoracek等于2004年采用变性聚丙烯酰胺凝胶电泳对不同荞麦的种子储藏蛋白进行了研究。结果表明，苦荞种子储藏蛋白的多态性没有甜荞丰富，并且在蛋白质谱带中，多态性最多的部分其蛋白质分子质量范围在30～60kDa。Chrungoo等于2004年对喜马拉雅地区荞麦的遗传多样性进行了研究。在对籽粒可溶性蛋白电泳的结果分析后认为，喜马拉雅地区的荞麦可分为3大类群，第一类群包括所有甜荞品种（VL-7除外），所有的苦荞品种属于第二类群，而金荞麦属于独立的第三类群。分子标记方面，Tsuji等（2001；2000）对中国川滇藏以及巴基斯坦的苦荞材料进行了RAPD分析研究。通过聚类结果推断出苦荞可能起源于中国的云南，同时认为藏东地区是苦荞的另一起源中心。Bojka等（2002）用RAPD技术分析，研究了青藏高原及周边地区的40份苦荞（栽培和野生）材料的遗传多样性，认为群体间遗传多态性大于群体内。Sharma等（2002）对不同来源的52份地方荞麦资源和栽培品种及一个野生种进行了RAPD分析。结果表明，苦荞品种间相似系数的范围在0.61～1.00（不包括野生种），由RAPD结果聚类形成的4个类群与苦荞的地理分布基本一致。其中，尼泊尔品种的遗传多样性最丰富，其次是中国品种，来自喜马拉雅山脉西北部的印度品种遗传多样性最少；同时还发现，中国苦荞品种与原始野生种的遗传相似系数高达0.59，这再一次证实了栽培苦荞品种应该起源于我国云南省西北部的说法。王莉花等（2004）利用RAPD对我国云南野生荞麦资源的遗传多样性进行了研究。在26份材料的RAPD扩增反应中，多态性带的比率平均高达94.8%，材料间遗传相似系数的分析结果显示，荞麦种间平均遗传相似系数（0.411）远远小于种内的数值（0.786），说明云南荞麦资源种间比种内具有更丰富的遗传多样性。谭萍等（2006）对我国10种栽培苦荞基因型进行随机多态性分析的研究。结果显示，各基因型之间的遗传相似性系数为0.8525～0.9846，平均值为0.9185。表明我国10种栽培苦荞来源彼此之间太近，以后的苦荞选择育种中要扩大原始材料的来源范围。

综上所述，国内外学者对苦荞及其他各种荞麦资源的遗传多样性进行了一些研究，但对西藏、陕西、云南、贵州、四川的苦荞资源研究还比较零散，尤其对西藏、陕西等地苦荞资源研究尚未见详细报道。我国是苦荞的起源地，资源优势明显，更加系统深入地研究我国苦荞主产区域地方资源，对于提高苦荞生产水平、促进苦荞产业化发展意义深远。

荞麦产量偏低，其生产长期不为人们所重视。品种更换缓慢，品种应用原始单一、老化严重，而且荞麦种植区域也一直处于边缘化地带。事实证明，栽培物种的单一化以及栽培作物品种的单一化都会使生物多样性受损，进而给人类造成巨大的灾难，使人类蒙受巨大的损失。如20世纪七八十年代美国南部玉米大斑病的侵害，俄罗斯小麦冻害所遭受的巨大损失，人们现在谈起仍心有余悸。鉴于此，联合国环境与发展大会于1992年通过了《生物多样性公约》。要加强荞麦生产，首要就是加强荞麦育种从而提供优良品种应用于苦荞生产，主要的目标是增加产量和提高质量。增加产量引起人们的种植欲望；提高质量生产专一特用型（如高黄酮品种）苦荞，满足商业化、市场化的需要，形成合理的产销一体化结构链条。当前荞麦新品种依靠引种和群、个体选择育种较多，杂交等技术由于种种原因未为人们所用。同时可应用的荞麦资源贫乏，遗传基础狭窄，新品种更换难度很大。虽然国家苦荞的区域试验已经开展多年，但是还很难提供各种专一化的苦荞品种满足人们对苦荞的需求，如九江苦荞自第一轮苦荞区试鉴定以来一直被用作对照材料，至今没有替代品种出现，于此可见一斑。而这就需要我们广泛搜集研究大量的荞麦资源材料，应用于生产。研究苦荞资源的遗传多样性，意义重大。

采用长随机引物和内含子切接点引物的PCR技术，并结合田间农艺性状的调查研究，对我国西藏、陕西、云南、贵州、四川5省和自治区的108份苦荞资源进行遗传多样性分析，以期发现并利用各种类型的原始材料，为苦荞亲本材料选择、品种培育、品种改良等育种实践活动，苦荞专用品种等产业化开发利用以及苦荞资源的多样性保护等提供参考依据，同时也促进苦荞分类及起源进化的研究。

研究中首先采用因子分析法对苦荞遗传资源农艺性状数据进行归纳合并，进一步进行系统聚类分析；接着采用长随机引物和内含子切接点引物的 PCR 技术标记分析，将 PCR 扩增条带转化为［1,0］矩阵，计算遗传相似系数，并进行聚类分析，构建相应的进化树。农艺性状统计结果显示，108 份供试材料之间有明显的差异，8 个数量性状变异系数由大到小依次为：主茎粗 36.73%，主茎分枝 28.5%，叶宽 21.77%，株高 20.8%，叶长 20.34%，主茎节数 18.35%，千粒重 12.37%，生育日数 10.89%。11 个描述性状也都有一定的变化量，其中以粒色为最，有 9 种之多。聚类结果显示：所有材料可以分为 4 大类 12 亚类，各类别之间数量性状差异明显，但是地域性不明显，每一省供试都被划分到不同的类别当中，表明西藏、陕西、云南、贵州、四川 5 省和自治区的苦荞资源遗传多样性都很丰富。

分子标记结果显示：所有供试材料遗传相似系数都为 0.57～0.95，平均值为 0.77，表明供试材料之间有一定的遗传差异，但是总体差异不大；同时我们可以看到，大部分材料（主聚类区域的 9 类 86 份苦荞资源材料）遗传距离较近，而另外的 22 份材料与之差异较大，今后的应用中，我们要对其充分认识，以期在苦荞资源利用中扩展基因类型，为苦荞材料选择、新品种选育等提供更为广泛的材料来源类型，满足苦荞育种以及生产的需要。各省区材料遗传相似系数：西藏为 0.59～0.93，陕西为 0.61～0.93，云南为 0.71～0.92，四川为 0.64～0.91，贵州为 0.74～0.95。说明西藏、陕西所选材料多样性较丰富，贵州材料之间过于相似，而云南只有 6 份材料，代表性不充分，这就要求我们在今后苦荞资源的利用中要注意拓宽其来源地域，特别是贵州省材料过于集中（多属于威宁县材料），尤为值得注意，以期利用到更多生态类型的材料。

来源于陕西省汉中留坝的材料 1081，在 PCR 分子标记的聚类分析中独立于聚类主群体之外，进一步分析发现其生育日数较短，可作为速生型材料应用，是一个较为特殊的苦荞遗传资源；同样来源于陕西汉中宁陕县的 1100 号材料（主茎节数偏多、千粒重较大），来源于西藏昌都地区类乌齐的材料 XZK042（有限生长）、林芝地区察隅的材料 XZK008（有限生长、单株生产力较高）以及来源于四川省凉山金阳县的材料 SCK021（抗倒性强）在各自所处的类别当中也比较特殊，而且特点鲜明，在今后的利用中同样值得我们关注。

形态标记、分子标记可以说代表了生物遗传多样性研究的两极。形态研究直接所得结果一定范围内可以直接应用于生产；而分子标记不受环境条件影响，不受时期限制，准确率更高，能够更为准确地揭示供试材料之间的关联，但是分析结果与形态学分析结果相结合才能应用于生产实践。从本研究可以看出，形态性状聚类地域性差异不明显，只是反映了农艺性状之间的差异；但是分子标记结果则显示了一定的地域性差异，换言之，对于生境不同造成的资源材料内部差异有所显示。但是仍然需要结合农艺性状研究结果，才能够推算各类材料的适宜用途。例如，陕西省汉中留坝的苦荞材料 1081，通过分子标记研究，结果表明此材料远离于主聚类群体之外，和其他材料遗传距离较远，合理利用可以丰富苦荞资源库；同时，结合农艺性状调查，结果表明其生育日数较短，属于速生型材料，据此推断，此材料似乎可直接适用于苦荞芽菜的生产利用当中。

分子标记不受环境影响，结果表现稳定，但是获得结果的过程比较苛刻，从提取、PCR 反应体系建立及扩增流程筛选，要求都很严格。模板浓度确定以后，预试确定最优反应体系，随后用梯度 PCR 试验确定引物退火温度的最佳值。苦荞分子标记尚未见专用引物出现，借用了小麦的两套成熟引物。体系建立和流程的确定都进行了相应的优化，结果显示，同一套引物之间退火温度竟然有较大差异，最终优化体系也不完全一样。另外，试验过程中还要力求避免外界因素的影响，包括药品的选择。反应体系和程序确定以后，最好使用同一批次同一型号药品，每一批次药品更换，都有必要对于最佳反应条件进行优化，以防出现偏差。

农艺性状（形态学标记）向来是人们认识研究作物最为直接简便的方法，由于最佳显现时期各有不同，贯穿了作物的整个生育时期。分别进行调查记载，有助于资料的准确性。本次试验农艺性状大都在成熟期调查记载，缺少生育前期的指标，对于结论的准确性有一定的影响。

初步探索基于多重富集手段的引物开发策略，即在使用半特异简并引物锚定 PCR 的基础上，用生物素标记的 GT 探针对扩增片段进行杂交筛选，并用 Dynabeads 技术纯化。结果表明得到的 6 个位点中 4 个位点重复数为 16，1 个位点重复数为 15。证明了该方法的有效性，只是杂交条件有待于进一步摸索。

李成磊（2009）采用染色体步移技术（genome walking），从保守序列出发，各设计了 9 条特异引物分别扩增苦荞 *Pal* 基因和 *Chs* 基因 3′端和 5′端的未知序列。经序列测定和拼接，获得了长度为 2617bp 和 1632bp 的基因序列，去除预测内含子后的序列可分别翻译出 2 条氨基酸序列，符合植物 PAL 酶和 CHS 酶的特征。根据全长序列各设计一对引物，PCR 扩增得到了苦荞 *Pal* 和 *Chs* 基因的全长 DNA 序列。

第三节　荞麦质量标准的制定

本节主要介绍与荞麦及其产品质量标准密切相关的水分、蛋白质、微量元素、总酸度、酒度、糖度、黄酮、D-CI 等指标的测定方法，为下一步制定完善荞麦质量标准提供参考。

一、理化分析

水分测定：采用 105℃恒重法，GB 5497—85。

粗蛋白测定：凯氏定氮法，GB/T 5511—85。

氨基酸测定：水解法，氨基酸分析仪分析 17 种氨基酸。

金属离子测定：

Se 采用双道原子荧光分光光度计，GB/T 5009.93—2003。

K、Na 采用原子吸收分光光度计，GB/T 5009.91—2003。

Ca 采用原子吸收分光光度计，GB/T 5009.92—2003。

Zn 采用原子吸收分光光度计，GB/T 5009.14—2003。

Fe、Mg、Mn 采用原子吸收分光光度计，GB/T 5009.90—2003。

Cu 采用原子吸收分光光度计，GB/T 5009.13—2003。

总酸度测定：酸碱滴定法，以醋酸计。

酒度测定：乙醇计法。

糖度测定：糖量计测定。

二、功能性成分含量测定

（一）黄酮的提取工艺优化和含量测定

苦荞中黄酮的提取方法主要有超声法、索氏提取法、振荡提取法、回流提取法等。目前，苦荞中黄酮类化合物含量的测定方法有多种，最常用的有氯化铝-乙酸钠法、硝酸铝-亚硝酸钠-氢氧化钠法和高效液相色谱法。薛长晖等（2006）通过对硼酸-柠檬酸法、硝酸铝-亚硝酸钠-氢氧化钠法、氯化铝-乙酸钠法及芦丁法测定苦荞粉中黄酮类化合物含量的比较，试验结果表明，芦丁法仅可测定苦荞提取液中部分黄酮类化合物的含量，而氯化铝法和硼酸-柠檬酸法无法将黄酮类化合物全部络合，因此选择硝酸铝法作为苦荞粉中黄酮类化合物的含量测定方法。周建华等（2008）通过精密度试验、稳定性试验、重现性试验和回收率试验对比了硝酸铝法和氯化铝法的差异。结果认为氯化铝法测定总黄酮含量比硝酸铝法测定总黄酮含量方法简单、方便，其结果准确可靠。郭徽等（2011）通过芦丁法、氯化铝法和硝酸铝法 3 种方法的比较试验中得出芦丁法可用于苦荞总黄酮的测定，该方法不需显色，操作简便，干扰因素少，结果较准确、可靠。徐宝才等（2003a）研究也表明，因苦荞中存在桑色素，影响硝酸铝-亚硝酸钠显色结果，氯化铝法更适合荞麦中黄酮的测定。作者在黄酮含量测定过程中，发现影响苦荞黄酮测定的主要因素包括：苦荞粉碎度、乙醇浓度、提取方法等。其中粉碎度存在较大不确定性，因苦荞粉碎度不同，其麸皮与心粉的比例则不同，而由于苦荞麸皮中黄酮含量远高于心粉，最后导致测定结果的不确定。苦荞中含有芦丁降解酶，低浓度乙醇无法抑制芦丁降解，导致出现提取过程中芦丁降解为槲皮素的可能，从而影响黄酮含量测定结果。苦荞茎、叶在提取黄酮前应进行脱脂操作。

本课题组选用了由成都大学赵钢教授等人选育的米荞 1 号，以总黄酮吸光度为考察指标，以不同的提取溶剂、提取方法、乙醇溶剂体积分数、提取时间、提取温度、液料比、提取次数为对象进行试验。在此基础上，采用响应曲面法中 Box-Behnken 试验设计（3 因素 3 水平）对荞麦总黄酮提取工艺条件进行优化。结果表明，提取温度、液料比及乙醇体积分数对总黄酮吸光度的影响极显著；提取时间对总黄酮吸光度的影响不显著；二次交互项对总黄酮吸光度均达到显著水平。通过 Design-Expert 7 软件进行统计分析，荞麦总黄酮的最佳提取工艺条件为提取时间 89.86min、提取温度 68.52℃、液料比 42.04∶1（ml/g）、乙醇体积分数 69.08%，总黄酮吸光度的预测值为 0.571。考虑实际操作，将试验条件修改为提取时间 90min、提取温度 68.5℃、液料比 42∶1（ml/g）、乙醇体积分数 69%。

在此基础上，本课题组采用紫外分光光度法对不同栽培品种的荞麦、荞麦不同植物部位以及不同商品苦荞茶的总黄酮含量进行了测定，方法如下。

1. 标准曲线的制备

准确称取芦丁对照品 25.05mg，加体积分数 69%的乙醇溶液定容于 50ml 的容量瓶中，得质量浓度为 0.501mg/ml 对照品溶液。精密移取标准溶液 6 份，分别稀释成 0.1503mg/ml、0.06012mg/ml、0.03006mg/ml、0.01503mg/ml、0.007515mg/ml、0.003006mg/ml 的对照品溶液。分别精密吸取 5ml 上述对照品溶液置于 10ml 比色管中，加 5%亚硝酸钠 0.5ml，放置 6min，加 10%硝酸铝 0.5ml，放置 6min，再加 4%氢氧化钠 4ml，摇匀，放置 15min 后于 510nm 处测定吸光度。以浓度 C（mg/ml）为横坐标，吸光度为纵坐标绘制标准曲线，得回归方程为：$Y=4.9848X-0.0006$，$R^2=0.9999$，表明在 0.003006～0.1503mg/ml 浓度范围内，芦丁浓度 C（mg/ml）与吸光度之间具有良好的线性关系。

2. 供试品溶液的制备

称取样品粉末 0.5g，加入体积分数 69%的乙醇 21ml，回流提取 90min，提取 2 次，过滤，回收溶剂，样品溶液定容至 25ml。吸取一定量样品溶液于比色管中，加入体积分数 69%的乙醇补足至 5ml，按标准曲线制备方法中的显色方法显色，离心后取上清液备用。

3. 黄酮含量测定方法

按上述方法制备供试品，通过显色，测定样品溶液的吸光度，然后按回归方程计算样品中总黄酮浓度，计算总黄酮含量。结果见表 8.1。

表 8.1　不同栽培种荞麦总黄酮含量

编号	名称	拉丁名	总黄酮含量/(mg/g)
K1	川苦 2 号	*F. tataricum* (L.) Gaertn.	15.80
K2	晋荞 1 号	*F. tataricum* (L.) Gaertn.	6.07
K3	晋荞 4 号	*F. tataricum* (L.) Gaertn.	17.15
K4	九江苦荞	*F. tataricum* (L.) Gaertn.	15.47
K5	川荞 1 号	*F. tataricum* (L.) Gaertn.	15.26
K6	滇宁 1 号	*F. tataricum* (L.) Gaertn.	15.25
K7	云南旱苦	*F. tataricum* (L.) Gaertn.	17.38
K8	苦刺荞	*F. tataricum* (L.) Gaertn.	17.37
K9	黑丰 1 号	*F. tataricum* (L.) Gaertn.	17.44
K10	纳林 5 号	*F. tataricum* (L.) Gaertn.	15.58
K11	野苦 1 号	*F. tataricum* (L.) Gaertn.	13.67
K12	米荞 1 号	*F. tataricum* (L.) Gaertn.	21.56
K13	川渝 3 号	*F. esculentum* Moench	5.79
K14	正宁	*F. esculentum* Moench	7.23
K15	甘肃珀姓	*F. esculentum* Moench	6.13
K16	通渭红花荞	*F. esculentum* Moench	5.91

表 8.1 数据表明：比较各个栽培品种的荞麦总黄酮含量，米荞 1 号中总黄酮含量最高，黑丰 1 号、云南旱苦、苦刺荞、晋荞 4 号次之，川渝 3 号中总黄酮含量最低。

比较各个栽培品种荞麦的根、茎、叶、种子 4 个植物部位中总黄酮的含量，除西荞 2 号外，每种荞麦中叶的总黄酮含量均远高于根、茎和种子；比较这 6 个品种中叶的总黄酮含量，野苦 6 号叶中含量最高，西荞 2 号叶中含量最低（图 8.1）。

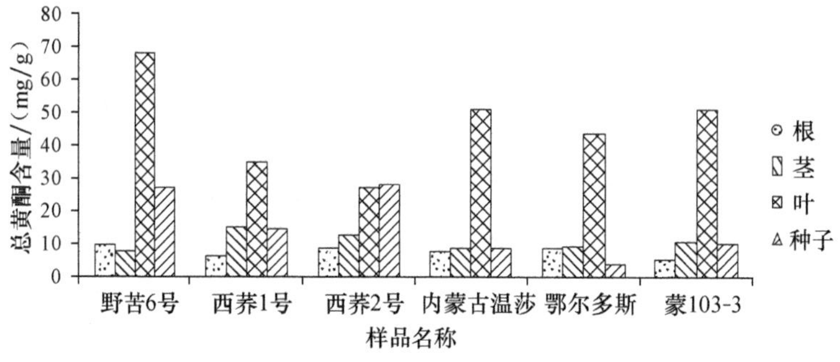

图 8.1　不同部位荞麦总黄酮含量

（二）芦丁和槲皮素、山奈酚的含量测定

苦荞中含有丰富的芦丁、槲皮素、山奈酚等黄酮类成分，芦丁与槲皮素、山奈酚的提取方法目前主要有超声法、回流提取法、索氏提取法、振荡提取法等。检测方法主要有高效液相色谱法、毛细管电泳法等，而以高效液相色谱法最为常用。彭镰心等采用高效液相色谱法对不同产地、不同品种荞麦中芦丁、槲皮素、山奈酚含量进行测定，具体测定方法如下。

1. 色谱方法

色谱柱为 Diamonsil-C_{18}柱（250mm×4.6mm，5μm）；流动相为乙腈-0.2%磷酸溶液（线性梯度洗脱程序见表 8.2）；流速为 1.0ml/min；检测波长为 365nm；柱温为 30℃；进样量为对照品和供试品溶液均进样 20μl。

表 8.2 梯度洗脱程序

时间/min	0.2%磷酸溶液/%	乙腈/%
0.01	80	20
8	80	20
13	60	40
29	60	40
29.1	80	20
35	STOP	STOP

2. 供试品溶液的制备

将荞麦种子置于 55℃烘箱中干燥 4h，稍冷却后打粉，过 60 目筛，精密称取样品，苦荞 100mg，甜荞 1g，放置在 100ml 的锥形瓶中，精密量取 70%的甲醇溶液 25ml 并加入锥形瓶中。在常温下超声提取 30min，静置放冷，取适量供试品溶液用 0.45μm 微孔滤膜过滤，即得供试品溶液，备用。

3. 对照品溶液的制备

分别精密量取芦丁、槲皮素、山奈酚对照品，配制成浓度分别为 0.2172mg/ml、0.0392mg/ml、0.0196mg/ml 的芦丁、槲皮素、山奈酚对照品溶液，备用。

4. 样品测定

按上述方法制备 53 个苦荞品种和 21 个甜荞品种的供试品溶液，上述色谱条件进行测定，记录 35min 的高效液相色谱图谱。用外标法计算，结果见表 8.3。结果表明同一产地不同品种荞麦以及同一品种在不同地区栽培后荞麦的芦丁、槲皮素含量均有较大差异。

表 8.3 不同来源的不同品种的苦荞中芦丁、槲皮素和山奈酚的含量

编号	品种	产地	芦丁/(mg/g)	槲皮素/(mg/g)	山奈酚/(mg/g)
K1	川荞 1 号	四川凉山州	12.46	0.94	0.026
K2	黔苦 5 号	四川凉山州	12.10	1.81	0.066
K3	西荞 1 号	四川凉山州	13.33	0.40	0.015
K4	额角瓦瓷	四川凉山州	14.32	0.49	0.036
K5	西荞 2 号	四川凉山州	15.98	1.07	0.041
K6	六苦 2081	四川凉山州	14.12	0.61	0.021
K7	晋荞 2 号	四川凉山州	15.21	0.91	0.028
K8	苦荞 04-06	四川凉山州	15.51	0.82	0.026
K9	黔苦 3 号	四川凉山州	15.23	0.97	0.032

续表

编号	品种	产地	芦丁/(mg/g)	槲皮素/(mg/g)	山奈酚/(mg/g)
K10	XK-04	云南迪庆藏族自治州	13.92	0.34	0.002
K11	迪苦1号	云南迪庆藏族自治州	14.48	0.61	10.00
K12	川荞1号	云南迪庆藏族自治州	12.02	0.49	0.004
K13	WK-02	云南迪庆藏族自治州	13.66	0.97	0.017
K14	西荞1号	云南迪庆藏族自治州	12.49	1.36	0.030
K15	WK-01	云南迪庆藏族自治州	15.02	0.58	0.012
K16	西荞2号	云南迪庆藏族自治州	12.74	0.43	0.130
K17	LK-03	云南迪庆藏族自治州	14.33	0.84	0.012
K18	WT-01	云南迪庆藏族自治州	12.09	0.78	0.010
K19	XK-03	云南迪庆藏族自治州	12.62	1.08	0.014
K20	晋荞2号	云南迪庆藏族自治州	13.50	0.32	0.039×10^{-2}
K21	六苦2081	云南迪庆藏族自治州	13.19	0.36	0.002
K22	黔苦5号	云南迪庆藏族自治州	15.06	0.37	0.005
K23	TX-01	云南迪庆藏族自治州	9.94	0.17	0.011×10^{-2}
K24	苦荞04-06	云南迪庆藏族自治州	16.21	0.29	0.002
K25	黔苦3号	云南迪庆藏族自治州	15.10	0.81	0.016
K26	川荞1号	江苏泰州市	11.50	0.77	0.019
K27	西荞1号	江苏泰州市	11.33	0.83	0.018
K28	黔苦3号	江苏泰州市	14.96	1.55	0.057
K29	六苦2081	江苏泰州市	12.59	1.86	0.068
K30	晋荞1号	江苏泰州市	16.48	0.53	0.015
K31	西荞2号	江苏泰州市	16.79	0.60	0.018
K32	苦荞04-06	江苏泰州市	14.26	0.54	0.015
K33	川荞1号当地	江苏泰州市	11.61	0.67	0.019
K34	黔苦5号	江苏泰州市	15.58	0.39	0.007
K35	平01-043	江苏泰州市	13.37	1.61	0.069
K36	川荞2号	江苏泰州市	15.08	0.89	0.027
K37	苦荞04-06	甘肃定西市	15.26	1.09	0.042
K38	定311号	甘肃定西市	13.31	1.47	0.044
K39	黔苦5号	甘肃定西市	15.55	1.74	0.064
K40	川荞1号	甘肃定西市	14.32	1.73	0.049
K41	六苦2081	甘肃定西市	15.26	1.34	0.049
K42	黔苦3号	甘肃定西市	16.14	0.58	0.026
K43	西荞1号	甘肃定西市	14.40	0.82	0.028
K44	西荞2号	甘肃定西市	16.08	0.65	0.026
K45	晋荞2号	甘肃定西市	18.55	0.54	0.022
K46	苦荞04-06	贵州威宁县	16.46	1.22	0.043
K47	黔苦5号	贵州威宁县	15.55	1.52	0.055
K48	西荞1号	贵州威宁县	13.99	1.21	0.033
K49	六苦2081	贵州威宁县	14.45	1.77	0.065

续表

编号	品种	产地	芦丁/(mg/g)	槲皮素/(mg/g)	山奈酚/(mg/g)
K50	黔苦 3 号	贵州威宁县	13.64	2.86	0.14
K51	晋荞 2 号	贵州威宁县	17.41	1.58	0.056
K52	西荞 2 号	贵州威宁县	12.91	1.77	0.052
K53	川荞 1 号	贵州威宁县	12.74	2.58	0.094
T1	宁荞 1 号	江苏泰兴市	0.14	—	—
T2	北旱生	江苏泰兴市	0.72	0.54	—
T3	丰甜 1 号	江苏泰兴市	0.18	0.51	—
T4	赤峰 1 号	江苏泰兴市	0.09	—	—
T5	榆荞 4 号	江苏泰兴市	0.17	—	—
T6	信农 1 号	江苏泰兴市	0.25	—	—
T7	定甜 2 号	江苏泰兴市	0.13	—	—
T8	威宁白花	江苏泰兴市	0.34	—	—
T9	榆荞 4 号	甘肃定西市	0.11	—	—
T10	赤峰 1 号	甘肃定西市	0.09	—	—
T11	威宁白花	甘肃定西市	0.78	—	—
T12	信农 1 号	甘肃定西市	0.07	—	—
T13	宁荞 1 号	甘肃定西市	0.23	—	—
T14	北旱生	甘肃定西市	1.77	0.71	—
T15	丰甜 1 号	甘肃定西市	0.14	—	—
T16	定甜 2 号	甘肃定西市	0.56	0.12	—
T17	定甜 1 号当地	甘肃定西市	0.11	—	—

注："—"表示不存在或未进行测定。

（三）D-CI 含量测定

D-CI 是苦荞中有效成分之一，具有降糖作用，在第五章中已有详细描述。手性肌醇测定方法主要有毛细管电泳法、高效液相色谱法（HPLC-ELSD、HPLC-RID）、气相色谱（GC）等方法。其中 HPLC-ELSD 法具有快速、灵敏度高等特点。张瑞等（2008）采用 HPLC-ELSD 法测定了苦荞中 D-CI 含量，苦荞粉碎后用 50%乙醇振荡提取 30min，过滤，取 1ml 滤液蒸干，用三氟乙酸（TFA）在 70℃下水解 4h，最后水解液蒸干后用甲醇溶解。溶液过滤后进高效液相色谱，采用梯度洗脱法，流速为 1ml/min，漂移管温度为 95℃，载气流速 2.2L/min。此方法检测限为 100ng。边俊生等（2007）、徐宝才等（2003b）均曾采用 GC 法测定 D-CI，结果表明，采用 GC 法测定 D-CI，需要严格控制反应条件，操作相对复杂。侯建霞等（2007）用毛细管电泳和电化学检测（CE/ED）法分离并测定了荞麦中游离态的肌醇和 D-CI，该方法比 GC 法简单，与 HPLC 法相比无毒，但其准确性不及 HPLC 法。因此，在选择测定 D-CI 测定方法时，应结合样品类型、检验要求选择适当方法。

（四）荞麦的指纹图谱

中药指纹图谱在国内最早应用于中草药的质量标准研究，中药指纹图谱是指某些中药材、提取物或中药制剂经适当处理后，采用一定的分析手段，得到的能够标示其化学特征的色谱图或光谱图，即运用现代分析技术对中药化学信息以图形（图像）的方式进行表征并加以描述。现代分析技术包括光谱、色谱、波谱、核磁共振、X-射线衍生等和各联用技术。

中药指纹图谱有两个特点：一是通过指纹图谱的特征性，能有效鉴别样品的真伪或产地；二是通过指纹图谱主要特征峰的面积或比例的制定，能有效控制产品的质量，确保产品质量的相对一致和稳定。荞麦品种繁多，应用指纹图谱技术，可有效对荞麦进行鉴别，确保荞麦品质的一致性。

中药指纹图谱的制定方法主要包括薄层色谱法、高效液相色谱法、紫外分光光度法、红外光谱法等，由于高效液相色谱法具有快速、准确、分辨率高的特性，目前在指纹图谱的制定中应用最为广泛。高效液相色谱与不同检测器进行联用，可制定中药不同部位的指纹图谱，常见的有 HPLC-DAD、HPLC-ELSD、HPLC-MS。随着分析仪器的进一步发展，超高效液相色谱指纹图谱具有更高分辨率及检测速度，以后将会有更广泛的应用。

通过仪器分析方法制定的指纹图谱，将会获得海量、多维的原始数据，要想通过直观分析得到理想的结论将会十分困难。目前，指纹图谱常与化学计量学中的主成分分析、聚类分析、相似度分析等方法相结合，从而获得更为丰富、最终可理解的数学模式。主成分分析是一种降维方法，可将指纹图谱中大量信息进行组合，降低分析难度；聚类分析可与指纹图谱结合，用于中药产地、采收期、品种等的分类；相似度分析可比较不同来源样品的相似度，成为中药稳定性控制的指标之一。

荞麦含有黄酮、D-CI、蛋白质等多种活性成分，其药效作用是多种活性成分协同作用的结果。因此，将中药指纹图谱技术应用于荞麦质量控制、真伪鉴别是可行的。彭镰心等采用高效液相色谱建立了不同品种、不同产地荞麦的指纹图谱，通过指纹图谱可以发现，甜荞的色谱特征峰与苦荞的色谱特征峰有较大差异，甜荞中芦丁、槲皮素显著低于苦荞中的含量，且未能检测出山奈酚。甜荞也含有苦荞所没有的化学成分，可用于苦荞粉与甜荞麦粉的鉴别。在不同来源苦荞的指纹图谱中，通过聚类分析可将南方苦荞及北方苦荞进行区分，总体上南方苦荞黄酮略高于北方苦荞。彭镰心、赵钢等（2010）对不同品种苦荞提取液分别测定其抗氧化作用及指纹图谱，采用逐步回归方法，以抗氧化作用为因变量，提取液的 8 个共有峰为自变量，分析得到苦荞的抗氧化作用显著高于甜荞，其主要活性成分为黄酮类成分包括芦丁、山奈酚等。同时，对不同产地的苦荞、甜荞进行指纹图谱研究，结果表明苦荞与甜荞成分差异较大，容易区分，不同产地苦荞

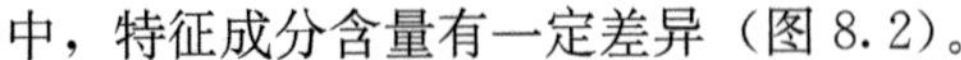

中，特征成分含量有一定差异（图 8.2）。

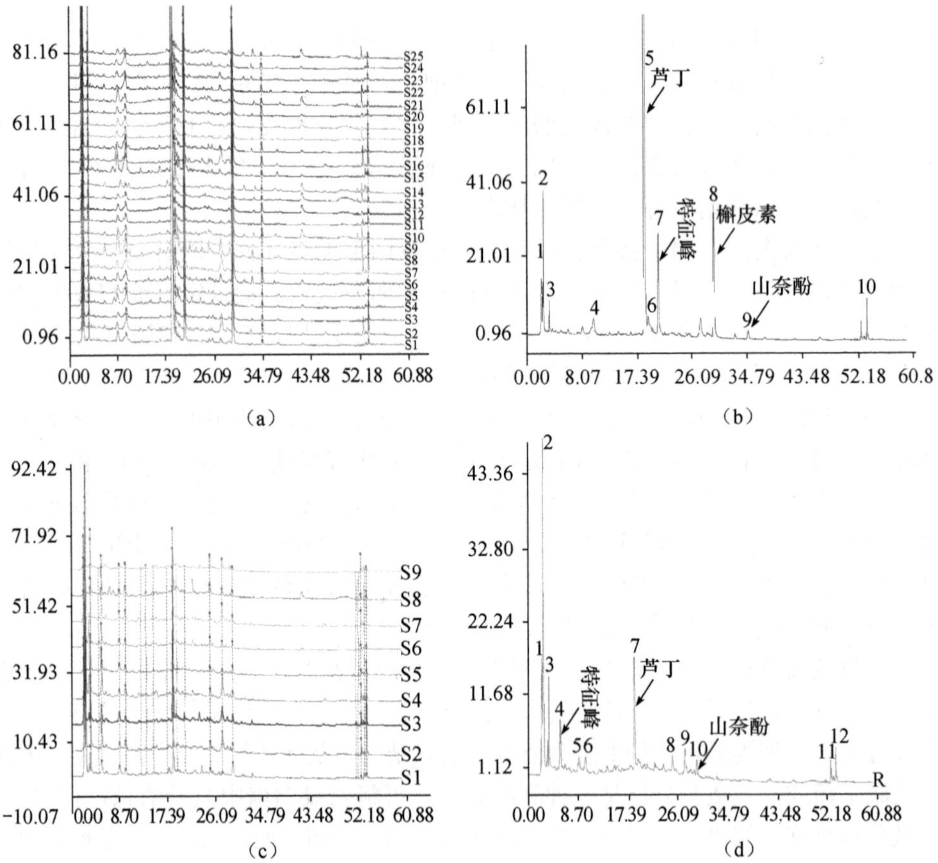

图 8.2　甜荞与苦荞的指纹图谱

(a) 苦荞指纹图谱；(b) 甜荞指纹图谱；(c) 苦荞标准指纹图谱；(d) 甜荞标准指纹图谱；S1～S25 为样品编号

（五）荞麦的微量元素

常量和微量元素在人体中具有重要作用，常量元素在机体中维持细胞内外渗透压的平衡，调节体液 pH，维持神经和细胞膜的生物兴奋性，形成骨骼支撑组织，传递信息及激活酶活性等。微量元素能在各种酶系统中起催化作用，作为激素或维生素的必需成分或辅助因子而发挥作用，虽然机体需要量少，但作用巨大。人体必需的微量元素有：Fe、Cu、Zn、Mn、Cr、Mo、Co、V、Ni、Sn、F、I、Se、Si 等。人体对微量元素有一定的摄入量，当元素含量超过人体所能耐受的限度或低于人体正常需要时就会生病，如碘缺乏病、锌缺乏病、地方性氟病等。而 As，Cd，Pb 等元素则作为可能必需或者有生物活性的微量元素，如极低量的 As 可影响代谢或遗传重要分子的甲基化，而过量则产生毒性，在食品药品中其含量受到了严格的控制。因此，对食品中微量元素的研究对人体健康、膳食营养和食品药品的质量控制都有重要意义。苟君波等（2011）采用原子吸收光谱法测定了 28 种荞麦种子中的 Fe、Mn、Zn、Cu、Ca、Mg、Mo、Cd 和 Se；吕琳琳等（2009）采用微波消解 ICP-AES 法测定了荞麦、燕麦、大麦中 Cu、Zn、Fe、Mn、Na、Ca 六种元素；刘清等（2007）采用原子吸收分光光度法及原子荧光分光光度法测定了荞麦茎、叶、花中 Cu、Fe、Zn、Ca、Sr、Se、Mn、Pb、As、Hg、Cd 的含量；祝优珍等（2009）采用火焰原子吸收光谱法测定了灰荞麦、黑荞麦和白荞麦颗粒的不同层次样品中的 Fe、Zn、Cu、Cr、Mn、Ni 的含量；姜忠丽等（2008）采用高压消化罐 ICP-AES 法测定了苦荞中的 Fe、Cr、Hg、Pb、Cu、Zn、As、Cd、Ca、Mg、Sn、Mo、Se 的含量；王建波等（2010）采用 ICP-MS 法测定了苦荞茶中的 Cu、Pb、Cd、Co、Ni。国内对于荞麦中微量元素分析并不少见，但尚不全面。

彭镰心、黄艳菲等采用微波消解 ICP-OES 法对不同品种、不同来源的苦荞及其茶产品，苦荞中根、茎、叶等部位中的微量元素进行了测定，结果表明苦荞与甜荞的微量元素含量差异不大，荞麦根、茎、叶中微量元素含量差异较大，其中根中含量最高，通过聚类分析、主成分分析不同厂家来源的苦荞茶中微量元量含量差异较大，说明荞麦的来源是其微量元素差异的主要原因之一（图 8.3）。根、茎、叶中的微量元素含量差异也能明显区分（图 8.4，图 8.5），说明苦荞不同部位对微量元素的吸收不一致。

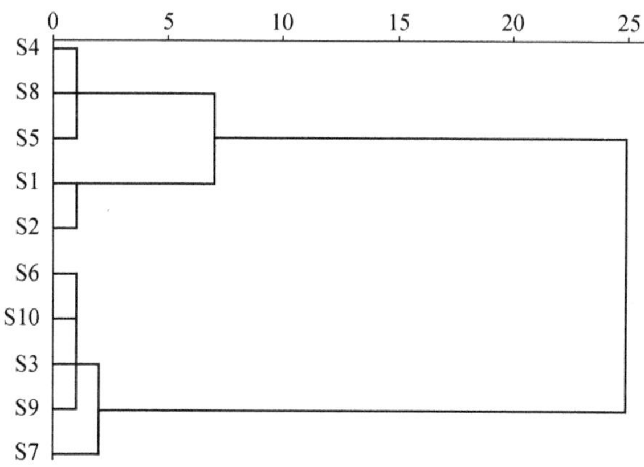

图 8.3　不同来源荞麦茶微量元素聚类分析

S1～S10 为不同厂家来源苦荞茶编号

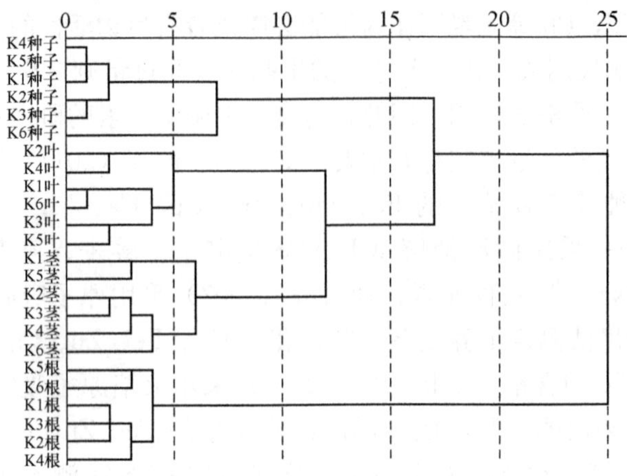

图 8.4 荞麦不同部位微量元素聚类分析

K1～K6 为苦荞样品编号

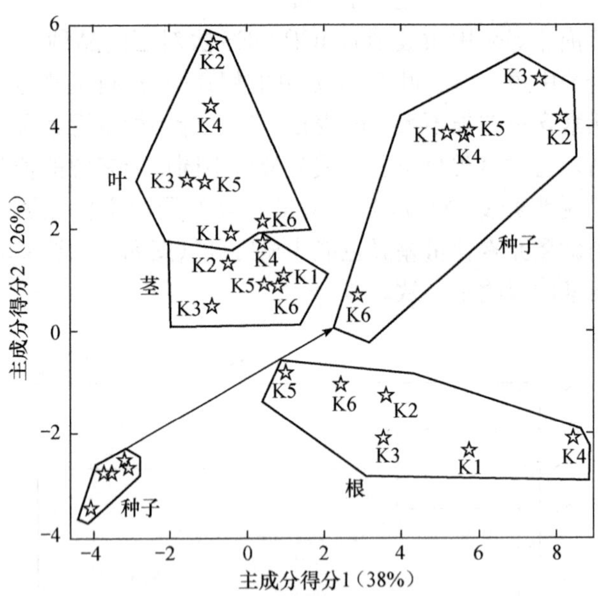

图 8.5 荞麦不同部位微量元素主成分分析

K1～K6 为苦荞样品编号

主要参考文献

安守海，郑显明. 1997. 贵州省部分苦荞的农艺性状和品种特性. 贵州农业科学，25（4）：42～45

边红彪，钟湘志. 2006. 确保我国荞麦出口日本优势地位——近期日本对我国产荞麦（包括荞麦面粉）实施命令检查分析. WTO经济导刊，(5)：55
卞先晨，王安虎. 1999. 不同辐射剂量对苦荞根系的影响. 西昌农业高等专科学校学报，13（2)：36～38
曹军胜. 2002. 苦荞香醋的研制. 中国酿造，2：32，35
曹艳萍. 2005. 苦荞麦麸皮中总黄酮的乙醇提取工艺研究. 食品科学，(3)：98～100
陈建荣，田文玉. 2010. 气相色谱法同时测定荞麦中百菌清、三唑酮和拟除虫菊酯类农药残留量. 理化检验：化学分册，46（7)：740～742
陈景，黄群，傅伟昌，等. 2009. 苦荞百合保健醋饮料酿造工艺研究. 食品科学，30（20)：467～470
陈运中，胡小泓，周享春. 2002. 苦荞麦黄酮提取最佳工艺条件研究. 广州食品工业科技，5：29～31
成剑锋. 1995. 苦荞酒的试制. 山西食品工业，1：24～25
杜幸，陈敏燕，刘鹏，等. 2005. 两个荞麦品种的核型分析. 亚热带植物科学，34（2)：36～38
高国强，杜喜梅. 2008. 苦荞芽菜挂面的研制. 食品研究与开发，29（7)：73，192
高洪君，侯旭光，李丹，等. 1994. 六种荞麦过氧化物酶同工酶研究初报. 哲里木畜牧学院学报，4（2)：53～56
宫风秋. 2007. 加工方式对传统苦荞制品功能特性的影响. 西北农林科技大学硕士学位论文
苟君波，胡洪利，吴琦，等. 2011. 荞麦中金属元素的主成分和聚类分析. 食品科学，32（16)：318～321
顾涛. 2011. 苦荞麸皮总黄酮提取工艺研究. 西南大学硕士学位论文
桂如华，齐福龙，郭建成. 1994. 苦荞“降脂沙”的研制初探. 山西食品工业，3：15
郭徽，宾婕，刘洁，等. 2011. 苦荞中总黄酮的含量测定. 云南中医中药杂志，32（1)：57～58
郭晓娜，韩晓星，张晖，等. 2009. 苦荞麦营养保健面条的研究. 中国粮油学报，24（10)：116～119
郭雪峰，岳永德. 2007. 黄酮类化合物的提取、分离纯化和含量测定方法的研究进展. 安徽农业科技，35（26)：8083～8086
郭元新，石必文. 2007. 苦荞挂面配方的优化设计. 安徽科技学院学报，21（1)：33～36
郭元新，周军. 2005. 苦荞饼干的加工技术研究. 食品工业科技，11：100～102
郭元新，蔡华珍，王世利. 2007. 苦荞饮料的工艺研究. 试验报告与理论研究，10（1)：19～20
何燕，周国华，王学求. 2008. 从微量元素与人体健康关系得到的启示. 物探与化探，32（1)：70～74
侯建霞，汪云，程宏英，等. 2007. 毛细管电泳电化学检测分离测定荞麦中的手性肌醇和肌醇. 分析测试学报，26（4)：526～529

姜忠丽，康艳红，辛士刚．2008．ICP-AES 法测定苦荞麦中的矿物元素．粮食与饲料工业，(8)：45～46

李成磊．2009．苦荞苯丙氨酸解氨酶基因（Pal）和查尔酮合酶基因（Chs）的 DNA 和 cDNA 克隆及序列分析．四川大学硕士学位论文

李丹，李晓磊，丁霄霖．2007．高芦丁含量苦荞面包的研制．粮食与饲料工业，4：16～18

李洁，梁月琴，郝一彬．2004．苦荞类黄酮降血脂作用的实验研究．山西医科大学学报，35（6）：570

李瑞国．2007．藏陕云贵川五省区苦荞资源遗传多样性研究．西北农林科技大学硕士学位论文

李淑久，张惠珍，袁庆军．1992．四种荞麦生殖器官的形态学研究．贵州农业科学，（6）：32～36

李永军．2001．苦荞复合保健面包的研制．食品科技，6：17～19

李裕，刘有智，霍红．2002．苦荞麦中提取芦丁的工艺研究．华北工学院学报，2：1300～1302

李正涛，吴兵，肖诗明，等．2005．苦荞冰淇淋的研制．冷饮与速冻食品工业，11（4）：24～26

廉玫，许峰，观文娜，等．2008．加压溶剂萃取-气相色谱法测定荞麦中残留的有机氯农药．色谱，26（4）：484～488

林汝法．1994．中国荞麦．北京：中国农业出版社

林汝法．2000．苦荞资源的开发利用．荞麦动态，1：3～7

林汝法，王瑞，周运宁．2001．苦荞提取物的毒理学安全性．华北农学报，16（1）：116～121

林汝法，周小理，任贵兴，等．2005．中国荞麦的生产与贸易、营养与食品．食品科学，26（1）：259～263

刘清，王敏群，孙丽枫，等．2007．荞麦不同组成部分中金属元素含量及分析．中国卫生检验杂志，17（7）：1218～1219

刘秀凤，常学东，蔡金星，等．2004．苦荞麦苗提取物微胶囊化固体饮料的研制．河北科技师范学院学报，18（3）：28～31

刘翊中，臧荣鑫，卢建雄，等．2002．营养保健型苦荞酸豆奶的研制．甘肃科技，(Z1)：20

吕琳琳，罗维巍，张咏梅．2009．微波消解-ICP-AES 法测定荞麦、燕麦、大麦中多种微量元素．食品科学，30（8）：187～189

罗定泽，侯鑫，赵佐成．2002．西南地区硬枝野荞麦（*Fagopyrum urophyllum*（Bur. et Franch）H. Gross）天然群居的等位酶变异．四川师范大学学报：自然科学版，25（1）：62～65

罗定泽，赵佐成，周明德，等．2000．苦荞麦（*Fagopyrum tataricum*）栽培居群的聚类分析和主成分分析．四川师范大学学报：自然科学版，23（3）：272～276

马越，苑函，陈红梅．2007．苦荞粉面团流变学特性的研究．食品科学，28（12）：85～87

马越，苑函，陈红梅. 2010. 苦荞菊粉降糖饼干配方的研究. 食品科技，35（10）：192～194

欧阳平，张高勇，康宝安. 2003. 吸光光度法测量苦荞麦中总黄酮. 粮油加工与食品机械，（11）：57～59

彭镰心，赵钢，王姝，等. 2010. 不同品种苦荞中黄酮含量的测定. 成都大学学报：自然科学版，29（1）：49～52

盛晋华，张海明，李卫国. 2000. 内蒙古自治区荞麦地方品种资源的研究. 内蒙古农业大学学报，21（3）：7～12

石勇，杨政水，袁德奎. 2009. 发酵苦荞麦冰淇淋的研制. 贵州农业科学，37（6）：196～198

史通麟. 2007. 苦荞 SSR 引物的开发及其应用研究. 山西大学硕士学位论文

单成海，王安虎，侯成万. 2002. “西荞一号”苦荞麦的播种量初步探讨. 西昌农业高等专科学校学报，16（4）：30～31

孙博航，吴雅清，高慧媛，等. 2008. 苦荞麦的化学成分. 沈阳药科大学学报，25（7）：541

谭萍，王玉株，李红宁，等. 2006. 十种栽培苦荞麦的随机扩增多态性 DNA（RAPD）研究. 种子，25（7）：4～49

唐宇，赵钢. 1999. 苦荞麦新品种“西荞一号”的选育及利用. 西昌农业高等专科学校学报，13（2）：6～8

万丽英. 2007. 高海拔单作区不同密度对苦荞产量与品质影响的研究. 华中农业大学硕士学位论文

王建波，黄兴华，王玉功，等. 2010. 电感耦合等离子体质谱法快速测定苦荞茶中铜、铅、镉、钴、镍. 分析测试技术与仪器，1（2）：104～107

王军. 2007. 苦荞麸皮总黄酮提取工艺及高效液相色谱—质谱指纹图谱研究. 西北农林科技大学硕士学位论文

王健胜，柴岩，赵喜特，等. 2005. 中国荞麦栽培品种的核型比较分析. 西北植物学报，25（6）：1114～1117

王莉花，殷富有，刘继梅，等. 2004. 利用 RAPD 分析云南野生荞麦资源的多样性和亲缘关系. 分子植物育种，2（6）：807～815

王善文，王晓园，蔡雄. 2007. 混合曲法生产苦荞酒的技术要领. 酿酒科技，1：73～75

王转花，马文丽. 1998. 荞麦同工酶多肽分析. 山西农业科学，26（2）：24～26

魏益民. 1995. 荞麦品质与加工. 西安：世界图书出版公司

吴秀华，刘金玉，王建富，等. 2008. 苦荞黄酮微胶囊的制备. 食品开发与机械，7：82～85

吴渝生. 1996. 荞麦主要农艺性状的遗传相关分析. 云南农业大学学报，11（4）：258～262

夏敏. 2003. 必需微量元素与人体健康. 广东微量元素科学，10（1）：11～16

夏赛美，张小威，刘也嘉，等. 2009. 高含量苦荞挂面加工技术研究. 粮食与饲料工业，3：20～23

肖蓉，张兰桐. 2003. 中药指纹图谱的研究现状与未来. 河北医科大学学报，24（5）：310～313

肖诗明. 2001. 苦荞芝麻羹的研制. 粮食与饲料工业，9：39～41
肖诗明. 2005. 苦荞麦粉和小麦面粉复混物的性能研究. 食品科技，12：8～10
肖诗明，吴中文，张忠. 2003. 苦荞麦曲奇饼干的研制. 食品科技，12：31～32
肖诗明，徐坤. 2002. 苦荞南瓜羹的研制. 食品科学，23（7）：92～94
徐宝才，丁霄霖. 2002. 苦荞壳中黄酮提取工艺的研究. 工艺技术，23（8）：40～42
徐宝才，丁霄霖. 2003a. 苦荞黄酮的测定方法. 无锡轻工大学学报，22（2）：98～101
徐宝才，肖刚，丁霄霖. 2002. 苦荞中酚酸和原花色素的分析测定. 食品与发酵工业，28（12）：32～37
徐宝才，肖刚，丁霄霖. 2003b. 色谱法分析检测苦荞籽粒中的可溶性糖（醇）. 色谱，21（4）：410～413
薛长晖，袁少明，王佩维，等. 2006. 苦荞粉提取液中黄酮类化合物含量测定方法的选择. 理化检验：化学分册，42（1）：22～23
杨春，陕方，薛春生，等. 2005. 黑苦荞醋软胶囊的研究. 农产品加工，38（5）：26～27，30
杨春，薛伟，陕方，等. 2009. 苦荞醋燕麦油软胶囊加工性能及贮藏特性研究. 中国粮油学报，24（11）：115～119
杨俊，王文辉，王齐，等. 2010. 苦荞挂面中芦丁含量测定方法研究. 光谱室，27（5）：1834～1836
杨克理. 1992. 中国栽培苦荞的籽粒形状分析. 作物品种资源，（4）：19～20
杨明君，郭忠贤，陈有清，等. 2005. 荞麦主要经济性状遗传参数研究. 内蒙古农业科技，（5）：19～20
张春善. 2007. 动物必需微量元素营养学. 北京：高等教育出版社
张怀珠，王立军，彭涛. 2010. 无糖苦荞苏打饼干的工艺研究. 食品工业，1：77～78
张平，王玉珠. 2007. 荞麦中生物类黄酮的提取方法研究. 食品研究与开发，2：45～47
张琪，刘慧灵，朱瑞，等. 2003. 苦荞麦中总黄酮和芦丁的含量测定方法的研究. 食品科学，24（7）：113
张瑞，王英平，任贵兴. 2008. 苦荞麦的药理研究进展. 特产研究，（1）：74
张小燕，苏敏，卢宗凡，等. 2000. 荞麦品种资源聚类分析. 西北农业学报，9（2）：121～124
张以忠，陈庆富. 2004. 荞麦的研究现状与展望. 种子，23（3）：39～42
赵钢，唐宇，王安虎. 2002. 发展中国的苦荞生产. 作物杂志，（4）：11～12
赵佐成，周明德，王中仁，等. 2002. 中国苦荞及其近缘种的遗传多样性研究. 遗传学报，29（8）：723～734
钟兴莲，姚自强. 2002. 凤凰苦荞的选育及栽培要点. 作物研究，16（1）：31
钟秀倩，钟俊辉. 2007. 微量元素与人体健康. 现代预防医学，34（1）：61～63
周建华，刘松艳，巩发永. 2008. 两种分光光度法测定苦荞中黄酮含量的比较. 江苏农业科学，（5）：247～251
周小理，李红敏，周一鸣，等. 2005. 苦荞多肽营养饮料的研究. 食品科学，26（11）：

128～132

周娅，杨定清，谢永红，等. 2010. 黑苦荞保健茶中重金属的分析评价. 广东微量元素科学，17 (9)：43～46

周一鸣. 2008. 苦荞数皮中黄酮类化合物的提取、分离及其抗氧化活性的研究. 陕西师范大学硕士学位论文

周玉新，雷海明，徐永红，等. 2002. 中药指纹图谱研究技术. 北京：化学工业出版社

周元成. 2006. 关于荞麦生物类黄酮的研究进展. 山西农业大学学报，26 (6)：131～133

朱友春，田世龙，王东晖. 2003. 比色法测定苦荞中黄酮含量的方法改进. 甘肃科技，(2)：13～14

祝优珍，史洪云，蒋金花，等. 2009. 荞麦样品微量元素的测定及其营养机制. 上海应用技术学院学报：自然科学版，9 (3)：196～199

邹勇，尹礼国，贾雪峰，等. 2007. HPLC 法测定苦荞叶中芦丁的含量. 粮油食品科技，15 (3)：57～58

左光明，谭斌，王金华，等. 2009. 苦荞米与苦荞粉加工中营养功能成分的评价及利用. 食品科学，30 (14)：183

Bowman B A，Russell R M. 2008. Present Knowledge in Nutrition. Washington：ILSI Press

Kump B，Javornik B. 2002. Genetic diversity and relationships among cultivated and wild accessions of tartary buckwheat (*Fagopyrum tataricum* Caert.) as revealed by RAPD markers. Genetic Resources and Crop Evolution，49 (6)：565～572.

Liu C L，Chen Y S，Yang J H，et al. 2008. Antioxidant activity of tartary (*Fagopyrum tataricum* (L.) Gaertn.) and common buckwheat sprouts. J. Agric. Food Chem.，56 (1)：173

Nielsen F H. 1998. Ultratrace elements in nutrition：current knowledge and speculation. The Journal of Trace Elements Experimental Medicine，11：251～274

Sharma T R，Jana S. 2002. Random amplified polymorphic DNA (RAPD) variation in *Fagopyrum tataricum* Caert. accessions from China and the Himalayan region. Euphytica，127：327～333

Tsuji K，Ohnishi O. 2000. Origin of cultivated Tatary buckwheat (*Fagopyrum tataricum* Gaert.) revealed by RAPD analyses. Genetic Resources and Crop Evolution，47 (4)：431～438

Tsuji K，Ohnishi O. 2001. Phylogenetic position of east Tibetan natural populations in Tartary buckwheat (*Fagopyrum tataricum* Gaert.) revealed by RAPD analyses. Genetic Resources and Crop Evolution，48 (1)：63～67

Uthus E O. 2003. Arsenic essentiality：a role affecting methionine metabolism. The Journal of Trace Elements Experimental Medicine，16：345～355

Yang N，Ren G. 2008. Determination of D-chiro-inositol in tartary buckwheat using high-performance liquid chromatography with an evaporative light-scattering detector. J. Agric. Food. Chem.，56：757～760

Zhao G，Peng L X，Wang S，et al. 2012. HPLC fingerprint-antioxidant properties study of buckwheat. Journal of Integrative Agriculture，11（7）：1111～1118

附　录

类别	序号	产地	厂家	产品名	质量标准
茶类	1	四川省凉山彝族自治州甘洛县	四川彝家山寨黑苦荞产业集团	210g 黑苦荞芦丁香茶	天然芦丁含量高达 3.1%
	2			400g 黑苦荞芦丁香茶	有机食品，无糖，芦丁含量：2.9%，铬含量 0.40mg/kg，硒含量 0.20mg/kg
	3			485g 纯苦荞粉	有机无糖食品
	4			504g 黑苦荞茶	无糖
	5			300g 黑苦荞芦丁香茶	有机食品，无糖
	6			380g 黑苦荞芦丁香茶	有机食品，无糖
	7	四川省凉山彝族自治州西昌市	西昌三匠苦荞开发有限公司	120g 黑苦荞全胚芽茶	富含芦丁及硒元素，含有 18 种氨基酸、9 种脂肪酸、膳食纤维、叶绿素、粗蛋白、矿物质及多种微量元素，不含糖和胆固醇
	8			三匠黑苦荞靓颜茶 96g	—
	9			三匠黑苦荞全胚芽茶 200g	—
	10	四川省凉山彝族自治州西昌市	四川环太实业有限责任公司	环太黑苦荞超微茶	有机食品，无糖
	11	四川省凉山彝族自治州经济技术开发区	海德冠实业集团、纳珍源酒业公司与凉山州世达酒业联合出品	苦荞香茶	营养成分是黄酮类物质，主要成分为芦丁。芦丁又名芸香苷、维生素 P，含量占总黄酮的 70%～90%
	12	四川省凉山彝族自治州西昌市	西昌市茗茶厂	邛池黑苦荞胚芽茶	无糖
	13			邛池苦荞茶 500g	有机食品，无糖
	14			邛池黑苦荞茶听装 250g	—

续表

类别	序号	产地	厂家	产品名	质量标准
茶类	15	四川省凉山彝族自治州西昌市	西昌森景实业有限责任公司	彝乡人黑苦荞香茶	有机食品，无糖
	16			彝乡人苦荞全皮茶 120g	
	17			彝乡人全株黑苦荞茶	
	18	四川省凉山彝族自治州西昌市北工业集中发展区	西昌航飞苦荞科技发展有限公司	黑苦荞 维 P 苦荞茶	—
	19			苦荞全麦茶	有机食品，无糖
	20	四川省凉山彝族自治州西昌市长安北路	四川山瑞食品发展有限公司	黑苦荞王茶 100g 金沙飘红	—
	21			苦荞王茶金沙飘红	无糖
	22			山瑞黑苦荞王茶金沙系列 220g	—
	23	四川省凉山彝族自治州西昌市高枧乡中所村	西昌市龚旭食品有限责任公司	建昌坊全株苦荞香茶 500g	有机，无糖
	24	四川省凉山彝族自治州成凉工业园区	西昌市正中食品有限公司	西部村寨苦荞香茶	无糖
	25			西部村寨黑苦荞茶 500g	—
	26	四川省凉山彝族自治州西昌市胜利路 99 号	凉山州惠乔生物科技有限责任公司	汇荞黑苦荞养颜纤体茶	无糖
	27	四川省凉山彝族自治州西昌市	西昌市红荞食品厂	红荞地苦荞香茶	无糖
	28			红荞地黑苦荞胚芽茶 500g	—
	29			红荞地黑苦荞香茶 500g	无糖
	30	四川省凉山彝族自治州西昌市安宁镇	西昌市滋元食品有限公司	甘郁沙红黑苦荞全胚芽	无糖

续表

类别	序号	产地	厂家	产品名	质量标准
茶类	31	四川省凉山彝族自治州西昌市西郊乡	西昌大粮山食品有限公司	大粮山黑苦荞全株茶 126g	—
	32	四川省绵阳市北川羌族自治县	四川省自然天堂茶业有限公司	佛泉苦荞茶净肠草 208g	有机食品，无糖
	33	四川省凉山州越西县大瑞乡德政路31号	四川省越西县天生源野生保健食品有限公司	沁江牌黑苦荞提纯茶	有机食品，无糖
	34	四川省成乐高速公路天福服务区	夹江天福观光茶园有限公司	天福茗茶天然全胚芽苦荞茶	有机食品，无糖
	35	四川省成都市新都区木兰镇梁胜村	成都市新都区香淇食品厂	锦蒙苦荞胚芽茶	—
	36	四川省成都市温江区科技产业开发园	四川强劲奥林食品饮料有限公司	益身黑苦荞茶	有机食品，无糖
	37			益身野苦荞茶	有机食品，无糖
	38	山西大同市左云县云兴镇	山西雁门清高食业有限责任公司	雁门清高黑苦荞健茶	总黄酮平均含量 19.90mg/g
	39			雁门清高苦荞健茶	
	40	山西省灵丘县城新建北路 281 号	山西省灵丘麦真食品有限公司	灵丘麦真苦荞健茶	无糖
	41	山西省灵丘县城	山西省灵丘佳盛食品有限公司	佳盛苦荞健茶	无糖
	42	云南省昭通市昭阳工业园区	云南朱提苦荞生物科技有限公司	云南昭通朱提有机降压降脂保健苦荞米茶	无糖

续表

类别	序号	产地	厂家	产品名	质量标准
茶类	43	云南省昆明市呈贡县七甸绿色工业园区	云南云荞生物科技有限公司	咏轻松云南十九怪珍稀苦荞当茶	有机食品，无糖
	44	天津港保税区新港大道233号	中日合资天津港保税区爱信食品有限公司	云南苦荞麦茶	无糖
	45			100％鞑靼荞麦茶	无糖
	46	浙江省衢州市龙游县溪口镇枫林村	浙江省龙游翠竹茶厂	羽安茶坊黑苦荞茶	—
	47	浙江省桐乡市屠甸镇和平村	桐乡市满秋杭白菊专业合作社	苦荞麦茶	产于云贵川地区海拔3000m高原的苦荞富含大量的芸香苷和烟酸，为普通荞麦的13.5倍
	48	海宁市经济开发区金利路2号	海宁奇乐茶业有限公司	苦荞金荞麦茶袋泡	—
	49	杭州滨江区长河路351号	杭州艺福茶业有限公司	艺福堂黑苦荞茶	无糖
	50	杭州市余杭区径山镇钱家滩路1号	杭州赛纳茶叶有限公司	秀之明苦荞袋泡茶	有机食品，无糖
	51	江苏省徐州市丰县范楼镇金陵工业园188号	徐州康汇百年食品有限公司	康汇百年黑苦荞茶	—
	52	杭州市余杭区塘栖镇	杭州忆江南茶业有限公司	忆江南苦荞麦茶250g	—
	53	安徽省芜湖市三山区峨桥镇	芜湖市徽福茶业有限公司	杯口留香黑苦荞茶	有机食品，无糖
	54	内蒙古呼和浩特市小黑河镇	内蒙古呼和浩特玉蒙区鞑靼荞麦加工厂	麦力士特级苦荞香茶250g	有机食品，无糖

续表

类别	序号	产地	厂家	产品名	质量标准
茶类	55	甘肃省通渭县	乐百味食品有限公司	乐百味苦荞茶	—
	56	广东省佛山市顺德陈村镇仙涌旺沙大道1号2楼	佛山市顺德区陈村镇丰旺茶厂	黄金荞麦茶/苦荞袋泡茶	有机食品，无糖 以高寒山区无污染的苦荞为主要原料，配以药食两用的中草药，经特殊工艺精制而成。具有营养丰富，药用价值高，饮用方便，风味独特等特点
酒类	1	四川省凉山彝族自治州经济技术开发区	海德冠实业集团、纳珍源酒业公司与凉山州世达酒业联合出品	纳珍源黑苦荞白酒	—
	2			苦荞酒	应用小曲糖化、高温曲发酵，采用黄酒回沙的方法，适当延长发酵期，可赋予苦荞酒特殊的香气和风格 经过勾兑调整后的苦荞酒感官指标为：色泽，微黄、清亮透明、无悬浮物、无沉淀；香气，荷香清雅略有清酱香；口味，绵甜、爽洌、纯正，回味怡畅；风格，具有苦荞酒特有的风格
	3			苦荞酒	酸甜适中，香气协调，酒体醇厚，利用红曲、苦荞做酒，从对人体的营养、保健角度来着手是一种有益的尝试
	4			苦荞保健酒	苦荞、黄米、酿酒高活性干酵母、生香活性干酵母、糖化酶
	5			苦荞酒	以荞麦、糯米为原料，经发酵、酿制、勾兑而成。酒质褐红透亮、醇香浓郁，鲜甜滑润、优雅细腻。
	6			荞麦黄酒	荞麦黄酒，不仅保存了荞麦原料原有的营养成分，且将具有保健功能的有效因子溶进酒中，可使其食疗效果更好地发挥
醋类	1	贵州省毕节市	贵州毕节市天河酱醋厂	贵州特产毕节天河纯天然苦荞醋	—
	2	河北省张家口市蔚县	河北省蔚县嘉园酿造厂	蔚县苦荞醋	—
	3	山西省太原市马道坡26号	山西老陈醋集团有限公司	东湖苦荞保健醋	—

续表

类别	序号	产地	厂家	产品名	质量标准
醋类	4	山西省大同市左云县云兴镇	山西雁门清高食业有限责任公司	雁门清高苦荞醋	—
	5	—	—	苦荞香醋	—
	6			苦荞百合醋饮料	苦荞百合醋饮料最优配方为原醋 9%、蜂蜜 5%、蛋白糖 0.3%、柠檬酸 0.13%
	7			富硒黑苦荞醋	该醋的氨基酸总量为 7340～7408mg/L，为一般醋的 2～3 倍，并含有锌、铜、铁、钙、磷等矿物质，比其他醋的酿造温度偏低 2～3℃。营养元素，尤其富含对人体健康有益且具有防癌抗癌功能的硒元素和锶元素，硒含量为 60～210μg/100ml，锶含量为 18.7～24μg/100ml，具有独特的食疗保健作用，为高档营养保健醋。富硒苦荞醋色泽棕红，清香浓郁，醇厚，口味香甜，风味独特，并且久存不变质。矿泉水富硒黑苦荞醋的研制，具有独特的工艺体系。在原料处理上将黑苦荞粉碎为糁状，润料和蒸料时间都比较短，蒸料过程中还要加水 1～7 次。在酿制过程中，严格控制低温发酵，使苦荞中的营养保健及药用成分在复杂的生化反应过程中不受或少受损失，朝有益的方向转化和积累。本工艺各工序的品温比其他醋的酿造温度偏低 2～3℃
	8			苦荞营养保健醋	太原市功能食品厂研制的新产品，它以山西省特有的富硒苦荞为原料，配以优质的天然矿泉水，采用科学配方、传统工艺和独特的多菌种生物发酵精酿而成。该产品经国家有关专业部门化验分析，含有 18 种氨基酸、6 种维生素和 6 种微量元素。其中，“芦丁”和“硒”是本产品的特有成分
豆奶类	1	山东省临沂市	山东世纪春食品有限公司	苦荞高钙豆奶	—
	2			苦荞高钙豆浆	—
	3			营养保健型苦荞酸豆奶	感观标准：产品为淡乳清色，气味正常，特有香味，无异味，酸甜适口，口感滑爽细腻，凝固均匀，表面光泽，有少许豆清析出，未添加任何化学防腐剂、色素和香精 理化及微生物标准：酸豆奶和苦荞酸豆奶的 pH 均为 4.0，酸度分别为 4.9 和 4.8，大肠菌群分别为<30 个/100ml 和<30 个/ml，致病菌均未检出

续表

类别	序号	产地	厂家	产品名	质量标准
饮料	1	—	—	苦荞麦苗提取物微胶囊化固体饮料	黄酮含量的测定：采用吸光度法
	2			苦荞多肽营养饮料	配方组成：苹果酸用量为0.14%，荞麦多肽浓缩物用量为1.75%，蜂蜜用量为6.0%时产品的风味及口感最佳 总蛋白质测定：微量凯氏定氮法 游离氨基酸含量的测定：GB/T 14965规定的方法 荞麦肽含量的测定：参照Q/TDQ001-2005大豆肽粉标准 多肽浓度的测定：利用10%的TCA（三氯乙酸）沉淀样品水解液中的大分子蛋白质，经离心过滤后，在上清液中加入双缩脲试剂，于540nm测定其OD值，继而在Gly-Gly-Tyr-Arg四肽标准曲线上查出样品中的多肽含量 水解度的测定：DH即原料蛋白质中水解为多肽的百分数，表示蛋白质被酶催化水解的程度。而蛋白质的酶解过程关键是蛋白质水解程度的控制
	3			苦荞饮料	苦荞浸提时调节pH为7，温度55℃，浸提时间90min效果最佳；酶解温度80℃，酶解液pH为6，酶解时间45min，加酶量为加水量的1.2%时效果最佳；调配时pH为6，白糖添加量为6%，单甘酯与蔗糖脂肪酸酯（8∶1）添加量0.5%，琼脂与海藻酸钠（4∶1）添加量0.3%为最佳工艺组成 黄酮的测定：比色法
	4			苦荞植物饮料	山西特产苦荞和植物原料绿茶、菊花、金银花、甘草为主要原料 苦荞浸提时调节pH为7，温度55℃，浸提时间90min效果最佳；酶解温度80℃，酶解液pH为6，酶解时间45min，加酶量为加水量的1.2%时效果最佳；调配时pH为6，白糖添加量为6%，单甘酯与蔗糖脂肪酸酯（8∶1）添加量0.5%，琼脂与海藻酸钠（4∶1）添加量0.3%为最佳工艺组成
	5			苦荞麦饮料	料液比1∶10，糖化酶添加量300U/g，57.5℃，酶解5.3h，DE值可到达90.7%，黄酮提取率为59.1%

续表

类别	序号	产地	厂家	产品名	质量标准
饮料	6	—	—	苦荞麦苗提取物微胶囊化固体饮料	B-CD1.5%，柠檬酸 7.0%，碳酸氢钠 8.0%
	7			新型苦荞植物饮料	以山西特产苦荞和绿茶、菊花、金银花、甘草为主要原料，研制一种新型苦荞植物饮料
冰淇淋	1	—	—	发酵苦荞麦冰淇淋	发酵苦荞麦冰淇淋制作的苦荞麦浆与乳液（浓度均为 12%）比为 1∶3，在添加白砂糖 8%、明胶 0.4%、CMC-Na 0.3%、单甘酯 0.2%、混合发酵剂接种量 3%、在发酵温度 42℃、发酵时间 4h、进料温度 60℃、均质压力 20MPa、老化温度 0℃、老化时间 6h 的条件下，制作的产品质量好，易被消费者接受
	2			苦荞冰淇淋	根据预试验拟定基本配方：鲜牛奶 30kg，苦荞麦粉（生）3kg，全脂淡奶粉 3kg，奶油 3kg，鸡蛋 5kg，白砂糖 15kg，复合稳定剂 0.3kg（CMC 与 PGA 的质量比为 1∶1），香草香精 0.3kg，盐适量，其他以水补足 100kg 感官指标：色泽，具有苦荞冰淇淋特有的金黄色，外观均匀一致；滋味与气味，具有苦荞特有的清香且略带苦味，香气纯正，浓淡适宜；组织，组织细腻，体态滑润，无凝粒及明显的冰结晶，苦荞粉分布均匀；形态，大小一致，完整，无变形，无软塌，无收缩，无蜂眼 理化指标：干物质质量分数≥32%，脂肪质量分数≥5.5%，总糖质量分数≥15%，酸度（以乳酸计）≤0.20%，铅质量分数（以 Pb 计）≤1.0mg/kg，砷质量分数（以 As 计）≤0.5mg/kg，铜质量分数（以 Cu 计）≤10mg/kg 卫生指标：细菌总数≤10 000 个/ml，大肠杆菌≤250 个/dl，致病菌不得检出
面条和米粉类	1	四川省凉山彝族自治州西昌市	四川环太实业有限责任公司	环太黑苦荞面条 40g	富含生物类黄酮——芦丁、多种氨基酸、大量 B 族维生素和硒、锌、钙、铁等多种微量元素，黑苦荞所含芦丁是一般苦荞的 2～3 倍
	2			环太苦荞面条 400g	无糖

续表

类别	序号	产地	厂家	产品名	质量标准
面条和米粉类	3	四川省凉山彝族自治州西昌市	甘洛县彝家山寨农牧科技有限公司	黑苦荞天然营养面	—
	4	四川省凉山彝族自治州西昌市	西昌市正中食品有限公司	西部村寨苦荞面 500g	无糖
	5			四川西昌正中西部村寨苦荞面	富含珍贵的生物类黄酮芦丁、矿物元素硒，以及18种氨基酸、膳食纤维、多种维生素、天然美白物质二氢氧顺式肉桂酸和锌、钙、钾、镁等矿物质元素
	6	山西省长治市沁源县沁河镇曹家园村	沁源县灵空山绿色食品有限公司	苦荞方便面	—
	7	山西省大同市左云县云兴镇	山西雁门清高食业有限责任公司	雁门清高黑苦荞挂面	总黄酮平均含量19.9mg/g
	8	呼和浩特市武川县	武加食品有限公司	武加苦荞面 240g 苦荞面面条	100g当中蛋白质13.0g，脂肪5.4g，糖类68.9g，生物类黄酮500mg
	9	湛江市坡头区龙头镇解放南路27号	湛江市坡头区诚缘米面制品厂	唐人福蛋碗面 700g	—
	10	山西省太原市高新区产业路48号	山西庄稼汉土特农产品有限公司	山老汉苦荞速食面	—
	11	云南省玉溪市新平县小横山工业园区	新平华兴食品有限责任公司	花腰傣之乡苦荞挂面	—
	12	山西省灵丘县武灵镇开发区	灵丘绿森苦荞系列制品厂	苦荞营养面	—

续表

类别	序号	产地	厂家	产品名	质量标准
面条和米粉类	13	山西省灵丘县武灵镇开发区	灵丘绿森苦荞系列制品厂	挂面	在苦荞粉：面粉为3：7的比例下，按混合粉质量分别添加1.5%的复合添加剂、35%的水及3%的食盐，经和面、熟化、压面、切条与干燥工艺，可制得美味爽口的绿色挂面制品
	14			苦荞芽菜挂面	最佳配方为面粉100%、苦荞粉20%、海藻酸钠0.2%、Na_2CO_3 0.2%～0.3%、食盐2%
	15			苦荞麦营养保健面条	当苦荞粉与小麦粉的比例为3：7时，按混合粉质量分别添加0.55%的CMC添加剂、35%的水及1%的食盐，经和面、熟化、压面、切条与干燥工艺，可制得品质较好的面条
	16			高含量苦荞挂面	小麦粉：苦荞粉：谷朊粉：水：改良剂：食盐=38：50：12：33：0.15：1.5
	17			苦荞挂面	国内优质保健食品之一。其营养价值和药用价值均高于普通挂面。苦荞挂面采用苦荞粉（20%），加小麦精粉（80%）及辅料充分混匀精制而成 工艺流程：配料→混合→和面→熟化→压片→切条→干燥→切断→计量包装→成品。甜荞挂面与苦荞挂面制作工艺基本相同，一般荞粉与面粉配比为3：7
苦荞速食面		—	—	苦荞速食面	以荞粉和小麦面粉为原料生产的方便面类食品 工艺流程：配料→搅拌→熟化→复合压片→切条→高压蒸煮→糊化→干燥→冷却→包装→成品
朝鲜冷面		—	—	朝鲜卤面	受人们青睐的面食，出口量逐年增加。以荞粉（30%）、小麦粉（50%）、地瓜淀粉（20%）为主料，添加碱面（0.3%）和食盐（1.5%）加工制作而成 工艺流程：原料筛选→配料→搅拌→挤熟成条→冷却→冷冻→晾晒→计量包装→储存

续表

类别	序号	产地	厂家	产品名	质量标准
苦荞粉末类	1	贵州省威宁县金斗乡	威宁县金荞农产品专业合作社	荞炒面	—
	2			苦荞凉粉	—
	3			苦荞营养粉	—
	4			苦荞疗效粉	—
	5			糖尿病食疗粉	—
	6			胃病食疗粉	—
	7			高血脂食疗粉	—
	8			苦荞颗粒粉	—
	9			苦荞通心粉	意大利面条。以荞粉为主料，配以小麦粉及其他辅料经挤压而成 工艺流程：配料→混合→和面→挤压→熟化→干燥→切断→包装→成品
	10			复方苦荞粉	高血糖、高尿糖、高脂患者的食疗食品。采用荞麦、谷类、豆类混合配制而成。配比为：45％小麦粉＋40％苦荞粉＋15％豆粉
	11	四川省凉山彝族自治州西昌市北工业集中发展区	西昌航飞苦荞科技发展有限公司	苦荞快餐粉	有机，无糖
	12	云南省玉溪市新平县小横山工业园区	新平华兴食品有限责任公司	航飞五谷杂粮粉	膳食纤维含量达到1.6％，油酸和亚油酸含量极高，含有19种天然氨基酸，总含量高达11.82％
	13			苦荞自发粉	—
	14	四川省凉山彝族自治州西昌市胜利路99号	凉山州惠乔生物科技有限公司	汇荞南瓜苦荞粉	—
	15			苦荞粉面团	当按15％的比例向苦荞粉中添加谷朊粉时，该混合面团的粉质特性已接近面包用小麦粉或中筋粉参数，适合加工制作面包类等焙烤食品。当谷朊粉添加量在10％左右时，混合面团的粉制特性接近酥性饼干用小麦粉参数，可以加工饼干、蛋糕
	16			苦荞麦粉和小麦面粉复混物	在通常配方和一般工艺条件下，生产苦荞麦面包、蛋糕、面条时苦荞麦粉的添加量分别在50％、80％、40％以下

续表

类别	序号	产地	厂家	产品名	质量标准
苦荞粉末类	17	四川省凉山彝族自治州西昌市胜利路99号	凉山州惠乔生物科技有限公司	苦荞麸皮微粉	—
	18			苦荞“降脂沙”	苦荞“降脂沙”是以苦荞、黑豆、米粉和调味剂为原料，经过系列精细加工而制成的有益于健康，具有降血脂、血糖和尿糖作用，宜于糖尿病人食用的纯天然方便食品。苦荞粉选用山西特产高营养、高芦丁、高硒品种苦荞，原料清理→水洗→甩干→去石→分离→脱壳，制粉新工艺的苦荞粉。黑豆粉选用山西高海拔地区特产黑皮黄青仁小黑豆，经清理水洗，去石制粉工艺而成。米粉为市售粳米粉。蛋白糖系以联合国食品添加剂专家委员会确认的国际级甜味剂——蛋白糖为基糖，配以符合国标的食品添加剂精制而成的优质复合甜味剂
麦片类	1	四川省凉山彝族自治州西昌市北工业集中发展区	西昌航飞苦荞科技发展有限公司	航飞苦荞早餐片	—
	2	四川省凉山彝族自治州西昌市	西昌市安喜苦荞麦制品厂	安喜阁乐片 345g	—
	3			西昌凉山苦荞麦片	—
	4	山西省长治市沁源县沁河镇曹家园村	沁源县灵空山绿色食品有限公司	黑苦荞瘦身麦片	热量 130cal（1cal＝4.2J）、蛋白质 1g、糖类 0.7g、苦荞营养面左旋肉碱 1.5g、芦丁 0.3g、硒元素 0.5g
	5	云南省昆明市嵩明县杨桥乡	嵩明天植天然植物深加工有限公司	云南特产苦荞片	芦丁含量 600～1900mg/kg
	6			金色速食粥伴侣苦荞麦片	—
	7	云南省昭通市昭阳工业园区	云南朱提苦荞生物科技有限公司	苦荞速溶片	苦荞麦含有多种有益人体健康的无机元素钙、磷、铁、铜、锌和硒等，镁的含量是小麦面粉的 11 倍以上，铁是其他主粮的 2～5 倍，锌为 1.5 倍以上，锰为 1.4 倍以上，钾为小麦的 2 倍、大米的 2.3 倍、黄玉米面的 1.5 倍。镁、钾的高含量大大增强了苦荞粉的营养保健功能

续表

<table>
<tr><th>类别</th><th>序号</th><th>产地</th><th>厂家</th><th>产品名</th><th>质量标准</th></tr>
<tr><td rowspan="11">粥类</td><td>1</td><td>四川省凉山彝族自治州西昌市</td><td>四川环太实业有限责任公司</td><td>环太螺髻山无糖苦荞营养糊 480g</td><td>—</td></tr>
<tr><td>2</td><td>北京市通州区潞城镇大台村</td><td>北京德民食品有限公司</td><td>苦荞燕麦粥</td><td>糖类≤80%；粗蛋白≤7.5%；钙≤7%；硒≤0.09%；维生素 C≤0.02%；维生素 D≤0.025%</td></tr>
<tr><td>3</td><td>广东省广州市天河区天寿路 116 号</td><td>六枝特区雾峰纯天然食品厂</td><td>雾峰牌苦荞糊</td><td>—</td></tr>
<tr><td>4</td><td rowspan="2">安徽省枞阳县综合工业园</td><td rowspan="2">安徽省大地食品有限公司</td><td>云泉苦荞麦糊</td><td>—</td></tr>
<tr><td>5</td><td>搅团（用杂面搅成的浆糊）</td><td>—</td></tr>
<tr><td>6</td><td>山西省朔州市右玉县工业园区</td><td>山西臣丰食业有限责任公司</td><td>臣丰苦荞魔芋羹袋装</td><td>能量：1556kJ/100g；蛋白质：4.0g/100g；脂肪：2.0g/100g；糖类：80g/100g</td></tr>
<tr><td>7</td><td>安徽省芜湖市</td><td>芜湖五谷坊食品有限公司</td><td>五谷坊魔芋苦荞即食羹 600g/袋</td><td>魔芋营养十分丰富，含有大量的多种维生素和微量元素。魔芋中 80%以上是葡甘（露）聚糖及水溶性膳食纤维</td></tr>
<tr><td>8</td><td rowspan="4">贵州省六盘水市钟山区德坞镇</td><td rowspan="4">六盘水金桥食品有限公司</td><td>贵州六盘水土特产——毛大苦荞羹</td><td>—</td></tr>
<tr><td>9</td><td>苦荞芝麻羹</td><td>理化分析及产品标准的制定：淀粉、粗蛋白、粗脂肪、水分、粗纤维、灰分、锌、铅、砷、汞按 GB5009-85 中的测定方法，铁、钙、磷、维生素 E、维生素 C 按 GB869 中的测定方法，菌落总数、大肠菌群数、致病菌按 GB4789 中的测定方法，维生素 P（芦丁）按比色法
感官指标：产品色泽淡黄，有明显的芝麻香味、无肉眼可见杂质</td></tr>
<tr><td>10</td><td>苦荞南瓜羹</td><td>理化分析及产品标准的制定：淀粉、粗蛋白、粗脂肪、水分、粗纤维、灰分、锌、铅、砷、汞按 GB5009-85 中的测定方法，铁、钙、磷、维生素 E、维生素 C 按 GB869 中的测定方法，菌落总数、大肠菌群数、致病菌按 GB4789 中的测定方法。根据理化分析结果，考虑工业生产的复杂性，制定出产品标准</td></tr>
<tr><td>11</td><td>糁（肉粥）</td><td>—</td></tr>
</table>

续表

类别	序号	产地	厂家	产品名	质量标准
米类		北京市海淀区中关村	北京博扬信科技有限公司	博扬有机米荞米（佤山野生苦荞米）	—
饼干糕点类	1	四川省凉山彝族自治州西昌市	西昌市正中食品有限公司	西部村寨正中苦荞沙琪玛	富含丰富的硒元素，蛋白质，膳食纤维，芦丁等
	2			西部村寨麦芽糖醇苦荞沙琪玛708g	—
	3			西部村寨无糖苦荞沙琪玛原味芝麻杏仁500g	无糖
	4	山东省临沂市	临沂来利食品有限公司	苦荞麦饼干	大豆低聚糖、木糖醇、富含阻糖成分
	5	深圳市宝安区宝城43区	深圳市特乐福实业有限公司	苦荞燕麦魔芋酥	无蔗糖、低热量、膳食纤维
	6			壹乐健3288苦荞酥	无糖
	7			木糖醇苦荞酥	—
	8			唐人福——苦荞麦芽糖醇沙琪玛	—
	9	山东省临沂市沂水县沂博路中段	沂水县天昊食品有限公司	怡膳坊木糖醇苦荞酥227g	—
	10	广东省佛山市南海区兴贤工业区	佛山市南海天美事食品厂	庆联——手制苦荞麦木糖醇鸡蛋卷	非有机食品，无糖
	11	上海市奉贤区金汇镇金钱公路365号	上海越哲食品有限公司	无蔗糖苦荞蛋黄饼（芝麻味）	—
	12	山东省临沂市	临沂来利食品有限公司	来利发苦荞麦健康养生饼干350g	—
	13	山东省青岛市	青岛怡膳坊食品有限公司	怡膳坊木糖醇苦荞酥	—
	14	天津市经济技术开发区	天津阿尔发保健品有限公司	阿尔发降糖饼干糖尿病保健食品苦荞粉降血糖血脂420g/225g	—

续表

类别	序号	产地	厂家	产品名	质量标准
饼干糕点类	15	—	—	高芦丁含量苦荞面包	苦荞小麦混合粉（30∶70）的焙烤特性较差，其面包体积较纯小麦粉面包小230ml。转谷氨酰胺酶和戊聚糖酶淀粉酶合用能使天然苦荞小麦混合粉面包的体积增加60ml；而葡萄糖氧化酶和戊聚糖酶淀粉酶合用，能使处理苦荞小麦混合粉面包的体积增加40ml。表现出酶在焙烤工业上的协同作用。天然苦荞小麦混合粉面包，其内的黄酮类化合物以槲皮素为主，含量为4.09mg/g，苦味严重；而处理苦荞小麦混合粉面包，其内的黄酮类化合物以芦丁为主，含量为4.49mg/g，槲皮素仅占较少的一部分，具有苦荞所特有的清香味，没有苦味。所有的苦荞面包均没有粗糙的口感
	16			无糖苦荞苏打饼干	苦荞麦粉、无糖糖浆、亚麻油的最佳添加量分别为15%、25%、12%
	17			苦荞—菊粉饼干	苦荞—菊粉饼干的主要原料配比，苦荞—菊粉饼干最佳配方：菊粉添加量为10%，油脂添加量为20%，木糖醇添加量为25%（以谷朊粉添加量为10%的苦荞麦混合粉为基准） 苦荞—菊粉饼干的感官指标：形态，外形完整，厚薄基本均匀，基本无收缩、无变形；色泽，呈棕黄色，色泽基本均匀；滋味与口感，口感较酥松、不粘牙，有略微的清凉口感；组织，断面结构较致密，呈多孔状 苦荞—菊粉饼干的卫生指标：铅≤0.5mg/kg，砷≤0.5mg/kg，细菌总数≤1500CFU/g，大肠菌群≤40MPN/100g
	18			苦荞饼干	感官指标：形态，外形端正、完整、厚薄大致均匀；色泽表面有较均匀的泡点，无裂缝，不收缩、不变形，表面呈金黄色、棕褐色，边及泡点允许褐黄色，表面略有光，不得有过焦、白的现象；滋味与口感，咸度适中，具有该品种特有的香味，口感酥脆，不粘牙；组织结构，端面结构有层次或呈多孔状；杂质，无油污，无异物 理化指标：饼干厚度≤4.5mm，水分≤4.5%，边缘厚度≤3.3mm 微生物指标：细菌总数≤1000个/g，大肠菌群≤30个/g，致病菌未检出

续表

类别	序号	产地	厂家	产品名	质量标准
饼干糕点类	19	—	—	苦荞麦曲奇饼干	苦荞麦粉用量为100g、低筋面粉用量为100g、奶油用量为200g、糖浆水用量为200g 感官评定：色泽，呈褐黄色或棕黄色，色泽基本均匀，无过焦、过白现象；滋味和口味，具有苦荞麦特有的香味，无异味，口感松脆；组织，断面结构呈多孔状，细密无大孔洞
	20			苦荞复合保健面包	苦荞麦粉：四川大凉山产；市售南瓜粉；三花无糖植脂淡奶；市售新鲜鸡蛋；小麦湿面筋：红牡丹面包专用粉经水洗而制得；木糖醇、蛋白糖：食品添加剂商店购；师傅300面包改良剂；法国燕子牌即发活性干酵母：耐低糖；精盐：市售；清水：中等硬度 原辅料处理→种子面团调制→种子面团发酵→主面团调制→主面团发酵→分块→搓圆→成型→装盘→最后醒发→烘焙→冷却→包装
	21			荞麦烘烤食品	通过工艺改进，荞麦粉可以加工成饼干、面包、咸味千层酥、香酥脆、蛋糕等烘烤食品，满足消费者需要
枕头类		山西省长治市沁源县沁河镇曹家园村	沁源县灵空山绿色食品有限公司	荞麦枕头	—
保健食品胶囊	1	—	—	黑苦荞醋软胶囊	检测方法 水分的测定按GB/T 5009.3，总酸的测定按GB 18187，菌落总数的测定按GB/T 4789.2，大肠菌群的测定按GB/T 4789.3，致病菌的测定按GB/T 4789.31、GB 4789.10，砷的测定按GB/T 5009.11，铅的测定按GB/T 5009.12，黄酮的测定用比色法（测定波长510nm） 崩解时限测定：按《中国药典2005年版二部》附录X“崩解时限检查法”项下方法测定 产品企业质量指标（Q/140000SXZY001-2005） 内容物感官指标：色泽，褐色或浅红褐色；气味，具有特有的香味，无异味；形态，黏稠膏体状 内容物理化指标：总黄酮≥5%；总酸（以醋酸计）≥1g/100ml 卫生指标：细菌总数≤100CFU/ml；大肠菌群≤3MPN/100g；致病菌不得检出；砷（以As计）≤0.5mg/L；铅（以Pb计）≤1.0mg/L 保质期18个月

续表

类别	序号	产地	厂家	产品名	质量标准
保健食品胶囊	2	—	—	苦荞黄酮微胶囊	苦荞总黄酮含量的测定：采用硝酸铝分光光度法
	3			苦荞醋燕麦油软胶囊	崩解时限的测定用崩解仪法；水分含量的测定按 GB/T 5009.3；黄酮含量的测定用比色法；总抗氧化能力的测定用 FRAP；IC_{50}的测定用 DPPH·法；平衡膨胀量（Seq）的测定用测量法；胶皮厚度的测定用 0.01mm 测厚仪

注：“—”表示未收集到相关资料。

第九章　提高荞麦营养保健品质的途径

第一节　概　　述

一、荞麦营养保健品质在人们生活中的意义

随着人们生活水平的不断提高，尤其是生活方式的改变，饮食习惯变得和以前大为不同，加之人们生活压力的增大，给人们的健康带来巨大风险和威胁。据不完全统计，近30年来，我国的癌症发病率增加了133%，糖尿病的发病人数也以100万/年的速度增长，患病人数仅次于印度，居世界第二位。高血压和高血脂患者也呈疯狂增长的趋势，18岁以上人群高血压患病率较十几年前增加了1/3左右。这些所谓的“现代病”、“富贵病”正强烈地威胁着人们的健康，甚至给人们带来生命危险。

随着这些疾病的发生，人们越来越注重生活质量，营养保健意识也逐渐增强，人们对品质的要求也越来越高。荞麦作为一种药食同源作物，富含人体必需氨基酸，由于对“富贵病”，如糖尿病、高血压、高血脂、动脉硬化症等有一定的食疗效果，越来越受到人们的青睐。荞麦的市场需求量不断增加，更多的营养保健功能将被挖掘，更多特殊的功能营养成分将被重视，这些都将促使荞麦的生产从单纯地追求产量转变为产量和品质兼顾，并不断重视其特殊功能成分的功效。这些转变使得荞麦产业不断发展壮大，稳步奠定了荞麦这种小宗杂粮作物在人们日常生活中的重要地位。

二、影响荞麦营养保健品质的因素

荞麦具有丰富的营养物质，对人们的健康具有重要的作用。如何更好地发挥其营养保健价值，是摆在当前的重要问题。尽管荞麦的众多医疗保健功效被人们所认识，但目前对荞麦的研究仍处于起步阶段，荞麦的品种选育、栽培种植、加工、产品开发等方面仍有许多问题影响着荞麦产业的发展。在这些环节中，如何更好地提高和保证荞麦的营养保健品质显得尤为重要。更好的品质不仅对荞麦的开发利用具有重要的作用，而且对荞麦产业的健康有序发展具有重要的推动作用，也是驱动荞麦市场的原动力。

我国荞麦种类丰富，但由于荞麦是小宗杂粮作物，且大多分布于我国的高寒

山区或丘陵地区，土地贫瘠，水源缺乏，交通不便，加之管理粗放，品种老化严重，同时，加工产业落后，尤其是深加工产品，加工技术设备落后，面粉质量低下，严重降低了荞麦原料的营养保健品质。综上所述，荞麦品种的选育、生产、加工及产品的研发等环节均会影响荞麦的营养保健品质。主要体现在以下几个方面。

（一）品种遗传特性

作物品质受本身遗传特性的影响，不同的荞麦品种营养保健品质存在巨大的差异，尤其是同一生态环境条件下，品质性状差异主要由遗传特性决定。因此，通过育种手段改善荞麦产品质量和提高荞麦产量成为今后荞麦育种的主要目标。甜荞主要是改善面粉品质，提高营养品质、结实率及抗倒伏能力；苦荞主要是改善面粉品质，提高生物类黄酮含量、抗倒伏能力及千粒重。因此，在荞麦生产中，可以根据不同类型荞麦品种品质之间的差异，通过育种手段选出高营养品质的优质荞麦专用品种，从而提高荞麦的营养保健品质。

（二）自然生态条件

不同的发育时期，荞麦所需的光照条件不同，发育后期，温差大、光照充足、无干热风、土层深厚、结构良好，有利于高品质的形成；而高温多湿、光照不足、土层较薄，不利于高品质的形成。同时，也有研究发现随着纬度或经度的变化，其品质也会发生变化。可通过对荞麦优势区域布局研究，选择光照、温度、降水等生态条件适宜的地区种植，提高荞麦品质，这对于促进荞麦产业发展具有积极的意义。

（三）栽培措施

品质除了受发育过程中众多基因的表达、调控和相互作用的影响，还会受到不同发育时期的环境条件以及基因与环境相互作用的影响。栽培措施对品质的形成具有重要的作用。通过栽培措施的调节，如茬口的选择、合理的播期和密度、施肥技术及病虫害管理等，集成荞麦生产的综合栽培技术，对荞麦进行有机种植，从而提高荞麦营养保健品质。

（四）加工设备及加工技术

加工设备及加工技术对于荞麦的营养保健品质有着重要的影响。荞麦的加工设备主要包括清理设备、分级设备、水热处理设备、脱壳设备、仁壳分离设备、烘焙设备、发酵设备、功能成分提取设备等。通过对荞麦加工设备的改良升级及其制品加工工艺的开发，不但有利于改善荞麦的加工性能和丰富产品类型，而且能够有效降低荞麦在加工过程中营养功能成分的损失，进而提升荞麦及其加工制品的营养保健价值。

当前国内荞麦加工设备研究滞后于荞麦生产发展，而消费市场对于精深加工和功能性食品的需求量日益增大，都为加强荞麦加工关键技术设备的开发和选用提出了更高的要求。因此，通过新型加工设备来提升荞麦的营养保健品质，是一个不容忽视的重要因素。

（五）加工途径

荞麦产品的品质不仅与原料质量密切相关，而且加工工艺的合理性、稳定性也是其重要的影响因素。合理的加工手段，不但能提高荞麦的食用价值，还可以提高其营养药用价值。因此荞麦加工设计生产者需掌握各种加工手段对荞麦品质的影响规律，才能生产更高质量的荞麦产品，从而促进荞麦产业链的发展。

第二节　荞麦新品种选育

我国是荞麦的起源中心，但由于荞麦的产量较低，一直被视为填闲救荒作物，研究工作未得到足够的重视。在野生资源利用、遗传改良和品种选育方面较日本、俄罗斯、乌克兰、加拿大等国家有较大差距。直到 20 世纪 80 年代，国际植物资源研究所与我国开展国际合作研究，对荞麦资源进行了广泛地搜集、整理、保存和利用，取得了显著成果。随着我国加入 WTO 和人们对荞麦的营养保健功能的认识，充分利用我国荞麦资源的优势，通过系统育种、杂种优势利用、杂交育种、诱变育种、组织培养及基因工程等技术，选育优质高产的荞麦新品种，对提高荞麦的营养保健品质具有重要的现实意义。

一、荞麦育种现状

我国荞麦育种工作起步较晚，从 1982 年开始，我国荞麦主产区的农业科学研究单位先后在荞麦品种资源研究的基础上开展了荞麦新品种的选育工作。截至 2002 年，全国已进行了 6 轮荞麦品种区域试验，选育推广了一大批优良的荞麦新品种，苦荞新品种主要有：九江苦荞、西荞 1 号、川荞 1 号和凤凰苦荞。甜荞新品种主要有：平荞 2 号、榆荞 1 号、榆荞 2 号、茶色黎麻道、晋荞 1 号和吉荞 10 号。2004 年，国家小宗粮豆鉴定委员会又鉴定通过了定荞 1 号、西农 9920、黔苦 2 号和黔苦 4 号 4 个荞麦新品种。国外引进的荞麦优良品种也比较多，如加拿大的温莎甜荞，日本的牡丹荞、信农 1 号，乌克兰的 U5、U7、U9 和 U12 等。

近年来，我国的荞麦育种均是以高产、稳产、优质、抗逆性强、适应性广为主要目标，高营养保健成分如高黄酮、芦丁、D-CI 和 γ-氨基酸含量的品种选育及各类疾病疗效显著的各种专用品种研究较少，仅取得了部分研究成果，荞麦的优质高产品种选育任重道远。

二、优质荞麦品种的育种方法

（一）选择育种

选择育种的主要目的，是从某一原始材料或某一品种群体中，选出最优良的个体或类型。在选择时，要通过鉴定比较和分析研究，同时应掌握以下几个原则：一是选择适当的原始材料，在优良品种中进行选择，这是进行选择育种的基础；二是在关键的时期进行选择，这是确保选择育种成功的最重要一步；三是按照主要性状和综合性状有重点地进行选择；四是选择可遗传的变异。日本的Minami等（2001）通过选择育种的方法，在筛选高芦丁材料的基础上，通过进一步对该群体进行单株连续选择，从而获得了芦丁含量较原始群体高6倍的荞麦新品种。柴岩等（2005）通过对陕西地方苦荞原始群体的系统选育，育成了具有高芦丁含量的苦荞品种西农9920。

（二）多倍体育种

多倍体育种对于选育荞麦新品种是一条十分有效的途径。发展多倍体育种为进一步培育高产优质新品种，拓宽种质资源，防止由于长期的栽培而导致荞麦品种的退化奠定了基础。同时多倍体具有巨大性和抗性强的特点，这可以提升荞麦作为药用、饲用和蜜源植物的价值。多倍体育种对于荞麦优质专用品种（如生产荞麦饮料、化妆品和去污剂等）的选育也是一条重要的途径。

诱导荞麦多倍体的研究，最早开始于20世纪40年代，郑丕尧和崔继林利用秋水仙素成功诱导甜荞多倍体，但未能在生产上应用。直到1982年，高立荣才重新开展甜荞多倍体育种。1987年，赵钢和唐宁又相继开展了苦荞多倍体育种，在已有的研究中，对苦荞推广品种九江苦荞做了染色体加倍处理，获得了同源四倍体苦荞新品系，同时在甜荞的多倍体后代中也选育出同源四倍体榆荞1号。这2个荞麦品种都是利用秋水仙素作为诱变剂来诱导的。多倍体植株普遍存在着育性下降的缺点，对于收获籽粒的农作物来说，应用前景不大。但是，杨敬东等对4个苦荞品种进行多倍体诱导研究发现，苦荞染色体在减数分裂时能形成2个二价体，使配子的形成有很高的成功率。这就表明，对苦荞育种来说，多倍体育种是一条切实可行的方法。

（三）杂交育种

杂交育种，一般指种内不同品种间进行杂交的育种方法。杂交技术因不同作物特点而异，其共同要点为：调节开花期，通过分期播种、调节温度、光照及施肥管理等措施，使父母本花期相遇；控制授粉，在母本雌蕊成熟前进行人工去雄，并套袋隔离，避免自交和天然异交，然后适期授以纯净新鲜花粉，作好标志并套袋隔离和保护。用于杂交的父本和母本分别用 P_1 和 P_2 表示。杂交所得种子种植而成的个体群称杂种一代（子一代），用 F_1 表示。F_1 群体内个体间交配或自交所得的子代为 F_2，F_3、F_4 等表示随后各世代。安排亲本或杂种成对使之交配的杂交方式有：成对杂交（单交）即两个不同品种或系统间的杂交，两亲本可互为父母本（正反交）；复合杂交，即几个品种分别先后进行多次杂交；回交是以杂种后代与亲本之一再交配的杂交方式。

进行荞麦的种间杂交一般都用人工杂交方式。但传统的杂交方法很不容易成功。仅有 Hirose（1995）将 *F. esculentum* 与 *F. homotropicum* 杂交成功过。杂交失败最大的问题是受精卵夭折，但可采用胚离体培养解决。Suvorova（1994）、Adachi（1990）和 Campbell（1995）采用胚离体培养方式成功地获得了种间杂交种。

荞麦种间杂交育种为荞麦的遗传改良提供了广阔的前景。经过努力，人们已获得很多进展，如自交不育具二型花的 *F. esculentum* 与中国南方新发现的荞麦种 *F. homotropicum* 杂交后，已将 *F. homotropicum* 的自交可育、耐寒力、高芦丁含量等性状遗传到后代中。在远缘杂交技术中，已采用胚离体培养方法克服了杂交不成功的困难。但荞麦种间杂交育种从开始到现在开展这项研究工作的时间还不长，在杂种后代的选育过程中尚有许多理论和技术问题，相信经过人们的努力这些问题会获得圆满的解决。

（四）诱变育种

诱变育种是指用物理、化学因素诱导动植物的遗传特性发生变异，再从变异群体中选择符合人们某种要求的单株个体，进而培育成新的品种或种质的育种方法。它是继选择育种和杂交育种之后发展起来的一项现代育种技术，分为化学诱变和物理诱变育种。诱变育种在荞麦育种中未曾广泛使用，近年来，成都大学赵钢教授通过诱变育种育成品种‘西荞 1 号’和‘米荞 1 号’，两个品种均具有较好的品质。‘西荞 1 号’蛋白质含量 13.6%，脂肪含量 2.35%，芦丁含量 1.3%，总淀粉含量 60.06%，硒含量 0.062mg/kg，含有 18 种氨基酸，其中人体所必需的氨基酸齐全，比配适当，特别是蛋氨酸、谷氨酸、组氨酸、赖氨酸、精氨酸、天门冬氨酸含量较丰富。维生素的含量更是出类拔萃，其中维生素 B_1 含量 0.19mg/g，维生素 B_2 含量 0.5mg/g，还有充足的叶绿素。矿物质营养元素也十分丰富，其中以铁、镁、磷、钾、钙含量最多。苦荞新品系‘米荞 1 号’主要特征是遗传性稳定、种壳薄、易去壳、出粉率高，可作为生产苦荞保健产品和苦荞米的专用品种。唐宇等（2003）利用钴 60 的射线对苦荞诱导的突变体进行了改良研究，从而获得了抗脱落、黄酮含量高且农艺性状优良的突变品系‘5.2’和‘6.2’。

（五）组织培养技术

植物组织培养是指在无菌和人为控制的营养（培养基）及环境条件下，利用植物体的一部分，如器官、组织、细胞或原生质体等外植体进行快速离体培养的生物技术。

从文献调研的结果来看，对荞麦的研究模式一直以传统的中药用药方式为中心：成分鉴定、活性研究以及如何进行高效的提取分离从而获得活性单体。对荞麦离体培养及次生代谢产物的合成、代谢途径的研究还近乎空白。利用组织、细胞培养的方式来研究荞麦，是实现荞麦资源可持续利用的重要手段。当前利用组织培养技术，成功建立了荞麦植物的快速繁殖培养体系，获得的愈伤组织可在适宜的培养条件下，经分化培养基的诱导培养，产生出荞麦植物器官并长成完整荞麦植株。荞麦植物愈伤组织是研究植株器官分化、形态建成的良好实验体系，是产生组培苗的重要途径；另外，对筛选出的高产细胞株进行扩大培养，还可获得大量次生代谢产物含量高的培养物。组织培养技术具有生长周期短、繁殖率高，并能有效地摆脱大自然中灾害性气候对荞麦植物生长的不利影响，培养条件优越，对植物生长极为有利，可进行周年培养生产绿色无污染的荞麦活性成分；同时，利用农杆菌对荞麦实现遗传转化，还可为荞麦植物今后导入有用的目的基因提供理论基础。

利用植物愈伤组织或细胞悬浮培养可以生产用于预防和治疗疾病的植物次生代谢产物。近年来，这一领域的发展极为迅速，已经研究了 400 多种植物，从培养细胞中分离得到 600 多种次级代谢产物，其中 60 多种在含量上超过或等于原植物，20 种以上干重超过原植物。林静等（2010）开展了金荞愈伤组织诱导及其总黄酮含量测定方法的研究，筛选出最适合愈伤组织生长的培养基，并在测定总黄酮含量时对其愈伤组织的显色时间等条件进行了优化，得到了一种适合金荞愈伤组织总黄酮含量测定的方法。该方法简单易行，为悬浮培养和工厂化生产黄酮类化合物时总黄酮含量的测定提供了依据。于寒松等（2009）进行了利用悬浮细胞培养方法提高荞麦中总黄酮含量的研究，结果表明荞麦叶柄悬浮培养细胞中总黄酮含量分别是原荞麦茎段和叶柄中总黄酮含量的 5.7 倍和 4.8 倍，该结果对于通过植物组织培养方法大量获得荞麦总黄酮奠定了理论基础。通过建立荞麦愈伤组织及悬浮细胞培养体系，可利用该体系生产荞麦中的多种活性物质，并可以通过代谢调控增加在原植株中产量很低的化合物含量，进而实现大规模培养和生产。此外，建立的离体培养细胞株，还可以作为进一步研究荞麦中各类次生代谢途径的平台。

（六）基因工程与分子技术

1. 重组荞麦胰蛋白酶抑制剂

蛋白酶抑制剂（PI）在酶学功能与新药设计的研究中具有重要的意义。PI作为一种潜在的癌症预防药剂在医学领域已得到普遍认可。PI广泛存在于植物体内，与植物抗虫抗病密切相关。大多数食物，如豆类、谷类、坚果、水果、蔬菜以及其他一些乳制品中均含有含量不等的抗营养因子——蛋白酶抑制剂，它们可保护蛋白质免受相应酶的降解（Scarafoni et al.，2008；Armsrong et al.，2000）。

食物中的PI在对人类健康没有副作用的前提下，可预防人体许多不同类型及不同部位癌症的增殖（王广斌等，2006；Kennedy，1998）。迄今为止，荞麦中的多种蛋白酶抑制剂已经得到分离、纯化（王转花等，2006；Belozersky et al.，1995）。其中，来自荞麦种子的两种胰蛋白酶抑制剂BWI-1和BWI-2可以有效抑制T细胞急性淋巴细胞白血病（Park et al.，2004）。

有学者借助分子生物学的方法，通过克隆、表达获得一种重组荞麦胰蛋白酶抑制剂（recombinant buckwheat trypsin inhibitor，rBTI）（Zhang et al.，2007；Li et al.，2006）。研究表明，荞麦中的生物类黄酮和胰蛋白酶抑制剂似有抑制癌细胞生长的作用（高丽等，2007；Ren et al.，2003）。李芳等（2009）采用基因重组技术，通过克隆、表达及一步亲和纯化获得了一种重组荞麦胰蛋白酶抑制剂，对其理化性质及抑制活性分析显示，重组荞麦胰蛋白酶抑制剂与天然荞麦胰蛋白酶抑制剂的作用基本一致。在体外可抑制IM-9（人多发性骨髓瘤细胞株）和K562（人红白血病细胞）等细胞的增殖，具有明显的诱导肿瘤细胞凋亡的作用（Wang et al.，2007；Zhang et al.，2007）。同时，白崇智等（2009）在重组荞麦胰蛋白酶抑制剂诱导肝癌细胞H-22凋亡的作用及其机制的研究证实：rBTI在体外对肝癌细胞具有较强的抗肿瘤活性，并且显示出明显的剂量和时间依赖性，但对人正常肝细胞的生长几乎没有影响。其可能机制为rBTI进入H-22细胞体内诱导线粒体功能紊乱，进而激活caspases家族诱导细胞凋亡。因此，rBTI能够显著抑制HL-60（人急性髓细胞性白血病细胞株）、HepG2（人肝癌细胞株）及IM-9等肿瘤细胞的增殖，对正常细胞无副作用（李芳等，2009；高丽等，2007；Zhang et al.，2007），而对rBTI诱导人类实体瘤细胞凋亡作用机制的初步研究（Li et al.，2009）表明作为新型的抗癌、抑癌药物，rBTI在肿瘤的诊断、治疗和预防等方面显示出很好的应用前景。

2. 荞麦功能基因克隆

黄酮类化合物是一类天然次生代谢物，广泛存在于各种陆生植物体内，而在荞麦中的相对含量极高。它在植物器官花色素积累、抗胁迫、抗菌和细胞的发育与分化等过程中有着重要的作用，同时还对人体健康有明显的改善作用。查尔酮合成酶作为黄酮类物质合成途径中的关键酶，其基因的突变、沉默或过表达，往往会直接或间接的影响多种黄酮类物质的生物合成，从而对植物的花色、抗胁迫能力和黄酮含量等产生一定影响。蒙华等（2010）采用同源克隆的方法获得金荞查尔酮合成酶基因（*CHS*）的保守片段 554bp，进一步采用染色体步移法和 RT-PCR 技术克隆得到 *CHS* 基因的全长 DNA 序列和 cDNA 开放阅读框（ORF）序列。鉴于 *CHS* 在黄酮类活性物质合成途径中的关键作用，对其全长基因的克隆并继续对该途径其他关键酶基因和转录调控因子基因的克隆，将为其代谢调控机制的深入研究奠定基础。

随着人们对食品营养需求更趋理性化和科学化，苦荞食品中非有益成分的研究报道日益增多，其中苦荞中过敏成分研究成为了近年关注的热点之一。苦荞过敏通常表现为摄入荞麦制品后出现荨麻疹、血管水肿、胃肠道症状和哮喘等，严重的可引起休克，日本已经将荞麦列为五大过敏原之一。李学俊等（2011）对苦荞类过敏原的原核表达及多克隆抗体制备进行了研究，从苦荞种子发育期 cDNA 文库中筛选获得了一个有完整读码框的 cDNA 序列，经过核酸序列比对分析发现，该基因与 Koyano 等（2006）从甜荞中克隆得到的 16kDa 过敏原的基因存在高度的同源性。

胡耀辉等（2008）采用 cDNA 末端快速克隆技术（RACE），分离得到两种重要功能性蛋白——蛋白酶抑制剂和硫氰酸生成酶（rhodanese）3′端序列。蛋白酶抑制剂广泛存在于动物、植物和微生物中，是一类对蛋白酶有抑制作用的多肽或蛋白质，能与相应蛋白水解酶形成一定的动态平衡，调节生物体内许多重要生命活动。硫氰酸生成酶，也称硫代硫酸盐硫基转移酶（thiosulfate sulfurtransferase，TST），是一种线粒体基质酶，有催化氢化物毒性降低、铁硫蛋白形成以及含硫酶类的修饰等作用。荞麦中这两种功能性蛋白基因的获得，对开展荞麦代谢调控及功能成分的研究具有重要的意义，也为荞麦植物资源的开发利用奠定了研究基础。

第三节 优质荞麦栽培技术

一、概述

我国荞麦栽培开始于西汉时期，经过西汉、魏、晋、南北朝的逐步发展，到唐初荞麦的栽培应用已有一定的规模。宋元以后继续发展，南北方都有荞麦栽培，并在一些地方成为主食。但是，关于荞麦栽培技术的研究较为落后，大多地方都是粗放种植，对于提升营养保健品质的栽培技术研究更少。如今，随着人们对品质要求的提高，通过栽培技术措施充分发挥荞麦的品质遗传潜力，使荞麦达到优质高产已成为栽培技术研究的重要组成部分。尤其是有机食品概念的提出，整合栽培技术措施，进行绿色有机生产成为优质荞麦栽培的重要手段。荞麦由于适合在干旱、高寒地区种植，对农业技术措施反应敏感，不同的栽培技术措施直接关系到荞麦的产量和品质。因此，开展优质高产荞麦栽培技术研究对提高我国荞麦的产量、改善品质、降低成本、提高市场竞争力、促进荞麦产区的经济发展及农民增收具有十分重要的意义。

二、栽培管理措施

（一）茬口

茬口是指一块地上栽种的前后季作物及其替换次序的总称。狭义的茬口一般指前茬。良好的茬口对作物的生长有重要的作用，可提高其产量和品质。对荞麦的研究发现，与胡麻、春小麦茬口相比较，豌豆、马铃薯、休闲茬口是荞麦的良好前茬，有效地改善了土壤的水分和养分，特别是氮素营养条件，这有助于提高荞麦的产量，改善其品质（冯佰利等，2001）。对于小麦，有研究也认为良好的茬口改善了小麦季的土壤肥力，有增进小麦的产量和改进品质的作用。茬口对荞麦的影响效果表现为：休闲＞豌豆＞油菜＞小麦，这种结果可在生产当中持续两年（王爱荣等，2002）。

（二）播期

播期对荞麦品质有重要的影响。张雄等（2010）研究认为，播期对荞麦籽粒蛋白质及其组分含量有显著影响，在最适播期（6 月 16 日～7 月 1 日）含量较低，早播和晚播则提高，晚播尤甚，但早播和晚播由于籽粒产量较低，蛋白质产量也相应较低。在荞麦的优质栽培中，播期以比当地最适播期略早为宜，以保证籽粒产量、蛋白质及其组分含量、蛋白质产量均较高（表 9.1 和表 9.2）。

表 9.1　甜荞不同播期籽粒蛋白质含量、籽粒产量和蛋白质产量

播期	籽粒蛋白质含量/%	差异显著性		籽粒产量/(kg/hm²)	蛋白质产量/(kg/hm²)
		5%	1%		
7 月 16 日	10.83	a	A	1128.30	122.25
6 月 1 日	9.67	b	B	1313.25	127.05
6 月 16 日	9.38	b	BC	1470.19	137.85
7 月 1 日	8.59	c	C	1646.70	141.45

表 9.2 苦荞不同播期籽粒蛋白质含量、籽粒产量和蛋白质产量

播期	籽粒蛋白质含量/%	差异显著性		籽粒产量/(kg/hm^2)	蛋白质产量/(kg/hm^2)
		5%	1%		
7月16日	8.02	a	A	1715.25	137.55
6月1日	7.79	b	B	1966.80	153.15
6月16日	7.69	b	B	2216.85	170.55
7月1日	6.86	c	C	2905.05	199.35

戴丽琼（2011）研究发现，随着播期的推迟，荞麦籽粒中可溶性糖的含量逐渐增加，不同处理含量为 8.97%～13.28%，籽粒中淀粉与蛋白质含量随播期的推迟而减少，不同处理籽粒中淀粉含量为 55.78%～71.12%，蛋白质含量为 8.42%～10.65%，甜荞品种在呼和浩特市适宜的播期在 5 月 23 日。荞麦黄酮含量方面，通过对陕西杨凌不同播期的荞麦总黄酮含量进行研究，结果表明，正常播期种植的荞麦其花、叶、籽粒中总黄酮含量明显高于提前或延期播种的荞麦，而茎中所表现的结果却恰恰相反。但从全株总黄酮含量的变化趋势可以看出，花、叶中总黄酮含量变化趋势是主要的影响因素，决定着全株总黄酮含量。由于茎中黄酮含量少，且茎所占植株总重量的比例不大，所以生产中应作为次要考虑因素。

（三）种植密度

合理的种植密度有利于增加作物的通风透光，改善田间小气候环境，从而使作物获得高产、稳产，提高品质。有研究发现，随着种植密度的增加，荞麦籽粒蛋白质含量呈现上升的趋势，在适宜的密度范围内，甜荞产量较高而籽粒蛋白质含量较低。稀植和高密度条件下，荞麦的蛋白质含量较高。密度对甜荞清蛋白、球蛋白含量的影响同对蛋白质的影响变化相似，在高密度或稀植时较高，适宜密度范围内则较低；谷蛋白含量有随密度增加而增加的趋势；醇溶蛋白所受的影响较小。苦荞蛋白质含量及其组分随密度的变化与甜荞蛋白质含量及其组分的变化相似，高产与高蛋白质含量及高蛋白质产量所要求的密度各不同（冯佰利，2001）。赵永峰等（2010）对不同种植密度下荞麦的产量进行了研究，发现适宜的播种密度可获得籽粒多且饱满的荞麦，提高其产量，但未对其品质的影响进行研究。

（四）施肥技术

矿物质营养对荞麦籽粒品质具有重要的影响，合理的肥水管理可有效调节作物的生长发育，改善品质。有人研究小麦时发现，随着施氮量的增加，小麦籽粒蛋白质含量呈增加的趋势，在中高产条件下，施肥可同步提高小麦籽粒的蛋白质、沉淀值及干、湿面筋含量；高肥水条件下，施肥则降低沉淀值。中药上，氮营养促进了药用植物中黄酮类成分的合成，且不同的氮素形态对药用植物中总黄酮积累的影响不同，同铵态氮相比，硝态氮更有利于提高药用植物中总黄酮的含量（刘大会等，2010）。在一定范围内荞麦籽粒蛋白质含量随氮肥施用量的增加显著提高。单纯施用磷肥会使籽粒蛋白质含量有所下降，氮磷配施不仅可以提高蛋白质含量，而且可提高单位面积籽粒蛋白质产量。在影响品质的各养分中，氮素有提高蛋白质含量的作用，而磷肥对产量的作用是直接的，对蛋白质含量则产生间接作用（冯佰利，2001）。张雄等（2010）研究表明，氮对甜荞籽粒蛋白质及其组分有重要的调控作用。在一定范围内，清蛋白、球蛋白含量随施氮量的增加而显著增加，氮对醇溶蛋白影响较大，而对谷蛋白影响较小。

随着施磷量的增加，甜荞籽粒蛋白质含量有所下降，氮磷配比对甜荞籽粒蛋白质及其组分有显著的互作效应。牛波等（2006）研究不同肥料配比对荞麦品质的影响发现，氮磷肥、有机肥可提高荞麦蛋白质、脂肪和赖氨酸的含量，氮磷钾配施可显著提高淀粉和赖氨酸含量，全肥可以极显著地提高赖氨酸的含量。有机肥、全肥的配合施用是保证荞麦产量和品质的关键。从表9.3可见，各处理均具有提高荞麦蛋白质含量的作用，其中以NP处理和ORG处理效果最好，蛋白质含量分别为13.92%和11.73%，与对照相比差异均达到显著水平，而其他处理虽然都提高了荞麦蛋白质的含量，但都不明显；除P和NK处理外，其他各处理均可提高荞麦脂肪的含量，以K处理的含量最高，与对照相比差异达到显著水平；从淀粉含量来看，各处理含量均低于对照，其中以N处理最低，为68.11%，与对照相比差异达到极显著水平；从赖氨酸含量来看，各处理均有提高荞麦赖氨酸含量的作用，其中NPK、ORG、ALL三处理与对照相比，差异均达到显著水平。微量元素对作物品质有较大影响。例如，大豆上钼肥的应用可一定程度上增加蛋白质的含量，但在荞麦上还未见类似的报道。

表9.3　不同肥料处理的荞麦品质指标含量

处　理	蛋白质/%	脂肪/%	淀粉/%	赖氨酸/%
CK	9.30 dD	2.234 fF	75.42 aA	0.56 cC
N	9.62 dD	2.765 dD	68.11 gF	0.57 cC
P	10.63 cCD	2.209 fF	70.46 eD	0.66 bB
K	10.52 cCD	3.302 aA	69.29 fE	0.59 cC
NK	9.68 dD	1.158 gG	73.96 cBC	0.67 bB
PK	9.62 dD	2.543 eE	73.37 dC	0.59 cC
NP	13.92 aA	3.103 bB	73.45 Dc	0.68 bB
NPK	10.59 cCD	2.942 cC	75.13 aAB	0.74 aA
ORG	11.73 Bb	2.818 dD	74.54 bB	0.72 aAB
ALL	10.78 cC	2.279 fF	69.29 fE	0.77 aA

注：CK：对照（不施肥）；N：氮肥；P：磷肥；K：钾肥；NK：氮钾肥；PK：磷钾肥；NP：氮磷肥；NPK：氮磷钾肥；ORG：有机肥；ALL：全肥。同列中不同大小写字母表示在0.01和0.05水平上差异显著。

（五）收获时期及病虫害防治

收获时期的选择对作物产量品质具有重要的影响，过早收获，籽粒灌浆不足，千粒重下降，严重影响其产量和品质；过迟收获，籽粒重量减轻。在荞麦的生产过程中，由于花期较长，籽粒成熟时间极不一致，在同一植株上可以同时看见完全成熟的种子和刚刚开放的花朵，收获时间更难把握。过早收获，植株成熟籽粒少，瘪粒较多，影响产量；过迟收获，则籽粒脱落，损失严重。在品质方面，有研究发现小麦籽粒产量或蛋白质含量均以籽粒蜡熟期收获较好，推迟收获期，则籽粒重量减轻，蛋白质含量下降。收获时撞击，也会使麦粒受到机械损伤，从而造成籽粒品质下降，而要降低这种撞击作用，则一般需要在蜡熟末期，即籽粒水分在30%以下时收获比较适宜。

一般说来，病虫害会使籽粒皱缩，降低其千粒重和产量，劣化形态，严重影响外观品质和加工品质等。陈学荣等（2011）研究发现，荞麦的主要病害有轮纹病、立枯病、霜霉病、病毒病、籽实菌核病、褐斑病和斑枯病；虫害有蛴螬、蝼蛄、蚜虫、黏虫和草地螟。对病害应农田预防为主，生产上合理轮作、清洁田园以减少病菌来源，同时加强田间管理，增强植株抗病能力，再辅助化学防治措施。对虫害应采取利用天敌或生物防治，人工诱蛾，消灭越冬虫的基数，再辅助化学防治的方法。应加强病虫害综合防治，特别是农业措施防治，尽量减少化学农药防治。

在荞麦生产过程中，收获期的选择和病虫害防治对荞麦生产具有重要的影响，目前也形成了一些可行的措施和解决方法，但对荞麦品质的影响还未见系统的报道，有待进一步的研究。

（六）荞麦有机种植基地

荞麦主要生长在高寒的边远山区，这些地方地广人稀，种植粗放，很少或完全不使用化肥、农药，这种天然粗放的种植方式反而使荞麦生产过程中受污染小，只要对其生产和管理方法进行规范及论证，非常容易有机化。开展荞麦现代集约化种植技术创新与集成，加快荞麦有机种植基地的建设，发展有机荞麦原料生产，可有效地保证荞麦的营养保健品质。Kalinova 和 Vrchotova 对四个荞麦品种进行研究表明，采用有机管理和常规管理对荞麦的千粒重和产量无显著影响，但在有机管理模式下，荞麦的芦丁和表儿茶素没食子酸酯含量水平显著高于常规管理，且这种差异受不同年份的环境条件和品种的影响，有机的管理方式更有利于荞麦品质的提高。

随着人们生活水平的提高和食品营养卫生知识的普及，人们不断更新食品质量需求观念，从而更加关注食品安全，有机食品则越来越受到人们的重视。因此，大力开展荞麦的有机种植，建设荞麦的有机种植基地，不仅可以提高荞麦的营养价值，还可以大幅度增加农民的经济收入，有效地促进荞麦产业的健康发展。

第四节　新型加工设备对荞麦营养保健品质的提升

荞麦独特的营养价值和保健功能早已被利用，在民间将荞麦加工成多种产品，主要有面条、烙饼、凉粉、荞米、胶团、麻食、面包、糕点、荞酥、凉粉、血粑和灌肠等。但是，传统加工技术水平低，对荞麦保健功能的提升非常有限。随着人们生活水平的提高，对荞麦食品有益功能认识的增强，荞麦类功能性食品逐渐被商业开发，同时对加工设备提出了更高的要求。

目前，我国荞麦加工企业众多，除少数引进生产线的企业外，总体来看机械设备的自动化水平、使用性能和质量水平不高，技术含量也较低，严重影响了荞麦新产品的开发和品质的提高。因此，要积极重视通过使用新型加工设备的途径，来提升荞麦的营养保健品质。

一、荞麦发酵制品机械

1. 新型耗氧发酵设备

发酵罐按使用范围可分为生物发酵罐、啤酒发酵罐、葡萄酒发酵罐等。新型耗氧发酵设备（图 9.1）采用了无菌系统，避免和防止了空气中微生物的污染，大大延长产品的保质期和产品的纯正，在罐上特别设计安装了无菌呼吸气孔或无菌正压发酵系统。罐体上设有米洛板或迷宫式夹套，可通入加热或冷却介质来进行循环加热或冷却。内循环形式，采用搅拌桨分散和打碎气泡，它的溶氧速率高，混合效果好，广泛用于医药、化工、食品等行业的发酵。材料采用优质不锈钢，内表面镜面抛光，外表面抛亚光、镜面、喷砂或冷轧原色亚光。罐内配有自动喷淋清洗装置，符合 GMP 标准。

图 9.1　新型耗氧发酵设备

该设备的附属设备有搅拌机（多级变速或无级变速），无菌呼吸气孔（或无菌正压器），进、出料口，无菌采样口，人孔，冷、热水进、出口，温度计，CIP 清洗喷淋头。

该设备的特性是罐体设有夹层、保温层，可通过加热或冷却介质分别进行加热或冷却，使物料在搅拌器的运转下，在最适宜的温度下进行发酵。可在线 CIP 清洗，在线 SIP 灭菌（121℃，0.09MPa）；结构设计极具人性化，操作方便；适宜的径高比设计，按需定制的搅拌装置，节能，混合、发酵效果好；内罐体表面镜面抛光处理（粗糙度 Ra≤0.4μm）。

2. 喷环式发酵罐

喷环式发酵罐又称为半气升发酵罐。喷环式发酵罐是近年来在 1000L，2500L 发酵罐基础上获得成功的节能罐型，其主要结构如图 9.2 所示。无菌空气通过特殊设计的气液混合器，替代 1 组以上的搅拌叶，从而达到高效节能目的。对荞麦发酵，吨发酵液总电耗（搅拌用电和空气用电）能节约 30%～40%。

3. 其他新型发酵罐

(1) 塔式发酵罐

该发酵罐（图 9.3）有较大的高径比，一般为 4～7，甚至达 12，多点空气分布器装于罐底，罐内装有多级筛板，最多可达 10 以上。导流口的设计更有利于气液的重新分布。该罐氧利用率高，发酵电耗下降 30%以上。

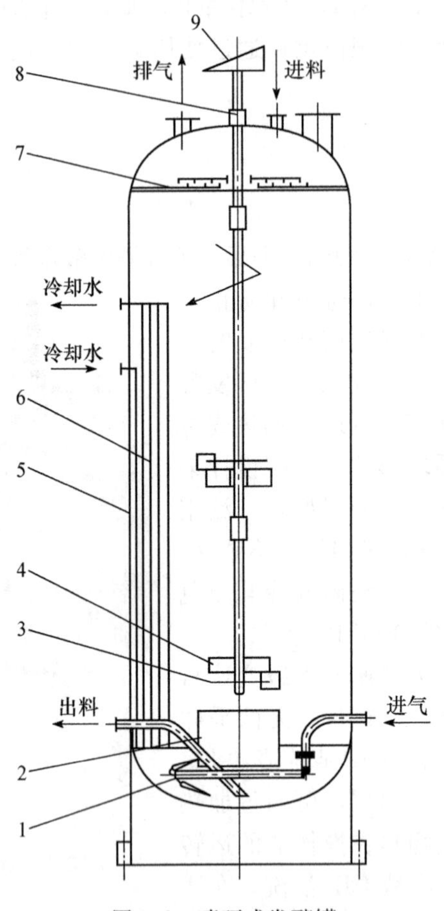

图 9.2　喷环式发酵罐

1. 气-液型喷射混合搅拌装置；2. 环流反应器；3. 机械搅拌器；4. 稳定器；5. 罐体；6. 换热装置；7. 高效机械消泡器；8. 机械密封；9. 传动装置

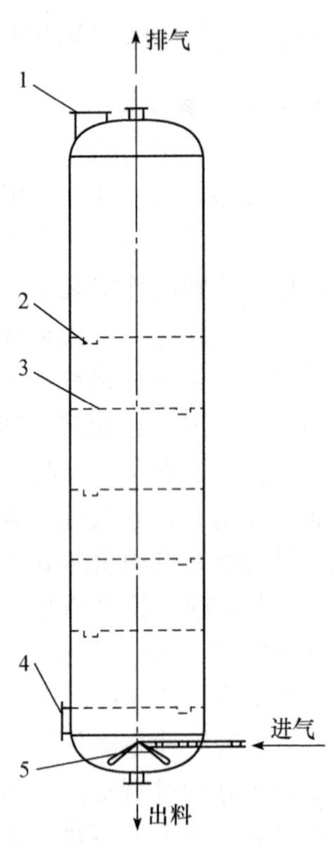

图 9.3　塔式发酵罐

1，4. 人孔；2. 导流口；3. 筛板；5. 分配器

(2) 自吸式发酵罐

自吸式发酵罐是以高速流体（如气体、液体）通过特殊的喷射结构吸入另一种流体（液体或气体），从而达到传质的效果。

1) 液带气自吸式发酵罐［图 9.4（a）］。发酵液由泵高速（7～10m/s）泵入

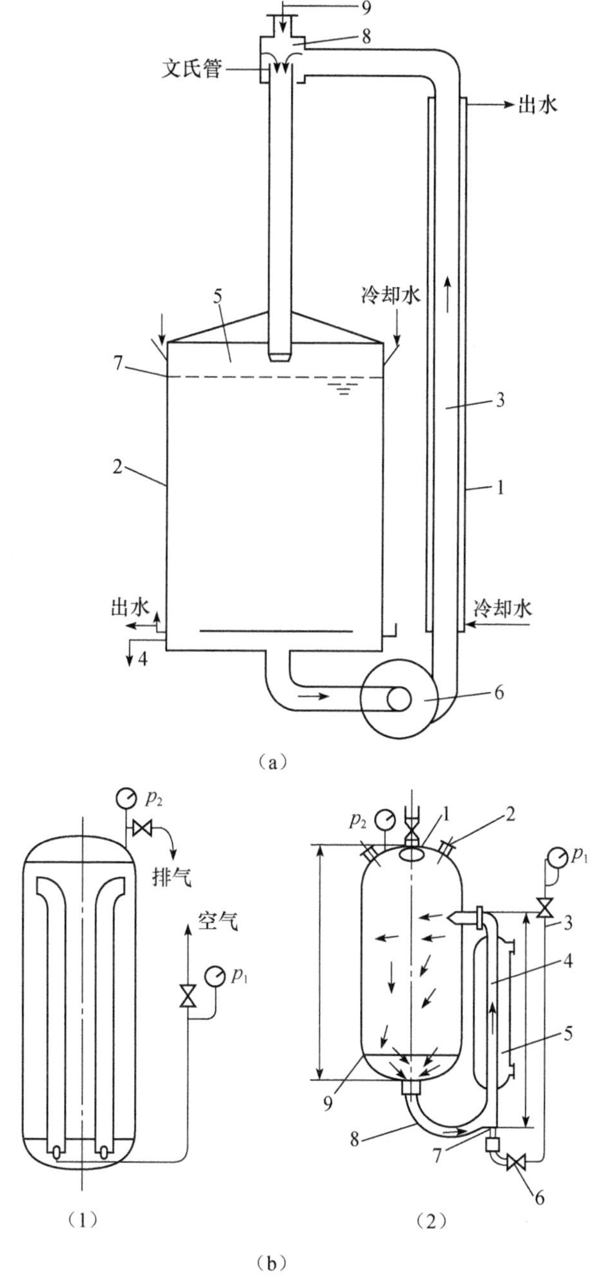

图 9.4　自吸式发酵罐

(a) 1. 冷却夹套；2. 罐体；3. 循环管；4. 放料口；5. 分离排气；6. 循环泵；7. 液面；8. 喷射器；9. 空气入口

(b) 1. 人孔；2. 视镜；3. 空气管；4. 上升管；5. 冷却夹套；6. 单向阀；7. 空气喷嘴；8. 带升管；9. 罐体

文氏管内，形成真空，吸入空气。在收缩段中，气液得到充分混匀，使溶氧系数提高，比能耗下降。这种罐型已有5000L的工业实例。

2）气带液自吸式发酵罐见图9.4（b）。

二、荞麦茶及饮料机械

1. RCGF系列荞麦茶饮料全自动生产线

RCGF系列荞麦茶饮料全自动生产线由RCGF系列热灌装、常温灌装三合一体机组成，适用于果汁饮料、茶饮料等其他需高温热灌装饮料的生产，更换部分变更件亦可适用于常温灌装。RCGF系列热灌装、常温灌装三合一体机主要技术参数见表9.4。

表9.4 RCGF系列全自动生产线主要技术参数

型　号	RCGF16-12-6	RCGF18-18-6	RCGF24-24-8	RCGF32-23-10
生产能力/(L/h)	3 000	6 000	10 000	14 000
灌装精度	≤±5mm（液面定位）			
灌装会流量	≤10%			
聚酯瓶规格/mm	瓶颈 ϕ50～ϕ92；瓶高：150～310			
适用盖形	塑料螺纹盖			
冲瓶用水压力/MPa	0.18			
冲瓶用水量/(L/h)	800	1 600	2 500	3 500
气源压力/MPa	0.6			
耗气量/(NI/min)	—	0.3	0.4	0.5
总功率/W	5.88	6.68	7.68	9.18
总重量/kg	2 500	3 000	4 000	5 000
外形尺寸/mm	2 100×1 500×2 200	2 450×1 800×2 200	2 750×2 180×2 200	3 600×2 800×3 150

该生产线的特征：

1）先进的人机界面自动控制技术或变频调速系统。

2）悬挂卡瓶口式，更换瓶型方便。

3）恒温循环系统，温度自控，自动回流。

4）弹簧式冲洗钳手，空瓶随轨道自动进行180°翻转，内外二道冲洗，冲洗效率高。

5）压力式灌装液面定位，定量精确。

6）磁力扭转式旋盖头，确保旋紧而不损坏瓶盖。

7）灌装头上下升降，瓶子在同一水平面上运转，确保进出瓶的稳定性。

8）整机噪音低，可与国际同类产品相媲美。

2. 炒青机

炒青机为短筒型结构，以筒径确定型号，有110型、90型、80型几种（筒径分别为 1100mm、900mm 和 800mm)。国内以前生产的炒青机筒体的长径比一般在 1.2 左右，目前引进的台式炒青机其工作部的长径比约为 1.8。筒内焊有 4 条导叶板，起翻抛和导向作用。

炒青机进、出叶在同一端口，正转炒青，反转出叶，均为间歇作业方式。110 型为燃煤供热，筒体转速 20～22r/min。台式 80 型和 90 型为燃气供热，筒体转速无级可调。燃气式滚筒炒青机的结构如图 9.5 所示。燃气式炒青机的燃烧装置紧凑轻巧，机体做成了可倾式，有利于缩短出叶时间。

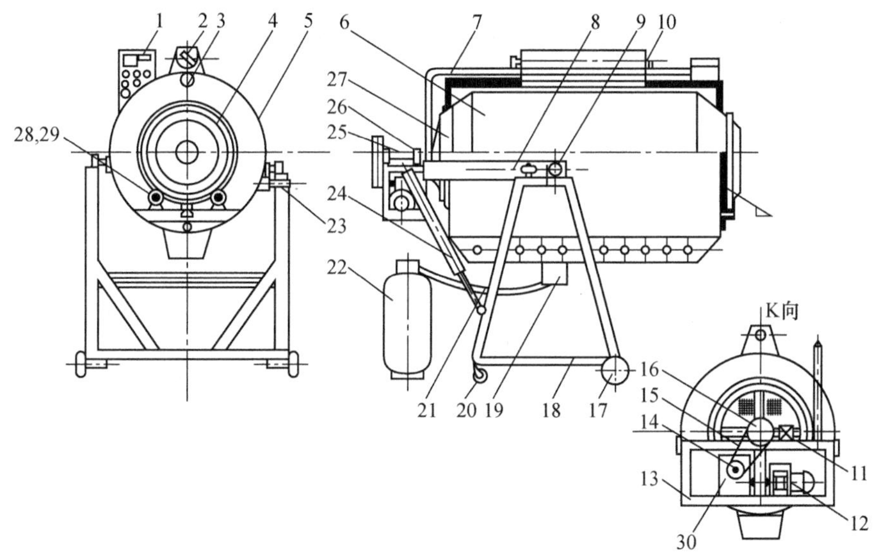

图 9.5 燃气式滚筒炒青机的结构

1. 电控箱；2. 热气挡板；3. 温度计；4. 滚筒钢轨；5. 燃气炉外罩；6. 炒青滚筒；7. 电机线管；8. 固定钢板；9. 轴承；10. 热气调节手柄；11. 排气扇；12. 调速电动机；13. 座架；14. 主动皮带轮；15. 皮带；16. 从动皮带轮；17. 支承轮；18. 机架；19. 点火器；20. 转向轮；21. 液化气管；22. 液化气罐；23. 倾倒手柄；24. 缓冲器；25. 主轴；26. 主轴轴承；27. 滚筒后罩；28. 托轮；29. 托轮轴承；30. 减速箱

三、荞麦功能性成分的提取机械

荞麦中含有多种功能性成分。常规提取法造成营养成分的大量损失，超临界萃取设备可以大大避免这一问题。因此，在荞麦功能性成分的提取开发中，超临界萃取技术用地较多。

超临界萃取也可称为流体萃取，由于萃取中的一个重要因素是压力，有效的溶剂萃取过程也可在非临界状态下实现，因此广义上称为压力流体萃取。它是利用超临界流体，即温度和压力略超过或靠近临界温度和临界压力，介于气体和液体之间的流体作为萃取剂，从固体或液体中萃取出来某种高沸点或热敏性成分，以达到分离和提纯的目的。超临界萃取是利用临界或超临界状态的流体，使被萃取的物质在不同的蒸气压下所具有的不同化学亲和力和溶解能力进行分离、纯化的操作，即此过程同时利用了蒸馏和萃取的技术，蒸气压和相分离均在起作用。超临界萃取技术是近30年来出现的一种新的分离技术，具有低能耗、无污染和适合处理易受热分解的高沸点物质等特性。该技术应用领域相当广泛，在化学工业、能源、食品和医药等工业中都得到了广泛的应用。

1. 超临界流体萃取过程

超临界流体萃取过程基本上是由萃取阶段与分离阶段所组成的，如图9.6所示。分离方法基本上可分为下列三种。

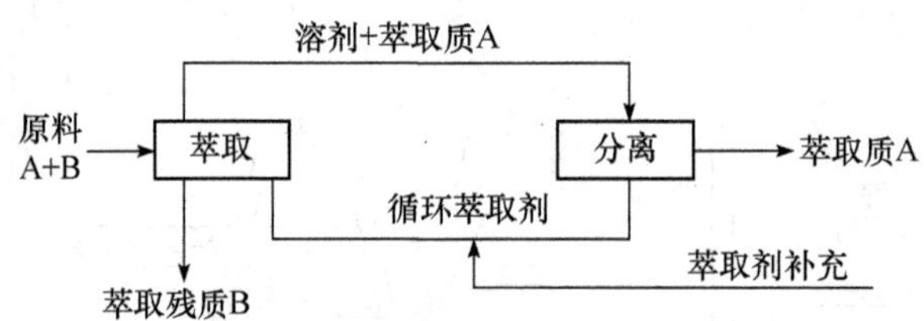

图9.6 超临界流体萃取基本过程

1）依靠压力变化萃取分离法（等温法、绝热法）。在一定温度下，使超临界流体和溶质减压，经膨胀、分离，溶质经分离槽下部取出，气体经压缩机返回萃取槽循环使用。

2）依靠温度变化的萃取分离法（等压法）。在一定压力下，经加热、升温使气体和溶质分离，从分离槽下部取出萃取物，气体经冷却、压缩后返回萃取槽循环使用。

3）用吸附剂进行萃取分离法（吸附法）。在分离槽中，经萃取出的溶质被吸附剂吸附，气体经压缩后返回萃取槽循环使用。图9.7给出了超临界流体萃取分

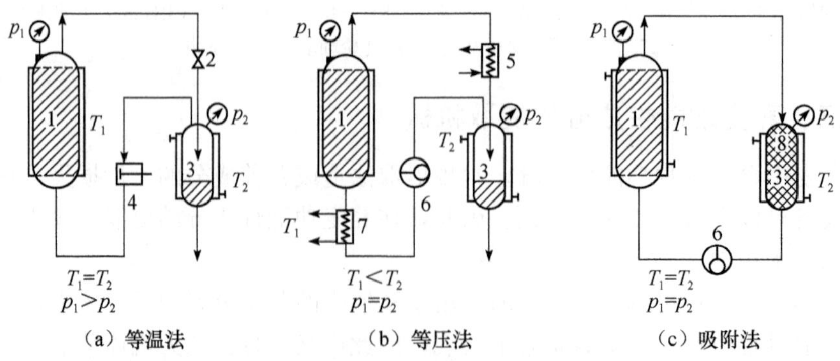

图9.7 超临界流体萃取典型流程

1. 萃取槽；2. 膨胀阀；3. 分离槽；4. 压缩机；5. 加热器；6. 泵；7. 冷却器；8. 吸收剂或吸附剂

离过程的三种典型流程。其中 1)、2) 两种流程主要用于萃取相中的溶质为需要精制产品的场合，第 3) 种流程则适用于萃取质为需要除去的有害成分，而萃取槽中留下的剩余物为所需要的提纯组分的场合。

2. 固体物料的超临界流体萃取系统

在超临界流体萃取研究中面临的大部分萃取对象是固体物料，而且多数用容器型萃取器进行间歇式提取。

(1) 高压索氏提取

图 9.8 所示的是一种简单地用液态 CO_2 萃取固体物料的高压索氏提取器。

该装备将一只玻璃索氏提取器装入一只高压腔内，适量的 CO_2 以干冰的形式被放入高压容器的下部。随后封盖，并被放入加热水浴。干冰蒸发，压力增大，并达到 CO_2 的液化值，该值由容器顶部冷凝器的温度来确定。例如，温度为 15℃ 时，则可以获得 5.1MPa 的压力。被冷凝器液化的萃取溶剂会滴入索氏提取器，并在套管内萃取样品。萃取过程中，萃取物在圆底瓶内保持沸腾的液态 CO_2 中，逐渐被浓缩。萃取结束后，气体通过阀减压释放。打开高压容器，从圆底瓶中取出萃取物。

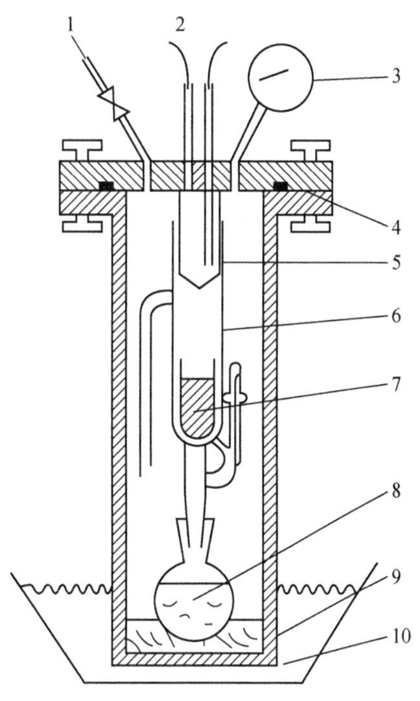

图 9.8 高压索氏提取器

1. 截止阀；2. 冷却水；3. 压力表；4. "O" 形环；5. 冷凝器；6. 玻璃索氏提取器；7. 样品；8. 沸腾的液态 CO_2；9. 传热盘；10. 加热水浴

该设备仅限于少量样品的萃取，用于样品分析。设备的改进几乎是不可能的，因为萃取条件仅仅依靠冷凝器的温度变化，改变非常有限。除了 CO_2 之外，其他气体的使用，也仅仅限于在 10MPa 下 0～20℃能液化的气体。在此情况下，设备也需要用液化的气体填装。

(2) 普通的间歇式萃取系统

普通的间歇式萃取系统是固体物料最常用的萃取系统。这种系统结构最简单，一般由 1 只萃取釜、1 只或 2 只分离釜构成，有时还有 1 只精馏柱。图 9.9 所示为最基本的几种结构。

(3) 半连续式萃取系统

半连续式萃取系统是指采用多个萃取釜串联的萃取流程。目前，在萃取条件下向高压釜输入和送出固体原料，完成连续萃取是非常困难的。相反，若将萃取

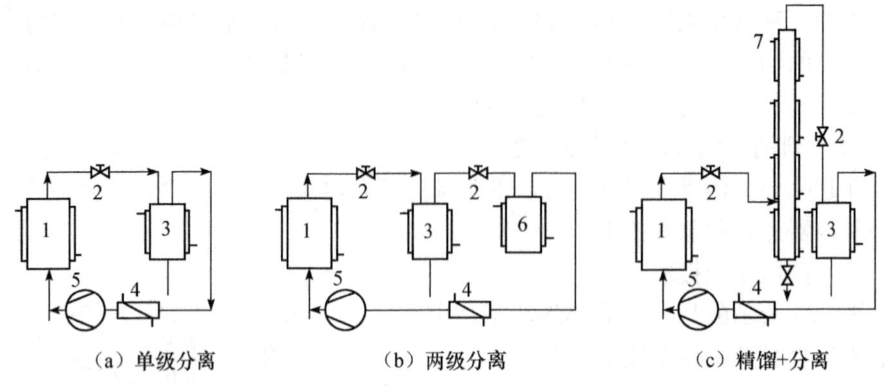

图 9.9　几种典型的间歇式萃取系统

1. 萃取釜；2. 减压阀；3，6. 分离釜；4. 换热器；5. 压缩机；7. 精馏柱

体积方便地分解到几个高压釜中，从而批处理就变成逆流萃取。流程如图 9.10 所示。四个萃取釜依次相连（实线）。当萃取釜 1 萃取完后，通过阀的开关将其脱离循环，其压力被释放，重新装料，再次进入循环，这样其又成为系列中最后一只萃取釜被气体穿过（虚线）。在该程序中，各阀必须同时操作，这可以依靠气动简单地完成操作控制。图 9.11 所示是另一种半连续萃取流程。该流程的特点是依靠从压缩机出来的压缩气体中过剩的热量，来加热从萃取釜出来携带有萃取物的 CO_2，使 CO_2 释放出萃取物，进入下一个循环。

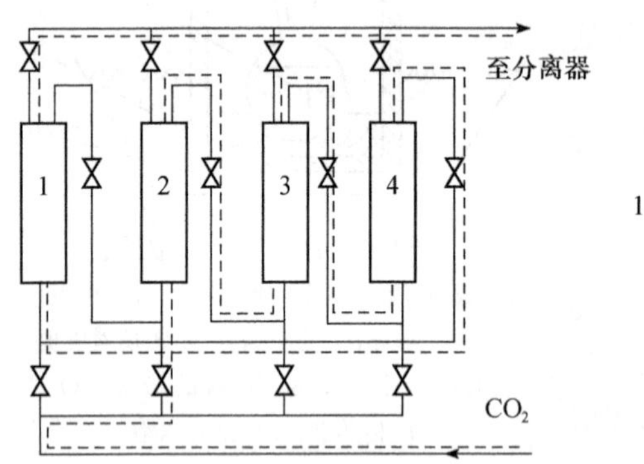

图 9.10　多釜逆流萃取流程

1～4. 萃取釜

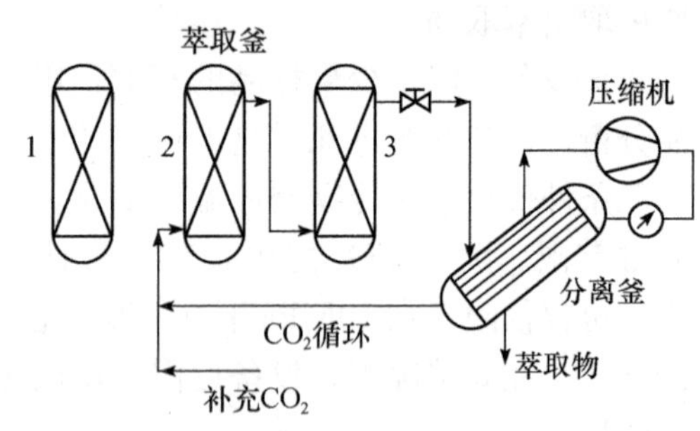

图 9.11　固体物料的半连续萃取流程

（4）连续式萃取系统

目前已应用的固体连续进料装置基本上采用固体通过不同压力室的半连续加料以及螺旋挤出方式。这种气锁式或挤出式加料系统按固体在其中的性质可分为以下几类。

1）原料形状不发生变化的固体连续加料系统。如咖啡豆脱除咖啡因时，要求保持咖啡豆颗粒的完整性，可采用处于不同压力条件下的移动式或固定式压力室进行批式装料。当气锁室是固定式且有固定体积时，可用锥形阀、球阀等来实现系统的密封。该装置的缺点是半连续操作，气锁系统有气体损失，会引起压力波动；优点是制造简单、处理量大。

2）原料形状发生变化的固体连续加料系统。固体物料在压力作用下会发生变形，其自身起到了密封的作用。当物料受压通过一筛板形成小颗粒密封时效果更佳。与轴向压缩进料不同的另一种连续进料设备是螺旋挤出机（图 9.12 中的 2）。

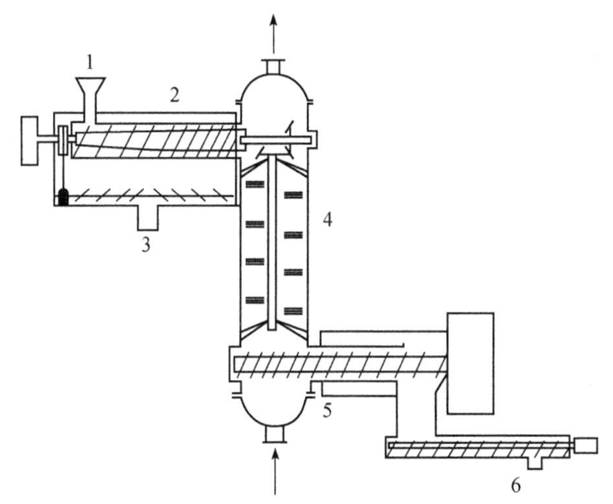

图 9.12 固体连续加料装置

1. 物料进口；2. 螺旋挤出机；3. 萃取物出口；4. 夹套式萃取器；5. 螺旋卸料器；6. 残留物出口

3）悬浮液加料系统。可考虑使用机械位移泵，如柱塞泵或隔膜泵等适于悬浮液输送的设备。由于摩擦和密封问题的存在，用流体置换代替机械置换是可选的方法之一。

四、荞麦脱壳机械

荞麦加工工艺要点主要为清理、分级、脱壳、仁壳分离、整仁与碎仁分离、制粉等。荞麦仁和荞麦壳都比较脆而易碎，且荞麦加工对整仁率和整壳率又要求较高，因此脱壳加工既是荞麦加工的关键环节，也是荞麦加工的一个难点。荞麦脱壳加工后，荞麦仁的整仁率和荞麦壳的整壳率的高低，不仅影响着荞麦的后续加工，而且影响着荞麦制品品质的优劣和荞麦加工产业化的整体效益高低，这一问题现已成为制约我国荞麦加工产业化发展和荞麦生产效益的重要原因。因此，研发性能优良、质量可靠、价格适宜的荞麦脱壳加工设备，对发展我国荞麦生产，推进农业结构调整，发展外向型农业和加快西部大开发都有着重要的现实意义（胡志超，2004）。

荞麦加工工艺的重点是荞麦脱壳，而荞麦脱壳的关键设备是荞麦脱壳机。如何提高荞麦米整仁率、减小破碎率、保证荞麦壳较完整是荞麦加工工艺设计的关键问题。徐树科（2004）就目前采用的荞麦脱壳机械及原理进行了介绍，具体如下：

1. 砂盘砻谷荞麦脱壳机

砂盘砻谷荞麦脱壳机是应用较早的荞麦脱壳机，它有 2 个圆形砂盘，1 个为固定盘，1 个为可调整盘，二者中轴线垂直于水平面。荞麦原料以稳定的流量，进入 2 个砂盘间，根据荞麦粒度的不同，调整固定盘和可调整盘之间的间距，依靠 2 个砂盘的相对转动，对荞麦外壳进行研削和搓撕，从而达到脱壳的目的。该设备最大的缺点是生产出的荞麦仁碎粒多，荞麦壳也破碎较多。

2. 揉搓式荞麦脱壳机

滚筒揉搓式荞麦脱壳机是利用一个表面粘有橡胶的运动滚筒，和一个表面粘有橡胶的静止凹板之间的揉搓作用来达到脱壳的目的。此设备脱壳效果较好，但是 2 块揉搓板之间的间距不均匀且不好掌握，脱壳后的荞麦壳完整率较高，但产量低，不适于规模化生产。

平面揉搓式荞麦脱壳机的原理（于丽萍，2002）和滚筒揉搓式荞麦脱壳机原理相近，它是利用一个表面粘有橡胶的运动平盘和一个表面粘有橡胶的静止平盘之间的揉搓作用来达到脱壳的目的，此设备脱壳效果较好，2 块揉搓板之间的间距也好掌握，脱壳后的荞麦壳完整率高，但同样存在产量低，不适于规模化生产的问题。

3. 荞麦撞击脱壳机

荞麦撞击脱壳机是利用荞麦原料和设备内撞击盘之间的撞击作用，达到荞麦仁壳分离的目的。该设备首先将物料送入水平状的转子叶轮上，物料随着叶轮的转动逐渐被加速，并沿着叶轮上的涡旋状凹槽，水平方向呈束状撞向周围的环状碰撞盘，从而使荞麦壳受到撞击而破开，达到荞麦仁壳脱离的目的。该设备产量大，荞麦壳完整率高，荞麦仁完整率也较好。但是，荞麦仁棱角损伤率变高。

4. 胶辊砻谷机

胶辊砻谷机是通过具有速差的 2 个橡胶滚筒同时相向转动，对荞麦进行搓撕，从而达到荞麦脱壳的目的。但应注意调整该设备的轧距，否则，不是破碎率增高就是脱壳率降低。当使用几道胶辊砻谷机连续脱壳并将各道轧距调整至适当位置时，总脱壳效率比单机脱壳效率大有提高，荞麦仁破碎率也明显降低。

五、新型加工设备展望

荞麦是我国的重要杂粮作物资源，因其特有的营养保健及药用功能日益成为杂粮开发的焦点及促进国家经济和农民增收的一项重要产业。随着人们生活水平的提高，消费意识的改变，荞麦的开发利用也将进一步的拓展和深入，相信荞麦产业依旧是杂粮开发中最具前景的一个。

目前，我国荞麦加工一直徘徊在初级加工阶段，深加工、精加工较少，总体技术含量较低。传统的荞麦食品是我国传统文化的一部分，但是因为加工工艺、传统食品的潜在特点造成了工业开发难以推进的问题，所以需采用现代科学技术如酶促反应工程技术、超临界萃取等现代食品分离技术对传统加工技术进行改良，实现传统制品的升华。

第五节　加工途径提高荞麦营养药用品质

通过前面章节的介绍，知道荞麦是当今世界上集营养、保健于一体的功能食品之一，其营养保健成分主要有蛋白质、氨基酸、黄酮、糖醇、微量元素等。荞麦加工尚处在初加工阶段，其营养药用品质尚未充分利用，因此还有较大的发展空间。要提高荞麦营养药用品质，除了从原料着手，还应加强荞麦加工技术的研究开发，通过提高加工技术水平来提升荞麦的营养药用价值。以下简单介绍荞麦加工过程中营养药用成分的变化情况。

（一）原料预处理

荞麦原料的预处理对荞麦品质有较大的影响。荞麦原料是否洁净、饱满都会影响最后产品的质量。预处理主要包括选荞、去粉杂、清洗等。荞麦原料的选择，应检查荞麦是否有霉变、生虫等现象，如有，应及时去除。选荞时同样注意荞麦原料的储藏年限，刚采收的荞麦含水量较高，应及时晒干，存放年限长的荞麦，其加工品质会有所下降。

去粉杂主要是去除在选荞阶段难以去除的荞麦原料表面的附着物，以保证荞麦加工质量，提高产品品质。

（二）水处理

荞麦加工大多离不开水。荞麦中含有芦丁降解酶，加工过程中如接触水，则芦丁很容易降解为槲皮素（王改玲等，2005），因此加工时需注意。如想获得高芦丁含量的产品，在荞麦粉接触水前应进行灭酶处理。灭酶方法主要采用热处理方法。但到目前为止，荞麦加工过程中芦丁降解为槲皮素后，其营养药用品质究竟发生了怎样的变化，还没有一个准确的评价标准。以苦荞茶为例，前面讲到苦荞茶的两种形式："籽粒茶"与"节节茶"，"籽粒茶"芦丁含量高而槲皮素含量甚少，"节节茶"中90%的芦丁几乎被降解成为槲皮素。两种茶的功能特性差异有待进一步研究。

（三）热处理

荞麦加工过程中基本离不开加热过程。荞麦在加热过程中，成分及其功能会随之发生改变。Karchik 等（1976）研究表明，荞麦在蒸煮过程中维生素 B_1 会大量损失，而核黄素损失较少。Vogrincic 等（2010）对以苦荞粉为原料的面包制作过程中芦丁、槲皮素和多酚消除 DPPH·活性的变化进行了研究，结果表明在含苦荞粉的面包制作过程中，抗氧化活性略有下降，在面粉混合过程中，芦丁发生降解，含量降低，槲皮素含量增高；烘焙过程中，槲皮素含量基本保持稳定。Yoo（2012）等比较了三种水热处理对荞麦芦丁含量的影响，结果表明荞麦通过水煮、蒸汽蒸、高压蒸汽处理后芦丁含量比原料略有增高，且打粉后与水接触芦丁不再被降解，说明通过水热处理后芦丁降解酶被钝化，芦丁含量比原料略高的原因可能是原料打粉过程中芦丁部分被降解。Yoo（2012）同时对荞麦面条制作过程中芦丁的降解进行研究，表明芦丁在与水接触后开始降解，如先通过蒸煮，则芦丁保持稳定，此时槲皮素含量非常低。Pei 等（2011）对苦荞茶加工过程中化学成分、抗氧化性以及 α-葡萄糖作用的变化研究表明：加工过程中荞麦总淀粉值有显著差异（$P<0.05$）；蒸汽处理显著的降低蛋白质和粗脂肪含量（$P<0.05$）；干燥降低了蛋白质含量和粗脂肪含量（$P>0.05$）；脱壳处理后蛋白质和粗脂肪含量均显著低于种子中的含量（$P<0.05$）；浸泡（40℃，10～12h）后的苦荞种子芦丁含量显著降低，而总黄酮、槲皮素和山奈酚含量显著升高；浸泡后的苦荞经蒸汽处理 40～60min 后，芦丁含量明显增加，而槲皮素、山奈酚含量显著降低；浸泡后总酚类化合物的含量增加，蒸、干燥、炒制明显降低总酚类化合物含量以及抗氧化活性水平；浸泡后的苦荞材料有最高的 α-葡萄糖苷酶抑制活性，其次是未经处理的苦荞，蒸汽处理和干燥处理显著降低 α-葡萄糖苷酶抑制活性（$P<0.05$），而炒制（120～150℃）降低了 α-葡萄糖苷酶（$P>0.05$）抑制活性，并且 α-葡萄糖苷酶的抑制活性降低和酚类化合物的降低直接相关。前面提到，不同加工方式（蒸、煮、烙和油炸）所得苦荞制品（馒头、饸饹、烙饼和锅巴）对 DPPH·的清除作用和总抗氧化能力不同，大小次序依次为：苦荞饸饹＞苦荞馒头＞苦荞烙饼＞苦荞锅巴，因此，通过蒸煮方式对荞麦品质影响最小。笔者对荞麦烘焙时间、温度等对荞麦黄酮的影响进行研究，结果表明在一定温度内（低于 140℃）烘焙，芦丁的含量变化不大，说明荞麦适合蒸煮、烘焙。

（四）生物发酵技术

苦荞发酵产品主要有苦荞醋、荞麦酒等。荞麦在发酵过程中成分变化复杂，在苦荞醋制作过程中，芦丁、槲皮素均有损失，荞麦酒酿制过程中，产生许多不同物质，能否提高荞麦品质，有待进一步研究。赵钢等（2009a）以苦荞为主要原料，制作苦荞啤酒，具有口感好、营养价值高的特点。勾秋芬（2009）利用发酵手段，提高了苦荞中 D-CI 的含量，为苦荞的进一步开发利用打下了基础。

荞麦中含有较丰富的生物黄酮，但 D-CI、γ-氨基丁酸等的含量相对较低。有研究表明，荞麦萌动到发芽过程中，其黄酮、D-CI、γ-氨基丁酸含量均有较大幅度提高，对提高荞麦营养品质有重要意义。

（五）水解技术

荞麦蛋白质具有独特的生理功能，如：抑制和降低血液胆固醇、抑制体内脂肪蓄积、阻止 7,12-二甲苯蒽诱发的乳腺癌、改善便秘、预防高血压、抑制胆结石的形成、提高肌肉的抗疲劳功能和抗衰老等（Tomotake，2001；2000；张政，1999；Kayashita，1999；1996；1995）。郭晓娜等（2009）以苦荞蛋白质作为底物，采用碱性蛋白酶对其进行酶法水解，以水解度作为检测指标，监测其水解进行过程，结果表明随着水解时间的延长，水解度出现先增加后趋于平缓的趋势。采用三种体外抗氧化体系对苦荞蛋白质和碱性蛋白酶酶解产物的抗氧化活性进行了研究，结果表明苦荞蛋白质酶解产物作为天然抗氧化剂，表现出较强的螯合铁离子、还原和清除 DPPH · 的能力。

高梅等（2009）研究发现，经酶水解得到的荞麦蛋白多肽具有促进免疫、激素调节、抗菌、抗氧化、抗病毒、降血压、降血脂等多种生理调节功能。以此为基础，用蛋白酶水解荞麦蛋白质，上清液经真空冷冻干燥后可得到荞麦蛋白质生物活性肽的干粉。

早在 1996 年，日本人竹内富雄已经发现了用盐水解提高荞麦中 D-CI 含量的方法，并申请了专利。中国上海诺金科生物科技有限公司通过激活生物体内的大量相关酶，对 D-CI 单体含量的增加也做了相关研究，并申请了专利。

（六）冷加工技术

荞麦中含有多种功能性成分，但在荞麦加工过程中往往被破坏而失去活性。如荞麦中含有黄酮、芦丁、维生素等营养功能成分，具有降低血糖、血脂、尿糖、胆固醇的作用，对血管病、脉管炎有明显的改善微循环、收敛伤口、活血化淤的功效。但是在传统的荞麦食品加工过程中，磨粉阶段会造成荞麦中大部分功能性成分和营养物质的损失。其主要原因是磨粉时温度高，造成芦丁等功能性成分与荞麦中的其他成分稳定结合，或者功能性成分转化为其他化合物。降低磨粉温度，对荞麦中功能性成分及营养物质的保持具有重要作用。因此，采用低温（冷）磨粉技术，可以避免因高温处理导致的荞麦中功能性成分和营养物质的损失。

（七）超微粉碎技术

超微粉碎技术是指利用高压气流或机械研磨对物料的撞击、压缩、摩擦、劈裂、剪切等作用，使物料粉碎为粒径在 1～10μm 的一种技术。超微粉碎可以改变物料的功能性，如物料经超微粉碎后其表面吸附力和亲和力增强，有很好的固香性、分散性和溶解性，容易消化吸收等。将超微粉碎技术应用于荞麦加工，以提高荞麦粉的细度，改善荞麦粉的加工性能。

荞麦麸皮中含有膳食纤维，膳食纤维对促进良好的消化和排泄固体废物有着举足轻重的作用。适量地补充纤维素，可使肠道中的食物增大变软，促进肠道蠕动，从而加快了排便速度，防止便秘和降低肠癌的风险。纤维素还可调节血糖，有助预防糖尿病，又可以减少消化过程对脂肪的吸收，从而降低血液中胆固醇、甘油三酯的水平，防治高血压、心脑血管疾病的作用。将超微粉碎技术应用于荞麦麸皮加工，可以改善麸皮中膳食纤维的消化利用率，提高谷物废弃物的高附加值利用。

（八）荞麦功能性成分的分离纯化

荞麦中含有的蛋白质、黄酮、多酚、多糖、手性肌醇等成分，如能进一步分离纯化，可作为食品配料或功能性配料添加到食品中或开发成新的保健品，提高荞麦产品保健价值。其分离纯化方法见前面章节。

（九）荞麦复配

营养对于各种疾病的预防和治疗扮演极重要的角色，养成科学、合理的饮食习惯是保持人体营养均衡的最基本条件之一，人类使用的粮食可分为细粮和粗粮两大类。但现在人们生活中，粗粮在食物中所占的比例越来越低，造成了营养的不均衡。参照中国营养学会和国家卫生部的有关建议和标准，根据各种杂粮的营养特征进行混合配伍研究，可使产品具有营养全面丰富、使用安全等特征，将具有重大发展前景！

荞麦含有较高的营养价值，如通过与其他杂粮复配，将会提高其应用价值。李红梅等（2007）利用小麦面粉、荞麦面粉、苦荞黄酮提取物、燕麦麸皮超细粉混合得到的天然荞麦营养配方面粉，既改善了口感、提高了加工品质，又显著提高抗氧化活性。赵钢等（2009）发明了一种营养粥，该营养粥适合糖尿病患者饮用，以苦荞为主要原料，配以黑米、薏苡仁、银耳、豌豆、山药、葛根、莲子（去心）、枸杞子、燕麦片、山楂、果胶、木糖醇等。具有降糖、降脂、辅助药物改善糖尿病症状及其并发症等功效，大大提高了苦荞的营养品质。

（十）荞麦综合利用

杂粮浑身都是宝。从其苗、叶、花、根、茎、籽、壳、种皮、粉等都可加以应用研究。由于历史、习惯、技术等的原因，大部分只针对籽粒进行研究应用，而对含有较高功能性成分的其他部位弃用，造成极大的资源浪费。对杂粮进行综合利用研究，可大大提高杂粮加工附加值。

杂粮种子收获后，可将植株开发转变作肥料、饲料、能源原料、食品添加剂、建筑材料、家庭艺术用品等。杂粮的其他部位亦有加工成化妆品、保健品甚至药品的潜力。通过现代微生物发酵技术，将杂粮加工废弃物发酵制酒、酿醋，都可以使这些废弃物得到充分利用。因此对杂粮功能性成分的系统分离纯化、活性筛选研究，可为杂粮向高附加值产品的开发生产打下基础。杂粮本身可以食用，安全性高，具有环保、健康、低成本、高品质等特点，通过开发应用更能使大众接受，前景广阔。目前市面上出现的荞麦全株茶、荞麦芦丁茶等正是将荞麦花、叶、根、茎、种子等超微粉碎后再挤压成型，烘焙烤香而得，其黄酮含量要高于普通苦荞籽粒。苦荞麸皮也被开发成苦荞麸皮超微粉茶、苦荞麸皮饼干等，使得苦荞的应用面更为广阔，提升了荞麦应用价值。

（十一）杂粮食品储藏保鲜技术

储藏技术是现代高新技术，是保持荞麦营养品质的保障，也是制约荞麦乃至整个杂粮产业发展的瓶颈。目前，我国在荞麦储藏技术上虽然取得了一定发展，但是，荞麦不同于其他谷物，其储藏稳定性也不同于其他谷物制品。因此，建立适当的荞麦储藏技术，对防止荞麦产品储藏过程中品质劣化，减少功能性成分的损失具有重要意义。可将低温保藏、无菌包装、真空包装、气调包装等技术应用于荞麦及其制品的保藏。

总的来说，掌握好荞麦加工中各环节对荞麦品质的影响规律，充分利用好荞麦的加工特性，将有助于提高荞麦的营养药用品质。结合优质原料的筛选、加工设备开发、新型产品的开发，必能给荞麦产业带来新的发展机遇。

主要参考文献

白崇智，李玉英，李芳，等. 2009. 重组荞麦胰蛋白酶抑制剂诱导肝癌细胞 H-22 凋亡的作用及其机制. 细胞生物学杂志，31（1）：79～83

柴岩. 2005. 高黄酮荞麦新品种——西农 9920 通过国家鉴定. 技术与创新管理，（1）：73

常振战. 1998. Ri 质粒转化植物用于生产天然活性成分的研究进展. 中草药，29（10）：705

陈利红，张波，徐子勤. 2007. *AtNHX1* 基因对荞麦的遗传转化及抗盐再生植株的获得. 生物工程学报，23（1）：151～157

陈学荣，常庆涛，刘荣甫，等. 2011. 泰兴荞麦主要病虫害综合防治技术. 现代农业科技，(7)：183～186
戴丽琼. 2011. 农艺措施对荞麦产量和品质形成的影响. 内蒙古农业大学硕士学位论文
冯佰利，柴岩，高金锋. 2001. 中国荞麦栽培研究进展与展望. 荞麦动态，(1)：8～10
高冬丽，高金锋，党根友，等. 2008. 荞麦籽粒蛋白质组分特性研究. 华北农学报，(2)：68～71
高丽，李玉英，张政，等. 2007. 重组荞麦胰蛋白酶抑制剂对 HL260 细胞的促凋亡作用. 中国实验血液学杂志，15 (1)：59～62
高梅，张国权，罗勤贵，等. 2009. 一种荞麦蛋白生物活性肽的制备方法：中国，CN101381759
宫风秋，张莉，李志西，等. 2007. 加工方式对传统荞麦制品芦丁含量及功能特性的影响. 西北农林科技大学学报：自然科学版，35 (9)：13～15
勾秋芬. 2009. 酿酒酵母发酵对苦荞中 D-手性肌醇含量的影响. 四川师范大学硕士学位论文
郭晓娜，崔颖，张晖，等. 2009. 苦荞麦蛋白质酶解产物的抗氧化活性研究. 粮油深加工及食品，7：18～20
郝建平，张江涛. 2000. 8 种甜荞的种子消毒及愈伤组织诱导和增殖条件. 植物研究，21 (1)：65～69
胡耀辉，郭志军，于寒松，等. 2008. 荞麦中 2 种重要的功能性蛋白 cDNA 片段克隆与序列分析. 吉林农业大学学报，30 (3)：356～359
胡志超. 2004. 加强荞麦脱壳加工设备研究开发促进荞麦加工产业化发展. 中国农机化，(3)：11～13
黄云华，陈庆富. 2009. 普通荞麦植株茎段快速繁殖技术的研究. 武汉植物学研究，27 (4)：417～422
姜忠丽，康艳红，辛士刚. 2008. ICP-AES 法测定苦荞麦中的矿物元素. 粮食与饲料工业，8：45～46
金红，贾敬芬，郝建国. 2002. 荞麦高频离体再生及发根农杆菌转化体系的建立. 西北植物学报，22 (3)：611～616
靳开维. 2005. 荞麦加工开发的意义现状建议. 农产品加工，(9)：40～46
李芳，李玉英，白崇智，等. 2009. 重组荞麦胰蛋白酶抑制剂对人肝癌细胞的凋亡及半胱氨酸天冬酶活性的影响. 中国生化与分子生物学学报，25 (2)：92～97，182～187
李红梅，陕方，边俊生，等. 2007. 一种抗氧化杂粮营养配方面粉：中国，CN101066063
李景滨，刘同祥，王培忠，等. 2011. 金铁锁毛状根诱导及培养体系的建立. 中国中药杂志，36 (5)：547～550
李学俊，郭彦飞，闫倩，等. 2011. 苦荞类过敏原的原核表达及多克隆抗体制备. 西北植物学报，31 (8)：1524～1530
林静，刘群，李艳冬，等. 2010. 金荞麦愈伤组织诱导及其总黄酮含量测定方法的建立. 西南民族大学学报：自然科学版，36 (2)：230～234
林汝法. 1994. 中国荞麦. 北京：中国农业出版社
刘大会，郭兰萍，黄璐琦，等. 2010. 矿质营养对药用植物黄酮类成分合成的影响. 中国中

药杂志，35（18）：2367～2371
刘欣．2011．荞麦的病害防治．农村实用科技信息，（7）：45
刘拥海，俞乐，黄伟华，等．2006．苦荞种子萌发条件和愈伤组织的诱导．湖南农业大学学报：自然科学版，32（1）：12～14
刘玉江，王菁莎，刘景彬．2006．荞麦食品的加工利用中国食品添加剂，（1）：55～57
陆小平，小岛峰雄．2003．整体植株转化法在荞麦上的应用．作物学报，29（1）：159～160
蒙华，李成磊，吴琦，等．2010．金荞麦查尔酮合成酶基因 CHS 的克隆及序列分析．草业学报，19（3）：162～169
牛波，冯美臣，杨武德．2006．不同肥料配比对荞麦产量和品质的影响．陕西农业科学，（2）：8～10
唐宇，赵钢，曾显斌．2003．60 钴-γ 射线诱发突变改良苦荞的研究．西昌农业高等专科学校学报，17（4）：1～3
田欣，李晨，李玉英，等．2010．野生型和突变型荞麦蛋白酶抑制剂的活性比较及抗肿瘤功能分析．生物化学与生物物理进展，37（6）：654～661
王爱国，张以忠，任翠娟，等．2006．普通荞麦愈伤组织诱导及其分化的正交设计试验研究．种子，23（1）：7～11
王爱荣，王远芹．2002．栽培措施对小麦品质的影响．中国农垦，（9）：32
王博彦，金其荣．2000．发酵有机酸生产与应用手册．北京：中国轻工业出版社
王改玲，周乐，梁冉．2005．不同提取条件对苦荞籽粒中芦丁降解的影响．西北植物学报，25（5）：1035～1038
王关林，方宏筠．2002．植物基因工程．2 版．北京：科学出版社
王广斌，解晓悦．2006．山西小杂粮竞争优势与产业发展研究．中国农学通报，22（5）：485～488
王红育．2004．荞麦的研究现状及应用前景．食品科学，25（10）：45～48
王宜梅，杨捍东．2010．荞麦的综合加工工艺．粮食加工，（2）：57～59
王转花，赵卓惠，张政，等．2006．一种苦荞种子蛋白酶抑制剂的纯化、特征及其抗虫活性．中国生物化学与分子生物学学报，22（12）：960～965
吴崇明，马欣荣，杨宏，等．2009．鞑靼荞麦离体再生体系的建立．应用与环境生物学报，15（6）：786～789
徐树科．2004．荞麦的营养功能、应用及其脱壳工艺和设备．粮食与饲料工业．（12）：17～19
闫斐艳，崔晓东，李玉英，等．2010．苦荞麦黄酮对人食管癌细胞 EC9706 增值的影响．中草药，41（7）：1142～1145
于寒松，于亚桐，贾帅，等．2009．利用悬浮细胞培养方法提高荞麦中总黄酮含量的研究．食品科学，30（22）：37～39
于丽萍．2002．荞麦米的加工．西部粮油科技，（5）：43～44
张昕，崔晓东，王转花．2008．苦荞麦贮藏蛋白与 VB_1 的相互作用．食品科学，29（11）：87～89

张雄，柴岩，尚爱军. 2010. 播期对荞麦籽粒质及其组分含量的影响. 荞麦动态，(1)：11～13

张政，王转花，刘凤艳，等. 1999. 苦荞蛋白复合物的营养成分及其抗衰老作用的研究. 营养学报，21（2)：159～161

赵东利，张春广，王新宇，等. 2002. 发根农杆菌对苦豆子高频转化条件的优化. 药物生物技术，9（4)：220

赵钢，陕方. 2008. 中国苦荞麦. 北京：科学出版社

赵钢，胡一冰，彭镰心，等. 2009b. 一种适合糖尿病人的苦荞八宝粥及其制作方法：中国，CN200810046155

赵钢，万萍，彭镰心，等. 2009a. 一种苦荞啤酒及其制备方法：中国，CN200910263584

赵永峰，穆兰海，常克勤，等. 2010. 不同栽培密度与N、P、K配比精确施肥对荞麦产量的影响. 内蒙古农业科技，(4)：61～62

郑裕国，薛亚平. 2007. 生物工程设备. 北京：化学工业出版社

朱振宝，易建华. 2009. 碱溶酸沉淀法提取甜荞麦蛋白及其氨基酸分析. 食品科技，34（8)：193～197

Adachi T. 1990. How to combine the reproductive system with biotechnology in order to overcome the breeding barrier in buckwheat. Fagopyrum，10：7～11

Armstrong W B，Kennedy A R，Wan X S，et al. 2000. Clinical modulation of oral leukoplakia and protease activity by Bowman-Birk inhibitor concentrate in a phase Ⅱ a chemoprevention trial. Clin. Cancer Res.，6（12)：4684～4691

Belozersky M A，Dunaevsky Y E，Musolyamov A X，et al. 1995. Complete amino acid sequence of the protease inhibitor from buckwheat seeds. FEBS Lett.，371（3)：264～266

Campbell C. 1995. Inter-specific hybridization in the genus *Fagopyrum*. Current Advances in Buckwheat Research，1：255～263

Hirose T，Lee B S，Okuno I，et al. 1995. Inter-specific pollenpistil interaction and hybridization in genus *Fagopyrum* // Proceedings of the 6th. International Symposium on Buckwheat，Nagano：239～245

Kalinova J，Vrchotova N. 2011. The influence of organic and conventional crop management，variety and year on the yield and flavonoid level in common buckwheat groats. Food Chem.，127（2)：602～608

Karchik，S N，Mel'Nikov E M，Shablovskaia I S. 1976. Change in the sugar content in oaten products，buckwheat and rice groats during their heat processing by cooking. Vopr. Pitan.，(4)：82～85

Kayashita J，Nagai H，Kato N. 1996. Buckwheat protein extracts suppression of the growth in rats induced by feeding amaranth. Biosci. Biotechnol. Biochem.，60：1530～1531

Kayashita J，Shimaoka I，Nakajoh M，et al. 1999. Consumption of a buckwheat protein extract retards 7,12-dimetylbenz（α）anthracene-induced mammary carcinogenesis in rats. Biosci. Biotechnol. Biochem.，63：1837～1839

Kayashita J, Shimaoka I, Yamazaki M, et al. 1995. Buckwheat protein extract amelioratesatropine induced constipation in rats. Current Advance Buckwheat Research, (2): 941～946

Kennedy A R. 1998. Chemopreventive agents: protease inhibitors. Pharmacol Ther., 78 (3): 167～209

Koyano S, Takaj I K, Teshima R, et al. 2006. Molecular cloning of cDNA, recombinant protein expression and characterization of a buckwheat 16kD major allergen. Int. Arch. Allergy Immunol., 140 (1): 73～81

Li Y Y, Zhang Z, Liang A H, et al. 2006. Cloning and characterization of a novel trypsin inhibitor (BTIw1) gene from *Fagopyrum esculentum*. DNA Seq., 17 (3): 203～207

Li Y Y, Zhang Z, Wang Z H, et al. 2009. rBTI induces apoptosis in human solid tumor cell lines by loss in mitochondrial transmembrane potential and caspase activation. Toxicol. Lett., 189 (2): 166～175

Liang J, Chen X Y, Lin S Z, et al. 2002. Advance of studies on *Agrobacterium rhizogenes* Ri plasmid rol genes and their application for forest tree genetic improvement. Chinese Bulletin of Botany, 19 (6): 650

Minami M, Hiromi K, Kazuhiro N, et al. 2001. Breeding of high rutin content common buckwheat // Proceedings of the 8th International Symposium on Buckwheat, Nagano: 367～370

Park S S, Ohba H. 2004. Suppressive activity of protease inhibitors from buckwheat seeds against human T-acute lymphoblastic leukemia cell lines. Appl. Biochem. Biotechnol., 117 (2): 65～74

Pei Y Q, Li W, Yang Y, et al. 2011. Changes in phytochemical compositions, antioxidant and α-glucosidase inhibitory activities during the processing of tartary buckwheat tea. Food Research International, (3): 28

Ren W, Qiao Z, Wang H, et al. 2003. Molecular basis of fas and cytochrome cpathways of apoptosis induced by tartary buckwheat flavonoid in HL260 cells. Methods Find Exp. Clin. Pharmacol., 25 (6): 431～436

Scarafoni A, Consonni A, Galbusera V, et al. 2008. Identification and characterization of a Bowman-Birk inhibitor active towards trypsin but not chymotrypsin in *Lupinus albus* seeds. Phytochemistry, 69 (9): 1820～1825

Sun T, Ho C T. 2005. Antioxidant activities of buckwheat extracts. Food Chem., 90: 743～749

Suvorova G N, Fesenko N N, Kostrubin M M. 1994. Obtaining of inter-specific buckwheat hybird (*Fagopyrum esculentum* Moench × *Fagopyrum cymosum*). Fagopyrum, (14): 13～16

Tomotake H. 2001. Stronger suppression of plasma cholesterol and enhancement of the fecal excretion of steroids by a buckwheat protein product than by a soy protein isolate in rats fed on a cholesterol-free diet. Biosci. Biotechol. Biochem., 65 (6): 1412～1414

Tomotake H，Shimaoka I，Kayashita J，et al. 2000. A buckwheat protein products suppression gallstone formation and plasma cholesterol more strongly than soy protein isolate in hamsters. J. Nutr.，130 (7)：1670～1674

Vogrincic M，Timoracka M，Melichacova S，et al. 2010. Degradation of rutin and polyphenols during the preparation of tartary buckwheat bread. Agric. Food Chem.，58 (8)：4883～4887

Wang Z H，Gao L，Li Y Y，et al. 2007. Induction of apoptosis by buckwheat trypsin inhibitor in chronic myeloid leukemia K562 cells. Biol. Pharm. Bull.，30 (4)：783～786

Yoo J Y，Kim Y J，Yoo S H. 2012. Reduction of rutin loss in buckwheat noodles and their physicochemical characterization. Food Chem.，132 (4)：2107～2111

Zhang Z，Li Y Y，Li C，et al. 2007. Functional expression of a buckwheat trypsin inhibitor in *Escherichia coli* and its effect on proliferation of multiple myeloma IM-9 cell. Acta Biochim. Biophys. Sin.，39 (9)：701～707